KB147615

조선시대 策問·對策 연구

-經世觀 변화를 중심으로-

조선시대 策問·對策 연구
-經世觀 변화를 중심으로-

찍은날	2019년 2월 15일
펴낸날	2019년 2월 18일
지은이	안소연
펴낸이	김경현
펴낸곳	도서출판 역사문화

02708 서울특별시 성북구 솔샘로5가길 30(정릉동) 101호

등록번호	제 6297호
전화	02) 942-9717
팩스	02) 942-9716
E-mail	ihc21book@hanmail.net
blog	blog.daum.net/ihc21book

ISBN 979-11-86969-43-4

값 20,000원

ⓒ 2019 안소연
무단 전제와 복제를 금합니다.
이 책에 실린 사진 자료의 사용권한은 각 소장처에 있습니다.

조선시대 策問·對策 연구

-經世觀 변화를 중심으로-

안소연 지음

도서출판 역사문화

일러두기

▶ 다음과 같은 부호를 사용하였다.
  ( ) : 생몰년을 표기하거나, 보충 설명한 내용, 인용문의 출전을
    표기에 사용하였다
  [ ] : 번역에서 뜻을 풀이했거나, 같은 뜻이지만 원문의
    표기가 다른 한자를 묶는다
  『 』 : 문집명, 책명, 학술지명을 묶는다
  「 」 : 문집의 편명, 논문명, 인용문 내 상소문 내용을 묶는다
  " " : 인용문을 묶는다
  ' ' : 인용문 내에 인용문(경전 문구 등)을 묶는다
▶ 조선 국왕 연대는 왕명과 연대를 병기하는 것을 원칙으로 하였다
  예) 선조 8년(1575) 국왕(중국 황제 포함)들의 재위년도는 즉위년부터 상정
  하였다
▶ 이 책에 나오는 『조선왕조실록』 인용문의 출전은 국사편찬위원회
  (http://sillok.history.go.kr)에서 제공하는 번역문이다.
▶ 이 책에 나오는 문집류 인용문 중 『농암별집』, 『무명자집』, 『삼봉집』, 『일성
  록』, 『홍재전서』의 출전은 한국고전종합DB(http://db.itkc.or.kr/)에서 제공하는
  번역본이다
▶ 이 책에서 나오는 사서삼경(四書三經) 인용문은 성백효 역주 『논어집주』,
  『맹자집주』, 『대학·중용집주』, 『시경집전』 上·下, 『서경집전』 上·下, 『주역전
  의』 上·下의 번역본을 인용한 것이다.

서 문

과거 시험의 문제와 답안지를 주제로 박사논문을 쓴다는 말에 대한 한 선배가 "과거 시험은 시 쓰고 경전 외우는 게 다 아니야?"라는 질문을 했었다.

나는 이 대답에 적잖게 충격을 받았지만 한편으로는 이 질문이 과거科擧에 대한 많은 사람들의 인식이라는 생각이 들었다.

내가 과거 책문과 대책을 주제를 잡게 된 계기도 이와 비슷했다. 학부 수업 발표 주제를 찾지 못해 고민하던 중에 우연히 방영한 한 프로그램에서 보여준 옷 형태로 만든 중국의 과거 시험 커닝페이퍼를 보고, "저런 부정행위를 해서까지 합격하고 싶은 과거 시험이란 대체 무엇인가?"에서 시작한 의문이 "나라를 운영할 인재를 선발하는 과거 시험에서는 어떤 문제가 출제될까?"로 발전했던 것이다.

그리고 과거 시험 문제 중 당대의 시무時務를 다룬 책문策問과 이에 답한 대책對策이 있다는 것을 알게 되었고, 우리나라의 과거 시험은 어떨지 의문이 들어서 조선의 책문과 대책에 대해서 공부하고 싶어졌다.

이렇게 막연한 호기심과 학구열로 대학원에 들어온 내게 지도교수님께서 과거 제도와 사상사를 연결하여 공부하라는 방향을 제시해주셨다. 그런 가르침에 따라 공부를 하다 보니 조선 전기 주자성리학 – 조선 후기 조선성리학의 사상적 발전과 그에 따른 문물제도의 변화가 과거 책문과 대책에 드러나 있음을 알게 되었다.

지도교수이신 지두환 교수님의 지도를 받아 경세관經世觀 중 인재관人才觀·군신관君臣觀·경제관經濟觀을 다룬 책문과 대책을 연결시켜 분석하는 것을 박사논문의 주제로 삼았다. 가르침의 길잡이가 되어 주신 지도교수님과 심사위원을 맡아 가르침을 주신 김재홍 교수님·한기범 교수님·정재훈 교수님·김보정 교수님의 지도로 부족하지만 박사논문을 낼 수 있었다.

논문은 인재관·군신관·경제관의 변화상이 주자성리학-성리학의 심학화心學化-조선성리학의 변화에 따라 과거科擧 책문과 대책에 어떻게 반영되었는지를 살펴보았다. 책문과 대책에 드러난 변화상을 정리하면 다음과 같다.

조선 전기 주자성리학에 도입되어 문물제도를 정비하는 과정에서는 고려 말의 폐습을 개혁하고 주자성리학에 입각한 이상세계를 구축하는 것이 주된 과제였고,『대학연의』가 경세관 성립에서 핵심적인 역할을 하였다.

이 시기의 인재관은 우선 고려 말의 인재 선발 제도를 개혁하고 이상적인 인재상으로 중국 고대 요순삼대堯舜三代 시절 현인賢人을 추구하였다. 군신관은 윤대·대간 같은 제도를 통해 신하가 임금을 바르게 인도하는 군신관계가 점차 사림 재상을 추구하는 방향으로 변화하였으며, 인재관과 마찬가지로 중국 고대 요순삼대의 성군과 현신을 이상적인 군신관계로 여겼다. 경제관은 정전제井田制 10분의 1세 체제를 수용하여 고려 말 전시과를 혁파하고 세종대에 정전제 중 공법貢法을 시행하였다. 세종 9년에는 직접적으로 공법을 주제로 한 책문이 나오기도 하였다. 세종대 공법 체제는 세조대에 잠시 어그러졌으나 성종대에 다시 보완되어 중종대에는 완전히 정착되었다.

중종대부터『대학연의』의 이해가 심화되고 성리학의 심학화心學化가 진행되면서 심학화된 성리학에 의한 경세관이 다시 정립되었다.

이 시기의 인재관은 임금 스스로 마음공부를 하여 훌륭한 인재를 알아보고 그 인재에게 정사를 맡기는 방향으로 변화하였으며, 한당漢唐 이후의 인재들이 재평가 되어 특히 송대 염락제현濂洛諸賢이 중국 고대 요순삼대 시기 인재들 이후로 가장 이상적인 인재로 평가되었다. 군신관은 산림山林 재상에 대한 논의가 진행되었으며, 이상적인 군신관계 예시의 범위도 넓어져 촉한의 유비와 제갈량이 이상적인 군신관계로 평가되었다. 경제관에서는 공납貢納을 대동법大同法으로 개혁하는 문제가 대두되었다. 특히 공안개정은 대동법 시행을 두고 가장 중요하게 논해진 주제인데, 실제로 책문의 주제로 여러 번 출제되었다. 이후 현종대에 이르러 대동법이 완전히 정착된 후 숙종대에는 대동미大同米 탕감을 논할 수준에 이르렀다.

숙종 20년 갑술환국 이후 영조~정조대에는 조선성리학에 입각하여 중국 중심의 사고에서 벗어나 조선 중화주의 기반의 고유문화를 형성하였다. 이 시기 사상을 주도하는 것은 『성학집요』였고, 인재관·군신관·경제관도 조선 중심으로 논의가 진행되었다.

숙종대부터 과거 폐단에 대한 논의가 진행되어 영조~정조대에는 대대적으로 과거제 개혁이 진행되었으며, 이후에는 과거제 중심의 인재 선발에서 벗어나 천거 등 다양한 방식으로 인재를 선발하고자 하였다. 이상적인 인재상도 중국사에서는 고대부터 명까지, 우리나라 역사에서는 고려시대부터 조선의 황희·허조·동방 오현東方五賢·서경덕·조식·이이까지 확정되었다. 군신관은 『성학집요』에서 이상적으로 여기는 군사君師로 확립되어 임금이 스승이 되어 신하들을 가르치고 정책을 주도하는 방향으로 나아가게 되었으며, 구체적인 군신관계의 예시를 들기 보다는 인仁이나 경敬, 부부관계처럼 근본적이고 추상적인 형태로 군신관계를 규정하고자 하였다. 경제관은 양역良役 논의를 통해 균역법均役法을 시행하여 공법·대동법과 함께 조용조 10분의 1 체제를 이룩하였다. 그리하여 정조대에는 조용조 10분의 1체제의 완성에 따른 부족한 세금을 채우기 위한 잡세 논의가 활발하게 진행되었다.

이 책은 박사논문에서 부족한 점을 보완하고 수정한 것이다. 아직도 부족한 점이 많은 것을 느끼고 매우 부끄럽지만, 앞으로의 학문의 길에 첫 발을 내딛는다는 마음으로 용기를 내어 이 책을 출간하기로 하였다.

이 책이 나오기까지 많은 가르침을 주시고 인도해주신 지두환 교수님, 그리고 딸의 첫 박사논문·첫 책이 나온다며 물심양면으로 지지해준 부모님께 가장 큰 감사를 드린다. 그리고 어려울 때 항상 도움을 준 유준상 선배와 최동진 학우에게도 감사드린다. 가장 힘들고 지칠 때 위로해주고 응원해준 양웅렬 선배·김준은 선배·박수정 선배께도 감사를 드린다. 이 책이 나오도록 도움을 주신 손애경 교수님을 비롯한 송태남·양희월 님께 이 자리를 빌어 감사를 드린다. 멋모르고 덤벼들었던 청명문화재단 태동고전연구소에서의 한학 수학이 공부에 많은 도움이 되었음 또한 감사드린다.

2019년 2월
안소연 씀

차 례

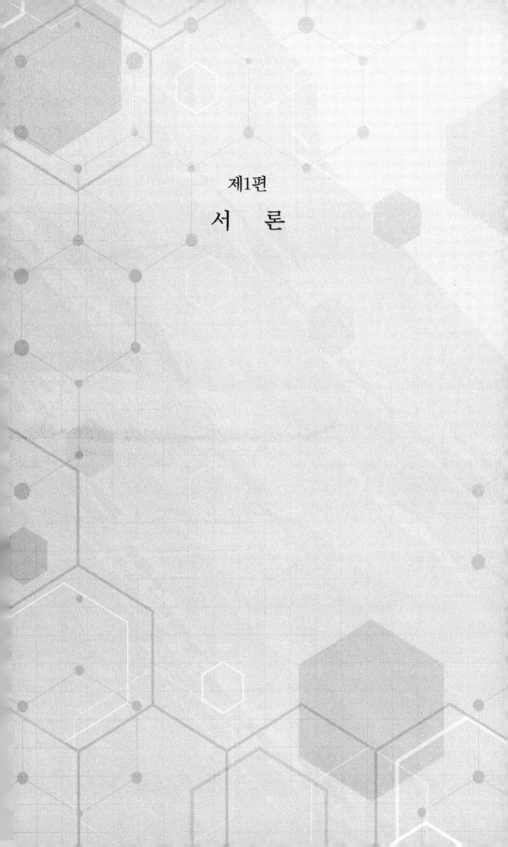

제1편

서　론

1. 연구 목적

조선은 성리학을 국시國是로 삼아 건국되었다. 조선 전기에는 주자성리학朱子性理學을 기반으로 세종·성종대에 문물이 정비되었고, 중종대부터 성리학의 심학화心學化가 진행되어 이렇게 심학화心學化된 조선성리학朝鮮性理學이 영조·정조대 문예부흥기를 주도하여 우리나라 고유문화가 만들어졌다.

이러한 사상의 변화에 따라 그 시대를 이끌어가는 경세관 또한 변화를 거치면서, 정치·경제·사회·문화의 여러 제도와 문물 정비와 개혁에 영향을 미쳤다.

이러한 경세관에 대해서는 인물 연구가 중점적으로 진행되었다. 1960~70년대에 식민사학을 극복하고자 조선 후기를 주도한 사상을 '실학實學'으로 설정하면서 소위 실학자實學者라 칭해지는 기호남인 세력 특히 이익李瀷, 정약용丁若鏞의 사상과 개혁론, 그리고 기호남인의 기원인 퇴계학파 학자들에 대한 연구가 집중적으로 진행되었다.[1]

---

1) 이수건, 「南冥 曺植과 南冥學派」, 『민족문화논총』 2·3, 1982; 김영현, 「炭翁 권시의 思想背景과 經世觀」, 『忠南史學』 4, 1989; 최석기, 「星湖 李瀷의 詩經解釋에 나타난 經世觀」, 『論文集』 29-2, 1990; 이재철, 「지천(遲川) 최명길(崔鳴吉)의 경세관(經世觀)과 관제변통론(官制變通論)」, 『조선사연구』 1, 1992; 한영우, 「이수광의 學問과 思想」, 『韓國文化』 13, 1992; 윤사순, 「백호 윤준의 경세관과 근대정신」, 『儒學研究』 1, 1993; 조휘각, 「영제 이건창의 생애와 경세관」, 『倫理研究』 43-1, 2000; 한예원, 「성호(星湖) 이익(李瀷)의 경세(經世)사상에 관한 일고」, 『民族文化研究』 40, 2004; 정지명, 「퇴계의 경세관과 현대 유교의 사회적 실천」, 『退溪學論叢』 26, 2015

　그러나 실학實學은 그 개념이 애매모호하여 많은 논란이 있었으며, 1970년대부터 실학實學에 대해 반성하고 재고하면서 이를 토대로 1980년대부터 그간 보수 세력으로 여겨졌던 노론학자들에 대한 연구가 진행되었다. 이를 통해 노론은 주자성리학을 고수한 것이 아닌, 심학화心學化된 조선성리학을 통해 개혁을 주도해나간 세력이라는 점이 밝혀졌다. 그리하여 지금은 다양한 학자들의 경세관은 물론 조선 전후기 사상의 변화에 따른 경세관의 변화 또한 연구가 진행되었다.

　그런데 이러한 조선 시대 경세관을 수용하고, 적용시키기 위한 방도 중 하나인 인재 선발 시험인 과거科擧와 연관 지은 연구는 다소 미흡한 편이다. 이는 성리학에 대한 부정적인 인식이 1970년대를 거쳐 1980년대에 긍정적으로 변화하기 전까지 조선사상사의 흐름을 명확하게 파악하지 못했기 때문으로 보인다.

　과거科擧 연구 또한 '성리학 부정론'의 입장에서 폐단과 폐쇄성이 강조되다가 근래에 들어 과거科擧 시험의 내용에 주목하게 되면서, 과거科擧 시험의 중 앞 단계인 경전 외우기나 부·시詩賦 외에도 과거 문과 대과의 마지막 단계인 임금 앞에서 직접 치루는 전시殿試는 주로 시무를 인식하고 이를 해결하는 답안을 요구하는 책·표策表류가 많이 다루어졌음이 밝혀졌다.

　따라서 본 논문에서는 조선의 경세관 중 인재관과 군신관, 경제관의 변화가 당시 치러진 과거科擧 책문策問과 대책對策에 어떻게 반영되었는지를 살펴보고자 한다. 과거科擧의 여러 시험 종류 중 하나인 책策 혹은 대책對策은 당대 중요한 안건을 문제로 내고 그 해결 방법을 답변으로 받는 시험 양식으로, 즉 조선의 경세관의 변화와 그에 따른 이상적인 해결책의 변화가 분명히 책문에도 반영되었을 것으로 보이기 때문이다.

과거科擧 책문에서는 이상적인 인재는 어떤 것인지 서술하라는 내용이 다수 등장한다. 이를 통해 볼 때, 인재관은 과거제도科擧制度가 인재등용시험이며, 성리학을 국시로 삼은 조선에서 이상사회를 구축하기 위해서는 이를 실현시킬 수 있는 인재를 선발하는 것이 중요한 점이라는 것을 알 수 있다. 이러한 인재관은 여말선초 주자성리학을 수용하여 문물제도를 정비하던 시기와 인조반정을 거치면서 심학화된 조선성리학에 따라 개혁을 진행하던 시기의 변화상에 따라 차이가 나타나리라 보며, 과거科擧 책문과 대책에 나오는 인재관의 변화상을 살펴보면 조선 시대의 정치 세력이 추구하였던 이상 세계가 어떤 것인지도 알 수 있을 것이라 사료된다. 본 연구는 과거제도 상에 함의되어 있는 인재상을 중점적으로 살펴보고자 한다.

다음으로 군신관은 과거科擧를 통해 선발한 인재들과 이끌어 갈 정치제도 및 운영과 연관되는 부분이다. 성리학에서 정치는 임금이 혼자서 하는 것이 아니라 임금과 신하가 함께 운영하는 것으로 여겨졌다. 조선시대에는 아무리 좋은 인재를 선발하였더라도 임금을 잘 섬기지 못하면 소용이 없고, 아무리 성군이라도 신하들이 따르지 않으면 정사가 제대로 진행되지 않는다고 생각하여 이상적인 군신 관계를 구축하기 위하여 윤대輪對, 대간臺諫, 삼사제도三司體制, 경연經筵 등이 활발하게 이루어졌다. 따라서 책문과 대책에서 다루는 군신 관계의 변화상에도 조선 시대 정치제도의 변화가 반영되어 있을 것이라고 여겨지므로 이에 대한 부분도 살펴보고자 한다.

마지막으로 경제관은 과거科擧가 단순히 경전이나 시詩만을 다뤘다는 인식과는 달리 당대의 시무時務의 해결방안을 찾는 중대한 시험이었음을 증명하기 위하여 살펴보기로 하겠다. 앞서 언급한 인재관과 군신관은 과거제도科擧制度 자체의 존재 의의이고 정치 제도 구성과 관련하여 중요한 부분이지만 철학적이고 추상적인 요소가 강하다. 때문에 과거科擧가 당대 현실을 반영하고 이를 개혁하기 위한 인재를 선발하는 시험이라는 것을 증명하기 위해서는 실제적인 제도와 연결시켜 볼 필요가 있다. 따라서 본 논문에서는 변화상이 뚜렷하고 관련 사료가 많으며 선행연구 또한 많이 진행된 경제관, 특히 조선시대 경제제도의 사상적 근간이 된 정전제井田制의 변화를 중점적으로 살펴보기로 하겠다.

2. 연구사 검토

해방 이후 식민사관을 극복하고자 1960년대 사회경제사 연구에서 자본주의 맹아론이 활발하게 진행되었고, 이 연구 경향을 사상사에 반영하여 1970년대에는 조선 후기 봉건사상인 성리학에서 탈피한 일부 재야 학자들의 사상을 '실학實學'이라 칭하고 조선 후기의 개혁사상으로 정의하였다. 하지만 '실학'은 '실증적인 학문'이라는 뜻의 단어이지 특정한 고유명사가 아니었기 때문에 이에 대한 논쟁이 지속적으로 이어졌다.

그리하여 이에 대한 반성으로 1970년대 초부터 '붕당정치론朋黨政治論'이 등장하면서 조선과 성리학에 대해 긍정적으로 파악하는 연구가 진행되었다.2) 최완수는 조선 사상의 변화를 미술사와 연결시켜 조선 후기를 주도하는 사상은 토착화된 성리학 즉, '조선성리학朝鮮性理學'으로 규정하고, 주자성리학에서 조선성리학으로의 변화를 서체書體의

---

2) 최완수, 「金秋史의 金石學」, 『간송문화』 3, 1972

변화를 통하여 증명하였다.[3] 그리고 정치사의 관점에서 성리학을 긍
정적으로 바라보는 연구가 진행되어 기존의 당쟁론을 부정하고 붕당
정치론이 제시되어 조선 후기 정치사에 반영되었다.[4] 또한 이러한 연
구의 흐름에 따라 당쟁과 연결되어 공리공담으로 비판받았던 예송禮
訟 또한 성리학적인 이상사회를 구축하기 위한 이념논쟁으로 재평가
되었다.[5]

　　1980년대 후반에는 '실학'이라는 애매한 개념을 없애고 17~18세기를
주도하는 사상은 조선성리학으로, 18세기말~19세기를 주도하는 사상
은 '북학北學'으로 정리하자는 견해가 등장하였다.[6] 그리하여 기존의
기호남인을 중심으로 한 실학자와 노론을 중심으로 한 북학파를 구
별하지 않고 같은 '실학자'로 연구하던 경향이 점차 17~18세기 성리학
질서에 속한 실학자와 18세기 말 19세기 성리학 질서를 탈피하는 북
학파로 구분하는 경향으로 변화하였다.[7]

　　이러한 반성과 재고가 있었음에도 실학 연구는 지속적으로 이루어
져, 1990년대에는 소위 실학자實學者로 칭해지는 인물들에 대한 연구
가 진행되었다. 그 결과 7차 교육과정 고등학교 국사교과서에도 기존
실학 연구 경향이 수록되어 대중적으로 조선 후기를 주도하는 사상
이 '실학'이라는 인식이 오랜 기간 유지되었다.

　　한편 이러한 학계 경향을 비판하면서 기존에는 공리공담으로 여겨
지던 예학禮學의 발달 과정을 주자성리학의 심학화心學化 과정과 연

---

3) 최완수, 「秋史書派考」, 『澗松文華』 19, 1980
4) 이태진, 「朝鮮 性理學의 歷史的 機能」, 『창작과 비평』 9 - 가을33호, 1974
5) 지두환, 「朝鮮後期 禮訟 研究」, 『역사와 세계』, 1987
6) 지두환, 「朝鮮後期 實學研究의 問題點과 方向」, 『泰東古典研究』, 1987
7) 지두환, 「朝鮮後期 思想史 研究動向」, 『한국사론』 24, 1994, 342~343쪽

결시키는 연구가 등장하였다.8) 이러한 연구 경향에 따라 기존에는 보수파로 평가받았던 조선성리학자들의 사상이 재평가되면서 사계沙溪 김장생金長生과 신독재愼獨齋 김집金集, 초려草廬 이유태李惟泰, 동춘당 同春堂 송준길宋浚吉, 우암尤庵 송시열宋時烈 등의 예학과 정치사상이 연구되었다.9)

　　2000년대 들어서는 성리학의 변천과 조선 정치와 사상을 연결시켜, 경연 교재로 쓰였던 『대학연의大學衍義』가 조선 전기 정치 체계를 구상하는 것에 지대한 영향을 미쳤다는 방향의 연구가 진행되었다.10) 그리고 기존에는 주목받지 못하였던 여말선초麗末鮮初의 두문동 72현,

---

8) 지두환, 「朝鮮初期 朱子家禮의 理解過程」, 『韓國史論』 8, 1982; 「朝鮮前期 廟制에 관한 一考察」, 『韓國文化』 4, 1983; 「朝鮮前期의 宗法制度 理解過程」, 『泰東古典研究』 1, 1984; 「朝鮮前期 文廟從祀 論議」, 『역사와 세계』 9, 1985; 「국조오례의 편찬 과정(I)-길례 종묘·사직제의를 중심으로-」, 『역사와 경계』 9, 1985; 「朝鮮後期 禮訟 研究」, 『역사와 세계』 11, 1987

9) 한기범, 「沙溪 金長生과 愼獨齋 金集의 禮學思想 研究」, 충남대학교 대학원 박사학위논문, 1990; 「사계(沙溪) 김장생과 신독재(愼獨齋) 김집의 예학사상 연구」, 東洋哲學研究 12, 1991; 「초려(草廬) 이유태(李惟泰)의 정치사상-「기해봉사(己亥封事)」의 분석을 중심으로-」, 百濟研究 22, 1991; 「신독재 김집(金集)의 종법인식과 실천」, 百濟研究 25, 1995; 「尤庵의 禮學과 禮思想」, 宋子學論叢 4, 1997 ; 「朝鮮時代 大田地方 山林의 學脈과 學風」, 『韓國思想과 文化』 7, 2000; 「동춘당(同春堂) 송준길의 예학사상」, 『韓國思想과 文化』 18, 2002.; 「서포(西浦) 김만중의 관료활동과 경세사상」, 『韓國思想과 文化』 25, 2004; 「예송기 이유태의 왕조례 예설과 예사상」, 『韓國思想과 文化』 46, 2009; 「우정(憂亭) 김극성(金克成)의 관료활동(官僚活動)과 경세관(經世觀)」, 『韓國思想과 文化』 56, 2011

10) 정재훈, 「朝鮮前期 儒教政治思想 研究」, 서울대학교 대학원 박사학위논문, 2001; 「朝鮮前期 《大學》의 이해와 聖學論」, 『진단학보』 86, 1998 ; 「『聖學輯要』를 통해본 朝鮮中期의 政治思想 -『大學衍義』와의 비교를 중심으로-」, 『규장각』 22, 1999; 「麗末鮮初의 性理學과 經世論」, 『韓國思想과 文化』 10, 2000; 「淸朝學術과 朝鮮性理學」, 『韓國思想과 文化』 16, 2002; 「영조의 제왕학과 국정운영」, 『韓國思想과 文化』 77, 2012

정몽주, 이색 등을 절의지사節義志士로 재평가하고, 이들의 후손과 제
자들이 세종대 집현전 학자가 되어 조선 전기를 주도한다는 것을 밝
혔다.11)

한편 경연과 과거科擧 같이 사상사와 밀접하게 관련된 제도들에 대
한 연구도 활발하게 진행되었는데, 특히 경연의 경우 성리학의 변천
과 연결되어 조선의 이상적인 제왕관 그리고 경연과목의 변천을 중
점으로 하는 연구가 진행되었다.12)

조선 시대 인재관, 군신관, 경제관 연구 또한 이러한 사상사 연구
경향의 변화와 함께 진행되었다.

인재관의 경우, 주로 과거제, 성균관 등 교육제도나 군신관 특히 이
상적인 신하상과 연관되어 연구가 진행되었다. '인재관'만 특정한 연
구는 대체로 세종대, 선조대, 정조대를 중점적으로 다루고 있다.

조선 전기 인재관 연구는 대체로 세종대를 주목하고 있다. 김남이
는 집현전 학자들의 문학작품을 분석하면서 세종대 추구되던 인재상
이 구체적으로는 '전문성을 담보로 경학 연구를 하여 정치 대체를 깨
닫고, 시·부詩賦와 국가 공문서 작성에 능숙한' 인재라고 보았다. 그
리고 최항崔恒의 작품에서는 '군자君子'라는 이상적인 인간상이 인재
상으로 언급되고 있음을 밝혔다.13) 박병련은 세종의 인재관을 작은

---

11) 김보정,「朝鮮初期 節義派 士大夫의 정치적 성향과 思想」, 부산대학교 대학원 박
　　사학위 논문, 2008
12) 安東教,「尤庵 宋時烈의 군주교육사상」,『宋子學論叢』2, 1995; 유영옥,「集賢殿의
　　運營과 思想的 傾向」,『釜大史學』18, 1994; 윤훈표,「조선시대 경연 실시의 의미」,
　　『율곡사상연구』18, 2009; 정재훈,「명종(明宗), 선조년간의 경연」,『朝鮮時代史學
　　報』10, 1999;「조선중기의 經筵과 帝王學」,『역사학보』184, 2004;「세종의 왕자
　　교육」,『韓國思想과 文化』 31, 2005;「경연(經筵)·서연(書筵)과 조선의 군주학」,
　　『복현사림』30, 2012; 지두환,「朝鮮後期 英祖代 經筵科目의 變遷」,『진단학보』81,
　　1996;「朝鮮時代 經筵官 研究」,『한국학논총』31, 2009

허물이 있다고 해도 내치지 않고, 신분보다는 능력을 중시하며, 문무를 종합하여 갖추고, 종합적인 안목을 갖추는 것으로 분석하였다. 그리고 이를 유교의 전통적인 인재상이 아닌 보다 실용적인 인재상으로 평가하였다.[14]

그 밖에 태종~세종대를 걸쳐 나타난 과거科擧 내 강경講經·제술製述 논쟁을 고려 말 조선 초의 인재관 변화를 연결시키는 연구와 성균관 교육의 목표가 공자 같은 군자君子를 육성하는 것이라고 보는 연구가 있다.[15] 그리고 세종대 인재관에 대한 연구 이후에는 성종대 사림인 최부의 책문을 통해 성종대 인재관을 분석하는 연구나 중종대 현량과와 조광조의 인재관이 임금이 군자君子·소인小人을 구분하고 훌륭한 인재를 등용해야 한다는 것이라는 연구가 나왔다.[16]

선조대의 인재관은 대체로 왕 자신의 인재관보다는 당시 율곡 이이李珥가 제시한 인재관에 주목하고 있다. 김춘수는 선조대 율곡 이이의 인재관을 임금이 스스로를 수양하여 군자와 소인을 구분하는 안목을 얻어야 하는 것, 여론을 통해 훌륭한 인재라는 것을 듣더라도 철저한 인사검증을 통해 시험한 뒤 등용하는 것, 임금이 사욕을 버리고

---

13) 김남이, 「집현전 학사의 문학 연구」, 이화여자대학교 박사학위 논문, 2001
14) 박병련, 「世宗朝 政治엘리트 양성과 人事運用의 特性」, 『한국동양정치사상사연구』 6-1, 2007
15) 김남이, 「세종대 과거제도에 관한 논쟁과 유교문화 국가의 이상」, 『민족문학사연구』 33, 2007; 이한수, 「조선초기 변계량의 시대인식과 권도론」, 『역사와 사회』 27, 2001; 장재천, 「조선전기 성균관 교육과정 및 교육평가의 사회적 변화」, 『教育學研究』 39-1, 2001
16) 안소연, 「금남 최부의 정치 활동과 인재관 -성종 17년 重試 책문과 최부의 대책문을 중심으로-」, 『한국학논총』, 2018; 최락도, 「趙光祖의 政治思想과 國政改革에 대한 연구」, 중앙대학교 행정학 박사학위논문, 2002; 최정묵, 「정암 조광조의 지치주의(至治主意), 그 입론(立論)의 근거와 실현방법」, 『동서철학연구』 74, 2014

인재를 등용해야 하는 것이라고 제시하였다.[17]

한편 직접적으로 선조의 인재관을 분석한 연구도 있다. 유령기는 일어난 사실을 원칙에 따라 결정하는 것, 죄가 가벼운 자나 사소한 흠이 있은 자에게는 재기의 기회를 준 것, 부족한 점이 있더라도 장점 하나를 보고 기용한 것으로 보았으며, 이러한 인재관으로 등용된 대표적인 인물로 이순신과 허준을 들었다.[18]

조선 후기 인재관 연구는 정조대에 집중되어 있다. 대체로 정조대의 인재관에 대한 연구는 '실질적'인 측면을 강조하는데, 신분이나 지역 등에 구애 받지 않고 능력 위주로 인재관을 추구하였으며, 이것이 반영된 정책이 초계문신제라는 경향이 강하다.[19]

한편 과거科擧와 조선 후기 인재관을 연결한 연구가 있다. 최광만은 영조~정조대의 성균관 과시 정책을 연구하면서 영조~정조대의 대대적인 과거科擧 개혁을 통해 제술과 경학을 겸비한 인재를 선발하고자 하였다고 보았다.[20] 김현옥은 『홍재전서』에 실려 있는 인재관 관련 책문을 분석하여 정조대 인재관을 고굉지신股肱之臣과 현량방정賢良方正이라 평하였다. 그리고 정조대에는 이러한 인재관을 기반으로 규장각과 초계문신을 설치하고, 서얼허통을 실시하였으며, 탕평정치를 폈다

---

17) 김찬식, 「율곡의 인재등용론」, 『한국행정사학지』 32, 2013

18) 유령기, 「선조시대 정치개혁과 인재등용」, 청주대학교 사학과 석사학위논문, 2017

19) 박경남, 「18세기 서울 편 人事와 正祖의 地域 인재 선발 ―正祖代 人事 관련 傳教文을 중심으로-」, 『大東文化研究』 76, 2011; 정옥자, 「정조와 정조대 제반정책」, 『서울학연구』 51, 2013; 최두진, 「정조대의 초계문신 교육제도 연구」, 『教育思想研究』 23-1, 2009; 「정조대 인재선발정책 연구 : 문제점과 개선책을 중심으로」, 부산대학교 대학원 박사학위논문, 2015

20) 최광만, 「영조 대의 성균관 과시 정책」, 『한국교육사학』 37-3, 2015; 「정조대의 성균관 과시 정책」, 『한국교육사학』 37-4, 2015

는 것이다.21)

이렇듯 조선시대 인재관 연구는 대체로 과거科擧와 교육기관, 군신 관과 연관되어 '군자君子', '강경과 제술을 겸비한 인재', '고굉지신股 肱之臣' 같이 철학적이고 형이상학적인 단어로 규정되는 경향이 있 다. 그리고 당시의 인재관에 따라 등용된 인재에 대한 연구나 그러한 인재를 등용하기 위한 제도 개선에 대한 연구는 다수 진행되었지만, 당시 인재관을 대변할 수 있는 예시 인물들에 대한 연구는 미흡한 편이다.

군신관의 경우, 조선의 정치사상과 연관되어 많은 연구가 진행되었 으며 주로 '군주학'의 관점에서 진행되었다. 그 이유는 조선은 성리학 에 입각하여 군주의 마음가짐을 바로 잡는 '격군심格君心'이 중시되었 기 때문이다.

조선시대 군신관 연구는 1970년대부터 주로 조선 전기 성종~중종 대, 선조대 사림의 군주론과 조선 후기 소위 '실학자'로 칭해지는 인 물들의 군주론을 중심으로 연구가 진행되었다.22)

1990년대부터 사상과 군신관을 연결시켜서 그 변화상을 살펴보는 연구가 진행되었다. 그리하여 조선 전기의 군신관은 '군신합의君臣合 意', '군신공치君臣共治' 같이 군주와 신하가 같이 통치하는 것을 지향 했다고 파악하였다.23) 2005년 『사총』 61호에서 '조선초기의 정치와 왕

---

21) 김현옥, 「정조의 인재관 연구 -「책문(策問)을 중심으로」」, 『한문학논총』 28, 2009
22) 권인호, 「朝鮮中期 士林派의 社會政治思想 硏究 : 南冥 曺植과 來庵 鄭仁弘을 中心 으로」, 성균관대학교 철학과 박사학위논문, 1990; 김용덕, 「朝鮮時代 君主制度 論」, 『중앙사론』 2, 1975; 이희주, 「조선초기 군신도덕에 관한 연구」, 이화여자대 학교 대학원 박사학위논문, 1998; 김문식, 「尙書 연구서를 중심으로 본 丁若鏞과 洪奭周의 政治思想 비교」, 『한국사론』 2-, 1988
23) 김범, 「朝鮮前期의 王權과 政局運營:成宗·燕山君·中宗代를 중심으로」, 고려대학교

권'이라는 제목으로 태조~성종대까지 시리즈로 왕권과 군신관에 연구가 진행되었다. 이 연구에서도 조선 전기의 군신관을 '군신공치'로 파악하고 있다.24) 조선 후기 군신관과 관련된 연구는 숙종대 환국정치와 영조·정조대 '군사君師'에 집중되어 진행되었다.25)

하지만 조선시대 군신관과 군신관계는 대체로 군주와 신하의 권력을 둔 대립 및 대치 관계로 파악하는 경향이 있었다.26)

그리하여 기존 사상사에 대한 반성이 촉구된 이후 1990년대부터 성리학과 군신관을 연결시킨 연구가 시작되었다. 우선 조선과 성리학에 대한 인식이 긍정적인 방향으로 재고되면서 조선의 붕당정치에 대한

대학원 박사학위논문, 2005; 김윤주, 「조선초 군신간 관계와 공론정치에 관한 연구」, 성균관대학교 일반대학원 박사학위논문, 2010; 이희주, 「조선초기 군신 도덕에 관한 연구」, 이화여자대학교 대학원 박사학위논문, 1998

24) 민현구, 「조선 태조대의 국정운영과 군신공치(君臣共治)」; 이재훈, 「조선 태종대 삼군진무소(三軍鎭撫所)의 성립과 국왕의 병권 장악」; 김순남, 「조선 세종대 말엽의 정치적 추이(推移)-세자의 대리청정(代理聽政)과 국왕, 언관간(言官間)의 갈등-」; 강제훈, 「조선 세조대의 조회와 왕권」; 김범, 「조선 성종대의 왕권과 정국운영(政局運營)

25) 유미림, 「조선후기 王權에 대한 연구」, 『정신문화연구』 25-1, 2002 ; 「조선후기 王權에 대한 연구 (2)」, 『한국동양정치사상사연구』 1-1, 2002; 윤정, 「18세기 국왕의 文治사상 연구 : 祖宗事蹟의 재인식과 繼志述事의 실현」, 서울대학교 대학원 박사학위논문, 2007; 이상식, 「조선후기 숙종의 정국운영과 왕권 연구」, 2005; 최성환, 「조선 후기 정치의 맥락에서 탕평군주 정조 읽기」, 『역사비평』 115, 2016

26) 김돈, 『조선전기 군신권력관계 연구』, 서울대학교출판부, 1997; 김범, 「朝鮮前期의 王權과 政局運營 : 成宗·燕山君·中宗代를 중심으로」, 고려대학교 대학원 박사학위논문, 2005; 김윤주, 「조선 태조~태종대 정치와 정치세력」, 서울시립대학교 국사학과 박사학위논문, 2011; 박성준, 「조선초 군신간 관계와 공론정치에 관한 연구」, 성균관대학교 일반대학원 박사학위논문, 2010; 이상식, 「朝鮮後期 肅宗의 政局運營과 王權 硏究」, 고려대학교 대학원 박사학위논문, 2005; 이종호&김광철, 「조선왕조중종대의 왕권과 정치세력의 동향」, 『논문집』 4, 1982; 「최승희, 「朝鮮初期 言官에 관한 硏究 : 言官言論과 王權의 相關係」, 『동아문화』 13, 1976

긍정적인 인식이 생겨났다.27) 정재훈은 조선 전기에 『대학연의』가 도입되어 조선 전기의 군주론 및 군신관계를 형성하는 바탕이 된다는 것을 밝혀냈다. 그리고 조선 전기에는 『대학연의』가, 조선 후기에는 『성학집요』가 군주학과 군신관계의 핵심 서적이 되었다는 연구가 등장하였다.28)

기존에는 왕권과 신권의 경쟁과 견제의 방향으로만 평가되었던 군주론이 성리학이 심학화되는 시기에 이르러서는 성학聖學 즉, 임금을 성인으로 만드는 학문으로 변화하였다는 방향으로 전환되었다.

이러한 연구 경향의 변화에 따라 일찍이 조선 전기의 군신관계로 평가되어왔던 군신공치君臣共治, 숙종대의 환국정치와 영조~정조대의 군사론君師論 또한 단순히 유교에서 지향하기 때문이라거나 왕권 강화를 위하여 유교적 정치이념에서 탈피한 것이 아닌 성리학이 발전하고 토착화하는 과정에서 나왔다는 방향의 연구가 점차 진행되었다.

윤정은 영조대 탕평론蕩平論·균역법均役法·준천濬川 사업 같은 여러 개혁들 또한 경연에서의 『성학집요』 진강과 관련되어 있다는 점을 밝혀냈다. 그리고 박사학위논문에서 숙종대~정조대의 군신관을 중흥주中興主 의식, 군신분의론君臣分義論, 군사론君師論으로 구분하여 분석하였다.29)

---

27) 이태진, 「朝鮮 性理學의 歷史的 機能」, 『창작과 비평』 9 - 가을33호, 1974; 「朝鮮王朝의 儒敎政治와 王權」, 『한국사론』 23, 1990

28) 정재훈, 「『聖學輯要』를 통해본 朝鮮中期의 政治思想-『大學衍義』와의 비교를 중심으로-」, 『규장각』 22, 1999; 「朝鮮前期 儒敎政治思想 硏究」, 서울대학교 대학원 박사학위논문, 2001; 「율곡 이이의 정치사상 재론」, 『역사문화논총』 7, 2012 ; 「영조의 제왕학과 국정운영」, 『한국사상과 문화』 77, 2012; 지두환, 「朝鮮後期 英祖代 經筵科目의 變遷」, 『진단학보』 81, 1996; 「성리학의 변천과 경연과목」, 『조선성리학과 문화』, 역사문화, 2009, 63~107쪽

29) 소진형, 「조선후기 성리학적 군주론 연구 : 정조의 「대학」해석을 중심으로」, 이

이렇듯 군신관 연구는 1990년대 이전에는 주로 군신의 권력 분쟁을 중심으로 연구되다가 사상사에서 성리학에 대한 긍정적인 인식이 재고되면서 경연과 연결되어 경연과목의 변화와 밀접하게 연관되어 있다는 것이 드러났다. 뿐만 아니라 『대학연의』, 『성학집요』가 조선시대 군신관 나아가 경세관과 밀접하게 관련되어 있다는 것도 밝혀졌다.

이러한 군신관은 인재관과도 매우 밀접하게 연관된다. 『대학연의』, 『성학집요』에서 제시하는 군신관계에서의 신하가 갖춰야 할 요소와 이상적인 군신상의 예시가 곧바로 인재관과 연결되기 때문이다. 하지만 이러한 인재관과 군신관의 예시에 대한 연구는 아직 진행 중에 있다.

경제관의 경우, 조선시대 경세관 중에서 가장 많이 연구된 주제이다. 왜냐하면 조선 후기 실학자들의 개혁정책으로 보다 명확하게 제시할 수 있는 주제로 제시되었기 때문이다. 그리하여 조선시대 정전제에 대해서는 성리학자들은 반대하고, 실학자들이 개혁론으로 주장하였다는 연구 경향이 강했으며, 특히 다산 정약용의 경제관과 연결되어 연구가 진행되었다.30) 이러한 연구 경향에 따라 공법貢法, 대동법

화여자대학교 석사학위논문,「조선후기 왕의 권위와 권력의 관계 : 황극개념의 해석을 중심으로」, 서울대학교 대학원 박사학위논문, 2016; 윤정, 「英祖의 『聖學輯要』進講과 정책적 활용 -蕩平·均役·濬川과의 상관성」, 『한국문화』 38, 2006; 「18세기 국왕의 文治사상 연구 : 祖宗事蹟의 재인식과 繼志述事의 실현」, 서울대학교 대학원 박사학위 논문, 2007

30) 이종길, 「茶山 丁若鏞의 土地觀 小考」, 『法史學硏究』 12, 1991; 이진형, 「茶山 丁若鏞의 鄕村社會認識과 改革 構想」, 연세대학교 대학원 박사학위논문, 2017; 전호수, 「茶山 丁若鏞의 政治經濟認識과 井田制 土地改革論 硏究」, 충북대학교 대학원 박사학위논문, 2008; 최연식, 「朝鮮後期 社會變動과 茶山의 社會改革論」, 『동양고전연구』 2-1, 1994; 함영대, 「성호학파의 『맹자』 해석에 대한 연구」, 성균관대학교 일반대학원 박사학위논문, 2009; 홍덕기, 「茶山 丁若鏞의 土地改革思想 硏究

大同法, 균역법均役法 또한 정전제와는 무관한 방향으로 연구가 진행
되었다.

하지만 실학에 대한 반성이 진행되면서 성리학에 대한 인식이 긍
정적으로 변화하면서, 정전제井田制에 대한 인식도 재고되었다. 지두
환은 정전제井田制가 조선 후기 실학자들이 새롭게 주장하는 개혁론
이 아니라 성리학자들이 지속적으로 제시해왔던 이상적인 경제제도
이며 세종대 貢法 논의가 정전제를 바탕으로 전개되었다는 것을 밝혔
다.[31) 그리고 대동법, 균역법 또한 정전제를 기반으로 실시된 개혁이
라는 것이 드러났다.

대동법 연구는 1958년 정형우에 의해 시작되어, 1960년대부터 지방
별 대동법 시행연구가 진행되었다. 지방별 대동법 시행 연구는 한영
국의 호남 지역 대동법 연구가 대표적이다. 1970년대에는 김옥근이
재정사적인 면에서 대동법 연구가 보강되었고, 1980년대에는 고석규
가 16~17세기, 오미일이 18~19세기의 대동법을 연구하여 시기별 연구
가 세밀하게 진행되었다.[32)

하지만 기존 학계에서는 대동법 논의과정을 상세히 검토하지 않고
유성룡 등 남인들이 그 주도 세력이라고 보았으며, 김상헌·송시열 등
산당 세력이 대동법 실시를 반대했다는 점에 주목하여 대동법 실시
를 주장한 한당과 대비되는 보수 세력으로 평가하였다.[33) 게다가 대
동법의 시행이 광해군대 북인 세력이 시행하였는데, 인조반정에 의해

　　: 閭田論을 전남대학교 대학원 박사학위 논문, 1990
31) 지두환, 「조선초기 정전론 논의」, 『동양학』 28, 1998
32) 정형우, 「大同法에 對한 一研究」, 『사학연구』 2, 1958; 한영국, 「湖西에 實施된 大
　　同法 研究」 上·下, 『역사학보』 13·14, 1960·1961; 「湖南에 實施된 大同法-湖西大同
　　法과의 比較 및 添補」 1·2·3·4, 『역사학보』 15·20·21·22, 1960·1963·1964
33) 김윤곤, 「大同法의 施行을 둘러싼 贊反兩論과 그 背景」, 『대동문화연구』 8, 1971

지연된다는 것으로 정리하는 오류를 범하고 있다.[34)]

이러한 인식을 극복하고자 80년대의 정치사와 사상사 연구를 바탕으로 90년대에 대동법을 정치사·사상사와 연결하는 연구가 진행되었다. 지두환은 먼저 계곡谿谷 장유張維의 대동법 시행 주장을 시작으로 선조대·광해군대, 인조대, 효종대 대동법 시행을 면밀하게 검토하여 광해군과 대북세력은 오히려 방납을 옹호하여 대동법 논의가 지연되었으며 인조반정 이후에야 연구가 진행되었음을 밝혔다.[35)] 그리고 김상헌·송시열 등 척화파나 서인 노론 세력들이 대동법을 반대한 것 또한 '공안개정貢案改定'과 연관되어 있다는 것 또한 밝혀졌다.[36)]

오항녕은 광해군과 대북정권이 개혁적이었다는 기존의 인식이 잘못된 점을 지적하면서, 광해군대 대동법 실시의 근거인 경기 대동법 또한 광해군이 확대 실시를 반대하여 도리어 이전의 방납으로 되돌아가려는 모습을 보이고 있다고 지적하였다.[37)] 그리고 교과서에서 광

---

34) 정우택, 「光海君代 政治論의 分化와 改革 政策」, 경희대학교 대학원 박사학위논문, 2009; 최주희, 「조선후기 宣惠廳의 운영과 中央財政構造의 변화 : 재정기구의 합설과 지출정비 과정을 중심으로」, 고려대학교 대학원 박사학위논문, 2014

35) 지두환, 「谿谷 張維의 生涯와 思想」, 『태동고전연구』 7, 1991; 「宣組.光海君代 大同法 論議」, 『한국학논총』 19, 1997; 「仁祖代의 大同法 논의」, 『역사학보』 155, 1997 ; 「孝宗代 大同法 論議」, 『韓國思想과 文化』 10, 2000

36) 지두환, 「尤庵 宋時烈의 生涯와 思想」, 『韓國思想과 文化』 12 ,2001; 「沙溪 金長生의 經世思想」, 『유교사상문화연구』 9, 2003;「동춘당 송준길의 사회경제사상」, 『韓國思想과 文化』 22, 2003; 「우암(尤庵) 송시열(宋時烈)의 경세사상(經世思想)」, 『韓國思想과 文化』 42, 2008; 「16세기 시대적 과제와 율곡의 대응」, 『韓國思想과 文化』 43, 2008;「迂齊 李厚源의 生涯와 政治活動」, 『한국학논총』 30, 2008; 「文谷 金壽恒의 家系과 政治的 活動」, 『한국학논총』 32, 2009; 「栗谷 李珥(1536~ 1584)의 生涯와 思想」, 『한국학논총』 38, 2012; 「滄洲 金益熙(1610~1656)의 政治活動」, 『한국학논총』 37, 2012

37) 오항녕, 『광해군, 그 위험한 거울』, 너머북스, 2012, 165~168쪽

해군대 경제 정책의 서술을 분석하여 7차 교육과정 교과서 이후에 사실과 다르게 대동법, 양전, 호적 등을 통해 민생 안정과 국가재정 확보로 서술되어있는 것을 비판하였다.38)

이정철은 이러한 연구들을 기반으로 대동법의 실시와 시행착오, 정착 과정을 상세하게 정리하면서 16~17세기의 대동법 논의의 주요 안점인 '공물변통貢物變通'에 주목하였다.39)

균역법에 대한 연구 또한 대동법 연구 경향과 마찬가지로 1950년대부터 시작되었다. 이 시기의 연구 경향은 개혁을 시도했으나 실질적으로 양반에게는 부과되지 않았다거나 백골징포, 황구첨정 등의 폐단이 사라지지 않았다는 등 부정적인 관점이 대세였다.40)

그러나 공법, 대동법에 대한 인식이 재고되면서 균역법 또한 성리학을 바탕으로 한 개혁론이라는 연구가 등장하였다.41) 지두환은 균역법은 공법, 대동법과 함께 정전제井田制에 입각한 조용조租庸調 10분의 1체제를 이루기 위한 바탕으로 진행된 개혁으로 보았다.42) 정재훈과

---

38) 오항녕, 「광해군대 경제정책에 대한 교과서서술」, 『한국시대사학보』 83, 2017, 122~124쪽

39) 이정철, 『대동법 조선 최고의 개혁』, 역사비평사. 2010 ; 「丁卯胡亂 後 仁祖代 貢物變通 논의」, 『사총』 56, 2003; 「조선시대 공물변통론에서 포저(蒲渚) 조익(趙翼)의 위치와 역할」, 『大東文化硏究』 70, 2010;「대동법의 성립에서 김육의 역할」, 『사총』 72, 2011

40) 한우근, 「18世紀 前半期에 있어서의 韓國社會經濟面에 대한 一考察:特히 李星湖 經濟觀의 時代背景을 究明키 爲하여」, 『서울대학교논문집』 7, 1958;신현우, 「均役法에 對한 一考察」, 『녹우회보』 4, 1962;차문섭, 「임란이후의 양역과 균역법의 성립」(상)·(하), 『사학연구』 10·11, 1961

41) 정만조, 「朝鮮後期의 良役變通論議에 對한 檢討:均役法 成立의 背景 」, 『同大論叢』 7-1, 1977

42) 지두환, 「성리학은 조선사회를 어떻게 변화시켰는가」, 『한국사시민강좌』 40, 166~168쪽

윤정은 이러한 연구를 기반으로 『성학집요』에서 추구하는 경세관이 반영되어 균역법이 시행되었다고 평하였다.[43]

이상으로 조선시대 경제관 중 정전제와 관련된 연구를 살펴보았다. 우선 정전제에 대해서는 실학 이론과 관계되어 실학자들이 개혁론으로 주장하고 노론 세력은 이를 반대하였다는 오해가 연구를 통하여 조선 성리학자들이 이상적으로 추구하는 경제관이라는 것으로 재증명 되었다. 그리하여 기존에는 사상사와 연관되지 않았던 공법, 대동법, 균역법 또한 점차 정전제와 연결되어 연구가 진행되었다.

이러한 경제관 연구는 당시 시행되었던 정책과 학자 개인의 사상과 연결시키거나, 실록에 나오는 기록을 기반으로 당시 관련자들의 발언과 정책 상황을 연결시키는 연구 경향이 강하다. 이러한 변화상을 科擧와 연결시키는 연구는 미흡한 편이다.

이렇듯 경세관 연구는 주로 특정 시대나 특정한 정책과 개인 인물의 사상, 혹은 이를 실행하는 왕과 신하들의 발언과 상소 등을 기반으로 진행되어 왔다. 하지만 과거科擧와 경세관의 변화를 연결시킨 연구는 미진한 편이다. 과거科擧 시험, 특히 책문은 당대의 시무를 묻는 것임에도 역시 특정한 요소에 연구가 국한되어 있다. 따라서 본 논문에서는 선학들의 연구 성과를 바탕으로 조선시대 경세관의 변화상이 과거科擧 책문策問과 대책對策에도 반영이 되었는지를 살펴보고자 한다.

한편 조선시대의 과거科擧 연구는 지속적으로 이루어졌으나 대체로 과거제도科擧制度의 변천과정에 집중되어 있다.

1950년대 고려시대 과거제도부터 연구가 시작되었고, 조선시대 과

---

43) 윤정, 「英祖의 『聖學輯要』 進講과 정책적 활용 -蕩平·均役·濬川과의 상관성」, 2006, 320~235쪽; 정재훈, 「영조의 제왕학과 국정운영」, 『한국사상과 문화』 77, 2015

거제도 연구는 1960년대부터 진행되었다.44) 과거科擧 연구가 고려 시
대를 연구의 기점으로 한 이유는과거제도가 정식적으로 실시된 시기
가 고려 광종대이기 때문이다. 과거科擧 시험 시작의 시점을 특정한
이후 이루어진 연구는 과거의 시험의 종류가 어떤 것인지 혹은 과거
제도 실시 배경에 대한 것이 주류를 이루었다.

이러한 선행 연구를 바탕으로 1970년대부터 본격적으로 고려·조선
시대 과거제도의 연구가 진행되었다. 1970년대 전반에는 과거제도의
실시 의의와 시험 종류에 대한 세세한 논의가 진행되었고, 후반에는
고려·조선시대 인재 등용, 교육제도, 정치·사회제도와 연결시킨 연
구가 진행되었다.45) 그리고 신라 원성왕 4년(788)에 실시된 독서삼품
과讀書三品科가 한국 과거제도科擧制度의 시원으로 주목되기 시작하
였다.46)

1980년대에는 1970년대의 연구 경향의 연장선상에서 정치제도, 교
육제도의 관점에서 고려시대 과거제도科擧制度의 지공거知貢擧(科擧를
주관하는 시험관), 과거 급제자의 행보, 고려와 조선시대 과거제도를

44) 김용덕,「고려 광종조의 과거제도 문제」,『논문집 ‐ 중앙대학교』4, 1959; 이성
    무,「李朝初期의 官學整備 過程」, 서울대학교 대학원 사학과 석사학위 논문,
    1964; 임진택,「우리나라의 公務員 試驗制度」, 서울대학교 행정대학원 석사학위
    논문, 1963; 조남,「朝鮮初期 科擧制度의 一研究」, 연세대학교 대학원 사학과 석
    사학위 논문, 1961; 조재호,「麗代의 科擧制度」,『역사학보』10, 1958
45) 김정락,「高麗 科擧制度에 關한 一考」,『대구보건대학 논문집』,4, 1978; 유석영,
    「우리나라 科擧 制度에 關한 研究」,『건국대학교 행정대학원 연구논총』3, 1975;
    이종춘,「李朝의 科擧制度 研究」,『논문집』8(청주교육대학교), 1972; 정시채,「朝
    鮮王朝時代의 科擧制度研究」,『논문집』10-1(건국대학교), 1979; 허흥식,「高麗 科
    擧制度의 研究」, 서울대학교 대학원 석사학위 논문, 1973;「高麗科擧制度의 檢討」,
    『한국사연구』10, 1974
46) 유석영,「우리나라 科擧 制度에 關한 研究」,『건국대학교 행정대학원 연구논총』
    3, 1975

비교하는 등 다양한 관점에서의 연구도 등장하였다.[47] 한편 조선시대 과거科擧 연구는 교육제도나 과거제도科擧制度의 폐단에 대한 당시 학자들의 개혁론이 중점적으로 다루어졌다.

1990년대에는 보다 세부적인 요소에 중점을 둔 과거科擧 연구가 진행되었으며, 특히 학위논문에서는 교육학의 관점에서의 연구가 다수 진행되었다. 과거제도 개혁론 연구도 지속되어 정약용·유형원柳馨遠 등 각 학자들의 과거제도 개혁론에 대한 연구로 발전하였다. 그리고 알성시·고려시대 감시·별시 등 과거 시험 각각에 주목하는 연구나 과거科擧와 복식을 연결하는 연구, 고려시대 인재관과 관련된 연구도 등장하였다.[48]

2000년대부터는 성균관·서원·향교와 연결시키는 연구나, 조선시대 각 왕별 과거科擧 운영 등 다양한 방향으로 연구가 진행되었다.[49]

---

47) 김정락,「朝鮮時代 科擧制度에 關한 一考」,『대구보건대학 논문집』6, 1983; 金玄 昊,「朝鮮後期 科擧制度에 나타난 문제점 및 그 改革案에 대하여」,『史浪』3, 1987; 김혜영,「高麗의 科擧制度 硏究」,『역사학』2, 1985;박미숙,「朝鮮前期의 科擧制度 를 통해서 본 敎育과 國家의 關係」,『교육사학연구』1, 1988; 신길웅,「朝鮮王朝 時代의 엘리뜨(Elite)硏究 : 充員 構造를 中心으로」, 조선대학교 대학원 박사학위 논문, 1984; 유석영,「高麗 朝鮮王朝의 科擧制度에 關한 比較硏究」, 건국대학교 대학원 박사학위논문 1984; 최봉기,「朝鮮朝 科擧制度의 問題點과 그 改革論에 關 한 硏究」,『한국사회과학연구』2, 1985
48) 강대섭,「茶山의 官僚制改革論에 관한 硏究」, 경성대학교 대학원 박사학위논문, 1993; 김경룡,「조선시대 과거제도의 교육적 성격 연구」, 연세대학교 대학원 박사학위논문, 1998; 이원재,「朝鮮前期 科擧制度와 敎育文化 硏究」, 연세대학교 대학원 박사학위논문, 1996
49) 강혜종,「壬戌(1862)년 조선 三政救弊論의 형성 양상과 성격 고찰」, 연세대학교 대학원 박사학위논문, 2018; 김재훈,「純祖代 文科의 운영과 응시자들의 동향」, 명지대학교 교육대학원 석사학위논문, 2009; 김희자,「고려말 공민왕대 교육· 과거제도의 개혁」, 충북대학교 교육대학원 석사학위논문, 2004; 이미영,「鄭道傳 의 敎育·科擧制度 改革案」, 충북대학교 대학원 석사학위논문, 2008; 이상무,「갑

과거科擧의 '내용'에 주목하는 연구도 2000년대 들어서 나타나기 시작하여, 주로 대책對策에 대한 연구가 진행되었다. 그러나 科擧의 시험 문제인 "책문策問"의 경우에는 그 연구가 아직 미흡한 편이다. 그 이유는 국문학계와 교육학계가 주도한 과거科擧의 양식과 교육제도적인 측면에서 본 연구가 과거科擧 연구의 다수이고, 역사학계에서도 과거科擧를 '제도사制度史' 관점에서의 연구가 지배적이었기 때문이다.50) 이는 성리학에 대한 이해와 관점이 상이한 학계의 실정이 성리학과 밀접하게 연관되어 있는 과거 시험 문제인 책문에 대한 연구가 저조한 것에 영향을 주었다고 본다.

책문과 대책에 대한 연구는 원문 자료의 발굴과 번역에서부터 시작되었다. 책문과 대책 자료의 번역은 1970년대~1990년대 『조선왕조실록』, 『홍재전서』 등의 왕실 기록의 번역과 함께 진행되었다.51) 이와 함께 조선시대 문인의 개인 문집의 번역 작업이 진행되면서 그 안에 포

오개혁이후 관리임용제도의 변화 : 문관전고소시험을 중심으로」, 서울대학교 대학원 석사학위논문, 2008; 「인조·숙종대 별시 운영과 성균관 교육 연구」, 서울대학교 대학원, 2015; 이선철, 「명·청의 사례를 통해 본 조선 과거제도의 실상」, 서강대학교 교육대학원 석사학위논문, 2018; 이수동, 「조선시대 陰陽科에 관한 연구」, 원광대학교 일반대학원 박사학위논문, 2013

50) 논문 검색 사이트 DBpia에 2017년 12월 시점에 '朝鮮 科擧'로 검색하면, 1988년 창간한 교육사학회에서 창간한 『교육사학연구』는 창간호 이후 2015년 25권 1호까지 科擧와 관련된 논문이 총 15편이다. 반면 역사학계의 대표적인 간행물인 한국학중앙연구원에서 1978년에 창간한 『정신문화연구』가 2015년 38호까지 총 2편, 1958년 한국사학회에서 창간한 『사학연구』가 창간호부터 2015년 118호까지 총 2편, 서울대학교 규장각 한국학연구원에서 창간한 『한국문화』가 창간호부터 2015년 70호까지 총 4편이다.

51) 『조선왕조실록』의 번역 사업은 1975년부터 1991년까지 진행되었으며, 실록에는 태조대부터 성종대의 책문이 실려 있다. 『홍재전서』의 경우 정조가 직접 출제한 책문을 모아둔 권 48부터 권 52의 번역이 1998년에 진행되었다.

함된 책문과 대책 자료의 번역도 진행되었다.

이러한 책문과 대책 번역 자료를 토대로 한 연구 서적은 1990년대 후반부터 등장하였다. 대표적으로 지두환의 『명문명답으로 읽는 조선 과거실록』(동연, 1997)과 김태완의 『책문 : 시대의 물음에 답하라』(소나무, 2004)이 있다.

2000년대에는 책문과 대책 모음집의 번역 작업이 진행되었다. 국립 중앙도서관에서 『동책정수』(2006), 『금대전책』(2011)의 번역본을 출판한 것이 그것이다. 이렇게 자료가 점차 발굴되자 한국학중앙연구원은 과거 시험 답안지인 시권試券에 대한 연구방법을 제시하고 여러 시권을 번역하여 『조선시대 시권 -정서와 역주』(2017)을 출판하고, 그 시권을 분석한 연구를 종합하여 『선비의 답안지』(2018)를 출판하였다.

학술 연구도 2000년대에 와서 활발해졌다. 현재 책문에 대한 역사 학계의 연구는 정조대의 책문에 대한 연구에 편중되어 있다. 이는 정조의 개인문집인 『홍재전서』 권 48부터 권 51에 정조가 직접 작성한 책문이 전해지기 때문으로 보인다.[52] 반면 조선 전기의 책문은 조선 왕조 실록과 문집에 실린 자료가 풍부함에도 불구하고 집중적인 연

---

52) 김동민, 「正祖의 「策問:春秋」를 통해 본 조선조 春秋學의 문제의식」, 『東洋古典研究』 56, 2014; 김현옥, 「정조(正祖)의 책문(策問)에 나타난 애민사상(愛民思想) 연구(研究)」, 『漢文古典研究』 17, 2008; 「정조(正祖)의 인재관(人材觀) 연구(研究) -「책문(策問)」을 중심(中心)으로」, 『漢文學論集』 28, 2009; 「「책문(策問)」에 나타난 정조(正祖)의 학문관(學問觀)」, 『漢文古典研究』 21, 2010; 박현순, 「정조의 『臨軒題叢』 편찬과 御題 출제」, 『규장각』 48, 2016; 백진우, 「策文의 정치적 활용성에 관한 시론 -정조시대 이가환의 「蕭何大起未央宮論」 분석을 중심으로 -」, 『東洋古典研究』 57, 2014; 양원석, 「정조 「문자책문(文字策問)」에서의 문자학제설에 대한 논의 1」, 『民族文化研究』 45, 2006; 장진엽, 「18세기 후반 文字學(문자학)을 둘러싼 논점들 -正祖(정조)의 文字策(문자책)과 이에 대한 對策(대책)을 중심으로-」, 『南冥學研究』 39, 2013

구가 아직 나타나고 않고 있다.[53]

2010년대에 들어서서 科擧 책문과 대책의 내용에 대한 연구가 진행되었는데, 대체적으로 국어국문학과에서 책문과 대책의 양식을 연구하는 경향이 주류를 이루고 있다. 학위 논문으로는 박재경의 서울대학교 국어국문학과 박사논문인 「조선시대 策文 연구」(2014)가 있다. 이 논문의 내용과 방법론은 시기별 책문의 문체 변화를 살펴본 것으로 역사학적인 부분과는 차이가 있다고 할 수 있지만 책문을 주제로 다룬 최초의 학위 논문이라는 것에 그 의의가 크다고 할 수 있다.

이와는 별개로 특정 시기, 특수한 목적으로 출제된 책문과 대책을 다룬 학위논문도 2010년대에 들어서 발표되었다. 노영목의 경성대학교 한국학과 석사논문 「性齋許傳 '三政策' 譯註」과 강혜종의 연세대학교 국어국문학과 박사논문인 「壬戌(1862)년 조선 三政救弊論의 형성 양상과 성격 고찰」(2018)이 그것이다. 이 두 편의 논문은 모두 철종대 임술민란壬戌民亂에 대한 해결책을 구한 삼정구폐책三政救弊策, 이른바 '삼정책三政策'에 대한 학위논문이다.

이후로 정수환의 「인조조 과거를 통한 行錢 문답과 行錢策 ─ 인조 11년(1633) 策問과 對策 분석」(『東洋古典研究』 64, 2016)과 심재권의 「조선조 과거시험과목인 책문의 내용 및 주제 분석」(『韓國行政史學誌』 37,2015), 윤재환의 「논난(論難)과 필화(筆禍)를 통해 본 조선 시대의 책문(策文)-『조선왕조실록(朝鮮王朝實錄)』속 책문(策文) 논난(論難)과 필화(筆禍)를

---

53) 조선 전기 과거 책문에 대한 연구는 임완혁의 「조선전기(朝鮮前期) 책문(策文)과 사(士)의 세계(世界) 인식(認識) : 『전책정수(殿策精粹)』를 중심으로」(『漢文學報』 20, 2009)와 김현옥의 「성삼문(成三問)과 신숙주(申叔舟)의 책문(策文)에 나타난 현실인식(現實認識) 비교(比較)」(『漢文學論集』 33, 2011), 안소연의 「금남 최부의 정치 활동과 인재관 : -성종 17년 重試 책문과 최부의 대책문을 중심으로-」(『한국학논총』 49, 2018) 이 있다.

중심으로-」(『韓國漢文學硏究』 68, 2017), 이영환의 「식암 김석주의 책문 연구」(『영남학』 64, 2017) 등 이전보다 넓은 시기와 다양한 주제의 책문을 다루는 연구가 진행되었다.

그러나 지금까지의 과거科擧 책문과 대책의 연구는 특정 왕대 혹은 특정 인물의 대책에 중점을 두고 연구가 진행되어 왔다. 즉, 조선사 전체적인 흐름 속에서 과거 책문과 대책을 바라보는 연구는 전무하다고 할 만큼 미흡한 편이다. 이는 조선 시대 사상사에서 성리학에 대한 부정적인 인식이 강하여 이제껏 조선 사상사의 흐름을 명확하게 규정하지 못하였기 때문으로 보인다. 하지만 1970년대 이후 조선 사상사에 대한 연구들이 그 때까지의 애매한 개념인 '실학'이 아니라 심학화된 조선성리학을 조선 후기를 주도한 사상으로 밝혀내는 연구 성과를 이루면서 조선 시대 사상의 흐름이 분명해졌다고 할 수 있다. 따라서 이제는 科擧 책문 연구에 있어서도 기존의 연구방향과는 다르게 사상의 흐름에 따른 변화를 살펴볼 수 있는 통사적通史的인 관점에서 연구를 진행할 수 있을 것으로 보인다.

3. 연구 방법

본 논문에서는 조선 건국부터 조선이 멸망하는 19세기까지 조선시대 경세관 중 인재관, 군신관, 경제관의 변화상이 과거科擧 책문과 대책의 내용에 어떻게 반영되었는지를 분석하고자 한다.

과거 시험 과목의 하나인 대책對策과 관련해서는, 여기서 세부적으로 문제는 책문策問 혹은 책策, 그 답변은 대책對策 혹은 대對라고 하며 질문과 답변을 모두 합하여 책策 혹은 책문策文이라고 칭한다. 실제로 조선시대 문집들을 보면 책문과 대책을 책策, 대對, 대책對策 등의 소항목으로 묶어서 싣거나 잡저雜著 등에 실으면서 ○○책○○策, 답성문答聖問, 실시한 시험의 종류 + 대책對策혹은 책策, 실시 날짜 + 실시한 시험의 종류 + 대책對策혹은 책策 등으로 표기하였다.

본 논문에서는 질문의 의도와 답변에서 제시한 해결책을 구분하기 위하여 책문策問과 대책對策을 분리하여 서술하고자 한다.

자료인 책문과 대책의 경우, 왕 앞에서 시험을 치르는 과거科擧 문과文科 최종 시험인 대과大科 전시殿試를 가장 우선으로 다루고, 그 외의 문과 회시會試나 초시初試, 동시東試, 초계문신시抄啓文臣試 등은 시험 시기가 명확한 자료 중에서 인재관, 군신관, 경제관을 다룬 자료를 선정하였다. 시험시기가 명확하지 않더라도 책문과 대책의 저술자가 명확하게 밝혀져 있는 경우에는 참고 자료로서 제시하였다.

자료 수집은 책문의 경우 조선 전기 세종대부터 성종대까지는『조선왕조실록』에 수록된 것을 중심으로 하고, 중종대부터 조선 후기 현종대까지는 한국역대인물종합정보시스템(http://people.aks.ac.kr)의『문과방목文科榜目』을 참조하여 해당하는 주제의 문제 출제자나 합격자의 문집에 수록된 것을 취하고자 한다. 한편 정조대 책문은 정조가 직접 지은 어제책御製策을『홍재전서』권 49~51을 취하였다.

대책은『문과방목』을 참조하여 과거 시험 합격자 중 순위가 높은 합격자의 대책을 우선으로 한다. 대책을 쓴 인물의 인적사항을 간략히 정리한 다음 대책을 분석하였으며, 같은 주제의 책문에 합격한 두 명 이상의 대책이 있을 경우, 각 대책을 분석한 뒤 둘의 공통점과 차이점을 비교하여 서술하였다. 그리하여 현전 현전現傳하는 문집 중 51편에 수록된 책문 및 대책과 대책 모음집인『동국장원집東國壯元集』,『전책정수殿策精粹』上·下,『동책정수東策精粹』上·下도 참조하였다.

흥미롭게도 조선 태종~연산군대까지의 책문은 『조선왕조실록』에 전하고 있다. 특히 세종대부터 책문이 실리는 개수가 증가하고, 성종 대에 최고조에 이르렀다가 연산군대에 이르러서는 실록에 실리는 책 문의 개수가 현저하게 줄어들더니, 중종대에 이르러서는 『조선왕조실 록』에 책문이 실리지 않게 된다.

그리고 명종~선조대부터는 선왕대의 우수 책문과 대책 모음집이 제작되어 유통된다. 그리하여 『동국장원집』, 『전책정수』와 같이 과거 대과大科 전시殿試의 책문·대책뿐만 아니라 『동책정수』, 『진영수어』처 럼 집사책執事策으로 칭해지는 초시初試·회시會試의 우수 대책문 모음 집도 간행되었다.

이러한 우수 책문·대책 모음집은 조선 후기까지 지속적으로 간행되 어 『동책東策』등이 전하며, 숙종대 이후에 간행된 책문·대책 모음집의 경우 전책殿策보다는 집사책執事策 중심으로 구성되는 특징을 보인다. 그리고 전책의 경우 개인 문집에 실리는 경향이 더욱 강해진다.[54]

조선시대 문과는 총 804번 시행되었으며, 총 합격자 수는 15,151명 이다. 현전現傳하는 책문은 총 252개, 대책은 총 284개이다.

---

54) 박재경의 「조선시대 策文 연구」(서울대학교 국어국문학과 박사학위논문, 2014) 의 13~30쪽에 이러한 우수 책문·대책 모음집의 출간 경향을 분석하였다. 이 논 문에서는 처음 조선 전기에는 주로 직책이 있는 상태에서 중시重試 등 승진 시 험에 대비하여 전책殿策을 중심으로 제작되었던 것이 이후에는 초시·복시 나 아가 진사시·생원시 등 하위시험에도 책문이 출제되면서 점차 하위 시험 중심 의 책문·대책 모음집 출간으로 변화되었다고 보고 있다.

〈표 1〉 조선시대 문과 시행 횟수와 책문, 대책 개수 통계

과거 시행 총 횟수	과거 합격자 총합	책문 개수	대책 개수
804번	15,151명	252개	284개

다음으로 수집한 자료를 토대로 책문의 주제별 문제 개수와 비율을 통계 내보았다. 책문은 한 문제에 여러 주제를 다루기 때문에 책문의 개수보다 주제의 개수가 많다. 때문에 책문의 개수를 괄호에 따로 표시하는 바이다.

〈표 2〉 조선 시대 책문 주제별 개수와 비율

	인재	정치	경제	사회	문화	군사	외교	국방	기타	불명	주제합계 (책문&대책 개수)
태조~명종대	21	36	22	30	19	16	3	10	1	15	173(152)
선조~현종대	15	30	8	22	17	4	-	7	1	3	206(107)
숙종~고종대	8	17	30	25	13	6	1	-	-	-	435(99)
총합	44	83	60	77	49	26	4	17	2	18	380(252)
비율	11.6	21.8	15.8	20.3	12.9	6.8	1.1	4.5	0.5	4.7	100

* 비율 계산은 0.01에서 반올림하였음.

위의 통계를 통해 책문에서 자주 다루었던 주제는 정치, 사회, 경제, 문화, 인재라는 걸 알 수 있다. 그러므로 과거제도科擧制度의 목적이라고 할 수 있는 '인재'와 비중이 큰 정치, 경제 관련 책문과 대책에는 시대의 흐름에 따른 사상의 변화에 따른 변화가 잘 드러날 것이다.

이러한 자료를 토대로 제2편은 조선 전기 주자성리학적 경세관이 책문과 대책에 어떻게 반영되었는지를 살펴보고자 한다. 조선은 건국부터 성리학을 국시國是로 삼고 이를 기반으로 고려 말 폐습을 개혁하고 조선 전기의 여러 문물제도를 정비하였다.

특히 이 시기에는 『대학연의』가 경연교재로서 임금을 가르치는 교과서였다. 때문에 『대학연의』를 수용하고 이해가 심화되는 과정이 조선 전기 인재관과 군신관 형성에 지대한 영향을 미쳤을 것이다. 그리고 고려 말 사전私田을 혁파하고 주자성리학에서 이상적으로 생각하는 정전제井田制를 실시하기 위하여 태조~태종대에는 과전법科田法이 실시되었고, 세종대에는 공법貢法이 실시되었다. 경제관의 연구를 통하여 세종대 공법貢法은 단순한 전세 개혁이 아니라 주자朱子의 정전제井田制 10분의 1체제를 조선에 적용시킨 것임이 밝혀졌다. 이렇듯 주자성리학에 따른 인재관, 군신관, 경제관이 형성되어 실제 제도에도 반영되고 있었다.

따라서 이 장에서는 주자성리학적 경세관이 확립된 시기를 태조~명종대로 규정하고, 이 시기의 인재관·군신관·경제관 관련 책문과 대책에 주자성리학적인 요소가 반영되었는지를 알아보도록 하겠다.

제3편은 성리학이 심학화心學化 되면서 나타난 경세관의 변화가 과연 책문과 대책에도 나타났는지를 살펴보고자 한다. 중종대부터 사림들에 의해 성리학은 심학화心學化 과정을 거치면서 점차 토착화되어 갔으며, 선조대 붕당정치가 형성되어 정치, 경제, 사회, 문화 전반에 걸쳐서 대동법, 노비종모법, 양반호포론 등 다양한 개혁 정책을 논의하였다.

또한 『대학연의』에 대한 이해가 더욱 심화되어 『대학연의』가 제시하는 인재관과 군신관을 무조건적으로 따르는 것이 아니라 조선 자체적인 경세관을 형성하면서 변화가 나타난다. 이는 이황, 이이와 같은 조선성리학자들에 의해 『성학십도』·『성학집요』 등으로 집대성되어 17세기 후반 이후의 조선을 이끌어가는 사상이 된다. 한편, 공법의 실시로 전세田稅의 10분의 1을 이룩한 이후 공납을 대동법으로 개혁하는 논의가 진행된다. 16~17세기 경제에 있어서 가장 중요한 논의는 대동법이었으며, 그 중에서도 공안개정을 실시하고 대동법을 시행할지 아니면 대동법을 먼저 실시할지의 논의는 선조대부터 현종대까지 지속될 정도로 매우 격렬한 논쟁거리였다.

이 장에서는 성리학의 심학화心學化 시기를 선조~숙종 20년 이전까지로 보고, 이러한 성리학의 심학화心學化에 따른 경세관의 변화가 책문과 대책에도 반영되어 있으며, 이를 통한 개혁 논의가 어떠한 방향으로 진행되는지를 살펴보겠다.

제4편은 조선 후기 조선성리학을 기반으로 문예 부흥을 이룩한 뒤 북학사상이 도래하는 정세가 책문과 대책에서도 논해졌는지를 살펴보고자 한다. 숙종 20년 이후 서인 정권이 성립되고, 영조가 즉위한 이후 서인-노론이 정권을 주도하게 되면서 영조·정조대 문예 부흥기를 주도한다.

숙종 20년 이후 이이의 『성학집요』가 경연과목이 되면서 이전 『대학연의』 중심의 인재관과 군신관에도 변화가 나타나게 된다. 영조와 정조는 자신을 군사君師로 탕평정치를 통해 모든 사회 개혁을 직접적으로 주도해나갔다. 그리하여 노비종모법, 균역법, 준천사업, 과거科擧 폐단 개혁 등이 모두 임금의 주도 하에 진행되었다.

따라서 이 장에서는 조선성리학적 경세관이 확립되는 숙종 20년 이후부터 영조·정조대 인재관·군신관·경제관 관련 책문과 대책은 어떠한 특징을 가졌는지를 살펴보도록 하겠다.

마지막으로 제5편에서는 순조대 이후 조선성리학이 실효성을 잃고 북학이 등장하는 시기에 과거제도는 어떠한 역할을 하였는지를 정리하고자 한다.

정조대로 넘어가면서 사실상 조선성리학은 시대를 이끌어 갈 수 있는 원동력을 상실하였으며, 이로 인한 개혁 정책 또한 폐단으로 변질되었다. 그리하여 정조 규장각 학자들은 청조고증학淸朝考證學을 수용하여 북학사상을 통해 이를 극복하고자 하였으나, 순조대 이후 보수적인 세도정치 세력들의 억압에 의해 좌절되고 말았다. 이러한 변화가 과거科擧 책문과 대책에는 어떻게 반영되었는지를 살펴보겠다.

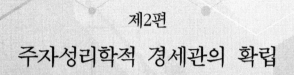

제2편

주자성리학적 경세관의 확립

고려 말에 만권당을 중심으로 주자성리학을 도입한 신흥사대부 세력은 정도전 등과 같이 역성혁명을 주장하는 급진 세력과 이를 반대하고 은둔하는 두문동 72현으로 대표되는 개혁 세력으로 나뉘었다. 급진 신흥사대부 세력에 의해 조선이 건국되자 겉으로는 주자성리학의 이념을 표방하면서도 태조의 막내아들인 방석을 세자로 옹립하는 등 실제적으로는 이를 위배하는 정책을 시행하였다. 때문에 정도전 세력은 주자성리학자들의 비난을 받았고, 이들의 지지를 받은 태종에 의하여 밀려나게 된다.

태종이 즉위한 이후 그 측근인 좌명공신세력으로 세력이 교체되었으나, 이러한 지지 세력의 입지가 강화되는 것을 경계하여 인재 등용 제도를 개혁하여 두문동 72현과 그 후손·제자들이 정계에 등장하게 되었다.[55] 이렇게 등용된 고려 말 절의파 세력은 주로 대간, 언관직을 담당하였으며, 고려 말의 여러 폐습들을 주자성리학에 입각하여 개혁하는 핵심 세력이 되었다.

세종대에는 집현전을 설치하여 성리학에 대한 이해가 더욱 깊어지면서, 이를 기반으로 하는 공법 실시, 한글 창제, 과학기술의 발달 등 문물제도가 정비되었다. 하지만 세조찬탈이 일어나 집현전 학자 세력 중 단종 복위를 시도하였던 사육신·생육신 세력들은 참화를 입고 세

---

55) 김보정, 「朝鮮初期 節義派 士大夫의 정치적 성향과 思想」, 130쪽 ; 「조선 초기 정몽주에 대한 인식 -『고려사』·『고려사절요』를 중심으로」, 『포은학연구』 9, 2012, 77쪽

조 2년 집현전이 혁파되고 경연이 정지되어 주자성리학에 입각한 왕도정치 개혁은 지연되었다.

이후 성종이 즉위하여 직접 친정을 시작하는 성종 7년부터 집현전 학자들의 후예인 사림士林이 정계에 진출하면서 다시금 개혁이 실시되었다. 성종 9년 집현전의 후신으로 홍문관弘文館이 설치되면서 경연과 학술연구의 중심기관이 되어, 세조찬탈세력과 사림 세력이 첨예하게 대립하였다. 하지만 연산군대 두 차례의 사화로 사림들이 숙청되면서 개혁이 지연되었다.

중종반정 이후 사림들이 다시 정권을 주도하면서, 주자성리학에 입각한 개혁이 진행되었다. 비록 중종대 기묘사화, 명종대 을사사화로 사림들이 정계에서 밀려났으나, 이 시기에 이르러서는 주자성리학적인 경세관이 정착되었고 선조가 즉위하면서 사림들이 대거 등용되어 붕당정치로 나아가게 된다.

이러한 조선 전기 경세관의 성립에 있어서 가장 핵심적인 역할을 한 것은 진덕수의 『대학연의』이다. 유교 경전 중 『대학』은 천하를 다스리는 원리 즉, 군주학 지침서였는데 송대宋代 성리학자들에 의하여 『예기』에서 독립되어 사서四書의 하나가 되면서 성리학의 전체적인 체계를 알려주는 핵심 서적이 되었다.[56] 진덕수가 이러한 『대학』의 내용을 확대하고 경전 구절을 인용하면서, 이와 관련된 역사적 사례를 모은 것이 『대학연의』 43권이다. 남송대부터 『대학연의』는 치국治國의 원리를 설명하는 교재로서 경연의 교재로 채택되었다.

우리나라에는 고려 말 성리학자들에 의해 『대학연의』가 수용되었으며, 조선 세종대부터 『대학연의』는 경연의 교재로써 왕도정치의 기

---

56) 정재훈, 「중국의 제왕학과 조선의 정치사상 -『대학연의(大學衍義)』를 중심으로-」, 『대학연의』 상, 서울대학교출판문화원, 2018, 785쪽

본 지침이 되었다.57) 문종도 이를 이어 세자를 가르치는 서연書筵에서
도 대학연의 언해를 통해 가르치도록 하라는 명을 내릴 정도로 대학
연의를 중시하였다.58) 그러나 세조가 왕위를 찬탈한 이후에는 왕도정
치의 교과서인『대학연의』가 아닌 패도정치를 중시하는『정관정요』를
지침서로 삼으면서도, 형식적으로『대학연의』가 경연에서 다루어졌다.

한편 단종 복위 세력 중 정계에서 밀려나 은거하던 생육신 세력들
을 중심으로『대학연의』연구가 지속되었고, 성종대 사림들이 등장하
면서『대학연의』가 중시되었다. 그리하여 성종대에는 남송대南宋代와
우리나라의 고려시대를 첨가한『대학연의집략』을 만들고, 성종 25년
에는 명나라 구준丘濬의『대학연의보』를 구입하여 간행하는 등 다시
주자성리학에 입각한 이상적인 문물제도를 정립하였다.

이러한 『대학연의』를 바탕으로 조선 전기 인재관과 군신관이 형
성되었다. 인재관은 임금의 마음을 바로 잡을 수 있는 신하로 이른바
'격군심格君心'할 수 있는 인재였으며, 임금은 군자와 소인을 잘 판단
할 수 있는 안목을 갖추고 있어야 했다. 그리고 이상적인 군신 관계를
'군신상우君臣相遇' 혹은 '군신상여君臣相與'로 칭하면서 훌륭한 임금
과 훌륭한 신하가 서로 만나 친밀하게 지내는 것이 되었다.

한편 조선시대의 이상적인 경제관은 정전제井田制였다. 조선은 주

---

57) 지두환, 「朝鮮前期 君子·小人 論議 -《大學衍義》王安石論」을 중심으로-」,『泰東古典
研究』9, 1993;「朝鮮前期『大學衍義』이해과정」,『泰東古典研究』10, 1993; 김세봉,
「朝鮮前期『大學(衍義)』認識」,『동양고전연구』16, 2002; 임소영&이성남, 「세종의
왕도정치에 미친《大學衍義》의 영향 -《세종실록》의 기록을 중심으로-」,『中國學
論叢』53, 2017; 정재훈, 「朝鮮前期《大學》의 이해와 聖學論」,『진단학보』86, 1998;
조남욱, 「세종의 정치이념과『大學衍義』」,『유교사상문화연구』23, 2005; 한희숙,
「조선 전기 왕자 교육의 실태와 그 특징」,『한국사학보』64, 2016
58) 『문종실록』권 5, 문종 즉위년 10월 12일 戊子 1번째 기사

자의 정전제井田制 10분의 1세 체제를 수용하여 노비를 제외한 모든
농민에게 땅을 주고 군인을 징발하는 병농일치제를 시행하고자 하였
다. 나아가 주자성리학에 입각한 정전제를 실시하기 위하여 세종대에
貢法을 택하고 이를 전국에 시행하여조세租稅 10분의 1을 이룩하는 이
상사회를 만들어나가고자 하였다.59)

---

59) 지두환, 「朝鮮初期 井田論 論議」, 『동양학』 제28집, 1998, 18~19쪽

제1장 『대학연의』 기반 '격군심格君心' 인재관의 성립

1. 고려 말 인사 행정 개혁

조선 건국 초에는 주자성리학에 입각한 구체적인 인재관 성립보다는 고려 말의 인사 행정의 폐단을 개혁하고 과거제도科擧制度를 새롭게 정비하는 것이 중요한 과제였다.

태종이 1차 왕자의 난으로 정도전 등 태조대 건국공신세력을 제거하고, 자신의 측근인 좌명공신세력으로 세력이 교체되면서 인재 정책의 개혁을 실시하였다. 그리하여 정몽주 등을 절의지사로 추숭하고 성균관과 유일지사의 천거를 통한 인재등용을 통해 두문동 72현과 그 후손·제자들이 정계에 진출하도록 하였다.[60]

이러한 흐름 속에서 고려 말 인재 선발 제도는 주자성리학적인 방향으로 개혁되어 갔다. 과거제도 전반에 개혁이 이루어져 무과가 설치되어 문과·무과를 균형적으로 운영하였고, 좌주문생제와 국자감시를 혁파되었다.

먼저 인사 행정 제도 개선과 관련된 책문은 다음과 같다.

(ㄱ) "우선 그 큰 것을 들어 말한다면, 전선銓選을 정精하게 하려 하나 요행으로 속여 나오는 것이 제거되지 않으니, 공적을 상고하는 법

---

60) 김보정, 「朝鮮初期 節義派 士大夫의 정치적 성향과 思想」, 2008, 130쪽 ; 「조선 초기 정몽주에 대한 인식-『고려사』·『고려사절요』를 중심으로」, 2012, 77쪽

[考績之法]이 어떻게 사의事宜에 합하겠는가?"(태종 7년 중시 책문)61)

(ㄴ) "우리 조선에서는 고려의 사병私兵을 경계하여 모두 혁파하였는데, 그 후에 다시 한 대신이 사병의 이로움을 말했다. 고려에서 대신을 욕보인 것을 거울삼아, 우리 조선에서는 비록 죄과가 있어도 죄를 직접 캐묻지 않고 여러 가지 증거로 죄를 정하였는데, 대신이 또 말하기를 '후세에 반드시 죄 없이 모함에 빠지는 사람이 있을 것이다.'고 하였다. 고려에서 대신이 정권을 쥐고 흔든 것을 거울삼아, 우리 조선에서는 크고 작은 일을 모두 임금에게 재결을 받도록 하여, 의정부가 마음대로 결단하지 못하게 하였는데, 대신이 말하기를 '승정원이 가진 권한이 지나치게 크다.'라고 하였다. 고려에서 정방이 외람되게 인사권을 행사한 폐단을 거울삼아, 우리 조선에서는 이조와 병조가 분담하게 하였는데, 그 권한이 또한 크니, 정방을 다시 설치하고 제조를 임시로 낙점하도록 하자는 대신이 있다."(세종 29년 중시 초시 책문)62)

(ㄱ)은 태종 7년 중시 책문의 일부분이고, (ㄴ)은 세종 29년 중시 초시 책문의 일부분이다. 두 책문 모두 전반적으로 인재를 뽑는 전선銓選을 제대로 행하기 위해서는 고려 말의 폐습을 개혁해야 하고, 관료 체계를 제대로 운용하기 위해서는 考課를 제대로 평가하는 법 또한 마련해야 한다고 말하고 있다.

본래 고려 전기의 인사행정은 이조吏曹와 병조兵曹가 담당하여, 정안政案을 작성하고 보관하였다가 그것을 바탕으로 연말에 전주銓注를 시행하였다. 전주銓注는 어떤 직책을 맡은 인물이 그 직책에 합당한지를 평가하는 것으로, 고려 전기 그 대상은 문반은 9품 이상, 무반은

---

61) 『태종실록(太宗實錄)』 권 13, 태종 7년 4월 18일 임인 1번째 기사
62) 『성근보집(成謹甫集)』 권 2, 策 重試對策 ; 『보한재집(保閑齋集)』 권 13 策 置私兵禮
　　大臣分政權復政房

대정隊正 이상, 부사府史와 서도胥徒였다.[63]

그런데 무신정변 이후 인사권은 중방中房이 행사되게 되었고, 인사 행정에서 가장 중요한 전주권銓注權 또한 무신들에 의해 분산되어 무신들의 의향에 따라 행사되었다. 고려 명종 26년 최충헌崔忠獻이 정권을 장악하고, 고려 신종 2년 병부상서兵部尙書와 지리부사知吏部事를 겸하게 되면서 전주의 권한은 최충헌의 사가에서 이루어졌다. 최충헌 사후 그 아들인 최이崔怡가 정권을 물려받으면서 전주권을 공식적으로 전담하는 정방政房을 설치하였다.[64] 그리고 그 전주 대상도 문·무반 전체로 변화하였다.[65]

정방의 설치로 인하여 인사권에 있어서 문란이 지속되었고, 무신정권이 몰락한 뒤에도 정방의 인사행정권이 그대로 유지되면서 왕권이나 권신들에 의해 정방의 전주권이 자의적으로 행사되는 경향이 계속되었다.

이렇게 정방에 의한 인사권 문란이 지속되자 주자성리학자인 이제현·이색 등은 꾸준히 정방 혁파를 주장하였고, 위화도회군 이후 정권을 잡은 이성계 세력과 신진사대부들에 의해 창왕 1년(1388)에 정방은 완전히 혁파되었다.

그러나 조선 초에도 인사 행정에 대한 논의가 지속적으로 이루어

---

63) 박재우, 「고려후기 인사행정과 인사문서에 대한 비판적 검토」, 『한국사연구』 162, 2013, 258쪽
64) 유현숙, 「崔氏 武人執權期 文士의 登庸과 政治的 役割」, 충북대학교 역사교육학과 석사학위 논문, 2010, 19~20쪽
65) 박재우, 앞의 책, 258쪽
"이처럼 고려후기 전주권은 원래 吏部와 兵部가 가졌던 것을 崔怡 때에 政房으로 이전하였고, 전주 대상은 담당 관청의 변화와 상관없이 '百官' '文武' '9품 이상과 隊正' 이상 등으로 표현되는 문무반 전체였다."

지고 있었으며, 태종 7년과 세종 29년 책문에 이러한 논의가 반영된 것이다.

우선 태종 7년 중시重試에 장원壯元으로 합격한 변계량卞季良(1369~ 1430)의 대책이 문집 『춘정집春亭集』에 전한다.

> (ㄱ)-1 "관리 선발을 정밀하게 하려면 요행을 막고 관직을 지낸 햇수를 고려하지 말아야 합니다. 국가에서 관리를 선발하는 법에 문과·무과와 의과·율과·음양과가 있고, 관청의 아전들을 선발하는 것은 이조吏曹·교서관校書館에서 관장하니, 벼슬에 나가는 길이 넓습니다. 진실로 그 법을 다시 엄하게 하여 정밀하게 심사하고, 모든 사람으로 하여금 반드시 이 길을 따르게 함으로써 무능한 자가 벼슬길에 섞여나갈 수 없게 하면, 요행으로 관직에 함부로 나아가는 것을 걱정할 필요가 없을 것입니다."(변계량의 태종 7년 중시 대책)66)

(ㄱ)-1을 보면 변계량은 관리 선발을 정밀하게 하기 위해서는 요행을 막고, 관직을 지낸 햇수를 고려하지 않아야 한다고 주장한다. 현재 조선에는 과거 시험이 있고, 이조에서 아전 선발을 맡고 있기 때문에 벼슬에 나가는 길은 많이 있으므로, 그 제도를 더욱 엄격하게 하여야 무능한 이들을 걸러낼 수 있고 요행을 막을 수 있다고 주장하고 있다.

즉 고려 말의 폐습을 개혁하고 성리학적인 인재를 선발하기 위한 제도를 정착시키는 것이 중요하다고 본 것이다.

이 7년 중시重試에서 합격한 10명에 대해서는 인사이동이 있었다.67) 이 중 을과 1등으로 상위권을 차지한 세 명을 살펴보면 장원 변계량

---

66) 『춘정집(春亭集)』 권 8, 殿試對策 存心出治之道立法定制之宜
67) 『태종실록(太宗實錄)』 권 13, 태종 7년 4월 22일 병오 1번째 기사

은 예문관 직제학에서 예조참의로, 아원 조말생趙末生은 이조정랑에서 전농부정典農副正으로, 탐화랑(3등) 박서생朴瑞生은 성균학정成均學正에서 우정언右正言이 되었다.

그런 한편 태종은 사헌부로 하여금 7년 중시重試에 나오지 않은 이들을 탄핵하도록 하였다. 이 때 탄핵의 대상이 된 것은 주로 대간臺諫의 직분으로 과장科場에 나가는 것을 꺼려했던 인물들로 벼슬에서 파면되었다.[68] 이는 태종이 이 중시重試를 무척 중요시 하고 있으면서, 동시에 태종대 대간臺諫과의 갈등이 드러나고 있는 부분이라고 할 수 있다.

이 7년 중시重試에서 논한 전조銓曹의 문제는 태종 8년 3월 21일 이조吏曹에서 인재를 천거하는 법을 올린 것에서 그 변화상이 나타난다.

이조吏曹가 올린 글에는 각사各司에서 한 해에 두 번 천거하는 일이 제대로 돌아가지 않으므로 서울과 외방의 대소 관원이 천거한 것을 류類에 따라 직품을 나누어 책으로 만들고, 인사 배치할 때마다 품品에 따라 임금에게 아뢰어 낙점을 받아 제수한 뒤 3년 혹은 5년 뒤에 다시 천거하게 하는 방식을 삼자고 하였다.[69]

이는 변계량이 7년 중시重試 대책에서 언급한 이조吏曹에서 아전을 선발하는 방식을 보다 엄격하게 할 것을 주장한 것이 적용된 것이다. 기존에 각사各司에서 2번 천거하는 방식에서 그 천거한 것을 책册으로 만들어 인사 배치할 때마다 임금에게 아뢰어 직책을 제수한 뒤 3년·5년의 기간을 두는 것으로 변경되었다. 즉, 천거의 공정성이 좀 더

---

68) 『태종실록(太宗實錄)』 권 13, 태종 7년 4월 22일 병오 2번째 기사
  "司憲掌令趙啓生, 獻納河得孚, 正言卜季孫·文守誠等, 自以身爲臺諫, 嫌爭名於場屋之中, 不赴試, 皆坐免官. 持平金涉, 赴初場, 見臺諫皆不赴, 遂托疾而出, 由是獨免."
69) 『태종실록(太宗實錄)』 권 15, 태종 8년 3월 21일 경오 4번째 기사

넓어진 것으로 볼 수 있다.

한편 (L)의 세종 29년 중시重試 초시初試 책문에 대한 연구는 다른 시기 책문 연구에 비해 활발히 진행된 편이다. 이는 관련 대책對策이 4편이나 전하여 당시 학자들의 인식을 비교할 수 있는 요소가 있기 때문으로 보인다.70) 특히 조선 전기 삶의 대비가 극명한 사육신인 성삼문成三問(1418~1456)과 신숙주申叔舟(1417~1475)의 대책이 전하여 그 사상의 차이를 비교할 수 있는데, 이를 통해 성삼문은 '강상綱常', 신숙주는 '권변權變'으로 구분하여 원칙주의와 현실주의로 대비하는 연구가 있다.71) 그리고 성삼문, 신숙주와 함께 이 시험에 합격한 이석형의 대책 구성과 논지전개방식을 비교한 연구도 진행되었다.72)

그러나 대체로 책문과 대책의 내용, 형식에 대한 연구는 진행되었지만 조선시대 사상사 흐름의 관점에서 그 내용을 분석한 연구는 아직 진행되지 않았기에, 본 논문에서는 성삼문과 신숙주의 책문과 대책 중 인재관 관련 부분을 주자성리학의 이해와 적용의 관점에서 분석하였다.

성삼문과 신숙주의 대책 중 고려 정방政房에 대하여 논한 부분과 현재 조선의 인사권을 어떻게 개혁해야 하는지를 논하는 부분은 다음과 같다.

(L)-1 "정방에 대해 말씀드리겠습니다. 고려 때에는 진양공晉陽公 최충

---

70) 세종 29년 重試 책문은 성삼문의 『성근보집(成謹甫集)』, 신숙주의 『보한재집(保閑齋集)』, 이석형의 『저헌집(樗軒集)』, 김담의 『무송헌집(撫松軒集)』에 전한다.

71) 김현옥, 「成三問과 申叔舟의 策文에 나타난 現實認識 比較」, 『漢文學論集』 33, 2011, 38~43쪽·63~67쪽

72) 박재경, 「세종조 책문의 글쓰기 비교 연구 -成三問, 申叔舟, 李石亨의 對策을 중심으로-」, 『大東漢文學』 12, 2015, 88~90쪽

헌崔忠獻 부자가 4대 동안 이어서 국가를 제멋대로 휘둘렀습니다. …… 우리 조정에서 정방을 설치하지 않고, 문무 관직을 뽑는 일을 모두 이조와 병조에 맡긴 것은 이런 폐단을 경계한 것입니다. 뽑을 때 하는 일은 여러 관청의 공로와 잘못을 고찰하여 자급資級을 올리고 내리고 하는 것에 불과한데, 더구나 의정부의 한 사람이 전조를 겸하여 맡아 전체를 총괄하여 결재하는 것이겠습니까? 또한 비록 작은 일이라도 감히 독자적으로 처리하지 못하고, 모두 아뢰어 처리하고, 큰일은 모두 의정부의 의견을 들어 처리합니다. 따라서 전조의 권한이 막중하다고는 할 수 없으니, 어찌 정방을 다시 설치할 필요가 있겠습니까?"(성삼문의 세종 29년 중시 초시 대책)73)

(ㄴ)-2 "정방을 혁파한 것은 고려에서 인사권을 외람되게 행사한 폐단을 혁파한 것입니다. 우리 조선에서 이조와 병조가 그 권한을 나누어 관장하여 인물을 등용하거나 내치도록 하였는데, 화복禍福을 제멋대로 주물러 권세가 너무 크니, 이 때문에 그 권세가 너무 크다는 말이 나온 것입니다. …… 정방의 폐단을 혁파하려면 이조와 병조가 인사권을 주관하고, 의정부 역시 관리를 등용하거나 내치는 권한에 참여하도록 하십시오. 다만 오늘날의 제도에 견주어서 믿음으로 맡기어 후세 사람의 비판을 면하는 것이 옳습니다."(신숙주의 세종 29년 중시 초시 대책)74)

성삼문과 신숙주 모두 전조銓曹가 인사행정의 세세한 부분을 담당하는 것은 분명히 인식하고 있다. 하지만 인사행정에 있어서 전조의 영향력과 의정부의 역할에 대해서는 차이를 보이고 있다.

성삼문은 (ㄴ)-1에서처럼이조와 병조 즉 전조銓曹가 하는 일은 여러 관청의 공로와 잘못을 고찰하여 자급을 올리거나 내리는 일일 뿐이

---

73) 『성근보집(成謹甫集)』 권 2, 策 重試對策
74) 『보한재집(保閑齋集)』 권 13 策 置私兵禮大臣分政權復政房

지만, 의정부의 재상이 이를 전담하기에는 어렵기에 전조가 이를 맡게 한 것이고 그 일마저도 독자적으로 처리하지 못하며 의정부의 의견을 듣고 처리하기 때문에 전조의 권한이 막강하다고 말할 수 없다고 주장한다.

반면 신숙주는 (ㄴ)-2처럼 정방을 혁파하고 이조와 병조가 인사권을 나눠가져 인물을 등용하고 내치는 일을 하도록 하였다고 말하고 있는데, 신숙주는 성삼문과 다르게 이조와 병조의 권한이 너무 강하다고 생각하고 있었다. 때문에 이조와 병조가 인사권을 주관하게 하고, 의정부가 관리를 등용하고 내치는 권한을 갖게 해야 한다고 말하고 있다.

이렇듯 집현전 학자 내에서도 인사권에 대한 견해가 갈라지고 있음을 알 수 있다. 우선 성삼문 등 사육신 세력들은 집현전을 중심으로 재상 중심 정치를 시행하고자 하였으며, 이조와 병조에 부여된 인사권을 의정부·대간·집현전이 나누어 갖도록 하여 권신에게 권력이 편중되는 것을 막고자 하였다.[75] 반대로 신숙주와 같이 왕권 강화를 추구하며 수양대군을 지지한 세력은 세종대의 의정부 서사제와 집현전을 중심으로 하는 왕도정치를 반대하고, 공신들이 주도하는 패도정치를 추구하였다.[76]

세종 29년 중시重試 또한 인사 행정에 있어서도 주목할 만한 부분이 있는데 바로 사육신 중 성삼문, 이개, 박팽년, 유성원이 합격한 것이다. 이 중 박팽년의 경우, 아버지 박중림朴仲林이 여산礪山에 부처付處된 것이 풀리기도 했다.[77] 이 중시에서 사육신 세력이 대거 합격하

---

75) 지두환, 『명문명답으로 읽는 조선 과거 실록』, 동연, 1997, 53쪽
76) 지두환, 위의 책, 73쪽
77) 『세종실록(世宗實錄)』 권 117, 세종 29년 8월 23일 임오 1번째 기사

였기 때문인지 세종대에는 사육신 세력이 추구하는 방향의 인사 행정이 진행되어 전조銓曹의 인사 행정이 유지되었다.

한편 고려 말의 학풍을 개선하여 주자성리학적 학풍을 정착시키는 것 또한 중시되었다. 고려시대의 과거제도는 사장詞章을 시험하는 명경업明經業과 경전經典을 시험하는 제술업製述業이 '양대업兩大業'라고 불리며 중시되었다. 한당유학漢唐儒學의 영향을 받은 고려의 과거제도는 제술업을 보다 중시하였고 후대로 갈수록 명경업은 그 중요성이 떨어지고 선발 인원도 제술업에 비해 떨어졌고 고려 말에는 '잡업雜業[잡과]'과 비슷하게 여겨지게 되었다.78) 그러나 여말선초 주자성리학의 도입으로 경학經學을 중시하게 되면서 고려 말의 사장詞章을 중시하는 풍조를 이학理學을 중시하는 학풍으로 변화시켜야만 했다. 때문에 이러한 학풍개선은 책문의 주제로도 출제되었다.

(ㄷ) "인군人君의 직은 사람을 아는 것보다 어려움이 없고 사람을 임명하는 것보다 어려움이 더욱 없는데, 그 사람을 알고 사람을 임명하는 법에 관해 들을 수 있겠는가? ……학교는 권장하지 아니할수 없다. 그러나 사장詞章을 기송記誦하는 습속이 오히려 있으되진실로 실천을 아는 자는 대개 적으니, 어떻게 하여 교학敎學을 갖추고 밝혀서 인재를 배출하도록 하겠느냐?"(태종 14년 알성시 책문)79)

(ㄹ) "일찍이 육적六籍[六經]의 글을 보건대, 그 뜻이 가끔 서로 맞지 않는 것이 있는 듯하니, 내가 그윽이 의심한다. 『주역』에 말하기를, '역易을 지은 자는 근심하는 것이 있음인저.' 하고, 또 말하기를, '하늘을 즐거워하고 명命을 아는 때문에 근심하지 않는다.' 하였으니, 그 말이 서로 어그러지는 것은 무슨 까닭인가. 『서경』에 문왕文

---

78) 이성무, 『韓國의 科擧制度』, 한국학술정보(주), 2004, 47쪽·68쪽
79) 『태종실록(太宗實錄)』 권 28, 태종 14년 7월 17일 무자 1번째 기사

王을 칭찬하여 말하기를, '먹을 겨를도 없이 하여 만민을 모두 화
평하게 하였다.' 하고, 무왕武王을 칭찬하여 말하기를, '팔짱을 끼
고 있어도 천하가 다스려졌다.' 하였으니, 그 정치를 하는 것이 같
지 않은 것은 무슨 까닭인가. 『시경』에 말하기를, '호천昊天이 밝아
서 너의 나가는 데에까지 미친다.' 하였으니, 하늘이 컴컴하여 알
기 어려운 것이 아닌데, 또 말하기를, '상천上天의 일은 소리도 없
고 냄새도 없다.' 하였으니, 하늘은 헤아릴 수 없는 것이다. 여기에
대하여 설명할 수 있겠는가. 사대부들이 강구하기를 익히 하였을
것이니 각각 자세히 변명하여 대답하라. 내가 친히 보겠다.''(세종
21년 친시 책문)80)

(ㄷ)은 태종 14년 알성시 책문의 일부로 당시에 남아 있는 고려 사장
詞章 중시 학풍을 해결 할 수 있는 방법을 묻고 있다. 책문의 내용을
살펴보면 먼저 임금의 직분은 사람을 아는 것과 임명하는 것이 가장
어려운 일인데 이를 알고 임명하는 법이 어떤 것인지를 묻고 있다. 그
리하여 강조되는 것이 바로 교육기관인 '학교'이다. 현 조선에서는 학
교를 설치하여 성리학적인 학풍을 권장하였으나, 아직 고려의 풍속이
남아 있어서 사장詞章이 중시되고 경학經學은 도외시되고 있었던 것
이다. 그리하여 사장 중시 풍속을 없애고 주자성리학에서 중시하는
경학을 중시하는 교풍을 만들 수 있는지를 묻고 있다.

태종 14년 알성시는 조선 최초로 시행된 알성시로, 7월 11일부터 시
행에 대한 논의가 있었다. 태종은 성균관에서 선성先聖을 알현한 뒤에
책문策問을 내 10명을 시취試取하고자 하는데 문과文科를 보는 예로
어떠한지를 묻자, 하륜河崙이 7월 보름 때에 성균관에 나아갈 수 있다
고 답하였다. 그리하여 예조에 명하여 시학의주視學儀註를 상정한 뒤,

---

80) 『세종실록(世宗實錄)』 권 86, 세종 21년 8월 20일 병신 1번째 기사

농사철이므로 국학생國學生만을 시험하기로 정하였다.

한편 태종은 성균관 유생의 수가 많으니 하루 내에 간택하기는 어렵겠다고 하자, 하륜은 책문을 제시한 뒤 2~3시간 동안 시권試券을 쓰라고 독촉하면 재주 없는 자가 걸러질 것이라고 답하였다. 이에 태종은 그렇게 짧은 시간에는 배운 실력을 다 드러낼 수 없을 것이라며 하룻밤을 묵으면서 취하기로 하였다.81)

그리하여 7월 13일 하륜이 내전內殿에 들어가 비밀리에 책문을 논하였고, 17일 성균관에서 책문을 내었다. 시험 시간은 유시酉時(오후 5시~7시)에서 진시辰時 초일각初一刻(오후 7시~9시 15분)까지로 한정하는 백일장白日場이 최초로 시행되었다. 그리고 17일에 대책의 시권을 채점하여 성적을 매겼다.

이렇듯 태종~세종대에는 고려 말의 폐습을 개혁하고자 하였으며, 인재 선발 제도인 과거 시험을 개혁하고 사장詞章을 중시하는 학풍을 개선하는 것에 그 중점을 두었다. 그러나 사장을 중시하는 학풍은 쉽게 사라지지 않았으며 세종대까지 그 문제가 이어지게 되었음을 알 수 있다.

㈃은 세종 21년 친시 책문으로 세종이 사장詞章 중시 학풍을 지양하고 이학理學을 중시하는 주자성리학적 학풍을 구축해야 한다는 것을 언급하면서 경전 해석에 능한 자를 선발하기 위한 직접 책문을 출제하고 있다.82)

이렇게 책문에서도 제시될 정도로 중시되었던 학풍 개선 문제는 강경 시험 실시 논의로 이어졌다. 태종 17년(1417) 문과시험에서 초장

---

81) 『태종실록(太宗實錄)』 권 28, 태종 14년 7월 11일 임오 4번째 기사
82) 『세종실록(世宗實錄)』 권 86, 세종 21년 8월 20일 병신 1번째 기사
　　 "謂讀券官右議政申槪曰, "今觀學生不究性理之書, 徒務詞章, 予將問其理學.""

강경初場講經을 실시하면서, 칠서七書(사서삼경)에 능통한 거자擧子를 선발하고자 하였으나 풍조가 변화하지는 않아 세종 1년(1419)에 허조, 변계량 등과 논의하여 강경講經에서 사장詞章의 일종인 의·의疑·義83)의 방식으로 변화되었다. 그러다 지속적인 강경 시행 요구에 따라 세종21년 별시別試는 전시殿試에서 세종이 직접 친강親講했고, 24년(1422) 별시에서는 당시 왕세자(훗날 문종)이 친강親講을 하는 것으로 점차 이학理學, 즉 경전 중시 학풍이 자리 잡아 갔다.84)

2. 중국 요순삼대堯舜三代 중심 인재상 예시 성립

세종대에 고려 말 제도가 대부분 개혁되면서 『대학연의』에 기반한 조선 전기 인재관이 점차 형성되기 시작하였다. 세종대부터 이미 군자·소인론君子·小人論을 기반으로 임금이 인재를 알아보는 것을 중시하는 경향은 존재하였다.85) 이는 문종대에 이르러 더 본격적으로 논의되기 시작한다. 문종 1년 증광시 책문이 바로 그 예시이다.

(ㅁ) "왕은 말하노라. 삼대三代 이전에는 성제명왕聖帝明王이 이어 나서,

---

83) 科文六體(詩·賦·表·策·義·疑) 중 하나로 疑·義는 경서에 대한 논문을 작성하는 것으로 특별한 程式이 요구되지 않는 고문체이다.

84) 정지연, 「조선 초기 文科 講經科目의 변화 고찰」, 한국교원대학교 대학원 석사논문, 2010, 69쪽

85) 『세종실록(世宗實錄)』 권2, 세종 즉위년 11월 7일(계축) 3번째 기사
"經筵에 나아가서 宋朝名臣의 事跡을 물으니, 변계량이 대답하기를, '溫仁하고 謹厚함은 司馬溫公이 제일이고, 王安石은 先儒가 小人이라고 하였으나, 그 문장·정사와 마음 씀을 보건대, 모두 다른 사람이 미칠 수 없사오니, 전적으로 小人이라고 지목할 수 없는 듯합니다.'하였다. 임금이 말하기를,'安石은 소인의 재주 있는 사람이다.' 하였다."

학문하는 요체와 정치하는 도리를 모두 마음으로 서로 전했으니, 그 대략은 경經에 약간 보인다. 주周 말엽에 공자孔子 때에 이르러서 공자가 나서 성덕聖德은 있었지만 지위가 없었으므로, 시·서·예·악詩書禮樂을 산정刪定하고, 주역周易과 춘추春秋를 찬수한 뒤에야, 이제 이제삼왕二帝三王의 학문하고 정치하는 도리가 전적典籍에 갖추어 실려서 만세에 드리워졌다. 진·한秦·漢 이후로 도학道學이 밝혀지지 않아 좋은 정치를 들을 수 없더니, 송宋에 이르러 여러 선비가 배출하여 육경六經을 세상에 널리 드러내어, 정학正學이 다시 밝아지니, 마땅히 진유眞儒가 많아서 좋은 정치가 일어날 듯하였다."(문종 1년 증광시 책문)[86]

책문의 주제는 학문하는 요체와 정치하는 도리가 무엇인지를 묻고 있다. 중국 고대 삼대三代 이후에는 주周 말엽에 공자孔子가 요순삼대堯舜三代의 학문을 정리하고 책으로 갖추어 이것이 세상에 드리워졌다고 평하고 있다. 하지만 진·한秦·漢은 도학道學이 밝혀지지 않아 좋은 정치가 이루어지지 못하였다가, 송宋에 이르러 다시금 여러 선비들이 등장하여 육경六經이 드러나고 정학正學이 밝아져서 진유眞儒가 많이 나와 좋은 정치가 일어날 것 같았다고 평하고 있다. 하지만 송宋에서 다양한 인재들이 나왔음에도 그 이후 안 좋은 방향으로 치우쳐 버리거나, 멀리 돌아가서 세도가 이전 같지 못하게 되었다고 본다. 그리고 그 이유가 사도師道가 서지 않아서 인지, 기화氣化가 쇠하기 때문인지를 묻고 있다.

즉 태조~세종대를 거쳐 고려 시기 인사 제도를 개혁하고, 문종대에 이르러서는 『대학연의』를 기반으로 중국 고대 요순삼대堯舜三代의 현신賢臣과 공자孔子, 송대宋代 성리학자들을 중심으로 하는 이상적인

---

86) 『문종실록(文宗實錄)』 권 4, 문종 1년 4월 9일 정축 1번째 기사

인재관을 형성하고자 하였음을 알 수 있다.

그러나 세조 찬탈이 일어나면서 왕권 강화를 추구하는 권신 세력들이 정권을 잡아 주자성리학에 어긋나는 정책을 시행하면서 세종대에 정비된 문물제도가 어그러졌다.

물론 세조대 또한 인재를 구하는 중요성을 책문에서 굉장히 강조하고 있다.[87] 다만 세종대하고는 달리 사서삼경에 능통하고 의를 중시하는 성리학적인 인재를 추구하기 보다는 인재를 널리 구하는 방법을 직접적으로 묻거나, 인재를 추구하는데도 왜 좋은 인재가 등용되지 않고 사풍이 갈수록 나빠지는 것인지에 대하여 묻고 있다.

한편 세조대에는 세조 12년(1457) 발영시, 등준시의 시행과 같이 과거科擧 시행에 있어서 특이한 행보를 보이고 있다. 이는 특수한 과거시험을 창설하여 세조 찬탈 세력의 인사관과 행정권을 강화하고자 하는 데 그 목적이 있었기 때문이다.[88] 세조 12년에 치러진 과거시험은 고성별시를 제외하고는 모두 어제시御製詩로 문제가 구성되어 있다.

또한 발영시의 경우 두 차례 실시되었는데, 이는 5월 5일에 치러진 발영시에 강희맹姜希孟(1424~1483)이 나가지 못했다는 것을 들은 세조가 5월 9일 재차 시행한 것이었다. 세조 찬탈 공신들의 주도하에 인사가 행해졌고, 때문에 성리학적인 인재들이었던 단종 복위 세력을 등용할 수 없었기에 책문에서 '성리학적 인재'를 추구하는 내용이 드러나지 않게 되었다.

세조 10년 7월 14일의 과거科擧 시험을 예시로 살펴보겠다. 이 시험

---

87) 세조대 인재를 다룬 책문이 제시된 科擧 시험은 세조 2년 식년시, 세조 8년 식년시, 세조 10년 온양별시와 7월 14일에 치러진 과거, 세조 11년 춘당대시, 세조 14년 별시가 있다.

88) 최옥환, 「조선 세조대의 발영시와 등준시」, 『대동사학』 제1집, 2002, p.99

은 정인지 등을 불러 현재를 등용하는 것이 어렵다는 것을 논한 뒤,
세조가 직접 어제 책문을 내린 뒤 19일까지 답안을 받은 科擧 시험으
로 21일에 대책을 고과하였고, 23일에 순위를 정하였다.

특이한 점은 이 과거科擧 시험이 방목에 전하지 않는다는 것이다.
이는 세조대에 특수한 科擧 시험을 통해 세조 찬탈 세력의 인사권과
행정권을 강화했던 것과 유사한 찬탈 세력들의 세력 강화를 위한 '특
수 시험'이라고 해석할 수 있다. 다만 같은 해 4월 3일에 치러진 온양
별시는 방목에 등재되어 있고, 다른 특수한 과거科擧 시험 또한 방목
에 나오는데 이 시험은 등재되지 않았다는 점에서 연구가 더 진행되
어야 할 것이다.

이 과거科擧 시험의 세조 어제 책문은 『조선왕조실록』에 전하는데,
세조가 직접적으로 인재의 종류 14가지를 제시하고 있다. 그런데 이
책문에서 인재의 종류는 구체적인 인재상의 예시가 주어지지 않고
'총명하고 기예가 있으나 탐욕스러운 자', '신중하고 성실하며 자신을
공경하고 절개를 지키거나 내적으로 부드러운 자'처럼 추상적인 형태로
제시되고 있다.[89]

이에 대한 강희맹의 대책에서도 이윤伊尹 정도만 인재상의 예시로
제시되고, 세조가 제시한 14가지 인재의 종류에 대해서도 재능이 완
전한 자 6명, 좋은 점이 많고 허물이 적은 자 7명, 함께할 수 없어서

---

89) 『세조실록(世祖實錄)』 권 33, 세조 10년 7월 14일 을축 1번째 기사
　　"大略言之, 則或多聞聰明技藝而貪者, 或謹愿恭己抗節而內柔者, 或政有效·名有顯·宿
　　有德而好事者, 或痴荒無廉不學而直者, 或威淩蠻貊而自約者, 或好學不倦衆行俱善而
　　自用者, 或確然固執而不知者, 或耿介廉靜而無材者, 或貪財好色聚斂無厭而不恥者, 或
　　兼總百道不自爲足而日作者, 或不屑曉曉心存大體而獨建者, 或鞅掌不暇榮恩顯世而翼
　　翼者, 或不顧上下高步大言而獨能者, 或不惜身命忠愛其主不計自他都忘人知而致死者,
　　如是種類, 雖窮晝竟夜, 迭僕更衣, 難以盡述."

배척해야 하는 자 1명이 있다고 분석하고 있을 뿐 구체적으로 어떠한 인재가 그러한 인물인지는 제시하지는 않고 있다.[90]

결국 주자성리학적 인재상의 성립은 성종 즉위 이후 사림이 진출하면서 다시 논의가 진행되었다고 할 수 있다.

성종이 즉위하고 사림 세력이 진출하면서 주자성리학의 이해가 더욱 심화되고 이에 따른 문물제도가 완비되어 갔다. 성종의 즉위에는 한명회를 위시한 세조 찬탈 세력의 영향력이 강하게 미쳤기 때문에 정치 또한 이들이 주도해나갔다. 따라서 성종이 정권을 주도하기 위해서는 세조 재위 기간 동안 정계에서 물러나 있던 성리학자 세력인 사림士林을 등용할 필요가 있었다. 따라서 성종 시기의 인재상이란 "주자성리학"을 기반으로 하는 이상세계를 함께 추구할 수 있는 세력이었다.

하지만 성종 1년부터 6년까지는 세조비의 수렴청정과 원상제院相制로 정치가 이루어지고 있었다. 따라서 세조 찬탈 세력의 영향으로 이 시기 과거科擧의 시험관들 대다수가 원상院相이나 좌리공신佐理功臣 출신들로서 그 영향이 과거科擧 시행에도 반영되어, 이 시기 인재관 관련 책문 또한 주자성리학적 인재상이 직접 언급되지 않고 추상적인 인재 등용에 대하여 논하고 있다.

　(ㅂ) "또 생각건대 나라를 위함에 있어서는 마땅히 절개와 의리를 숭상하는 것으로 선비들의 풍습을 바르게 해야 한다. 요즘 선비들의 습관이 바르지 못하여 염치廉恥의 도리를 상실하였으니, 그 이유가 무엇인가? 인심이 옛날과 같지 않기 때문인가? 기강紀綱을 떨치지 못했기 때문인가? 이에 사람들로 하여금 절개와 의리를 숭상하고

---

90) 『사숙재집(私淑齋集)』 권 6 策 育才辨才用才之道

염치를 장려하고자 하니 그 도리는 무엇에서 연유해야 하겠는
가?"(성종 1년 별시 책문)91)

(ㅂ)의 성종 1년 별시 책문 일부처럼 성종 초기의 인재관은 대체로
사풍士風의 어그러짐과 이를 개혁하는 방도를 묻는다.

그런데 성종 5년부터는 전반적으로 추상적인 인재관을 논하는 경
향은 유지되지만 그 내용에 있어서는 변화가 생겨난다.

(ㅅ) "매양 직언을 구하는 교지를 내려 시국時局을 구원할 대책을 듣기
를 기다리고 있는데도 충직하고 진실한 자는 대개 적으니, 이것이
어찌 (임금에게는) '범犯함은 있으나 숨김은 없어야 한다.'라는 의
리라 할 수 있겠는가? 지금 내가 마음을 비우고 청어淸語를 듣고자
하니 만약 할 말이 있으면 너희들의 뜻을 숨기지 마라. 선인善人은
국가의 근본이므로 성제聖帝·명왕明王도 인재人才를 얻는 데 힘쓰
지 아니한 분이 없었다. 역대歷代의 인재를 임용하는 방법과 치란
治亂·안위安危의 자취를 상세히 들려 줄 수 있는가? 지금 시취試取·
거천擧薦·전주銓注·승출陞黜하는 법이 상세하지 않은 것이 아닌데,
혹은 지장환재智藏瘝在(良臣이 없다)92)의 근심이 있으니, 어떻게 하

---

91) 『성종실록(成宗實錄)』권 8, 성종 1년 10월 21일(을축) 1번째 기사
92) 『성종실록(成宗實錄)』원문에는 智藏關在로 되어 있는데, 智藏瘝在와 같은 의미로
해석할 수 있다. 『서경(書經)』소고(召誥)의 다음 구절에서 유래하여, 어지러운
세상통에 인재가 은거하고 나오지 않아 양신(良臣)이 없는 상황을 비유하는 쓰
인다.

"하늘이 이미 大邦인 殷나라의 명을 크게 끊으셨습니다. 이에 은나라의 많은 先
哲王의 영혼들도 하늘에 계시건만 後王과 後民이 이 命을 받아 종말에는 지혜
로운 자가 숨고 백성을 괴롭히는 자가 지위에 있으므로 농부들이 그 婦子(처자)
를 안고 붙잡고는 슬피 하늘을 부르짖으며 나가 도망가다가 붙잡혔습니다.(天
旣遐終大邦殷之命. 玆殷多先哲王在天, 越厥後王后民, 玆服厥命.厥終, 智藏瘝在, 夫知
保抱攜持厥婦子, 以哀籲天, 徂厥亡出執.)"

면 관에 능한 사람을 알아 적당한 자리에 임용하여 서정庶政을 다 빛나게 하여 至治에 이르도록 하겠는가?"(성종 5년 식년시 책문)93)

(ㅇ) "예로부터 정치를 잘한 자는 인재를 잘 알아서 옳게 선임한 데에 불과하였다. 옛날 월越의 범려范蠡는 구천句踐을 도와 오吳를 멸망 시키고는 월을 떠났고, 오자서吳子胥는 부차夫差에게 간하였으나, 부차가 듣지 않았는데도 떠나지 않았다가 끝내는 그 화를 입게 되었다. 떠나서는 안 되는데 떠나는 것과, 당연히 떠나야 하는데도 떠나지 않는 것은 그 진퇴進退·출처出處의 동기에 있어서 어느 것이 옳으며 어느 것이 잘못인가? 한순제漢順帝가 서강西羌을 토벌할 때 마현馬賢을 장수로 등용하므로, 마융馬融이 불가하다고 간하였으나, 순제는 끝내 그 말을 듣지 않다가 결국은 패배를 당하였다. 대개 바꾸어서도 안 되고 바꾸지 않아도 안 되는 것으로, 진중陣中에 임하여 장수를 바꾸고 중앙에서 멀리 지휘하는 것은 모두 병가兵家에서 꺼리는 바인데, 어떻게 하면 좋은가?…… 나는 덕도 없이 외람되게 이제까지 7년 동안이나 신민臣民의 주인 노릇을 하면서 밤낮으로 조심하고 노력하였다. 그러나 현량賢良한 준재俊才를 등용하지 못하여 변방 지역이 안정되지 못하였으니, 이는 반드시 훌륭한 인재를 다 등용하지 못하고, 적당한 장소를 채용하지 못하였기 때문일 것이다. 어떻게 하면 되겠는가?"(성종 6년 알성시 책문)94)

(ㅅ)의 성종 5년 식년시 책문을 살펴보면 『예기』의 내용을 인용하여 충직하고 진실하게 왕에게 간언할 신하를 요구하면서 인재를 얻는 방도를 묻고 있다. 또한 인재 등용을 위하여 4가지 방식(시험, 천거, 인물 심사, 고과 심사)이 실행되면서도 왜 적합한 인재를 얻지 못하는지와 같은 '등용 방법'에 대한 진지한 고찰도 요구하고 있다.

---

93) 『성종실록(成宗實錄)』 권40, 성종 5년 3월 15일(경자) 1번째 기사
94) 『성종실록(成宗實錄)』 권53, 성종 6년 3월 5일(경인) 1번째 기사

(ㅇ)의 성종 6년 알성시 책문의 주제는 변방을 수호할 수 있는 무관을 선발하는 방도를 묻고 있다. 월나라의 범려范蠡와 오나라의 오자서伍子胥를 통해서 인재가 서로 나아가고 물러나는 것에 대하여 논하고, 한나라 순제의 예시를 들어 전쟁 중에 장수를 바꾸는 것과 바꾸지 않는 것에 대하여 논하고 있다. 이로써 인재 등용은 문신에만 한정된 것이 아니라 무신에 대한 것도 논해지고 있음을 알 수 있다.

이렇듯 성종 5년, 6년(1474, 1475) 책문에서는 이전 시기보다는 명확하게 성리학적인 인재관을 추구하려는 모습을 보이고 있다.

이러한 변화가 나타나게 된 까닭은 성종 5년 4월 16일에 공혜왕후가, 6년 6월 21일에는 신숙주가 사망하여 세조찬탈세력의 영향력이 약화되었기 때문이다. 실제로 이들이 사망한 년도에 치러진 5년 식년시와 6년 알성시는 모두 훈척 세력의 주요 인물이 사망하기 대략 한 달 전에 치러진 시험이며, 인재 등용 관련된 내용을 담고 있다. 하지만 아직 세조찬탈세력의 영향력이 컸기 때문에 성리학적인 인재를 직접적으로 추구하지는 못하고 있다.

이 시기 세조찬탈세력의 영향력이 변화하는 양상은 과거科擧 합격자의 비율로도 증명할 수 있다. 성종 1년(1470) 정시에는 신숙주의 5남인 신준申浚이 장원을 하고 생육신 성담수成聃壽의 동생인 성담년成聃年이 갑과 3위를 하였다. 그런데 성종 5년 식년시 단종 복위 세력과 인척이거나 김종직과 김굉필의 문인 출신으로 정계에서 사림으로 활동하는 이창신李昌臣·기찬奇襸·정성근鄭誠謹·이복선李復先·김괴金塊 등은 중상위권으로 합격한 반면, 신숙주의 7남인 신형申泂이나 한명회의 조카인 한언韓堰은 하위로 합격하였다. 이는 즉위 초반하고는 다르게 단종 복위 세력의 후손이나 제자들이 '사림士林'으로 서서히 정치에 등단하고 있음을 보여준다.[95]

하지만 6년 알성시 합격자를 살펴보면 왕실 어른으로 세조의 찬탈을 지지한 양녕대군의 외손자 권인손이나 세조 찬탈 공신 이극배의 아들 이세광, 한명회의 조카사위인 유찬 등이 계속 등장하고 있다. 이전 시험인 5년 식년시에 단종 복위 세력이 상위 합격자의 다수였던 것과는 반대의 상황이 벌어진 것이다. 이는 성종 6년까지 여전히 세조 찬탈 세력의 영향력이 강하다는 것을 보여준다.

공혜왕후와 신숙주가 사망한 이후 성종 7년(1476)에 세조비 정희왕후가 수렴청정을 거두면서 성종의 친정이 시작되었다. 성종이 친정을 실행함에 따라 세조 찬탈 세력 중심의 정치 행정은 폐지되었고, 사림이 본격적으로 정계로 진출하기 시작하였다. 이러한 7년 이후의 인재등용 책문은 사림들을 친정을 시작한 성종이 적극적으로 등용하고자하는 의지가 보다 잘 드러나 있다.

> (ス) "제왕의 정치는 사람을 알아보는 것을 우선으로 하니, 사람을 알아보는 밝은 지혜는 제왕조차 오로지 그것을 어렵게 여겼다. 『논어』에 이르기를, '날씨가 차가와진 다음이라야 송백松栢이 시들지 않는 것을 알게 된다.'고 하였으니, 반드시 위험하고 어려운 때를 기다려야 그 절개가 굳건한 것을 알게 되는데, 보통 아무 일이 없는 때에는 어떻게 그 사악함과 바름을 판별하겠는가?"(성종 7년 별시 책문)96)

> (ㅊ) "내가 덕이 없는 몸으로 외람되게 조종의 큰 기업을 이어받아, 밤낮으로 조심하며 정사에 임하여 잘 다스리기를 바란 것이 11년이 되었으나, 정치가 더 나아지지 못하였다. 늘 제왕들의 성패·득실·치란·흥망의 자취를 보고, 그 선한 것은 사모하여 본받고 그 악한

---

95) 안소연, 앞의 논문, 206쪽
96) 『성종실록(成宗實錄)』 권 65, 성종 7년 3월 21일(갑자) 1번째 기사

것을 거울로 삼아 경계하지 않은 적이 없었다.……성탕成湯은 이윤 伊尹을 등용하고, 은 고종殷高宗은 부열傅說을 등용하였으며, 당 덕 종唐德宗은 노기盧杞를 등용하고, 송 신종宋神宗은 왕안석王安石을 등용하였으므로 그 임인任人은 한 가지인데 치란治亂은 같지 않았 다.……이제 내가 이 네 가지에 대하여 생각하지 않는 것은 아닌데 도 그 요령을 얻지 못하였다. 어떻게 하면, 학문이 바르게 되고, 근 정勤政이 화목하게 되며, 임인任人이 적합하게 되고, 형벌이 알맞게 될 수 있겠는가?"(성종 10년 별시 초시 책문)97)

성종 7년 이후 인재관은 보다 주자성리학에 입각하여 중국 고대의 요순삼대堯舜三代를 중심적으로 형성되기 시작한다. 반면 한당漢唐 이 후의 임금들은 현인을 제대로 대우하지 않은 비판적인 모델이며, 신 하들 또한 동중서董仲舒·위징魏徵 같은 훌륭한 이들도 있다고 하면서 도 노기盧杞·왕안석王安石을 간신姦臣의 예로 드는 등 대체적으로 경 계로 삼고 있음을 보여주고 있다.

다만 친정 초기인 7년의 책문인 (ㅈ)의 경우 5년~6년과 마찬가지로 『논어』를 인용하여 충직하게 간언하는 인물을 등용하는 방도에 대하 여 묻고 있다.

그러다가 사림이 정치에 본격적으로 등장하면서 성종 9년(1478)에 는 세조 시기 철폐되었던 집현전이 홍문관弘文館으로 부활하였다. 세 조 9년(1463)에 설치되어 장서藏書 기관의 역할만을 하고 있었던 홍문 관은 성종대에 이르러 예문관에 속하였던 옛 집현전의 학술·언론 기 관의 기능을 홍문관으로 이전하여 제 기능을 하게 되었다.98) 홍문관 은 사림의 등용문이 되어, 홍문관에 재직한 사림들은 경연에 참여하

---

97) 『성종실록(成宗實錄)』 권 101, 성종 10년 2월 8일 을미 1번째 기사
98) 『세조실록(世祖實錄)』 권 31, 세조9년 11월 17일(신미) 1번째 기사

고 부정한 관리들을 탄핵하거나 왕에게 상소를 올려 적극적으로 간언하였다.

홍문관의 부활을 시작으로 성종은 본격적으로 사림과 함께 세조 시기 어그러졌던 세종대의 문물제도를 다시 정비하여 나갔다. 성종 12년(1481)에는 『동국여지승람』을 편찬하였고, 15년(1484)에는 『동국통감』을 편찬하였다. 16년(1485)에는 『경국대전』을 재정비하였고 동국통감을 다시 정리하여 『신동국통감』을 편찬하였다.

이렇게 사림들이 본격적으로 활동하기 시작한 성종 9년 이후의 책문도 이전 시기와는 확연한 차이를 보여주는데, 『대학연의』에서 제시한 요순삼대堯舜三代의 인재관이 정착되는 모습이 나타난다.

성종 10년(1479)의 책문인 (ㅊ)에서는 바른 정치를 위한 네 가지인 학문學問, 근정勤政, 임인任人, 형벌刑罰에 대한 대책을 구하면서 이 중 임인任人의 예시로 은나라의 이윤伊尹과 부열傳說, 당나라의 노기盧杞, 송나라의 왕안석王安石을 들면서, 각 왕들이 이들을 등용하였지만 다스림에 있어서 평탄함과 혼란함이 다른 이유를 묻고 있다.

여기서 성탕成湯은 은나라의 시조이고 이윤伊尹은 탕湯을 도와 하나라의 폭군인 걸왕을 물리치고 은나라를 건국하여 『논어』와 『맹자』에서 계속 칭송받는 명재상이다. 은나라 고종은 3년 상을 치르기 위하여 재상에게 모든 정사를 일임하여 성리학 정치의 모범적인 모습을 보인 왕이며, 부열傳說은 은 고종殷高宗이 등용하여 나라를 잘 다스린 재상이다.

반면 당 덕종은 양세법兩稅法으로 재정 충당을 꾀하였으나 이에 불만을 가진 지방의 번진藩鎭에서 반란을 일으켰고, 전쟁을 벌이다가 끝내는 그들의 자립을 인정해주어 혼란을 불러일으킨 임금이다. 게다가 덕종이 발탁한 노기盧杞는 자신보다 뛰어난 사람은 경계하고 미워하

며 횡포를 부린 권신이었다. 왕안석 또한 성리학에 있어서 '소인小人'
의 대표적인 인물로 평가 받는다. 즉 이 성종 10년 별시 초시 책문을
보면 성종대에 『대학연의』에 기반을 둔 왕안석 소인론王安石 小人論을
기반으로 한 인재관이 정착되었음을 알 수 있다.

이러한 성종대의 인재관의 최종 완성판이 제시된 것이 바로 성종
17년(1486) 중시 책문이다.

> (ㅋ) "유자儒子의 유용함은 지극히 크다. …… 요순堯舜의 신하는 다 어
> 질고, 한나라·당나라의 선비는 다 어리석은가? 내가 덕이 없는 몸
> 으로 큰 계통을 이어받아 밤낮으로 구하고, 자나 깨나 생각하여,
> 조종의 큰 기업을 실추시키지 않으려 하고, 만사에 왕통을 잃을까
> 늘 두려워하며, 명량明良한 무리를 얻고자 생각하면서 오제五帝의
> 정치를 듣기를 바랐으나, 그 도리를 알지 못하였다. 어떻게 수행하
> 고 어떻게 베풀어야 여기에 이르겠는가? 지금의 재상 중에도 어찌
> 고요皐陶나 기夔같이 현자가 없겠는가마는, 내가 치평治平을 도모
> 하는 데에는 분명히 부족한 것이 있으니, 그 까닭은 무엇에서 말미
> 암은 것인가? 내가 어리석어서 천직天職에 부합하지 않으므로, 반드
> 시 대신의 도움과 고명高明한 사람의 가르침에 힘입어야 (치평을)
> 바랄 수 있을 것이다."(성종 17년 중시 책문)[99]

(ㅋ)을 살펴보면 『대학연의』에 입각한 임금이 인재를 알아보는 안목
을 갖추어야 한다는 점이 강조되고, 구체적인 인재상의 예시로 중국
고대 요순삼대堯舜三代의 현신賢臣인 고요皐陶와 기夔가 제시되고 있
다. 이는 앞선 (ㅊ)의 성종 10년 별시 초시에서 예시로 제시한 것보다
훨씬 더 구체적이고 직접적이다.

책문 주제뿐만 아니라 이 중시重試의 시행 자체가 성종 중후반기

---

99) 『성종실록(成宗實錄)』 권 196, 성종 17년 10월 24일 을미 1번째 기사

사림의 영향력이 강해졌음을 보여준다. 성종 17년은 식년시가 행해지는 해인데도 유생들의 요청을 받아 중시重試와 별시가 시행되었다.

중시重試는 이미 과거科擧에 합격한 인물들을 대상으로 치러진 시험으로 본래 10년에 한 번 치르도록 규정되어 있었지만, 태종대와 세종대에 식년시를 치르면 뒤이어 중시重試와 별거別擧(별시)를 시행하여 이것이 관례로 여겨졌다. 성종대에는 중시를 폐지할 것이 지속적으로 논해졌다. 성종 7년(1476) 중시重試 또한 시행되기 전에 윤자운尹子雲·홍귀달洪貴達·김종직金宗直 등이 과거가 너무 자주 치러지는 것은 좋지 않으며, 중시重試로 인해 승진의 다툼이 있게 되기 때문에 중시를 중지할 것을 청하였으나 받아들여지지 않고 3월 27일 치러졌다.[100]

논의가 지속되자 결국 식년시가 치러지는 해에는 중시重試를 치르지 않았는데, 성종 17년 10월 12일에 식년시가 치러진 이후, 10월 19일에 유근 등 성균관 생원들이 태종대와 세종대의 관례를 들어 식년시 후 중시와 별시를 실시할 것을 청하였다.[101] 이것이 예조에 회부되어 10월 21일에 논의되었는데, 성종 자신의 의지와 한명회 등의 지지로 10월 21일 중시가 실시되었다.

성종 17년 중시重試의 합격자를 살펴보면 확실한 변화상을 알 수 있다. 급제자 8명 중 아원亞元인 최부崔溥, 병과 1등 표연말表沿沫, 병과 2등 이대형李大亨, 병과 4등 김준손金駿孫, 병과 5등 정이교鄭以僑 5명은 세조찬탈을 반대하거나 이와 무관한 집안 출신이면서 김종직金宗直의 문인이다. 나머지 3명의 경우 장원 신종호申從濩, 을과 2등 박증영朴增榮, 병과 3등 민보익閔輔翼은 세조 찬탈 세력의 후손으로 합격 상위권에 들어 있기는 해도, 신종호의 경우 김종직의 문인이기도 하

---

100) 『성종실록(成宗實錄)』 권 65, 성종 7년 3월 11일 갑인 7번째 기사
101) 『성종실록(成宗實錄)』 권 196, 성종 17년 10월 19일 경인 6번째 기사

다는 점에서 확실히 사림 세력의 영향력이 더 강해졌음을 알 수 있다.[102]

합격자들 중에서 아원인 최부崔溥(1454~1504)의 대책이 『동국장원집東國壯元集』에 최부의 대책이 수록되어 있다. 핵심적인 부분은 다음과 같다. 먼저 성종대 사림들이 이상적으로 생각한 인재상과 관련된 부분이다.

> (ㄱ)-1 "신이 들으니, 유자儒者의 도는 등용되면 잘 다스려지고, 등용되지 못하면 혼란하게 되는 것입니다. 요순[唐虞]의 세상에서는 요堯께서 사악四岳에게 자문을 구했으며, 순舜께서 구관九官에게 명하니 치수[平水土]를 다스리는 직책에 합당한 사람이 등용되었고, 이적夷狄을 막는 직책에 합당한 사람이 등용되었으며, 백곡百穀을 파종하는 직책과 예악을 가르치는 직책과 순이 계획한 토목공사를 시행하는 직책에 모두 합당한 사람이 등용되었습니다. …… 한당漢唐의 세상에는 이와 같이 현자를 대우하지 않고, 능히 그 예를 다하지 않았습니다. 신하가 윗사람을 섬길 때 능히 그 도를 다 하지 않았기에, 비록 동중서董仲舒의 의를 바르게 하고[正誼] 길을 밝히는 책략이 있고, 위징魏徵의 인의의 논의가 있었으나, 모두 세상에 크게 사용되지 못하여 군자로 하여금 큰 도의 요체를 듣지 못하게 하고, 소인으로 하여금 몽매한 가운데 다스림의 혜택에 이르지 못하게 한 것이 참으로 이와 같았습니다."(최부의 성종 17년 중시 대책)[103]

최부는 요순堯舜은 사악四岳과 구관九官으로 대표되는 신하들에게 자문을 구하고 이들에게 정책을 명하였으며, 각 직책에 맞는 인물들을 등용하여 천하가 잘 다스려 진 것인 반면 한당漢唐 때에는 현자를 대우하지 않고 예를 갖추지도 않았으며, 신하 또한 윗사람을 도를 다

---

102) 안소연, 앞의 논문, 207쪽
103) 『동국장원집(東國壯元集)』최부(崔溥)의 성종 17년 중시 대책

하여 섬기지 않았기 때문에 동중서나 위징 같은 인재가 있었음에도 다스림의 혜택이 이루어지 않았다는 것이다. 또한 요순시대에도 사흉四凶과 같은 간교한 자들이 있었고, 한당 시대에도 동중서董仲舒·위징魏徵과 같은 유학자들이 존재했다고 말하면서 특정한 왕조나 시대에 따라 인재의 여부가 정해지는 것이 아니라는 것을 밝혔다. 그리고 군자와 소인의 흥하고 쇠하는 것은 때에 따라 있을 뿐이고 오직 임금이 분간하여 잘 등용하는 것에 인재의 여하가 달린 것이라고 주장한다.

다음으로 최부는 인재관을 총괄하여 정리하였다.

> ㈎-2 "신이 들으니 주공周公이 죽고 나서 100대 동안 좋은 다스림이 없었고, 맹가孟軻(孟子)가 죽은 뒤 1000년 동안 진정한 유학자가 없었습니다. 오늘날의 다스리는 도는 옛날과 같지 않아서, 이처럼 선비의 풍습이 쇠퇴하였습니다. 옛날의 선비 된 자들은 오직 충성과 믿음을 마음으로 삼고서 온전하지 않은 짧은 갈포를 입고 수놓은 비단의 아름다움을 알지 못했으며, 나물반찬으로 밥을 먹고 물을 마시면서 기름진 고기의 맛을 추구하지 않았습니다. 도道가 행해지지 않으면 비록 삼공三公의 지위를 준다고 해도 달갑게 여기지 않았고, 의義가 행해지지 않으면 비록 많은 봉록을 준다고 해도 받지 않았습니다. 이로 인하여 도를 행하는 자가 합당한 자리에 임명되었으며, 진유眞儒가 높은 사람들에게 대우받게 되었으니 모두 고요皋陶·직稷·설契의 무리입니다. 위에 있는 사람이 비록 스스로 귀한 것을 믿고 뽐내며 업신여기고자 하여도 할 수 있겠습니까?"(최부의 성종 17년 중시 대책)[104]

최부는 주공周公과 맹자孟子가 죽고 난 뒤에 진정한 유자가 나오지 않았고, 오늘날에는 선비의 풍습이 쇠퇴하였다고 말하고 있다. 옛날

---

104) 위의 책

의 선비들은 충성과 믿음을 갖고 있으며 사치를 부리지 않고, 도道와 의義가 행해지지 않으면 벼슬과 봉록을 받지 않는 절개가 있었다고 말하며 이들이야 말로 진유眞儒라고 칭하고 있다. 그리고 그 예시로 고요皐陶·후직后稷[稷]·설契과 같은 고대 중국의 현자들을 들고 있다. 이어서 사풍이 무너진 오늘날의 유사儒士들의 상황을 대조시키며 비판하고 있다.[105]

즉 당시 사풍士風이 무너져 말로는 도를 하면서 행동으로는 하지 않는 이들이 있고 권력에 아첨하고 부끄러운 것을 몰라 관직과 관품이 오르는 것에만 신경 쓰는 이들이 존재하게 되었다고 강력하게 비판하고 있다. 그리고 사풍士風이 무너지면 진유眞儒가 나오지 않고 진유가 나오지 않으면 현상賢相이 나오지 않게 된다는 사회적인 악순환에 대해서도 언급하고 있다. 사풍의 개혁은 성종 1년(1470) 별시에서도 언급되었던 해결과제이기도 했다. 단순히 풍습의 개선 차원이 아니라 나아가 나라의 정치까지 영향을 미치기 때문이다. 최부는 사풍의 개혁을 위해서는 임금이 직접 나서서 기강을 세워 스승을 배반하거나 도를 우습게 여기는 자, 관직이 오르는 데에만 급급한 자들을 내치고 도로써 새로운 사풍을 익히는 자를 등용해야 한다고 주장한다.

그리고 임금의 마음이 교화의 근원이고 만사의 기준이 이며 정치의 근본라고 말하고 있다. 따라서 임금의 마음이 표준이 되어 인재들의 바름과 바르지 않음을 통솔하고, 백성들을 편안함과 수고를 살피며, 이러한 사람들을 모두 포용한다면 조종이 정치를 도와 태평할 수 있게 된다고 말하고 있다.[106]

---

105) 위의 책
106) 『동국장원집(東國壯元集)』 최부(崔溥)의 성종 17년 중시 대책
　　 "臣謂天下國家之本, 在人主之一身, 而身之主, 則一心耳. 盖人主一心, 實萬化之原,

성종대의 책문과 대책을 살펴보면 다음과 같은 특징을 알 수 있다.

첫 번째로 성종대 인재관련 책문에서 추구하는 인재상이 정치 세력의 진출과 대립에 따라 변화했다는 점이다. 변칙적으로 왕위를 계승한 성종은 세조대에 어그러진 세종대 문물을 회복하기 위하여 성리학적인 인재를 선발하고자 하였다. 그러나 즉위 초에는 세조 찬탈 세력의 영향력이 강했기 때문에 직접적인 인재상이 드러나지 않았다. 공혜왕후와 신숙주의 사망 이후 세조 찬탈 세력이 약화되자 책문에서 인재상이 보다 구체적인 형태를 갖추기 시작하였고, 성종 17년에 이르러 중국 고대사의 현군과 현신들이 그 이상향으로 언급된다.

두 번째로 사림이 진출하면서 인재상이 구체화되었으며, 중국사의 인물들을 이상향으로 삼았다는 점이다. 초기에는 그 문제가 광범위한 만큼 어떤 인재를 추구해야 하는지가 구체적으로 나오지 않았으며, 따라서 성종 초기 인재관련 대책에서도 인재를 잘 선발하는 임금의 역할을 강조하는 정도에 그쳤다. 그러다가 사림이 진출하면서 임금의 이상향은 중국 고대의 성군인 요순堯舜이 유독 강조되며, 신하의 경우에는 고요皐陶·후직后稷·설契·기夔를 이상적인 모델로 강조되었다. 반면 한·당漢唐 이후의 임금들은 현인을 제대로 대우하지 않은 비판적인 모델이며, 신하들 또한 동중서董仲舒·위징魏徵 등 좋은 인재도 있었지만 노기盧杞·왕안석王安石 등 간신도 있었다고 하면서 대체적으로 경계로 삼고 있다. 이는 중화사상中華思想의 영향으로 중국이 당대 최고의 국가로 인식되었기 때문에 나타난 현상이라고 할 수 있다.

세 번째로 성종대 추구한 성리학적 인재관은 단순히 이상적인 인

萬事之幹, 而出治之本也. 推之則自家, 刑國而四方以正致之, 則天地以位, 萬物以育, 一心之包容, 若是其大, 則其慢易之或萌乎. 故士習之不正, 此心爲表準, 以率之人才之邪正. 此心爲日月以照之民之休戚, 此心爲天地而容之, 祖宗輔治之具."

재상을 추구하는 것뿐만 아니라 인재를 선발하는 임금의 안목을 매우 중시한다는 점이다. 이는 유교의 경전에서 지속적으로 이상적인 정치 형태로 재상에게 전반적인 정사를 맡기고 임금은 인재를 뽑는 역할이 중시되는 것과 연관된다. 성종 초기 김흔金訢의 대책에서도 인재를 등용하는 임금이 성誠을 갖추고 재야의 선비들과 상의하여 통치하는 것이 중시되었으며, 성종대 마지막 인재 관련 책문에 대책을 쓴 최부도 임금이 스스로를 바르게 하여 인재를 뽑은 안목을 가져야 한다고 강조하였다. 즉 임금이 스스로를 바르게 하여 인재를 보는 안목을 가지고 알맞은 자리에 합당한 인재를 등용하여야 태평성대가 이루어진다는 것은 성리학적 이상사회를 추구하며 성종대 문물과 제도 정비를 주도한 사람에게는 보편적인 인식이었던 것이다.

성종대의 인재관은 연산군 초기와 중종반정 이후에도 영향을 미치고 있다.

(ㅌ) "대개 들으니, '인재는 국가의 유용한 기구器具'라 하였다. 예부터 제왕이 선정善政에 이르려면 일찍이 인재를 얻는 것을 선무先務로 하지 않음이 없었다. 성주成周의 향거이선鄕擧里選과 한·위漢魏의 현량방정賢良方正은 계략을 쓰고 조치를 시행하는 방법이었다. 그 상세한 것을 들을 수 있겠는가? 그 인재를 얻어 씀에는 향거이선鄕擧里選과 현량방정賢良方正 중) 어느 것이 낫고, 어느 것이 못한가? 수·당隋唐의 과거科擧의 법은 대개 사장詞章을 위주로 하여 그 실제로 사용함에 있어서 말엽까지 이어져서, 나라를 다스리는 재능 있는 사람이 이로 말미암아 많이 배출되었다. 그러나 인재를 쓴 효과는 마침내 삼대三代 이전보다 부끄러움이 있으니, 무엇 때문인가? (우리)나라는 수·당隋唐을 본받아 과거제科擧制로써 인재를 얻는 길로 삼았으나 오히려 미진하다고 여기어 또한 문음門蔭과 보거保擧의 법을 두어, 인재를 모으는 방법을 또한 넓혔다. 유사有司(담당자)가 (인재를) 살피고 헤아릴 때에, 인재가 모자람을 걱정하

는데, 그 까닭은 무엇 때문인가? 어찌 미진한 것을 찾아 구하지 않고, 유일遺逸을 들어 쓰는 제도를 두었는가? 만약 옛날의 향거이선과 현량방정의 법을 지금 어떻게 시행할 수 있겠는가? (또한) 무엇으로써 어진 인재를 등용하여 울연蔚然히 세상을 다스리는 데에 사용하고, 무엇으로써 우리 나라의 정치를 보좌하게 하여 (일을) 이루게 하겠는가?"(연산군 1년 증광시 책문)107)

㈜의 연산군 1년(1493) 증광시 책문을 살펴보면, 먼저 중국 역대의 인사 행정에 대하여 논하고 있다. 중국 고대 주周의 향거鄕擧·이선里選과 한·위의 현량방정賢良方正에 대하여 상세하게 논하고, 이 중 어떤 것이 나은지를 비교하라고 한 다음, 수·당의 과거科擧는 사장詞章을 중시하여 많은 인재를 배출하였는데 인재를 쓰는데 있어서는 삼대三代보다 못한 까닭이 무엇인지를 묻고 있다. 이는 조선 건국 초부터 지속적으로 개혁하고자 하였던 사장 중심의 학풍에 대하여 비판적인 모습을 보이고 있는 것이다. 그리고 조선이 수·당의 과거제도科擧制度를 받아들였으나 인재를 등용하는 데 있어서 미진하여 음관蔭官, 보거保擧 등의 편법을 쓰고 있는데 향거나 이선, 현량방정을 지금 적용할 수는 없는지, 또는 다른 방도가 있는지를 묻고 있다.

즉 이 책문은 세종대 마무리가 되었던 인사행정에 대한 논의가 다시 진행되고 있음을 보여준다. 연산군대에 인사행정에 대한 논의가 책문에 등장한 것은 성종대 사림이 연산군 재위 초반을 주도하면서 인재를 등용하는 방법에 대하여 새롭게 모색한 영향으로 보인다.

이 시험에 장원으로 합격한 이목李穆(1471~1498)의 대책이 전한다.

㈜-1 "만약 조종祖宗이 과거科擧를 설치하는 본의를 구하는 데에 힘쓰

---

107) 『이평사집(李評事集)』 권 2 策 人才得失

지 않고 다만 수·당의 법만을 취하고자 하시면, 신은 아마도 불
가하다고 생각합니다. 만약 선왕先王의 업業을 잇는 처음에 한·
위漢魏의 인재를 모으는 허명虛名만을 따르고자하여 조종의 법을
가볍게 고치는 것은, 신은 아마도 불가하다고 생각합니다. 전하
의 명성明聖이 어찌 이것을 알지 못하겠습니까? 그러나 신이 가
만히 들으니, 우리 세종조世宗朝에 대신大臣이 한명 있어 향거이
선의 법을 행할 것을 청하였는데, 세종이 말씀하시기를, '우리나
라의 인재를 얻는 법은 갖추지 못할 것은 삼지 않는다. 오히려
실용할 수 없으니, 어찌 한가롭게 성인聖人의 법을 행하리오.' 하
셨습니다. 신이 일찍이 성인聖人(세종)의 말씀이 이치에 맞는다고
여겼습니다.……신이 가만히 살펴보건대, 우리 선릉宣陵(성종)께
서는 재위 26년 동안 교양敎養의 덕을 이루었습니다.……신이 어
리석게 생각건대, 전하의 이 물음은 진실로 족히 선릉宣陵(성종)
께서 이루어 놓으신 성덕盛德을 계승함으로써 관저關雎·인지麟趾
의 아름다운 뜻을 본받은 것입니다. 이와 같은 즉 금일의 인재를
얻는 법은 또한 족히 많은 인재를 얻는 데에 이를 수 있으니,어
찌 반드시 전대前代에서만 찾겠습니까?"(이목의 연산군 1년 증광
시 대책)[108]

(ㅌ)-2 "우리 세종대왕은 동방의 순舜, 탕湯이십니다. 30여년이 태평하였
으며 어진 재상을 얻는 것으로써 근본을 삼지 않음이 없었습니
다. 그런 까닭에 허조許稠와 같은 정대한 신하와 황희黃喜와 같은
대본大本을 아는 신하가 나와 재상이 되었습니다. …… 우리 선
릉宣陵(성종)의 처음 정사에는 개연히 다 세종을 본받고자 하여
서 유사有司로 하여금 세종조世宗朝의 고사故事를 서계書啓하게
하여 조석으로 살펴보셨습니다. 그런 즉 우리 선릉(성종)의 화락
함이 성한 것은 또한 세종에게서 나온 것입니다. 이것은 전하의
가문에서 내려오는 법입니다."(이목의 연산군 1년 증광시 대책)[109]

---

108) 위의 문집
109) 위의 문집

이목은 먼저 중국 역대 인재 선발 제도를 논한다. 중국 고대 주周는 마을에 상庠[학교]를 두어 마을 단위의 사람들조차 모두 가르침을 받게 하였기 때문에 항거이선鄕擧里選 같은 제도를 시행해도 뛰어난 인재들이 선발되었으며, 그 요체는 임금이 몸소 행하여 마음으로 체득하는 것에 있음을 강조한다. 그런데 한·위漢魏의 현량방정賢良方正이나 수·당隋唐의 과거科擧를 통해 인재를 선발하였으니, 이는 인재를 기르지 않고 인재를 얻고자 하는 것과 같아 인재선발이 제대로 되지 않았다는 것이다. 때문에 한·당漢唐때에는 훌륭한 유학자들과 강직한 충신들을 물리고 간신배들을 등용하는 일이 일어난다는 것이다. 그리고 위魏와 수隋의 경우 실질이 아닌 사장詞章을 숭상하는 풍조가 생겨났으니, 한·당漢唐 이후의 인재선발제도는 본받아선 안 된다고 지적한다.110)

그리고 이를 바탕으로 (ㅌ)-1에서처럼 현 조선에서 과거科擧를 설치한 '본의'를 구하지 않고 그저 그 방법만을 취한다면 인재 등용이 제대로 이루어지지 않을 것이라고 말하고 있다. 그리고 즉위 초에 가볍게 선대의 법을 바꾸어서는 안 된다고 지적하면서, 세종대에 향거·이선을 시행하자는 말이 나왔으나 세종이 조선의 현실에 맞지 않는다고 불허한 것을 예시로 들기도 하였다.

한편 (ㅌ)-2 세종대 황희와 허조를 이상적인 인재로 들고 있다는 점이 이목李穆의 대책이 가진 특이점이다. 이는 성종 말 중국사에서 인

---

110) 『이평사집(李評事集)』 권 2 策 人才得失
　　"臣觀成周之時, 家塾, 黨庠, 術序, 國學, 無一人之不敎, 無一地之非學. …… 此成
　　周鄕擧里選之法, 人才卓冠千古, 非後世所及者也. 然其要不外乎時君躬行心得之實
　　也. …… 若漢魏之賢良方正, 隋唐之設科取士, 則不先養其才, 而欲人才之得, 比如不
　　耕而欲粟之熟, 不蠶而欲衣之暖. …… 故漢之求賢良也, 進阿世之曲學, 而反擯仲舒
　　之醇儒. 唐之取宏辭也, 退直言之劉蕡. 而反引譽主之張均. 噫. 漢唐尙然, 則彼曹操之
　　魏, 楊廣之隋, 不求實用, 專尙詞章. 其規畫施措之方, 烏足爲殿下道哉."

재관을 재검토할 뿐만 아니라 우리나라 역사에서도 새로운 인재상을
찾으려고 한 것이다.

그러나 성종대의 인재관은 연산군의 폭정과 사화를 거치면서 어그
러졌다가, 중종반정 이후 사림이 정계에 복귀하면서 다시 정비된다.
그리고 조광조 등을 통해 성리학의 심학화心學化가 시작되면서 다시
금 변화를 겪게 된다.

즉 성종대 사림들이 등장하여 훈척을 비판하는 기준으로 군자·소
인론이 적용되었고, 연산군대를 거쳐 중종대에는 무오사화와 갑자사
화를 일으킨 임사홍을 비판하면서 정착되었다.111)

한편 중종대 사림들은 『대학연의』에서 일찍이 강조하였던 군주의
마음[一心]을 더욱 강조하여 임금이 심학心學 공부를 통한 수양을 중
시하면서, 국왕을 돕는 재상에 대한 인식이 더욱 강화되었다. 중종대
현량과賢良科의 실시 또한 천거를 통해 경연經筵에서 국왕을 돕는 인
재의 선발을 위해 실시되었다. 이러한 중종대 인재관은 『대학연의』에
서 성군聖君만을 배우라고 한 것을 넘어서서 신하 가운데 현명한 신
하에게 배우는 방향으로 발전하였다.112) 그러나 중종대 기묘사화己卯
士禍로 인해 사림들이 정치적인 실권을 상실하였다. 그리하여 사림은
서원書院을 통해 자신들의 사회적, 정치적 기반을 갖추고자 하였으며
양명학의 전래와 명종대 불교의 번성 등 다양한 변화 속에서 새로운
성리학이 모색되었다.113)

이러한 변화상이 책문에도 반영되었다.

---

111) 지두환, 「朝鮮前期 君子·小人 論議 -《大學衍義》王安石論」을 중심으로-」, 『泰東古
   典研究』 9, 1993, 31~32쪽
112) 정재훈, 『조선전기 유교정치사상 연구』, 태학사, 2005, 238쪽
113) 정재훈, 위의 책, 2005, 389~390쪽

(ㅁ) "옛날 송宋의 신하인 사마광司馬光이 연영전延英殿에서 인종仁宗을 대하고 말하기를, '법을 행하는 요체는 사람을 얻는 데에 있다.' 고 하였습니다. 진실로 법이란 저 혼자서 행해지지 못하는 것이어서, 반드시 현신賢臣을 기다려야 합니다. 고대의 잘 다스려진 것은 삼대三代보다 융성한 적이 없었습니다. 그리고 그 보좌한 신하를 묻는다면 이윤伊尹·부열傳說·주공周公과 소공召公이라고 하겠는데 …… 엎드려 바라옵건대 전하께서는 삼대로써 수성守成의 법을 삼아서 이윤·부열·주공·소공과 같은 사람을 얻어서 일을 맡기기를 생각하소서."(나세찬의 중종 23년 별시 대책)114)

(ㅎ) "왕께서 다음과 같이 말씀하셨다. 인재의 성쇠는 국가의 흥망과 관련되므로 예전 제왕들은 인재를 배양하는 도를 힘쓰지 않음이 없었다. 삼대三代 이전은 더할 나위 없고, 우선 한·당·송漢唐宋에 대해 말하면 도덕을 자기 임무로 삼아 국가의 치란治亂에 관여한 사람은 몇 사람이나 되는가? 반고班固, 사마천司馬遷, 양웅揚雄 같은 문장가와 한유韓愈, 유종원柳宗元, 이백李白, 두보杜甫 같은 재주 있는 사람이 찬란히 배출되어 크게 세상에 떨쳤는데, 이 또한 당시의 임금이 인재를 배양하는 도를 힘써서 그렇게 된 것인가? 염락제현濂洛諸賢은 제왕을 도울 만한 재목으로서 유학儒學의 도통道統을 이었는데, 당시에 인재를 기른 도를 들을 수 있겠는가?"(명종 19년 식년시 책문)115)

(ㅎ)-1 "송나라에 해가 중천에 걸리고 오성五星이 모두 한 곳에 모이니, 염계濂溪·낙양洛陽·관중關中·민중閩中에서 훌륭한 모범이 되는 석학이 뒤를 이어 계속 나와, 여러 성인聖人의 도통道統을 잇고 만세의 혼몽昏蒙한 것을 깨우쳐 주었습니다. …… 또 기夔와 고요皐陶와 같은 현명한 사람을 얻어 사표師表의 책임을 맡기시면, 보태어 돕고 인도하여 이끄는 요체가 이에서 다할 것입니다."(홍성

---

114) 『송재유고(松齋遺稿)』 권 2 策 欲守先王之治者必守先王之法 戊子
115) 『졸옹집(拙翁集)』 권 6 殿策

민의 명종 19년 식년시 대책)[116]

㈜과 ㈜은 모두 중종대 기묘사화와 을사사화 이후에 출제된 책문이다. 먼저 ㈜은 중종 23년 별시에 답한 나세찬의 대책의 일부분을 살펴보면, 송대宋代 학자인 사마광司馬光의 말을 인용하여 법을 행하기 위해서는 인재를 등용해야 한다는 점을 강조하면서 현신賢臣의 예시로 요순삼대堯舜三代의 이윤伊尹·부열傳說·주공周公·소공召公을 들고 있다. 즉, 중종대까지는 중국 요순삼대堯舜三代의 이윤·부열·소공·주공이 이상적인 인재상의 예시로 제시되고 있음을 알 수 있다.

반면 명종대에는 본격적으로 중국사의 인재상 예시의 범위가 넓어진 것이 확실하게 드러난다. ㈜는 명종 19년 식년시 책문으로 중국사에서 요순삼대堯舜三代의 현신賢臣과 한·당·송의 반고·사마천·양웅 같은 문장가와 한유·유종원·이백·두보·염락제현까지도 평가하도록 하고 있다.

이에 대한 홍성민洪聖民(1536~1594)의 대책에서는 ㈜-1에서처럼 중국 고대의 기夔와 고요皐陶 같은 현자를 얻어야 한다고 하면서도, 송대宋代 염락제현濂洛諸賢들을 성인聖人의 도통을 이은 것으로 평가하고 있다. 이를 통해 명종대에는 송대 성리학자들을 이상적인 인재상으로 확고하게 자리 잡았음을 알 수 있다.

이렇듯 중종대 이후에는 성종대에 무조건적인 비판의 대상이었던 한·당 이후의 인재들 또한 평가의 대상이 되었으며, 특히 송대의 성리학자인 염락제현의 말을 인용하거나 직접적으로 인재상으로 제시하여 인재관의 범위가 넓어졌음을 알 수 있다. 하지만 명종대까지도 재상으로 삼을 수 있는 수준의 인재로는 중국 고대의 이윤·부열·기·

---

116) 위의 문집

고요로 한정되어 있었다.

그런 한편 가장 중요한 것은 임금의 마음공부를 중시하는 것 또한 중종~명종대의 인재관에서 핵심적으로 논해지는 사항이다.

> ㈜-1 "진실로 선왕의 마음에 근본하지 아니하고 다만 덜고 더하는 것으로써 때를 저울질하는 달도達道로 삼는다면 그 구정舊政을 어지럽히는 지경에 이르지 않을 자가 거의 없으니 가히 두렵지 않겠습니까! …… 비록 그러하나 선왕의 법을 지키기는 쉽지만 선왕의 마음을 지키기는 어렵습니다. 왜냐하면 선왕의 법은 마음에 근본을 두고, 선왕의 마음은 도에 근본을 두었기 때문입니다. 이러한 까닭으로 능히 선왕의 도를 다하면 선왕의 마음을 지킬 수 있으며 능히 선왕의 마음을 지킬 수가 있으면 선왕의 법을 지킬 수 있습니다."(나세찬의 중종 23년 별시 대책)[117]

> ㈜-2 "엎드려 바라옵건대, 전하께서 학문을 깊이 궁구하여 스스로 터득한 효험을 이루고, 본원本源을 터득하여, 백성을 교화시키는 도구로 삼으시옵소서. 그러하면 전하의 마음공부가 곧 문왕의 마음공부일 것이니, 가르침이 문왕과 같고 덕이 문왕과 같다면 어찌 인재의 융성함만 문왕에게 미치지 못하겠습니까?"(홍성민의 명종 19년 식년시 대책)[118]

㈜-1의 나세찬의 대책을 보면 선왕이 세운 훌륭한 법을 제대로 계승하기 위해서는 그 마음을 알아야 한다는 점을 강조하고 있다. 그 예시로 중국 고대사의 주공周公과 태공太公에 대하여 논하고 있다. 두 사람 모두 한 대의 세勢를 말미암아 한 대의 주나라의 법을 세운 현신들이며, 주공은 노魯에, 태공은 제齊에 봉하여졌을 때 각각 친친親親과

---

117) 『송재유고(松齋遺稿)』권 2 策 欲守先王之治者必守先王之法 戊子
118) 『졸옹집(拙翁集)』권 6 殿策

상공尙功을 법으로 삼아 부강한 왕업을 이었다고 보고 있다. 때문에 주공은 큰 성인聖人이고 태공은 큰 현인賢人이라고 평하고 있다. 하지만 성인이고 현인인 두 사람이 세운 법이라도 후세에 폐단이 없을 수 없는데, 법은 다스림을 돕는 도구이지 스스로 행해지는 것이 아니기 때문이다. 즉 후사가 된 자들은 선왕의 마음을 깨달아야 선왕의 법을 지킬 수 있다는 것이다.

후대에 주공의 후손인 노魯가 삼가三家에 곤혹을 당하고, 태공의 후손인 제齊가 진자陳子에게 넘어간 것도 후손들이 잘못하여 선조의 마음을 받들지 못했기 때문이라고 보고 있다. 법의 폐단은 시대가 흐르면서 생겨나기 마련이지만 이는 후대의 현왕이 어떻게 조처하는지에 따라 달려 있다고 말하고 있다. 무엇보다도 선왕의 마음과 도가 중요하다는 것을 계속 강조하고 있다.

ⓗ-2의 홍성민의 대책에서는 임금이 스스로 마음으로 얻는 것이므로, 임금이 학문을 깊이 탐구하여 스스로 터득하고 이를 백성을 교화하는 도구로 삼아야 한다고 한다는 점을 강조하고 있다.

이렇듯 중종대~명종대 인재 관련 책문을 통해 성종대보다 임금의 마음공부를 통해 안목을 기르는 것을 강조하며, 이상적인 인재상도 중국 요순삼대의 현신들에서 송대 성리학자까지 그 범위가 늘어났음을 알 수 있다.

제2장 『대학연의』 기반 군신관의 형성

1. 대간의 역할 증대와 사림 정치의 형성

조선 전기 주자성리학이 수용되면서 군신관은 인재관과 마찬가지로 『대학연의』의 영향을 받아 형성되었다.[119] 군신관과 관련된 최초의 책문은 태조 5년(1396) 식년시 책문이다.

> (가) "왕께서 이같이 말씀하셨다. …… 『서경』을 살펴보면 문왕은 매일 아침부터 저녁까지 한가로이 식사할 겨를도 없이 만민을 다 화합하는 것에 힘쓰셨다. 또 말하기를 문왕은 서언庶言·서옥庶獄을 겸하지 않아 곧 일 하나하나를 처리한 바가 없으니, 그 하루에 겨를이 없다는 것은 어떤 것인가? …… 내가 매번 청정聽政을 할 때를 오직 하나라도 혹 폐하여질까 두려우나, 만 가지 일이 번잡함에 이르렀으니 어떻게 그 당부當否를 분별하여야 처리할 때 실수가 없게 할 수 있겠는가. 부지런히 어진 이를 방문하는데, 오직 민정民情이 밑에서 막일까 두려우니, 어떻게 해야 (나의) 듣고 보는 것을 더욱 넓혀서 가려지는 바가 없게 할 수 있겠는가. 명령을 내리는 것에 있어서 오직 취소되어[反汗] 행해지지 않을까 두려우니, 어떻게 해야 공리公理에 합하여 백성으로 하여금 회유하여 복종하게 할 수 있겠는가."(태조 5년 식년시 책문)[120]

---

119) 지두환, 「성리학 변천과 경연과목」, 『조선성리학과 문화』, 2009, 63~107쪽
    정재훈, 『조선전기 유교정치사상 연구』, 2005, 170쪽
120) 『삼봉집』 권 4 策題 殿試策

이 책문을 통해 태조대부터 주자 성리학을 기반으로 하여 국가를 구성해 나가면서 그 이상향을 문왕文王의 통치를 이상향으로 보고 있으며, 인재 등용이 임금의 가장 중요한 업무 중 하나라고 보고 있었음을 알 수 있다.

그러나 태조대 정계의 핵심 세력이었던 건국 공신 세력은 막내아들인 방석을 세자로 삼는 등 주자성리학에 어그러진 행태를 보였고 이에 태종이 주도하는 1차 왕자의 난 때 숙청당하면서 정계에서 밀려나게 되었다.

태종대에는 유일지사의 천거를 통한 인재등용을 통해 두문동 72현과 그 후손·제자들이 정계에 등장하였으며, 이렇게 등용된 절의지사 계열 인재들은 대간臺諫에 임명되어 태종의 지지 세력인 좌명공신의 세력이 비대해지는 것을 견제하는 역할을 맡았다.121) 그런 한편 태종은 대간의 영향력이 지나치게 비대해지는 것 또한 경계하여 언론 활동을 억제하는 정책을 펴기도 하였다.122)

이렇듯 조선 건국 초반에는 대간과 같은 제도를 통하여 주자성리학에 입각한 정치를 행하고자 하였다. 때문에 대간은 군신관계의 중요한 요소를 담당하였고, 이는 태종대~세종대 책문에서도 언급된다.

(나) "대간臺諫의 설치는 그 정론正論을 직언하여 허물을 다스리고 잘못을 규탄하는 것이다. 종종 편견의 억설을 가지고 기필코 종간從諫하고자 하는데, 종간從諫의 명분을 따르고자 하면 반드시 의義를 해치는 데 이르고, 실언의 죄책을 가하고자 하면 반드시 거간拒諫이라 생각한다. 이 같은 것을 어떻게 하면 편견에 치우치지 않고

---

121) 김보정, 「조선 초기 정몽주에 대한 인식-『고려사』·『고려사절요』를 중심으로」, 2012, 77쪽
122) 남지대, 「태종 초 태종과 대간 언론의 갈등」, 『역사문화연구』 47, 2013, 89~97쪽

정론定論을 날마다 듣겠느냐?"(태종 14년 알성시 책문)123)

(내는 태종 14년 알성시 책문으로 임금이 대간의 간언을 편견에 치우치지 않고 적정하게 대할 수 있는 방도가 무엇인지를 묻고 있다. 이는 태종대에 논해진 풍문 탄핵 금지 논의와 연관되어 있다.

태종 4년(1404) 10월 25일 풍문 탄핵을 금한 이후에도 지속적으로 풍문으로 탄핵하는 것이 문제가 되어왔다. 태종 5년(1405) 7월 17일 사헌부에서 풍문으로 탄핵하는 법을 다시 시행하자고 상소하였으나 허락하지 않았고, 26일에 다시 사헌부에서 풍문 탄핵법을 시행하자고 청하였으나 태종이 풍문으로 탄핵하면 온전한 사람이 없을 것이라 하여 허락하지 않았다.

태종 12년(1412) 1월 12일 사간원에서 심정沈泟이 세수歲首[새해 첫날] 알현한다고 칭탁하고 동궁(훗날 양녕대군)에 들어갔는데, 이를 경승부 소윤 겸 문학인 유장柳章이 알고 헌납 이안유李安柔에게 고하자 사간원에서 심정을 탄핵하였다. 이에 세자가 심정은 새해 인사하러 온 것인데 유장이 간원을 사주하여 탄핵하였다고 태종에게 말하였고, 태종은 유장을 공주로 귀양을 보낸 뒤 당시 탄핵했던 사간 윤회종尹繪宗, 헌납 이사증李師曾과 이안유도 귀양을 보냈다. 그러자 사헌집의 한승안韓承顔 등이 상소하여 심정이 세자에게 아첨한 것은 사실이고 이를 고한 간원들은 잘못이 없으니 윤회종 등을 직임에 돌아오게 해 달라고 상소하였으나 허락하지 않았다. 그리고 대소 신료로 하여금 대간의 관원과 사사로이 논의하지 말라고 하교하기까지 하였다. 참지의정부사 정역鄭易이 이를 반대하였으나 태종은 다시는 이를 말하지 말라고까지 하였다. 결국 세자가 나서서 말한 뒤에야 윤회종 등은 집

123) 『태종실록(太宗實錄)』 권 28, 태종 14년 7월 17일 무자 1번째 기사

으로 가게하고, 사헌부의 신료들을 근신하게 하였다.

태종 13년(1413) 10월 16일에 김효손 등이 대사헌 윤향이 일전에 계림도 절제사일 때 죄인에게 역마를 빌려주어 부모를 만나게 한 일을 가지고 탄핵하고자 하였는데, 서성이 이를 윤향에게 알려 먼저 탄핵하는 일이 발생하였다. 이에 태종은 풍문으로 탄핵하는 것과 사사로이 방문하는 것을 금지한 것을 어겼다는 죄목으로 간원들을 순금사에 가두었다.

태종 14년(1414) 알성시는 7월 17일에 실시되었는데, 실시 이전에 태종과 사간원 사이의 풍문 탄핵을 둔 갈등이 여러 차례 있었으며, 태종이 풍문 탄핵을 보다 엄격하게 금하고자 이러한 책문을 출제했다고 할 수 있을 것이다.

이후 태종 14년 12월 21일 사간원에서 대간이 조계에 참여하게 해달라는 청이 있었으나 태종은 자신은 밝은 임금이 아니라 이를 따를 수 없다며 허락하지 않았고, 태종 18년(1418) 1월 18일에 풍문 탄핵법을 더욱 강화하였다. 그리하여 풍문 탄핵에 대한 논의는 세종대까지도 이어지게 된다.

세종 2년(1420)에 집현전을 설치하고 사가독서제를 시행하면서 주자성리학에 입각한 왕도정치를 행할 인재를 양성하였고, 이들은 세종 10년(1428)부터 주자성리학에 입각한 문물제도를 정비해나가기 시작하였다. 또한 왕도정치를 실현하기 위하여 왕에게 성인聖人이 되는 공부를 시키는 경연經筵과 후계자인 세자를 가르지는 서연書筵이 발달하였으며, 이를 집현전이 전담하면서 집현전 학자들의 언관言官 역할이 강화되었다.[124]

---

124) 지두환, 『조선시대 정치사 1 - 조선전기편-』, 역사문화, 2013, 94쪽

그리하여 세종대 전반적으로 풍문 탄핵을 하는 일이 여러 차례 발생하였으나, 세종은 선왕인 태종의 법이라 함부로 바꿀 수 없다고 하면서 풍문 탄핵의 금지를 더욱 강화하는 방향으로 나아갔다.

그런 한편 윤대의 경우, 세종 7년(1425)에 문관은 4품 이상, 무관은 2품 이상이 윤대하는 것을 시작으로 8년(1426)에는 집현전 학자 중에서 경연관을 겸하지 않는 관료 등도 윤대하도록 하여 도리어 그 참여 범위가 더욱 넓어졌다.

이러한 논의가 세종 16년 알성시 책문의 주제로 출제되었다.

> (다) "윤대輪對는 하정下情(신하와 백성들의 사정)을 다 말하게 하여 그 현부賢否를 살피고자 하는 것이다. 그러나 그 폐단이 충현忠賢을 참간讒間함에 이르기도 한다. …(중략)… 대간臺諫이 풍문만 듣고 탄핵을 하는 것을 막는 금령禁令이 있다. 고알告訐(남의 나쁜 일을 관에 고발하는 것)의 실마리를 막고자 하기 때문이다. 그러나 기강紀綱을 떨치고 풍속을 바로잡는 도道에 방해가 되기도 한다."(세종 16년 알성시 책문)[125]

(다)를 보면 윤대가 참소의 장으로 이용된다는 것과 대간이 풍문을 듣고 탄핵하는 문제를 지적하고 있다. 두 책문 모두 공통적으로 지적하는 것은 대간이 풍문을 듣고 탄핵하는 것을 막아야 하느냐, 언로를 막지 않기 위하여 금하지 말아야 하냐는 것이다.

세종 16년(1434) 알성시에 장원으로 합격한 최항崔恒의 대책에서 당대 윤대와 대간에 대한 인식을 알 수 있다.

최항은 먼저 윤대에 대해서 천지가 서로 교류하지 못하면 생육의 공을 이루지 못하는 것처럼, 상하가 막히면 나라를 다스리는 도를 도

울 수 없다는 점을 강조한다. 때문에 중국 고대 요순堯舜의 조정에서 임금과 신하가 서로 이야기하던 풍속[都兪]이 후대까지 이어져, 당 태종은 5품경숙五品更宿의 법과 송 태조는 백관윤대百官輪對의 제도가 만들어졌다고 말하고 있다. 즉 윤대와 같은 제도를 통해 임금 한 사람이 듣고 보는 것을 넓혀서 윗사람이 막히는 것을 해결하면 나라의 다스림이 융성해질 것임을 말한다.126)

그런 다음 조선의 윤대와 대간에 대해서 논하였다.

(다)-1 "4품 이상으로 하여금 상시로 돌아가면서 날을 바꾸어 운대輪對하여서 풍속의 이해를 논하거나 정치의 득실을 말하게 하소서. 이렇게 함으로써 그 하정下情을 다하고 또 그 현부賢否를 관찰하시면 비록 순舜의 주자疇咨(인재를 구함)와 성왕成王의 (현신을) 맞이하여 물어보는 것[迎訪]이라 하더라도 어찌 여기에 더할 것이 있겠습니까? 이렇게 하시면 마땅히 사대부가 된 자가 성상聖上께서 청문淸問하시는 마음을 우러러 본받아 정의正義를 충함에 매번 (충언이 지극한 데) 미치지 못하는 근심[靡及之秋]을 품을 것입니다. 이러한데 자주색으로서 붉은색을 어지럽히는[紫之亂朱]자가 간혹 있더라도 그 잔악한 행동이 어찌 백성을 놀라게 하겠습니까."(최항의 세종 16년 알성시 대책)127)

(다)-2 "마침내 우리 정종 공정대왕太宗 恭定大王께서 풍문만 듣고 하는 정사를 특별히 금하시자 이로써 고알하는 습속이 혁거革去되었습니다. 이것이 비록기강을 진작시키는[振紀頓綱]의 술術에 방해

---

126) 『태허정집(太虛亭集)』권 1 策 救輪對婚禮土風臺諫風聞之弊
   "帝王之世, 都兪之風藹如, 逮至後世. 率用是道, 唐宗立五品更宿之法, 宋祖作百官輪對之制. 于以廣一己之視聽, 決四方之雍蔽, 群情於是乎盡, 治道以之而隆. 是雖一時之盛憲, 實乃萬世之懿範也."
127) 『태허정집(太虛亭集)』권 1 策 救輪對婚禮土風臺諫風聞之弊

가 되지만 그러나 또한 풍속을 두텁게 하고 쟁알爭訐을 경계하는
영전令典이 어찌 아니겠습니까? 원하옵건데, 전하께서는 어기지
말고 잊지도 말아서 구장舊章을 본받으소서. 풍문만 듣고 하는
정사를 부활시켜서 고알의 문을 열지 마소서. 다만 하낭荷囊(문
방구 자루)을 지고 홀笏을 들고 비녀를 찌른 관冠을 쓴 자(관리)
로 하여금 먼저 그 마음을 바르게 함으로써 그 사람됨을 바로잡
게 하시면 풍문으로 그를살필 필요가 없으며 기강이 저절로 바
르게 될 것이니 또 어찌 대간에게 폐단이 있는 것을 염려하겠습
니까."(최항의 세종 16년 알성시 대책)128)

(다)-1에서는 먼저 조선의 경우 당시의 왕인 세종이 훌륭한 임금이서
좋은 계책을 잘 세워 시행하지만 그래도 만에 하나 빠뜨리는 것이 있
을 수 있기 때문에 윤대가 꼭 필요하다고 강조하고 있다.

그리고 4품 이상의 관리들로 하여금 상시로 윤대하게 한다면 순舜
과 주 성왕周成王 같은 임금과 비견할만한 정치를 할 수 있을 것이라
고 말하고 있다. 여기서 4품 이상이라는 것은 이미 세종 8년에 경연관
을 겸하는 집현전 관리 등을 제외한 나머지 문반에게 적용된 것인데,
여기서도 4품 이상의 관리를 대상으로 언급하는 것은 경연관을 겸하
는 집현전 관리 등도 포함하라는 의사가 담겨 있는 것으로 보인다. 그
리고 윤대의 문제인 '참소'에 대해서는 임금이 잘 듣고 마음과 덕을
잘 잡아 판별한다면 그 폐단을 구제할 수 있을 것이라고 보고 있다.

이는 2장에서 정리한 조선 전기 인재관에서 임금이 인재를 취할 때
의 태도에서 연장된 것으로 현명한 신하를 구분할 수 있는 능력과도
연결되는 부분이라고 할 수 있다.

여기서 언급된 윤대의 대상이 되는 관료의 품계 문제는 결국 문종

---

128) 위의 문집

1년(1451)이 되어 경연관을 겸하는 이들의 윤대를 허하고, 나아가 언로를 넓히기 위하여 5품, 6품까지 윤대를 하라고 지시할 정도가 되었다.[129]

그리고 대간에 대해서는 간관의 역할은 풍속과 기강을 바로 잡기 위하여 임금이 싫어하더라도 대담하게 간언하여 바로잡는 것이라고 소개하고 있다. 그리고 그런 역할을 중요 관직에 있는 자들이 아닌 재야의 선비들을 등용하여 행하기 때문에 나라가 잘 다스려지고 있다고 평하면서도, ㈐-2에서처럼 태종대 강화된 풍문 탄핵 금지에 대해서는 비록 언관의 권한이 약화되기는 하지만 고알告訐 즉 당사자가 아닌 사람이 죄를 들춰서 고발하는 행위를 막을 수 있고, 또 선왕인 태종이 제정한 법이니 그대로 유지하는 것이 좋다고 말하고 있다.

이를 통해 태종대 대간의 언로를 차단하기 위하여 풍문 탄핵을 금지한 것에 대한 논의가 세종 16년(1434)까지 이어졌음을 알 수 있다.

하지만 세종대에 이르러 주자성리학에 대한 이해가 깊어지면서 대간의 언론에 대한 존중이 강화되면서 점차 대간에 대한 제약이 점차 풀려나갔다. 그리하여 세종 24년(1442)부터 풍문에 의한 탄핵에 대한 처벌이 유해졌으며, 문종이 즉위한 이후에는 풍문이라고 할지라도 임금의 허가가 있으면 탄핵하는 지경에 이르렀다.[130]

㈐ "대개 듣건대 나라를 잘 다스리는 것은 어진 이를 구하여 간언諫言에 따르며 욕심을 적게 내어 정사에 부지런히 하는 것에 지나지 않을 뿐이요, 잘 다스리지 못하는 것은 이와 반대이다. ……만약 금일에 급한 시무時務가 있다거나 혹은 내가 미처 들어 알지 못하는 과실過失이 있다면 마땅히 마음을 다하여 진달하고 숨기는 바가 없게 하라. 비록 문사文辭가 뛰어나게 아름답고 포서鋪敍[131]가

129) 『문종실록(文宗實錄)』 권 6, 문종 1년 2월 20일 기축(己丑) 1번째 기사
130) 『문종실록(文宗實錄)』 권 5, 문종 즉위년 12월 18일 무자 4번째 기사

두루 넓더라도 뜻이 도리어 부족하면 나는 한갓 그를 배우俳優와
같다고 보겠으며, 임금의 덕을 칭찬하여 걸핏하면 요순堯舜에 비유
하면서도 행동이 도리어 잘못을 덮어주지 못한다면 나는 한갓 그
를 '하휴夏畦하는 것보다 어렵다.'고 보겠다. 금일의 대책은 힘써
좇아서 정성껏 실행하겠다."(문종 즉위년 식년시 책문)132)

㈜는 문종 즉위년 식년시 책문이다. 문종 즉위년 식년시는 문종대
풍문 탄핵 허가 2개월 전인 10월에 치러졌다. 그리고 시험이 치러지기
하루 전 10월 8일에 문종은 이계전李季甸, 정이한鄭而漢, 박팽년朴彭年
을 어탑 앞에 나오게 하여 직접 지은 책문 둘을 보여주었다. 책문 중
하나는 '어진 이를 구하여 간언諫言에 따르고 욕심을 적게 내며 게으
르지 않는다.'와 다른 하나는 '평안도의 피폐는 자주 순시를 행하기 때
문이다.'였다. 이를 두고 어떤 것을 출제하는 것이 좋을 지를 논하게
하였다. 그리하여 첫 번째 간언諫言 관련 책문이 채택되었고, '게으르
지 않는다.' 부분이 '정사에 부지런히 한다.'로 수정되어 출제되었
다.133) 그만큼 당시에는 대간에 대한 논의가 중요하였음을 알 수 있다.
이 시험의 방목 또한 대간 중심의 군신관을 중시한 문종의 의지가
드러나 있다. 문종 즉위년 식년시의 장원은 권람權擥인데 처음에는 4
등에 배치되어 있었다. 이에 임금이 권람의 대책을 읽어보고 문장이
훌륭함에도 왜 장원이 되지 않은 이유를 물으니, 허후許詡가 세종을
도와 불사를 하였던 신미信眉와 학열學悅을 극렬하게 비판하여 세종
에게 불공不恭한 면이 있었기 때문이라고 답하였다. 이에 문종이 직접

---

131) 포서鋪敍는 과거 답안지를 말한다. 포鋪는 과거 시험의 다섯째 구句를, 서敍는
     여섯째 구句를 뜻한다.
132) 『문종실록(文宗實錄)』 권 4, 문종 즉위년 10월 9일 기묘 1번째 기사
133) 『문종실록(文宗實錄)』 권 4, 문종 즉위년 10월 8일 무인 6번째 기사

권람을 1등으로 올려주었다.[134]

즉, 권람이 선대 왕인 세종의 행적을 비판한 것 때문에 시험관들이 등수를 낮추었던 것을 임금인 문종이 책문에서 직접적으로 밝혔던 사항을 수용하여 그대로 지킨 것이다.

한편 문종대에 이르러서는 집현전 학사들의 대간 출입이 잦아지면서 집현전은 대간 차출의 근거가 되어 강력한 언론 기관으로 그 성격이 변화하여, 문종 1년(1451) 11월 29일에 집현전에서 경연관을 겸하는 자들과 사헌부·사간원 등도 윤대輪對에 참여하게 되었다.이렇게 윤대를 통해 집현전 학자들은 왕과 접할 기회가 더욱 많아졌고, 왕이 왕도정치를 할 수 있도록 인도할 기회가 더욱 많아지게 된 것이다.

이에 따라 집현전 학자 세력 중 왕권 강화를 추구하는 세력들과 단종 복위 세력이 대립하게 되었고, 세조찬탈이 일어나자 단종 복위를 시도하였던 사육신·생육신 세력들은 참화를 입게 되었다.

그리고 세조 2년(1456) 집현전이 혁파되고 경연이 정지되어 주자성리학에 입각한 왕도정치 개혁은 지연되었다. 또한 세조대에는 세종·문종·단종대의 주자성리학적 제도 정비의 근간이 되며, 왕도정치와 이상적 인재관과 군신관을 제시하는 교과서『대학연의』가 경시되고 당 태종과 송대 왕안석의 패도정치를 따르는『정관정요』를 중점적으로 다루었다.

이러한 조선 전기 군신관은 성종대에 다시금 세종대의 주자성리학적 질서가 회복되면서『대학연의』가 경연에 자주 인용되면서 정치적인 논의가 빈번하게 되면서 변화하게 되었다. 하지만 성종대의 책문 중에는 군신관을 직접적으로 다룬 경우를 찾을 수 없었는데, 이는 앞

---

134)『문종실록(文宗實錄)』권 4, 문종 즉위년 10월 12일 임오 2번째 기사

선 1장에서 살펴보았듯이 성종대가 조선 전기 주자성리학의 이상적
인 인재상을 성립하는 시기였기 때문으로 보인다.

그러므로 성종대의 군신관은 연산군 10년 이전에 성립되고, 중종반
정 이후 중종대를 거치면서 확립되었다고 볼 수 있겠다. 하지만 연산
군의 폭정으로 사림들이 화를 입고 주자성리학에 입각한 성종대 질
서가 어그러지면서 경세관에 대한 논의도 지연되었다가, 중종대에 이
르러서 다시금 진행되었다.

중종대에는 조선 초『대학연의』에서 제기되던 군주의 심학心學을 바
로 잡는 것을 넘어서서 현명한 사람을 등용하여 스승이나 벗으로 삼
아야 함을 강조하고 있다. 만일 현명한 사람을 스승으로 삼을 상황이
되지 못한다면 좌우 대신이나 대간을 통해서라도 이를 성취하도록
하고 있다.135)

이러한 군신관의 변화상이 반영된 책문이 중종 10년 알성시에 출
제되었다.

> ㈐ "공자께서 '만약 나를 사용하는 자가 있으면 한 달이면 다스림을
> 기대할 수 있고, 3년이면 공적을 이룰 수 있다.'고 하셨으니, 성인
> 聖人이 어찌 헛된 말을 했겠는가? 그 규모規模를 세우고 베푸는 방
> 법을 행하기 전에 미리 정해 놓은 것이 반드시 있을 것이니, 그것
> 을 가리켜서 차례로 말할 수 있겠는가? 주周가 쇠망하는 말기라서
> 기강과 법도가 모두 무너졌는데도, 공자께서는 오히려 3년이면 공
> 적을 이룰 수 있다 했으니, 만약 공자께서 정치를 맡아 3년 이상을
> 하였다면 그 다스림의 효과는 어떠했겠는가? 그리고 그행한 흔적
> 을 볼 수 있는 것이 있겠는가? ……여러 유생들은 공자에 대해 공
> 부했으므로, 모두 지금의 임금과 백성을 요순堯舜시대의 임금과 백

---

135) 정재훈, 『조선전기 유교 정치사상 연구』, 2005, 238~239쪽

성같이 만들려는 뜻이 있을 테니, 공적을 이루는데 그치지 않을 것
이다. 지금과 같은 때를 당하여 옛날의 융성했던 정치에 이르려고
하면 어떤 것을 먼저 힘써야 하는지 모두 말하여 보라."(중종 10년
알성시 책문)136)

㈁를 보면 10년 알성시 책문의 주제는 나라의 기강과 법도를 바로
세워 성리학에서 이상적으로 여기는 정치를 이룰 수 있느냐는 것이
다. 먼저『논어』자로子路편의 공자가 자신을 기용한다면 1년이면 중
국 고대의 다스림을 기대할 수 있고, 3년이면 공적을 이룰 수 있다는
문장을 인용하여 한 나라의 '규모' 즉 기강과 법도를 세우고 베푸는
것을 차례로 말하라고 하고 있다.137) 그리고 공자가 활동하는 춘추시
대는 주나라 말로 기강과 법도가 무너졌는데, 공자가 그 공적을 3년
이면 이루겠다고 하였으니 만일 실제로 정치에 나섰다면 효과가 어
떠하였을지 논한 뒤 그 행한 흔적에 대하여 논하라 하고 있다. 다음으
로 조선의 상황에 대하여 말하고 있다. 중종이 반정을 통해 즉위한 지
10년이 지났는데도 기강이 세워지지 않고, 법도도 정해지지 않았으니
그 공적을 이룰 수 있는 효과를 구하기가 어렵다며, 공자에 대하여 공
부한 유생들이 그 방도를 알려달라고 하고 있다.

이에 대한 조광조趙光祖(1482~1519)의 대책이 전한다.

㈁-1 "대략 정해진 법도나 대략 세워 놓은 기강 같으면 대신大臣을 공

---

136)『정암집(靜菴集)』권 2 對策 謁聖試策
　　지두환,『명문명답으로 읽는 조선 과거실록』, 동연, 1997, 152쪽
137)『논어(論語)』자로(子路)편 10장의 말을 인용한 것이다.
　　"공자께서 말씀하셨다. '만일 나를 등용하는 자가 있다면 1년만 하더라도 괜
　　찮을 것이니 괜찮을 것이니, 3년이면 이루어짐이 있을 것이다.'(子曰, '苟有用
　　我者。期月而已可也, 三年有成.')"

경하여 그 정권을 맡기는 데에 있습니다. 임금이 홀로 정치하지 않고 반드시 대신에게 맡긴 뒤에야 다스리는 도가 확립됩니다. …… 그러므로 옛날의 성스러운 임금과 현명한 재상은 반드시 뜻을 성실히 하여 서로 믿고 양쪽 모두 자신의 도를 다하여, 광명정대한 업적을 이룰 수 있었습니다. 엎드려 바라옵건대, 전하께서는 다만 대신을 공경하여 그 정권을 맡기어, 대략 그 기강을 세우고 대략 그 법도를 정하여 훗날 큰 근본이 서고 큰 법이 행하는 기반을 마련하옵소서."(조광조의 중종 10년 알성시 대책)[138]

㈎-1을 보면 조광조는 대략적으로 세워진 법도나 기강은 대신大臣을 공경하여 정권을 맡기는 데에 있다고 말한다. 왜냐하면 임금은 홀로 정치하지 말고 반드시 대신에게 맡긴 뒤에야 다스리는 도가 확립되기 때문이다.

만일 임금이 스스로 정치를 하면서 대신의 보좌를 받지 않으면 여러 변화가 일어나지 않게 될 뿐만 아니라, 그 임금이 되는 도를 크게 잃게 된다고 지적한다. 그렇다고 대신의 지위를 임명하고도 문서 받는 일만 맡게 하거나 소신小臣의 감찰에 의지해서 대신의 일을 막으면 임금이 신하를 부리는 도를 잃고, 신하가 임금을 모시는 방책을 잃어 군신君臣의 도를 잃는다는 점도 함께 지적한다.

때문에 옛날의 성군들과 현신들은 뜻을 성실히 하여 서로 믿고 각각 임금의 도와 신하의 도를 다하여 큰 업적을 이룰 수 있었다고 평한다. 그러므로 중종 또한 대신을 공경하고 정권을 맡겨 기강을 세우고 법도를 세우면 큰 근본과 큰 법이 서는 기반이 마련된다고 권한다.

중종대 군신관에 대해 다룬 또 다른 책문인 중종 14년 별시에 답한 송순宋純(1493~1582)의 대책에서도 유사한 내용이 등장한다.

---

138) 위의 문집

(ᄇᆞ) "신이 듣기에 통서通書에서 말하기를 '마음이 순純한즉 어진이가 돕고 어진이가 도운즉 천하가 다스려진다.' 고 하였습니다. 무릇 '순純'이란 것은 성실무위誠實無爲를 이르는 것입니다. …… 이것을 보충하여 전하께서는 실심實心의 덕을 쌓으십시오. 아아! 대신이 요직을 맡아 다스릴 때에 인재를 뽑는 데에 삼가서 그것을 전적으로 맡아 합니다. 대개 인재를 뽑는 데에 삼가면 반드시 어진 이를 얻을 수 있으며, 전적으로 맡아 하면 반드시 재능을 다할 것입니다. 지금은 그렇지 못한 즉 임무를 맡은 자가 그 실질을 도모한다고 이를 수 있겠습니까? 임금이 덕의 대요를 성취할 때에는 그 품은 생각을 사려하고 그 강의를 익힙니다. 대개 품은 생각을 사려하면 반드시 선한 말을 받을 수 있으며 강의를 익히면 곧 반드시 자세한 의리를 깨닫게 됩니다. 지금은 그렇지 못해 과연 군덕의 대요를 성취함에 그 실질이 있다 이를 수 있겠습니까?"(송순의 중종 14년 별시 대책)[139]

(ᄇᆞ)를 보면 송순은 임금이 가장 믿는 중요한 신하가 없어서 임금이 의지할 바가 없고, 강의할 사람이 없어서 임금의 덕이 이루어지지 못했으며, 언로가 열리지 않아 정직한 도가 사라졌고, 인재가 길러지지 않아 윤리와 기강은 피폐해졌고 무신은 재능이 없고 인원이 줄어든 것이 지금의 현실이라고 지적한다.

이러한 문제점을 해결하기 위해서는 임금이 마음을 순純하게 다스려야 한다고 말하고 있다. 여기서 순純이란 성실무위誠實無爲를 이르는 것으로 임금이 먼저 성실하게 마음의 덕을 쌓아야 세상의 도리를 지킬 수 있고, 폐단의 원인도 살필 수 있게 된다는 것이다. 그리고 지금의 임금인 중종은 실질적인 바름 즉 '순純'이 없으므로, 실심實心을 쌓아야 한다고 충고하고 있다.

---

139) 『면앙속집(俛仰續集)』 권 1 策 得賢致治

또한 대신大臣이 요직을 맡아 다스릴 때 그에게 인재 선발을 전적으로 맡겨야 한다고 말하고 있다. 대신이 인재 선발을 전담한다면 인재가 그 재능을 다할 수 있기 때문이다. 그리고 임금이 덕의 큰 요점을 취득하기 위해서는 경연을 통해 선한 말을 듣고 강의를 익혀야 그 의리를 상세하게 깨닫게 된다고 지적하고 있다. 대간, 학교, 인재 등용, 수령 임명에 있어서도 실질이 없기 때문에 폐단이 발생한 것이므로 먼저 격려와 진작의 실질을 행해야 한다고 지적하고 있다.

그리고 임금이 행해야 하는 것은 사람의 근본을 헤아려 합당한 직책에 임명하고, 경연을 할 때에는 대간에게 임금의 속내를 드러내는 것이다. 또한 학교에서 예전에 만들어진 법규나 양식들이 효과가 없다면 다시 권면하고 몸소 행하여 마음에 실질로 삼아야 한다고 말하고 있다. 그리고 무장들은 적을 맞설 마음을 갖고 있어야 하고, 수령들은 백성들을 사랑하는 어진 도를 가지고 인재를 선발하는 것이 아닌 백성들이 스스로 권면하고 진작되게 해야 한다고 말하고 있다.

이상으로 주자성리학을 기반으로 한 정치 체제의 변화와 군신관과 연결된 책문과 대책을 살펴보았다. 조선 건국 초인 태종대와 세종대에는 대간과 윤대 같은 제도를 통해 임금과 신하가 자주 접하게 하고, 신하의 간언으로 임금을 바른 길로 이끄는 방향의 군신관이 정립되었음을 알 수 있다.

그리고 성종 말부터 나타나기 시작한 인재를 알아보고 재상에 임명하여 정사를 맡기는 '사림 재상' 의식이 강화되는 모습을 보여주고 있다. 심지어 중종대 대책에서는 인재의 임명 또한 대신에게 맡기라고 하는 등 주자성리학에서 이상적으로 여기는 재상 정치를 추구하고 있음을 알 수 있었다.

2. 중국 요순삼대堯舜三代 중심의 군신관 성립

한편 성종대를 걸쳐 이상적인 인재상의 예시가 성립된 이후, 성종 말~연산군 10년까지는 『대학연의』에 기반을 둔 중국 고대 요순삼대堯 舜三代의 성군聖君과 현신賢臣 중심으로 이상적인 군신관계의 예시가 성립되었다.

연산군 3년(1497) 중시 전시 책문과 연산군 10년(1504) 식년시 전시 책문에는 요순삼대를 이상적으로 보고 한·당漢唐은 비판적으로 평가 하는 성종대의 인재관 인식이 그대로 군신관에 반영되어 있다.

　(사) "예로부터 천하국가는 백성을 편안하게 하고 풍속을 바르게 하는 것에 불과할 따름이다. 요순삼대[唐虞三代]의 때에 사물이 안정되고 풍속이 부유하였으며, 풍속이 순박하고행동이 아름다운 것은 어떤 도道이며 그렇게 된 것인가? 그 사이에 삼대三代 이하와 더불어 민 심과 속상俗尙을 논할 수 있고, 고도古道를 능히 행하여 선치善治에 이른 자는 누구인가. …… 그 세도를 바로 잡아서 요순삼대[唐虞三 代]의 다스림을 회복하는 설이 있는가. 그대 대부들은 다 진술하여 숨기지 말라."(연산군 3년 중시 책문)[140]

　(아) "국가의 안위는 보상輔相(재상)에 달렸는데, 역대로 보상의 직책을 다한 자에 대해 들을 수 있겠는가? 성왕成王이 즉위함에 은殷나라 백성들이 복종하지 아니하여 왕실이 안정되지 못하고, 안위가 경 각에 달렸는데, 주공周公이 성왕을 도와 마침내 능히 위태로움을 옮겨 안정되게 함으로써 팔백년 왕업王業의 기틀을 다졌다. 과연 어떠한 도로써 그렇게 할 수 있었는가? 보필한 것이 성誠에서 나 와서 그렇게 되었는가? 성誠으로 보필하는 것은 과연 어떠한 일인

---

140) 『동국장원집(東國壯元集)』尹璋의 대책

가? 예를 들면, 곽광霍光이 한漢 왕실을 보필한 것이 공 또한 작지 아니한데, 마침내 주공과 같지 아니함은 왜 그런가? 혹 성성誠이 지극하지 않아서 그러한가? 보상輔相이 된 자가 진실로 성성誠으로써 임금을 섬기어 능히 그 직책을 다한다면, 성주成周의 다스림을 후세에 다시 볼 수 있겠는가?"(연산군 10년 식년시 책문)[141]

(새)의 주제는 국가를 다스리는 방도가 백성을 편안하게 하고 풍속을 바르게 하는 것에 있다는 것이다. 먼저 중국 고대 요순堯舜·삼대三代 때에 백성들이 편안하고 풍속이 아름다웠는데, 무슨 도를 행하였는지 그 사이에 민심과 풍속에서 의논할 만한 것이 있었는지를 묻고 있다. 그리고 삼대三代 이후에도 옛 도를 행하여 훌륭한 정치를 한 자는 누구인지 묻고 있다.

(애)의 주제는 국가의 안위가 재상의 도움에 달려 있는데, 어떤 사람이 재상의 직책을 다했는지를 들라고 하면서, 주공周公과 곽광霍光을 비교하고 있다.

이에 대해서는 각각 3년 중시에 답한 윤장尹璋(?~?)과 10년 식년시에 답한 이자李耔(1480~1533)의 대책이 전하고 있다.

(새)-1 "이러므로 당우唐虞(요순의 국명)의 때에는 요순堯舜과 고요, 기夔가 만나서 군신君臣이 되어 민생이 이로써 민생이 안정되고 풍속이 바르게 되었습니다. 삼대三代의 때에는 문왕·무왕과 주공·소공이 군신으로 만나 민생이 이로써 민생이 안정되고 풍속이 바르게 되었으니, 그런즉 예나 지금이나 어찌 본받을 점이 당우唐虞에 있지 않겠습니까, 삼대三代에 있지 않겠습니까? 예나 지금이나 어찌 경계할 점이 한·당漢唐에 있지 않겠습니까, 송·원宋元에 있지 않겠습니까?"(윤장의 연산군 3년 중시 대책)[142]

―――――――――――――

141) 『음애집(陰崖集)』 권 2 策 輔相策

(아)-1 "이른바 능히 보상輔相의 도를 다한 사람은 요순[唐虞] 때에는 고요·기·후직·설이요, 상商에는 이윤·부열이요, 주周에는 주공· 소공입니다. 후세 사람 중에 비록 한때 임금과 신하가 잘 만나 공업을 세웠더라도, 군신 간에 상여相與한 것이 대공지성大公至誠의 도가 아니면, 신은 전하께 진술하고 싶지 않습니다."(이자의 연산군 10년 식년시 대책)143)

(사)-1 윤장의 대책을 보면 좋은 임금과 신하가 서로 만나면 민생이 안정되고, 풍속이 바르게 된다는 것을 요순과 고요·기, 문왕·무왕과 주공·소공을 군신 관계의 이상향으로 보는 한편 한과 당·송·원은 경계의 대상으로 보고 있다.

(아)-1의 이자의 대책에서도 전한대前漢代 인물인 곽광이 주대周代 주공보다 못하다고 비난하면서, 보상輔相의 도를 다한 인물로 요순삼대의 현신인 고요·기·후직·설·이윤·부열·주공·소공을 들고 있다.

이렇듯 연산군 10년까지는 성종대 말의 경향이 중국 고대 요순삼대의 군신관계를 이상적으로 보는 경향이 유지되고 있었다고 볼 수 있다.

그러다가 중종반정 이후 다시 논의가 되기 시작하면서 군신관계 예시 범위가 인재관과 맞물려 중국 송대까지로 넓어지게 되었는데, 이를 보여주는 예시가 바로 중종 14년 별시 책문이다.

(바)-1 "왕께서 다음과 같이 말씀하셨다. 군신君臣이 상우相遇한 연후에 치도治道가 드러나게 되는데, 임금은 있어도 신하가 없으면 다스림을 이룰 수 없고 신하가 있는데 임금이 없으면 또한 이루어 낼 수 없는 것이 이치의 필연이다. 요순 같은 임금과 후직·설 같은 신하를 바랄 수 없다면[不可尙已], 성탕成湯이 이윤伊尹에게, 고종

---

142) 『동국장원집(東國壯元集)』尹璋의 대책
143) 『음애집(陰崖集)』권 2 策 輔相策

高宗이 부열傳說에게, 무왕武王이 태공太公에게 상득相得한 뜻과
공치共治한 효과를 소상히 말할 수 있겠는가? 무릇 문제文帝가 가
의賈誼를 만났고, 무제武帝는 동중서董仲舒을 얻었지만 모두 이들
을 등용하지 않은 것은 무슨 까닭인가? 두 신하의 재능이 등용하
기에 부족하였기 때문인가? 만약 그들을 등용하였다면 그 다스
림이 융고隆古에 이를 수 있었겠는가? 만약 당 태종唐太宗이 위징
魏徵을 등용하고, 송 태조宋太祖가 조보趙普를 임용함에 그들 군
신간의 관계가 의義에 합치되는가? 염락제현濂洛諸賢들은 모두
왕을 보좌할 재능이 있었으나 세상에 등용되지 못하였음은 무엇
때문인가? 만약 등용되었다면 사업이 옛날의 좋은 보필자[良弼]
들이 한 것과 비교될 수 있겠는가?"(중종 14년 별시 책문)144)

㈑-1을 보면 중종 14년 별시 책문의 주제는 군신상우君臣相遇 즉, 임
금과 신하가 서로 만나는 것에 대하여 직접적으로 논하고 있다. 먼저
중국사의 군신관계에 대하여 논하면서 요순과 후직, 설이 가장 이상
적이지만, 이런 군신관계가 될 수 없다면 그 다음인 삼대三代의 성탕
成湯과 이윤, 은 고종殷高宗과 부열, 무왕과 태공太公 같은 군신관계
가 있는데 이들의 관계는 어떠한 효험이 있었는지를 논하라고 하고
있다.

다음으로 한 문제가 가의를, 한 무제가 동중서를 등용하지 않은 것
은 신하가 부족하기 때문인지를 묻고, 만일 그들을 등용하였다면 융
성함을 이룰 수 있었을 것인지를 묻는다. 그리고 당 태종이 위징을,
송 태조가 조보를 등용한 것은 군신관계의 의에 부합하는 것인지, 그
리고 염락제현은 충분히 임금을 보필할 수 있었음에도 왜 등용되지
못했는지 이들이 등용되었다면 이전 세대의 보필자들과 비교할 수
있는지를 묻고 있다.

---

144) 『면앙속집(俛仰續集)』 권 1 策 得賢致治

이 책문을 살펴보면 이전에는 무조건적인 비판 대상이었던 한·당
漢唐 이후의 군신관계가 중종대에 이르러서는 한 문제-가의, 한 무제-
동중서, 당 태종-위징, 송 태조-조보, 송 인종-염락제현이라는 구체적
인 예시를 들면서 평가하게 되었음을 알 수 있다.

다만 이에 답한 송순의 대책을 살펴보면 여전히 요순삼대의 군신
관계가 가장 이상적이고, 한당 이후의 군신관계는 그보다는 못하다는
인식이 존재하고 있다. 한 문제 때 가의 같이 재능 있는 자도 귀양을
갔고, 한 무제 때 동중서 같이 어진 이도 좌천되었으며, 당 태종 때 위
징이나 송 태조 때 조보도 임금과 신하와 만남에 신뢰가 있었으나 임
금의 믿음과 신하의 충성이 한결같지 못했다고 지적하고 있다.145)

> (㈙)-2 "염락관민濂洛關閩의 참된 유학자를 배출하여 모두 성현의 도를
> 배웠으나 한가롭게 지냄이 전부였습니다. 모두 임금을 보좌할
> 재능이 있었으나 그 쓰임을 준비하고 있었을 뿐입니다. 인재가
> 아름다움이 있어 삼대 이후 다시 이상적인 정치를 이룰 수가 있
> 었을 것입니다. 애석하게도 위로는 밝은 임금이 없었고 아래로
> 는 참언을 믿을 따름이었습니다. 우두머리는 간악한 무리가 되
> 어 스스로 진리에 어그러지는 학문을 하였습니다."(송순의 중종
> 14년 별시 대책)146)

하지만 (㈙)-2를 보면 송대宋代 염락관민濂洛關閩으로 칭해지는 성리
학자들에 대해서는 참된 유학자들이 배출되었으며 성현聖賢의 도를

---

145) 『면앙속집(俛仰續集)』 권 1 策 得賢致治
"世漸澆漓, 君臣交際, 已不古矣. 才如賈誼, 而竟致長沙之謫者文帝也. 賢若仲舒, 而
終致江都之行者武帝也. …… 若唐宗之信任魏徵, 宋祖之傾心趙普, 君臣之際, 可謂
密矣. 然而信不得無間於終始, 忠未能如一於前後."
146) 『면앙속집(俛仰續集)』 권 1 策 得賢致治

배우고 있어 삼대三代 이후로 이상적인 정치를 이룩할 수 있었으나
당시 임금이 밝지 못하여 이들을 알아보고 등용하지 못했다고 평하
고 있다.

즉, 중종대에 이르러서는 송대 성리학자들이 이상적인 신하이지만
훌륭한 임금을 만나지 못하여 그 뜻을 펼치지 못한 안타까운 사례로
등장하기 시작하였음을 볼 수 있다.

이상으로 성종 말부터 중종대에 형성된 이상적인 군신관계 예시
관련 책문과 대책을 살펴보았다. 성종 말부터 나타나기 시작한 인재
를 알아보고 재상에 임명하여 정사를 맡기는 '사림 재상' 의식이 강화
되는 모습을 보여주고 있다. 심지어 송순의 대책에서는 인재의 임명
또한 대신에게 맡기라고 하는 등 주자성리학에서 이상적으로 여기는
재상 정치를 추구하고 있음을 알 수 있다.

그리고 이상적인 군신관의 예시 또한 변화되어 중국 한·당 이후의
인재들의 재평가도 이루어져 중국 고대의 고요, 기, 후직, 설 뿐만 아
니라 주렴계·소강절·정호·정이 형제·장횡거·주희 같은 송대 성리학
자들 또한 알아보고 등용하는 것이 임금의 안목이라는 인식이 생겨
났음을 알 수 있었다.

제3장 정전제 10분의 1세 체제의 시행과 전세 논의

1. 전시과 혁파와 과전법 시행

조선 건국 후 경제 정책의 핵심은 고려 말의 전시과田柴科의 사전私田 체제를 혁파하고 국전國田 체제를 확립시켜 주자성리학에서 이상적으로 여기는 경제 체제인 정전제井田制 10분의 1세 수취를 이룩하는 것이었다.

고려 말 주자성리학을 받아들인 성리학자들은 정전제井田制를 시행하기 위하여 전시과田柴科를 폐지하고 과전법科田法을 시행하면서, 사전私田을 혁파하고 국전國田 체제를 확립하고자 하였다.[147] 그러나 조선 태종대까지 군전軍田·사원전寺院田 등 사전私田이 남아 있었고, 과전科田 또한 수세권분급 및 세습이라는 형태로 사전私田의 잔재를 가지고 있었다.

이를 청산하기 위하여 태종대에는 국전國田인 군자전軍資田이 확대되고 군전과 사원전이 혁파되었으며, 과전이 축소되었다.[148] 그리고 10분의 1을 수취하는 것이 정전제井田制라는 주자朱子의 해석에 근거하여 각각 소유한 토지에서 경작한 소출량을 조사하여 10분의 1을 거두는 조법租法인 답험손실법踏驗損實法을 실시하였다. 그리하여 태종

---

147) 지두환, 「조선전기 國田體制 확립과정 - 과전법 붕괴과정과 관련하여」, 『泰東古典研究』 5, 1989, 27쪽

148) 『태종실록(太宗實錄)』 권 30, 태종 15년 8월 1일 을축 4번째 기사

2년(1402) 경차관敬差官을 파견하고, 수령의 답험업무를 재지의 사족에
게 실무를 분담하게 하였다.

태종 7년 중시重試 책문에서도 전제田制와 답험손실법을 논하고 있다.

> (a) "전제田制를 바르게 하고자 하지만, 소출의 많고 적음과 토지의 등
> 급이 높고 낮음이 같지 않다. 답험하는 일에 과연 이의異議를 없게
> 할 수 있겠는가?"(태종 7년 중시 책문)149)

책문의 일부인 (a)를 살펴보면 전제를 바르게 하고자 하지만 소출량
과 토지 등급이 같지 않아 답험손실을 행하는 데에 폐단이 있다는 것
이다. 답험할 때 폐단이 발생하지 않게 하기 위해서는 어떻게 해야 하
는지를 묻고 있다.

이 책문에 장원으로 급제한 변계량의 대책 중 전제와 관련된 부분
을 살펴보면 다음과 같다.

> (a)-1 "전제는 공정해야 합니다. 정전제井田制는 헌원軒轅 때 만들어져
> 주나라에 이르러 정비되었습니다. 예로부터 전해 오는 좋은 법입
> 니다. 답험하는 일로 말하면, 옛날 우임금은 땅과 물을 다스려서
> 점차 동서로 옮겨가고, 북으로는 의무려醫無閭를 넘고, 남으로는
> 북향호北向戶에 이르러, 910만 8,020경頃을 개간하였습니다. 은·
> 주·진·한의 개간된 토지 수도 모두 고찰할 수 있습니다. 당나라
> 가 융성할 때는 토지 1,400여 만 경을 개간하였습니다. 무릇 중국
> 처럼 커다란 나라에서도 역대 답험한 수를 오늘에도 모두 알 수
> 있습니다. 그러나 우리나라처럼 작은 땅에서 어느 한 사람이 전
> 제가 바르지 못한 것을 걱정하여 답험을 주장하면, 무리 지어서
> 그것을 비난하며 지껄이고 조정과 민간에서 시끄럽게 지껄입니

---

149) 『태종실록(太宗實錄)』 권 13, 태종 7년 4월 18일 임인 1번째 기사

다. 그것을 제대로 금하지 못하고 있으니, 전제를 어찌 바르게 할
수 있겠습니까? 정전법을 행해야 하는데 갑자기 행할 수 없으면,
우공에서 판별한 법에 따라 토지를 아홉 등급으로 나누고, 이어
서 한전제限田制·균전제均田制를 시행하면 됩니다. 이리할 때 어
찌 많고 적고 높고 낮음이 있겠습니까? 이렇게 하면 토지 제도를
올바르게 정할 수 있습니다.”(변계량의 태종 7년 중시 대책)150)

(a)-1을 보면 정전제井田制는 중국 고대 삼황三皇 중 하나인 황제黃帝
[軒轅]가 만들고 주나라에서 정비되어 전해져 오는 좋은 법이어서, 중
국 같이 넓은 나라에서도 은·주·진·한·당에서 답험한 수를 오늘날까
지 알 수 있다고 말하고 있다. 그러므로 조선 같이 작은 나라에서도
답험을 실행해야 전제田制를 바르게 할 수 있다고 말하고 있다. 정전
제의 시행이 가장 이상적이지만 갑자기 시행할 수는 없으므로 차선
책으로 『서경』 우공禹貢의 방식에 따라 토지를 9등급하고, 한전제와
균전제를 시행하는 것이 좋겠다고 주장한다.
　태종 8년(1408) 식년시 책문의 중 일부에서도 조선 건국 후 과전법
을 시행한 사항이 나온다. 식년시 책문이 『전책정수』上에 전하지만
해당하는 문제는 나오지 않고, 장원으로 합격한 어변갑魚變甲(1381~
1435)의 대책에서 관련 내용을 살펴볼 수 있다.151)

(b) “신이 우리 대상왕(태조)께서 전제田制의 문란함을 혁파하여 경기
에 科田을 분급하신 것을 생각하니 경사京師를 존중하고 청렴결백
을 힘쓰신 것입니다. 실로 관저인지關雎麟趾의 아름다운 뜻이라 말

---

150) 『춘정집(春亭集)』 권 8 殿試對策 存心出治之道立法定制之宜
151) 『전책정수(殿策精粹)』上 규장각본(古貴4253.5-8)에 실려 있는 맨 처음에 태종 8
　　년 식년시 책문과 어변갑의 대책이 나오는데, 앞부분은 누락되어 있다. 과전
　　법에 대한 물음은 누락된 장에 실려있을 것으로 추정된다.

할 수 있고, 주관周官의 법도를 행한 것입니다.152) 우리 전하께서는 성취된 일을 잘 지키고[持盈守成], 뜻을 이어 일을 계속하시어[繼志述事] 감히 조종의 성헌成憲을 가볍게 버리지 않으시고, 또 감히 살아있는 백성[生靈]이 심히 병드는 것을 차마 보지 못하셨습니다. 신이여러 가지 일[輕重事]에 있는 것을 법으로 삼았으니, 선후에 기내畿內의 백성들은 모두 왕실의 백성이고, 기외畿外의 백성들 또한 공가의 백성이니, 그 세력은 다르지 않는 것과 같습니다. 그러나 기내는 기외와 비교하면, 곧 기내는 반드시 (세금이) 무겁고 기외는 반드시 (세금이) 가볍습니다. 과전科田은 경사卿士를 후하게 하는 것이며, 군자軍資는 사졸士卒을 기르는 것이니, 그 일은 구분이 없는 것과 같습니다. 그러나 과전科田과 군자軍資를 비교한다면, 곧 공전公田이 마땅히 먼저이고 사전私田은 마땅히 뒤입니다. 하물며 군자軍資를 기내로 옮기면 백성들이 배로 수송하는 수고[轉輸之勞]를 면할 수 있고, 기외에 과전科田을 분급하면 백성들이 수조하는 병폐가 없게 되니, 그 이치가 평탄한 것이 참으로 의심할 것이 없지 않겠습니까? 이 말을 하는 것으로 그 때에 맞게 시대를 구할 수 있는 좋은 계략이라고 할 수 있습니다."(어변갑의 태종 8년 식년시 대책)153)

어변갑은 (b)에서 태조가 전제田制의 문란함을 해결하고자 경기에 과전科田을 분급한 것은 『시경』 관저인지關雎麟趾의 아름다운 뜻을 가지고 『주례』의 법도를 행한 것이며, 태종은 선왕의 뜻을 이어 이를 잘 정비하고자 한다고 평하고 있다. 그리고 전제에 대해서는 기내畿內와

---

152) 『근사록(近思錄)』 권 8 治體篇에 나오는 "반드시 關雎麟趾의 뜻이 있은 연후에 周官의 법도가 행해질 수 있다.(必有關雎麟趾之意, 然後可行周官之法度.)"를 인용한 것이다. 關雎麟趾는 『시경』周南의 關雎와 麟趾라는 시를 가리키는 말로, 문왕의 后妃의 德과 이로 인한 자손 번창에 대한 내용을 다루고 있다. 즉 문왕과 같은 덕을 갖춘 이후에야 법도를 행할 수 있다는 의미이다.

153) 『전책정수(殿策精粹)』上 어변갑의 태종 8년 식년시 대책

기외畿外를 비교하여 그 세력은 같지만, 기내의 세금은 무겁고 기외의 세금은 가볍다고 말하고 있다. 그리고 과전科田은 경사卿士를 후하게 하는 것이고 군자軍資는 병사를 기르는 것으로 그 일의 구분은 없는 것과 마찬가지이지만, 공전公田이 먼저고 사전私田이 뒤라고 말하고 있다. 그러므로 군자軍資를 기내로 옮겨서 백성들이 배로 수송하게 하는 수고를 덜게 하고, 기외에 과전을 분급하게 하여 백성들이 수조하는 병폐가 없게 된다고 하고 있다.

이러한 태종대 과전법 개혁 논의는 태종 13년에 다시금 논해지게 된다. 태종 13년 11월 14일에는 사간원은 소를 올려 과전科田을 분급할 때 대간臺諫 1명으로 하여금 번갈아가면서, 분급되는 전토의 많고 적음을 헤아리고 분급 받는 이가 현직인지 아닌지를 헤아려서 이를 잘 판단해야 한다면 분급되는 양에 차등으로 인해 혼란이 없어질 것이라 했다. 이에 의정부에서는 대간이 급전을 시행한 것은 여러 해여서, 대간이 특별히 급전사給田司에서 관련 업무를 본다고 해도 평소와 다를 바 없으니 이를 파하고, 사헌부로 하여금 매일 급전한 각 품의 성명을 고찰하게 하도록 해야 한다고 결론을 내렸다.[154] 즉, 과전의 분급에 대한 논의가 보다 엄격해지게 된 것이라 할 수 있다.

세종 20년(1438) 식년시 책문 또한 조선 초 과전 체제에 대하여 알 수 있는 자료이다.

> (c) "예전에는 문반과 무반에 관직이 있으면 각각 관직에 따른 토지가 있었다. 그런데 지금의 과전科田에서 시관時官(현직관리)과 산관散官(전 관리)을 구별하지 않는 것은 어떤 법을 취한 것인가? 이름은 과전이라 하고서 많고 적음은 균등하지 아니하니, 옛날의 직전職田

---

154) 『태종실록(太宗實錄)』 권 26, 태종 13년 11월 14일 경인 1번째 기사

제도를 좇아 그 관직에 대한 대가로 그 수입을 먹는 것이 가하겠
는가? 혹자가 '직전제는 관직을 담당한 사람에게는 괜찮다. 그러나
일찍이 공로는 있으나 불행히 벼슬을 얻지 못한 이는 다르다. 이들
은 먹고 사는 근심을 면치 못하니, 휼양전과 수신전도 또한 폐지할
수 없다.'고 하니 장차 어떠한 방법으로 그것을 처리해야겠는가?"
(세종 20년 식년시 책문)[155]

(c)를 보면 전시과田柴科와 과전법科田法의 차이를 설명하라고 하
고, 또 현재 과전법의 폐해를 개혁하기 위해서 직전제職田制를 시행해
야하는지에 대해서도 묻고 있다. 휼양전, 수신전에 대한 이야기가 나
오고 있는 것을 볼 때 고려 말에 시행되었던 과전법의 폐단을 개혁하
고자 하는 움직임이 있음을 알 수 있다. 이 시험은 4월 11일에 치러졌
으며 약 3개월 후인 7월 11일은 공법을 하삼도에 시험적으로 시행하
였다. 따라서 이 책문은 하삼도 공법 시행과 연관시켜 생각해볼 수 있
는 여지가 있다.

이 책문에 대한 하위지河緯地(1412~1456)의 대책이 그의 문집인 『단
계유고丹溪遺稿』에 전한다.

(c)-1 "신이 말씀드리건대, 직전법은 수·당에서 시작되어 관직에 있는
내외의 여러 관리로 하여금 그 거둔 바의 수입을 먹으며, 곡식
창고를 채우고, 염치를 기르게 한 것입니다. 우리나라의 과전제
는 관작官爵의 등급에 따라 토지의 많고 적음을 정합니다. 비록
관직을 떠났더라도 토지를 거두지 않고, 비록 육신은 죽었더라
도 토지는 후손에게 상속됩니다. 그 충성스럽고 믿을 만한 신하
에게 봉록을 넉넉하게 주는 아름다움은 수·당의 직전제에 비할
것이 아니라, 곧 대대로 녹을 준 주나라 문왕의 아름다운 뜻에

155) 『단계유고(丹溪遺稿)』 文 戊午庭對策

비할 만한 것입니다."(하위지의 세종 20년 식년시 대책)156)

(C)-2 "그러나 토지의 많고 적음이 같지 않아서 이미 받은 자는 홀로 그 이익을 누리고, 새로 등용된 자는 새로 얻을 것이 없습니다. 작위는 비록 같으나 토지는 다르니, 과전이라 이름하고서 실제로는 등급에 따라 나누어주지 못해 매우 균등하지 못합니다. 그러나 어찌 법이 균등하지 않기 때문이겠습니까? 그것은 곧 법을 운용하는 자가 균등하게 하지 않았기 때문입니다. 비록 직전법은 균등한 것 같으나, 공훈을 쌓고도 관직이 없으면 부모님과 처자를 봉양하는 근심을 면치 못하고, 휼양전·수신전도 역시 폐할 수가 없는 것이 진실로 어떤 사람이 말한 것과 같습니다. 하물며 직전제는 송나라 함평咸平·천성天聖157) 연간에 다시 세웠다가 다시 파하기도 하여 마침내 행하지 못했으니, 이미 이루어진 법대로 하면서 고르게 급여하는 법을 엄하게 세우는 것이 제일 좋습니다. 많은 것에서 덜어서 적은 것에 더하여 작위에 맞게 토지를 주면, 토지 소유가 균등하게 되어 그것을 처리하는 도를 얻을 것입니다."(하위지의 세종 20년 식년시 대책)158)

(c)-1에서 하위지는 직전법은 중국 수·당에서 시작되어 관직에 있는 관리들에게 땅을 주어 거기서 나는 수확물을 취하도록 한 법임을 설명하고 있다. 그리고 조선에서 시행하고 있는 과전제가 관작의 등급에 따라 토지의 많고 적음을 정하여 나누어주고 관직을 떠나더라도 토지는 거두지 않고 죽으면 후손에게 상속되는 것이라고 말하고 있다. 때문에 조선에서 시행되고 있는 과전제가 직전제보다 훨씬 좋

---

156) 위의 문집
157) 함평(咸平)은 북송 진종(眞宗)의 연호로 998년~1003년에 해당하고, 천성(天聖) 은 북송 인종(仁宗)의 연호로 1022년~1031년에 해당한다.
158) 『단계유고(丹溪遺稿)』 文 戊午庭對策

으며, 중국의 성인聖人인 주나라 문왕에 비견할 정도라고 말하고 있다.

그리고 (c)-2를 보면 조선에서 실시되고 있는 과전제는 작위가 같더라도 토지는 다른 경우가 있어 실질적으로 균등하지 못하다는 것을 지적한다. 그리고 그 원인을 법을 운용하는 자가 균등하게 하지 않기 때문이라고 말하고 있다. 그렇다고 대책으로 직전법을 시행하기에는 공훈이 있어도 관직이 없으면 가족을 부양할 수 없고, 휼양전이나 수신전도 폐할 수 없기 때문에 적절하지 않다고 말하고 있다. 게다가 이미 중국 송나라에서 여러 차례 시행을 시도했으나 실패한 전적이 있기 때문에 조선에 적용하기가 더욱 부적합하다고 말하고 있다. 도리어 지금의 과전법을 엄격하게 시행하여 작위에 맞게 토지를 주면 토지 소유가 균등하게 되어 잘 이루어지게 될 것이라고 말하고 있다.

2. 세종대 공법貢法의 시행과 정착

한편 조선 초에는 조세 수취 제도의 일환으로 답험손실법踏驗損實法이 시행되었다.

태종 2년(1402) 경차관敬差官을 파견하고, 수령의 답험업무를 재지의 사족에게 실무를 분담하게 하였다. 그러나 태종 11년(1411)에 경차관에 대한 비판이 나왔다. 사전 수조의 과다에 따른 반발을 경차관이 잘 처리하지 못하였기 때문이다. 이에 태종 15년(1415)에 손실위관을 파견하는 '답험위관제'를 법제화하였으며, 위관고소제나 전객의 전주고소권을 허가하여 부정을 방지하고자 하였다.159) 그러나 답험손실법은 양전에 있어서 폐단이 많아 지속적으로 논란이 되었다.

---

159) 최이돈, 「조선 초기 損實踏驗制의 규정과 운영」, 『규장각』 49, 2016, 486~487쪽

그리하여 세종 3년(1421) 손실위관이 답험한 결과를 답험 현장에서 전주에게 기록해주는 '답험문서제'를 실시하여 만일 향리가 답험의 결과를 위조하면 이를 제시하여 고소할 수 있도록 하였다. 세종 12년(1430)에는 품관 중 현관顯官을 지낸 자와 과거 급제자를 위관으로 삼아 공렴한 위관을 선정하여 파견하는 '손실답험관제'를 실시하였다.160)

그리고 세종대에는 집현전을 중심으로 주자성리학 연구를 심화해 나갔고, 성리학에서 이상사회로 보는 하·은·주 삼대三代와 같은 이상사회를 실현하기 위하여 정전제를 시행하고자 하였다. 그러나 세종은 정전제를 시행하는 것이 이상적이라고 여기면서도 현실적으로 공전公田을 상정하는 조법助法인 답험손실법은 관리들의 농간 문제가 심각했기 때문에, 이를 막고자 공법을 시행하려고 하였다. 그리고 조선의 상황에 맞는 연분구등年分九等·전분육등田分六等의 공법貢法을 시행하고자 하였다.

이러한 흐름 속에서 세종 9년(1427) 중시重試 책문의 주제는 공법貢法을 직접 다루었다.

> (d) "지금에 와서 백성에게 취하는 것은 전제田制와 공부貢賦만큼 중한 것이 없는데, 전제田制는 해마다 조신朝臣을 뽑아서 여러 도道에 나누어 보내어, 손실損實을 실지로 조사하여 적중을 얻기를 기하였다. 간혹 사자로 간 사람이 나의 뜻에 부합되지 않고, 백성의 고통을 구휼하지 아니하여, 나는 매우 이를 못 마땅하게 여겼다. …… 손실을 실지로 조사하는 일도 구차스럽게 사랑하고 미워하는 감정 여하에 따라, 올리고 내림이 자기 손에 달리게 되면, 백성이 그 해를 입을 것이니, 이 폐단을 구제하고자 한다면 마땅히 공법貢法과 조법助法에서 이를 구해야 될 것이다. 조법은 반드시 정전井田

---

160) 위의 논문, 488~489쪽

을 행한 후에야 시행되므로, 역대의 중국에서도 오히려 또한 시행
되지 않았는데, 하물며 우리나라는 산천이 험준하고 고원과 습지
가 서로 이어져서 시행되지 못할 것이 명백하였다. 공법貢法은 우
서夏書에 기재되어 있고, 비록 주周에서도 또한 조법助法이 있어서
향鄕과 수遂에는 공법貢法을 사용하였다고 하나, 다만 그것이 여러
해의 중간을 비교하여 일정한 것을 삼음으로써 좋지 못하였다고
이르는데, 공법을 사용하면서 이른바 좋지 못한 점을 고치려고 한
다면, 그 방법은 어떻게 해야 하겠는가."(세종 9년 중시 책문)[161]

(d)를 보면 책문에서는 먼저 삼대三代에서 행한 정전제의 방법인 조
법助法·철법徹法·공법貢法을 소개하고 이 중에 어느 것을 행하는 것이
좋은가를 묻고 있다. 이어서 조법은 정전井田한 후에야 시행할 수 있
으므로 산천이 많고 고원과 습지가 많은 조선에서는 시행하기 어렵
다고 평한다.

그리고 공법에 대해서는 여러 해의 소출량을 비교해서 평균을 택
하여 일정한 세금을 정하는 것이기 때문에 풍년에는 유리하고 흉년
이 들면 불리하게 되어 나쁘다는 것을 이야기하면서 이 나쁜 점을 없
애고 공법을 시행하는 방법에 대해서 묻고 있다.

위 책문에 장원으로 합격한 정인지鄭麟趾(1396~1478)의 대책이『전책
정수殿策精粹』上에 전한다.

정인지는 먼저 중국 역대 전제의 변화를 살펴보고 있다. 중국 고대
황제黃帝가 정전제를 만들었기 때문에 구역과 경계가 정해져서 강자
가 겸병하지 못하고, 약자가 생업을 얻었게 되었다고 말하고 있다. 이
후 하나라는 공법貢法을 시행하고 은나라는 조법助法을, 주나라는 철
법徹法을 썼는데 제도 내에서 차이점은 많지만 모두 10분의 1의 조세

---

161)『세종실록(世宗實錄)』권 35, 세종 9년 3월 16일 갑진 1번째 기사

를 취했기 때문에 경계에 변화가 있었더라도 문란하지 않았다고 평하고 있다. 그러나 진나라가 세워지고 정전제를 폐지하였고, 한나라가 진나라의 가혹한 정치를 개혁하였으나 전제田制만큼은 개혁하지 못하였다고 보고 있다. 때문에 한 문제漢文帝와 경제景帝 때 쌀이 붉게 썩고 돈꿰미가 썩을 정도로 경제가 부흥하였고162), 신나라 왕망이 백성들의 환심을 사고자 경제 개혁을 한 것에는 불인지심不忍之心과 불인지정不忍之情이 있었음에도 정전제를 부활시킬 수 없었던 것은 이 둘의 잘못이라고 주장한다.

한편 당나라의 조용조租庸調는 땅과 용역, 가구에서 조세를 수취하는 제도로 중국 고대 선왕들의 법도는 아니지만 취함에 절제가 있고, 용역에는 법제가 있으니 '고대에 가깝다[近古]'고 평할 수 있다고 한다. 그러나 이러한 당나라의 조용조도 현재 조선에서 실행하여 효과를 볼 수 있는지는 알 수 없다고 말하고 있다. 마지막으로 명나라는 삼대三代를 본받아 정전제井田制 중 하나라의 공법貢法을 따랐고, 관제는 주나라의 제도를 따랐다고 지적하고 있다.

여기서 중국의 조세 제도를 살펴보면 중국은 일찍이 당 덕종대唐德宗代 이후 실시된 조용조庸調가 일괄된 형태인 양세법兩稅法에 따라 하세夏稅와 추량秋糧을 부과하였으며, 이 제도가 명대 중엽까지 시행되고 있었다. 세종대에는 이러한 중국의 조세 제도를 공법貢法으로 인식하고 있었고, 세종은 이러한 중국의 경향과 현 조선의 산천과 지형에는 공법貢法 시행이 가장 합당하다고 본 것이다.163)

---

162) 원문에는 홍부관후(紅腐貫朽)로 되어 있다. 『사기(史記)』 권 30 서(書) 8 평준서(平準書)에 나오는 내용으로 전한(前漢) 문제(文帝)·경제(景帝) 때 국용을 아껴서 경사(京師)에는 전(錢)이 누적되어 쌓인 것이 매우 많아 돈꿰미가 썩어 헤아릴 수 없고, 태창(太倉)에 곡식이 계속하여 쌓여 밖에 쌓아 두고 붉게 썩어서 먹을 수 없는 지경에 이르렀다고 한다.

그리고 조선의 경우 태조가 건국한 뒤 과전법을 실시하여 전제를 개혁하고, 태종은 육조직계제로 관제를 개편하였음을 지적하고 있다. 그리고 조선의 이러한 개혁이 선왕의 도를 본받고 그 제도를 따른 가장 지극한 경우라고 평하고 있다. 이는 명나라와 조선 모두 고대 성왕의 법을 따르고 있다고 평하는 것이다. 그리고 조선의 세종은 이러한 선왕들의 뜻과 제도를 잘 받들어 태평을 이룩했음에도 도달하지 못했다고 여기고 이를 이루기를 더욱 기원하고 있으니, 이는 문왕과 같은 마음이라고 평하고 있다. 즉 조선도 명나라처럼 주자성리학에서 이상적으로 여기는 중국 고대 삼대三代를 이상향으로 삼고 이를 실현하고자 하였음을 말하고 있는 것이다.

다음으로 조선의 현 전세 제도를 상세히 논하고 있다.

> (d)-1 "신이 엎드려 성책을 읽으니 이러이러하다고 하였습니다. 신이 들으니 애민愛民은 경계經界를 먼저 바르게 하는 것을 귀하게 여겼습니다. 수조收租는 경중輕重의 적절함을 얻는 것에 있으나 우리나라의 산천이 험준하고, 원습이 서로 맞대고 있으니 구혁견회溝洫畎澮(밭과 밭 사이의 도랑)을 구별할 수 없으니164), 선왕의 법을 불가한 것이 아니라 그 지세로 인해 행할 수 없는 것입니다. 이러므로 우리 국가 전제田制로 공법貢法을 쓰지 않을 수 없습니다. (이전에는) 매년 가을마다 조관朝官 중에서 가려 뽑아, 여러 도에 나누어 파견 보내 답험손실하여 적합함을 얻기를 기대

---

163) 『세종실록(世宗實錄)』 권 75, 세종 18년 10월 5일 정묘 4번째 기사
 "三代之法, 不過貢助徹三者而已. 漢唐以後, 率用貢法, 而增損其制, 卽今朝廷, 亦行貢法. 我國山川險隘, 助徹之法, 旣難得行, 唯貢法庶可行矣."
164) 溝洫畎澮는 전답의 水利制度를 가리킨다. 구·혁·견·회는 모두 밭 사이의 물길 즉 봇도랑을 가리키는 글자이지만, 그 제도는 溝가 너비 4자 깊이 4자이고, 洫이 너비 8자 깊이 8자이고, 畎이 너비 1자 깊이 1자이고, 澮가 너비 8자 깊이 2仞이다.

하였습니다. 그러나 한 주州의 전田은 거의 아주 많은 현의 전田(의 개수)에 가깝고 거의 만 이랑에 가까우니, 봉사자奉使者가 견묘畝畝를 다 돌 수 없으며 위관자委官者가 그 공정함과 청렴함을 다 얻을 수 없었습니다. (조세가) 무거운 것이 걸왕桀王에 이르렀고, (조세가) 가벼운 것이 맥貊에 이르렀으니, 위로는 성상聖上의 휼민恤民의 뜻에 부응하지 못하고, 아래로는 곤궁한 백성들의 추수를 기다리는 마음을 안타깝게 여기지 못하였습니다. (조세하는 비율의) 고하高下가 실로 애증愛憎에서 말미암으니, 손실損實이 풍흉에 있지 않은데 감사監司에게 위임하고, 조신朝臣에게 맡기니 그 폐해가 하나입니다. 일이 번다하여 쉴 틈이 없으니 주군州郡에서 소란이 일어나는 것은 논할 필요가 없습니다."(정인지의 세종 9년 중시 대책)[165]

정인지는 (d)-1에서 조선 초의 조세제도는 답험손실법을 시행하고 있는데, 조선의 지세에 맞지 않으므로 대신 공법貢法을 시행해야 한다고 말하고 있다. 그 이유는 조선의 지세는 산천이 험하고 습지가 서로 맞대고 있어서 구획을 구별하기가 어려우며 한 주의 전지田地가 너무 많아서 관리들이 다 돌아다닐 수 없고, 위관委官이 공정하고 청렴한 행정을 하기 어렵기 때문이라고 지적한다. 도리어 관리들의 감정에 따라 한 해의 풍흉을 따지지 않고 멋대로 조세를 거두는 폐단이 심하다고 지적하고 있다.

하지만 공법 시행에 대한 반대 의견도 존재했다. 공법은 조세의 수를 정해놓고 거두는 제도이기 때문에 풍년에는 문제가 없지만 흉년일 경우 백성들이 고통을 겪게 된다는 것이다.[166]

---

165) 『전책정수(殿策精粹)』 上정인지의 세종 9년 중시 대책
166) 貢法 시행의 可否 논의를 호조에서 종합하여 아뢴 세종 12년 8월 10일 무인 5번째 기사(『세종실록(世宗實錄)』 권 49)에 공법 시행을 반대하는 관리들은 기존의 조세법인 踏驗損失法을 따로 바꿀 필요 없이 잘못된 점만 개선하면 된다

실제로 세종은 책문에서 『맹자』 등문공滕文公 上에 나오는 용자龍子의 견해를 들어 이를 지적하는 자들이 있음을 언급하고 있다. 그러나 정인지는 용자龍子가 지적한 '조세 제도 중 공법이 가장 좋지 않다.[莫不善於貢]'는 것은 임금과 관리가 권세를 믿고 가혹하게 세금을 걷거나 착취하면서 한 해의 풍흉이나 자연재해를 생각하여 조세를 감하지 않고 정수를 취한 경우를 가리킨다고 보았다. 반대의 사례로 주나라에는 농사 관련 일을 담당한 사가司稼가 있어 백성들이 폐해를 입지 않았다는 것을 들고 있다.

그리고 조선의 경제 관련 법전인 『경제육전』에도 분수分數로 수조를 삼았던 만큼 임금이 상황을 잘 살펴보고 공법을 행하면 된다고 보았다. 하지만 중국의 땅은 평탄하고 광활하여 주내州內 현縣과 현縣 사이 땅의 비옥함과 척박함의 차이가 크지 않아 벼의 손실은 크게 다르지 않지만, 조선의 경우 산천이 좁고 바람과 비가 고르지 않아 비옥함과 척박함이 같지 않기 때문에 벼의 손실이 갑자기 달라지기도 하므로 중국과 같은 방식을 적용할 수는 없고 전지田地를 상중하上中下로 구분한 절목을 상세하게 살펴야 한다고 말하고 있다.

뒤이어 조선의 현 조세 상황에 대하여 다시금 살펴본다.

> (d)-2 "신이 엎드려 성책을 읽으니 이러이러하다고 하였습니다. 신이 생각해보니 우리나라 땅은 좁고 작은데 예악이 크게 갖추어져, 제사[戎祀]와 연향宴享의 예의가 있고, 조근朝覲과 빙문聘問의 절목이 있어 공부貢賦는 과다할 수밖에 없고, 용도는 많고 번거로

는 의견, 각 지역마다 토지의 품질이 다르고 한 해마다 풍흉이 다르기 때문에 농지가 척박한 지역(강원도와 황해도, 평안도 등 북방지역)의 농민들이나 흉년이 들었을 때에는 정량을 정해놓는 貢法이 매우 부담이 될 것이라는 의견을 내세워 공법의 시행을 반대하고 있다.

울 수밖에 없습니다. 이러므로 일찍이 도감都監을 설치하여 산에
서 캔 것은 산군山郡으로 옮기고, 바다에서 난 것은 해현該縣으로
옮겨서 위로는 국가의 경비經費로 바치고, 아래로는 백성들의 적
폐를 없앴습니다. 그 사이에는 비록 산에서 난 것을 해현에 책임
지우고, 바다에서 난 것을 산군에 책임지우더라도 어찌 산과 바
다 사이에 천 리의 차이가 있어 실없는 상황[童殺之患]에 미치겠
습니까. 이미 이룬 법을 바탕으로 한 것 만한 것이 없으니, 남은
것은 (곧) 전하께서 견감하라는 명을 내리시는 것에 있을 따름입
니다."(정인지의 세종 9년 중시 대책)167)

(d)-2에서 정인지는 조선은 땅은 협소하지만 예악이 잘 갖추어져 있
어서 제사나 연향 같은 왕실 내 관혼상제나 사신 접대에 많은 비용이
들고 그 용도 또한 많다고 지적하고 있다. 때문에 일찍이 도감都監을
설치하여 산에서 나는 것은 산촌에서 담당하게 하고, 바다에서 나는
건 해현에서 담당하게 하였다고 말한다. 이런 틈에 산촌이 바다에서
나는 것을 담당하게 되거나 해현이 산에서 나는 것을 담당하게 되더
라도 큰 차이는 없을 것이라고 말하는데, 이는 아마도 당시에 그 거두
는 것이 큰 차이가 없었기 때문으로 보인다.

이렇게 세종 9년 중시에 책문으로 다루어진 '공법 시행 논의'는 세
종 10년대에는 균전론과 한전론이 아니라 삼대三代의 정전제를 시행
하는 것을 원칙으로 삼고, 그 방법으로 공법을 시행하고자 하고 있다.
세종 12년 8월 10일에는 대신들이 손실답험법의 폐단을 논하고 공법
의 시행 여부를 논하였으며, 이런 과정에서 손실답험법은 조사관의
사적인 개입 여지가 있기 때문에 전분육등법田分六等法을 통해 세수
를 확정하였고, 풍흉을 고려하지 않고 세수를 거두는 것을 막기 위하

---

167) 『전책정수(殿策精粹)』上 정인지의 세종 9년 중시 대책

여 연분구등법年分九等法을 채택하였다.

그리고 대책에서 공법의 시행을 적극적으로 주장한 정인지의 경우 실제로 정인지는 세종대 공법 논의에서 찬성파로 활동하였으며, 세종 25년에는 공법 시행을 위한 기관인 전제상정소田制詳定所의 제조로 임 명되었다.168) 이런 측면에서 정인지의 대책이 장원으로 뽑힌 것은 세 종의 경제 정책과 직접적으로 연관되어 있음을 알 수 있다.

이렇게 세종대 말에는 주자성리학에 대한 이해를 바탕으로 공법을 실시하고, 수조권을 주는 사전 체제가 제거되면서 국전 체제가 거의 완성되었다. 그리고 이렇게 공법으로 거두어들인 세금은 구휼재정으 로 충당되었으며, 이를 위하여 관리들의 청렴이 요구되었다.169)

그러나 세종대 완성된 국전체제는 세조 찬탈 후 사전私田이 확대되 고 공신전은 전세가 면제되는 등 사전체제가 강화되면서 역행하게 되었다. 물론 국전 체제 성립의 흐름을 거스를 수 없어서 직사職事(현 직자) 위주 직전법으로 진행되어 세습의 전통은 없어졌지만 공신전, 사원전 등 사전이 확대되어 결과적으로 국전 체제 성립은 사실상 지 연되었다.170)

세조 찬탈 이후 공법 논의 또한 지연되었다. 물론 공법 시행 논의 자체가 저지된 것은 아니었기에 세조 1년 양성지가 상소를 올려 병제 와 공법의 재검토를 요구하기도 하였다. 그리하여 세조 3년에는 연분 등급에 따라 산과 밭을 나누어 세금을 매기도록 하였는데, 이는 세종

---

168) 『세종실록(世宗實錄)』 권 102, 세종 25년 11월 13일 갑자 1번째 기사
    "田制詳定所를 설치하고, 진양대군 이유로 도제조를 삼고, 의정부 좌찬성 하 연·호조 판서 박종우·지중추원사 정인지를 제조로 삼았다."

169) 『세종실록(世宗實錄)』 권 113, 세종 28년 7월 2일 무진 1번째 기사

170) 지두환, 「조선전기 國田體制 확립과정 - 과전법 붕괴과정과 관련하여-」, 『태동 고전연구』 5, 1989, 127~130쪽

의 공법 방면등제가 산야등제로 후퇴한 것이라 할 수 있다.171) 때문에 세조대의 경제관 관련 책문은 공법에 대한 내용보다는 구휼 관련 문제가 출제되었다.172)

이렇게 지연된 국전체제 성립과 공법 논의는 성종대에 사림들의 진출로 다시 활발하게 논의 되어 수조지의 국용전전세체계 확립, 사원위전 혁파, 직전제를 직전세 관수관급제로 정립하면서 국전체제를 다시 회복하였다.

공법 논의는 성종 2년(1471)에는 경기도와 하삼도뿐만 아니라 강원도·황해도·영안도·평안도에도 실시할 것이 건의되기도 하였으나 성준成俊, 성현成俔 등이 답험손실과 한전론을 주장하면서 이를 막았다. 이후에도 담험손실법과 공법 논의가 지속적으로 일어났고, 성종 16년(1485)에는 연분등제의 등급 문제로 김종직을 위시한 사림과 한명회를 위시한 훈척이 대립하였다. 그러다가 성종 18년에 이르러서는 면등급 공법을 시행하는 것으로 정착하게 된다.173)

이러한 세조대와 성종대의 경제 정책 변화를 볼 수 있는 예종 1년(1459) 증광시 책문이 전한다.

> (e) "나는 선왕의 기업을 계승하여 선왕의 뜻을 계승하고 사업을 이어나갈 것을 생각하였으나 아직 그 도를 얻지 못하였다. 가만히 생각해 보건대 정치를 함에 있어서는 백성을 기르는 것[養民]만 같음이

---

171) 지두환, 「조선초기 정전론 논의」, 256쪽

172) 세조대 경제관을 다룬 책문이 나온 시험은 세조 4년 알성시, 5년 식년시, 14년 별시 회시가 있다. 4년 알성시는 구휼 문제, 5년 식년시는 호구와 군적, 14년 별시 회시는 호조를 모방하여 팔도에 어사를 보내 사창의 미곡을 개량하기를 청하는 것이었다.

173) 『성종실록(成宗實錄)』권 218, 성종 19년 7월 29일 경인 2번째기사

없다. (그러나) 흉년이 들지 않았는데도 백성들의 식량이 넉넉하지 못한 것은 무엇 때문인가? 조세를 거둬들이는데 절도節度가 없어서인가, 삼농三農이 때를 잃어서 인가, 백성을 진휼하는 방법이 없어서인가? 백성들의 살림살이를 넉넉하게 하는 (방법으로는) 세금을 균등하게 하는 것만 같음이 없다. 세금이 균등하지 않은 것도 아닌데 백성들이 수납(을 고통스러워하는 것은 무엇 때문인가? (그 지역에서) 생산되지 않는 것을 거둬들이기 때문인가, 생산되는 물건이 거둬들이는 것을 지탱하지 못해서인가? 백성을 편하게 하는 것은 도적을 없애는 것만 같음이 없다. (그러나) 법이 엄중하지 않은 것도 아닌데 도적이 무리지어 백성을 괴롭히고 약탈하는 것은 무엇 때문인가? 도적을 방지하는 법이 신밀愼密하지 못해서 인가, 관리들이 법을 시행하는 것을 태만히 하여 마침내 (도적이) 마구 일어나 이 지경에 이른 것인가? 반드시 그러한 폐단을 구하는 방법이 있을 것이니, 그대들은 그것을 모두 진술하도록 하라.”(예종 1년 증광시 책문)174)

(e)는 예종대에 나온 책문인 만큼 세조대의 경제 문제를 다루고 있다. 당대의 세 가지 폐단을 제시하고 있다.

우선 양민養民을 중시하는데도 백성들의 식량이 넉넉하지 못한 이유가 조세를 거두는데 절도가 없어서인지, 삼농三農의 때를 잃었기 때문인지, 진휼이 잘 되지 않아서 인지를 묻고 있다. 다음으로 세금을 균등하게 하려고 하는데 백성들이 괴로워하는 이유가 지역에서 생산되지 않은 것을 거두기 때문인지, 지역에서 생산되는데도 거두는 양을 감당하지 못하는 것인지를 묻고 있다. 마지막으로 도적을 없애려고 하는데 왜 도적이 생겼는지를 묻고 있다.

이에 대하여 채수蔡壽가 답한 대책이 그의 문집『나재집懶齋集』권

---

174)『예종실록(睿宗實錄)』권 8, 예종 1년 10월 21일 신미 1번째 기사

1에 전한다.

채수는 먼저 양민養民에 대하여 논하면서 나라는 백성에게 의지하고 백성은 식량에 의지하기 때문에 백성들이 넉넉하게 먹고 살 수 있게 하는 것이 중요하다고 말하고 있다. 옛 성군인 요순, 주 문왕이 성군聖君이 될 수 있었던 것도 양민을 중요시했기 때문이고 한 문제나 당 태종이 현군賢君이 된 까닭도 애민愛民에 있다고 말하면서, 현 임금인 예종도 순과 문왕의 정치를 이루려는 마음이 있지만 마음뿐이기 때문에 한·당과도 견주어서 이야기할 수 없다고 말하고 있다.

그리고 현 조선에서 양민이 잘 이루어지지 않는 까닭으로 책문에서 지적한 사항에 대해서는 국가의 부세가 일정하게 정해져 있다면 절도가 있고, 수령이 명령을 잘 받들어 권농정책을 실시하면 삼농이 때를 잃지 않을 것이며, 의창과 사창을 설치하여 운행하면 진휼도 방도를 찾을 수 있다고 말하고 있다.

채수는 이 중에서도 수령이 자신의 직임을 다하지 못하여 나쁜 관리들이 백성들을 수탈하게 하고 적정한 방도로 세금을 수취하지 못하고 있기 때문에 백성들이 빈궁해지고 있다고 지적한다. 그리하여 중국 북송의 부필富弼이나 남송의 주자朱子 같은 이들에게 수령의 직무를 맡겨야 한다고 주장하고 있다.175)

다음으로 공납貢納에 대하여 말하고 있다.

---

175) 『나재집(懶齋集)』 권 1 策 養民均賦弭盜
"令承勸農之命, 行勸農之政, 則豈可謂三農之失時乎. …… 所謂守令者, 不能得徵斂之道, 而奸吏爲濫取之資, 不能盡勸課之道, 而或有徭役之妄興, 不能得斂散之宜, 而貧窮者無所仰貸, 則聖上養民之意安在乎. 此則守令之罪也. 臣聞富弼之在靑州, 活民飢者甚衆, 朱子之守南康也. 一邑受其賜, 殿下誠得如此之人, 而使任守令之職, 則何患乎徵斂之無節, 三農之失時。賑救之無術乎."

(e)-1 "신은 선왕이 공부貢賦를 제정하실 때 각각 토지의 비옥한 정도에 기인하여 (소출의) 과다에 따라 등급을 정하셨다고 들었습니다. (그래서) 청주靑州의 공공이 예주豫州와 달랐으며, 양주揚州의 공공은 옹주雍州와 더불어 달랐습니다. 그 일정한 부세의 등급을 혹 조助라고 하였고 혹 철徹이라 하였으니 모두 십분의 일로써 불변의 도로 삼았습니다. 이 공부貢賦가 오직 균등하여 백성들은 생업을 이룰 수 있었습니다. 우리나라는 산천이 협소하고 막혀서 비록 정전제도井田制度를 다시 시행할 수는 없으나, 그 실재에 있어서는 모두 10분의 1세이니 부렴賦斂이 가볍다고 할 수 있습니다. 수륙의 마땅함에 기인하여 어떤 물품이 어느 고을에서 나는가를 살피고 있은 즉 상공常貢이 되고, 어느 郡에서 어떤 물품이 나는가를 살피고 있은 즉 정부定賦가 되니, 또한 거두어들이는 바는 모두 생산되는 바에 기인하고 있다고 할 수 있습니다."
(채수의 예종 1년 증광시 대책)176)

(e)-2 "그러나 백성들이 수납에 고통 받고 있는 것은 무엇 때문입니까? 이 또한 수령에 그 적절한 사람을 선발하지 못해서 그러한 것입니다. …… 옛날에 나던 것이 지금에 나지 않는 것은 괴이한 일이 아닙니다. 그러나 수령이 능히 보고하지 않고 옛것만을 보고 상례常例로 삼아 생산되는 곳에는 세稅를 부과하지 아니하고 생산되지 않는 곳에 세를 부과하고 있으니, 이는 대로大路에서 부평초를 구하는 것과 같으며 강북江北에 귤을 심는 것과 같으니, 소민小民이 어찌 겪지 않아도 될 고통을 겪지 않을 수 있겠습니까? 신은 백성의 재산을 마련해 주는 것은 법에 있으며, 그것을 미루어 행하는 것은 사람에게 달려있다고 들었습니다. 전하께서는 정성으로 능히 적절한 사람을 택하여 수령의 직무를 맡기고, 각각 그 땅의 등급에 따라서 다시 공부貢賦를 정하게 하시고, 또 능히 성상聖上의 백성을 사랑하는 마음을 본받아 그 제도를 취하게 한다면 어떠한 근심이 수취하는 바가 생산되는 바에 기인하

---

176) 『나재집(懶齋集)』 권 1 策 養民均賦弭盜

지 않는데 있겠으며, 백성의 고통이 수납에 있겠습니까?"(채수의
예종 1년 증광시 대책)[177]

먼저 (e)-1에서처럼 채수는 『서경』 우공禹貢의 형태를 좋은 공납의
예시로 들고, 정전제의 공법·조법·철법을 통해 10분의 1세를 조세의
바른 방법으로 제시하면서 공부貢賦가 균등해졌다고 말한다.[178] 그리
고 조선은 산천이 협소하기 때문에 중국에서 말하는 정전제를 실시
할 수는 없으나 실제로는 10분의 1세를 시행하고 있으니 세금 부담이
가볍고, 지역의 환경에 따라 생산되는 물품과 여타 군의 생산품 또한
파악하고 있기 때문에 부역이 잘 정해져 있다고 평하고 있다.

그럼에도 지금의 폐해가 나온 것에 대해서는 (e)-2에서 수령에 적정
한 인물을 선발하지 않았기 때문이라고 보고 있다. 시간이 흐르면 지
역의 생산품이 변하는 것은 이상한 일이 아닌데, 수령이 이를 파악하
여 보고하지 않고 옛날 기록만을 근거로 하여 세를 부과하기 때문에
이러한 폐단이 생겨났다는 것이다. 이러한 폐단을 막기 위해서는 적
합한 사람에게 수령의 직책을 주고, 다시 조사하여 貢賦를 다시 제정하
고, 백성을 사랑하는 마음으로 제도를 시행해야 한다고 말하고 있다.

마지막에 정리하면서 세 가지 주제인 양민養民·균부均賦·미도弭盜
에 대해서 양민과 균부가 이루어지면 도적이 생기지 않게 된다고 말
하고 있다. 이를 위해서는 수령을 적절한 사람으로 선임해야 한다고
말하고 있다.

---

177) 위의 문집
178) 助는 殷代의 조세법으로 井田의 중앙 한 구역을 公田으로 하고, 주위의 八區를
경작하는 여덟 家戶가 같이 경작하여 그 수확을 관에 바치던 것이다. 徹은 周
代의 조세법으로 수입의 10분의 1을 취하는 방식이다. 宋代에 이르러 井田制
는 수확에 대한 10분의 1의 세금을 받는 것으로 여겨지게 되었다.

이렇듯 예종대부터 세조대에 어그러진 정전제井田制 기반의 경제정책을 다시 회복하려는 움직임이 보였다. 그러나 예종이 즉위한 지 2년도 되지 않아 승하하였고, 성종대가 되어서야 성리학적 정전제에 기반을 둔 개혁이 실시될 수 있었다.

우선 성종 즉위 초에는 세조대 경제 정책에 의한 도적의 창궐과 지속적인 가뭄문제를 해결하는 것이 급선무였다. 때문에 성종 1년부터 5년(1470~1474)까지의 책문에서는 지속적으로 가뭄과 그로 인한 흉년을 언급하면서 이를 어떻게 구휼해야 할지를 묻고 있다. 전반적인 주제는 구휼에서 벗어나지는 않지만 재앙을 대하는 왕 자신의 태도 변화가 책문에 반영되어 있다.

성종 1년 별시와 2년 별시의 책문은 가뭄과 흉년에 대한 실질적인 대책을 요구하고 있다. 물론 1년 별시의 책문의 시작에 '즉위한 처음에 하늘의 꾸지람을 만나'라는 표현이 나오고 있지만 이는 뒤의 3년과 5년의 책문에 나오는 것에 비해서는 상투적인 표현으로 보인다. 그러다가 3년 식년시 책문에 이르러서는 왕 자신의 태도를 돌아보고, 자신의 행동과 정사를 반성한다. 5년 식년시 책문에서는 중국사의 여러 왕들을 예시로 들면서 자신이 조심하고 반성하는데도 재앙이 계속되는 것을 한탄하면서, 자신의 실덕과 실정에 대하여 논하게 한다.

위의 책문 4수에서 나타난 성종의 태도는 성리학 이상사회를 추구하는 왕이라면 당연히 취해야 할 태도였다. 조선 시대에는 가뭄 같은 자연 재해가 발생하면 왕과 조정의 관리들은 스스로의 소임을 다하였는지, 사치하지는 않았는지를 반성하고 기우제를 지내 하늘의 노여움을 풀고자 하였고, 실제적인 정책을 펼쳐 재해를 극복하고자 하였다.179) 이런 측면에서 성종대의 가뭄 관련 책문은 재해에 대비하는 성리학자들의 태도가 담겨있는 자료라 할 수 있다.

이 중 성종 2년(1471) 별시의 경우 이에 대한 김흔金訢의 대책이 전하고 있어 구휼에 대한 당시 인식을 알 수 있다. 먼저 책문을 살펴보면 다음과 같다.

> (f) "근래에 흉년이 들었는데, 남쪽 지방이 더욱 심하였으므로 창고를 열어서 진구賑救하였으나 군저창軍儲倉이 텅 비었다고 고하니, 어떻게 하면 창름倉廩이 다시 채워지고 군저창軍儲倉이 여유가 있겠는가?"(성종 2년 별시 책문)180)

(f)를 보면 근래에 흉년이 들었는데 특히 남쪽 지방의 피해가 심하여 창고를 열어 구제하는 가운데, 군저창의 곡식마저도 비는 지경에 이르렀으니 어떻게 해야 창고와 군저창에 여유가 있게 되는지를 묻고 있다.

다음으로 김흔金訢(1448~1492)의 대책을 살펴보도록 하겠다.

> (f)-1 "신이 듣기로는 재물은 백성의 마음이요, 백성은 재물이 따라 나오는 곳입니다. 그러므로 이르기를, '재산은 곧 백성을 모으는 것이며, 백성이 있는 것은 재산이 있는 것이다.'하였습니다. 이러므로 주 무왕은 거교鉅橋의 곡식을 풀어, (이후) 많은 기장으로 풍년의 아름다움에 이르게 되었습니다. 한 문제漢文帝 치하에는 조세 탕감의 칙령으로써 창고에 있는 식량[廩粟]이 붉게 썩게 된 쌀들[紅腐]을 베풀었습니다.신은 원컨대 전하의 성심誠心으로 가엾게 여기고, 백성들의 괴로움[民隱]을 부지런히 구휼하고 그 역역力役을 줄이시고, 아직 거두지 않은 세금[逋負]을 느슨하게 하시고, 급하지 않은 비용은 덜어주시고, 무명無名의 부세를 줄이시면

---

179) 김현준, 「조선시대의 가뭄대책」, 『한국농공학회지』 제44권 제2호, 2002, 41쪽
180) 『성종실록(成宗實錄)』 권 9, 성종 2년 3월 27일 庚子 1번째 기사

서 후하게 하는 것으로 곤란함이 없고, 도와주는 것으로 위태롭지 않고, 그 마음을 위안하고 기쁘게 하고, 감동시켜서 화목한 기운을 불러일으키시면 그로써 풍양에 이르게 되니 곧 백성들의 먹을 것이 넉넉해 질 것입니다."(김흔의 성종 2년 별시 대책)181)

(f)-1를 보면 이번 흉년에 군저창이 빌 정도로 백성들을 구휼하는 정성이 지극하다고 칭송한다. 하지만 구휼로 인해 군저창이 비게 되면 변경에 급한 일이 일어났을 때 군사들을 먹일 수 없게 되기 때문에 염려되는 부분이라는 것이다.

그러므로 주 무왕周武王이 거교鉅橋에서 곡식을 풀어 백성들을 구휼하고, 한 문제漢文帝 때 창고에서 붉게 썩게 된 쌀들을 베풀었던 것처럼진심으로 이들을 가엾게 여기고 그 역役을 줄여주며, 세금을 느슨하게 하고, 급하지 않은 비용은 덜어주고, 명목이 없는 부세를 줄이면 백성들이 넉넉해 질 것이라고 충고한다. 한편 군수 물자의 경우도 넉넉하지 않으므로, 창고에 곡식이 가득 차게 하기 위해서는 병사들이 스스로 먹을 것을 구하게 하는 것을 통해 지키고 싸우게 하면 된다고 주장한다.

마지막으로 군저창을 넉넉하게 하는 방법은 백성들을 구휼하는 것이며, 진시황의 가렴주구한 법이나 한 무제漢武帝의 창균수創均輸의 제도 같이 실패한 자취를 본보기로 삼아 경계해야 한다는 것으로 마무리하였다.182)

성종 5년(1474) 이후에는 경제 문제를 다루는 책문은 나오지 않다가 20년(1489) 식년시 책문부터 다시 나타난다. 다만 즉위 초와 같은 가뭄

---

181) 『안락당집(顔樂堂集)』 권 2 雜著 殿試對策
182) 위의 문집

과 흉년에 대해 묻지 않고, 세금 조달에 대한 질문이 나온다.

> (g) "재용財用 역시 나라의 중요한 일인데, 중국에서는 부세賦稅 외에
> 염철鹽鐵의 이익이 대부분이기 때문에 세금이 풍부하고 국용國用
> 이 넉넉하다. 그러나 우리나라는 경비를 단지 국부田賦에서 조달하
> 는데 이는 비록 옛날의 해마다 부세를 바치던 뜻이나 용도는 항상
> 부족해 고심하고 있으니 어떻게 하면 좋겠는가?"(성종 20년 식년
> 시 책문)183)

내용을 살펴보면 조선에서는 전세田稅로만 경비를 조달하여 그 비
용이 부족하여 고심하고 있는데, 중국에서는 전세 외에도 염철鹽鐵을
전매하는 것으로 국가의 재용을 넉넉하게 하고 있다는 것을 제시하
여 현 세금 체제에 대한 고심을 드러내고 있다.

염철鹽鐵의 전매는 중국 전한前漢의 무제武帝가 실시한 이래 지속적
으로 논란이 되었으나 중국에서는 염철鹽鐵을 국가에서 전매하는 것
으로 재정의 이익을 취하였다. 고려에서도 소금의 전매를 통해 이득
을 취하였다. 하지만 조선이 건국된 이후에는 염철의 국가 전매에 부
정적이었다. 조선의 성리학자들은 중국 역사에서 적극적으로 이재정
책理財政策을 폈던 왕안석, 상홍양桑弘羊, 공근孔僅, 유안劉晏 등을 비판
하고, 『경국대전』에 국가 재정에서 어염세魚鹽稅의 비중을 적게 책정
하는 등 국가에서 소금과 철을 전매하여 백성들에게 피해가 가지 않
도록 하였다. 이는 조선의 건국이념인 '산림山林과 천택川澤을 백성과
공유한다.[山林川澤, 與民共之.]'와도 연결하여 해석할 수 있다.184)

---

183) 『성종실록(成宗實錄)』 권 40, 성종 5년 3월 15일 경자 1번째 기사

184) 李旭, 「朝鮮後期 魚鹽政策 研究」, 고려대학교 대학원 박사학위 논문, 2002, 16~20쪽
    '山林川澤, 與民共之.'는 『맹자집주(孟子集註)』 양혜왕 上의 3장에 주자가 단 주

  이상으로 성종 시기 경제 정책을 책문과 연결하여 살펴보았다. 성종 초기에는 극심한 가뭄을 해결하기 위한 방책을 구하였다. 1년과 2년에는 가뭄을 해결하기 위한 실질적인 정책을, 3년과 5년에는 왕 자신의 정치와 행실을 반성하는 태도를 보여 조선 시대 재앙에 대처하는 왕의 태도를 엿볼 수 있었다. 5년 이후부터는 경제와 관련된 내용은 나오지 않다가 20년(1489)에는 염철의 전매에 대한 것과 22년(1491)에는 중국과의 무역에 있어서의 문제를 다루어지고 있어 가뭄에 대한 해결책이 세워진 것으로 보인다.

  그 뒤 연산군대의 사화로 개혁이 지연되었다가 중종반정으로 다시 개혁이 진행되어, 사림들이 직전을 혁파하고 '균전론'을 주장하였으나 이 또한 기묘사화로 잠시 지연되었다. 중종대의 경제관을 알 수 있는 중종 28년(1533) 집사책이 『동책정수東策精粹』下에 전한다.

  이 집사책의 주제는 교화와 부에 대한 것으로, 구체적으로는 교화나 부유함은 어느 쪽도 폐할 수 없는 것인데 그 우선순위와 경중을 논하란 것이다.

  (h) "묻는다. 예로부터 제왕에게 땅이 있어야 반드시 재물이 있고 백성이 있으며, 반드시 교화가 있다. 교화나 부유함은 어느 쪽도 폐할 수 없는데, 두 가지에 또한 선후先後와 경중輕重이 있는 것에 대하여 말할 수 있는가. 요순[唐虞]와 삼대三代는 부유함과 가르침이 성한 것이 이르렀는데 무슨 방도로 그렇게 된 것인가. 후원後元(한 무제의 연호) 때 쌀이 붉게 썩고[紅腐] 돈꿰미가 끊어졌으며[貫朽], 정관貞觀 때의 두미삼전斗米三錢은 부유했다고 할 수 있다. 그러니 그 교화하는 방도는 또한 삼대의 성함에 부끄럽지 않겠는가. 재리財利의 설은 희풍熙豐185) 때 토우土宇의 넓음보다 세밀한 것이 없으

석에서 유래한 것이다.

며, 오랑캐 원나라가 부유하게 되지 못하고 또 교화하지 못한 것
만큼 심한 것이 없는데 어째서인가. 생각하니 우리 동방東方의 양
지壤地가 비록 작지만 땅이 있고 백성이 있는 것이 그에 향하여 왔
었다. 1000년 신라와 500년 고려가 공고하게 잘 유지하였으니, 어
찌 이 두 나라에게 그 연유가 없었겠으며 또한 의논할만한 것이
있지 않겠는가. 지금 우리 국가는 신성聖神이 계승하여 대대로 훌
륭한 임금이 나와 태평성대가 이어져[重熙累治], 나라에 억만 년 동
안 쌓인 것이 있어, 호戶에는 현송絃誦의 소리가 있고, 부유함과 교
화가 융성하였으니 실로 삼대三代에 비견해도 손색이 없었다. 근래
에 연곡年穀이 오르지 않아 나라에 저축한 것이 다하였으며, 예양
禮讓이 흥하지 않아 민풍民風이 완악하더라도 괴이할 것이 없다.
물가는 뛰고, 사습土習이 투박해졌으니, 재물을 부유하게 하고 풍
속을 교화하는 방도는 지극하지 못한 바가 있어서 그러한가. ……
어떻게 하면 부유함이나 교화는 융성한 고대에 비견할 수 있게 되
겠는가. 각자 편에 쓰라."(중종 28년 집사책 책문)[186]

　우선 중국사의 고대부터 원대元代까지의 교화와 재물에 대하여 논
하라 하고 있다. 먼저 요순堯舜과 삼대三代의 부유함과 교화는 성하였
는데 그 방도가 무엇인지를 묻고 있다. 그런데 한 무제漢武帝 때 붉게
썩는 쌀들을 풀어 구휼하고 돈이 많아 돈꿰미가 썩는 지경에 이르렀
으며, 당 태종唐太宗 때 쌀 한 말에 3전[斗米三錢] 밖에 하지 않을 정도
로 부유하지만 교화는 삼대三代의 성함에 미치지 못하였다고 평하고
있다. 한편 재리財利의 설은 송 신종宋神宗·철종哲宗 때 영토가 넓은

---

185) 희풍(熙豊) 연간은 송 신종(宋神宗)~송 휘종(宋徽宗) 때를 말한다. 신종은 왕안
　　석(王安石)을 중용하여 신법(新法)을 시행하였다. 휘종은 숙청되었던 왕안석
　　일파를 다시 등용하고 사마광(司馬光), 소식(蘇軾) 등 110여 명을 귀양 보내고
　　그들을 간당(姦黨)으로 지목하여 간당비(姦黨碑)를 세웠다.
186) 『동책정수(東策精粹)』下 중종 28년 집사책 책문

것보다 세밀한 것은 없으며, 오랑캐가 세운 元이 부유하게 되지도 못하고 교화도 이루지 못한 것이 심하였는데 그 까닭이 무엇인지 묻고 있다.

다음으로 우리나라 역사에서 교화와 부를 논하라면서, 먼저 1000년을 통치한 신라와 500년을 통치한 고려를 언급하면서 이 시기에서 논쟁점을 제시하라고 한다. 한편 조선은 대대로 훌륭한 임금이 나와 태평성대가 이어져, 부유함과 교화가 융성한 것이 삼대三代와 비견할만 하였는데 근래에는 연곡年穀이 오르지 않아 저축한 것이 없고, 예양禮讓이 흥하지 않아 풍속이 완악해도 이상하지 않다고 지적하고 있다. 그로 인해 물가는 뛰고, 사습士習은 투박해졌으니 재물을 부유하게 하고 풍속을 교화하는 방도가 지극하지 못한 탓이라고 보고 있다. 어떻게 해야 부유함과 교화가 융성한 고대에 비견할 수 있는지 그 방도를 묻고 있다.

이 집사책에 답한 민구閔球(?~?)의 대책이 함께 전하는데, 여기서는 경제와 관련된 부분만 살펴보도록 하겠다. 우선 중국사 관련 부분이다. 민구는 요순과 삼대에는 성군聖君이 지속적으로 나와서 백성을 살리는 정치를 펴 부유하였고, 교화를 잘 하였다고 평한다. 하지만 그 이후에는 한 무제 때의 두미삼전斗米三錢만이 효험을 보일 뿐 당나라 때에는 도교인 황로黃老에 의해 정치가 폐하여 졌고, 송나라 때에는 왕안석의 청묘법으로 인해 도리어 백성들이 곤궁해졌으며, 원나라는 땅만 넓을 뿐 백성들이 수고롭게 되고 재물이 다하여 인구가 줄어들어 교화도 잘 이루어지지 않았다고 평하고 있다.[187]

다음으로 우리나라의 경제 정책에 대하여 논하고 있다.

---

187) 『동책정수(東策精粹)』下 민구의 중종 28년 집사책 대책

(h)-1 "생각해보니 우리 동방은 바다 모퉁이 먼 곳에 있으면서 땅이 있고 백성이 있는 것이, 멀리는 단군부터 신라까지 1000년을 전해져 내려오고, 고려[麗氏] 500년 전통을 남겼습니다. 그러나 그 역년의 오래되고 나라를 누린 것이 길었으나, 그 사이에 명군明君과 의벽誼辟(의로운 임금)은 10명 중 1~2명도 되지 않았으니, 곧 누가 능히 부유함과 교화하는 두 가지 일에 유의하여 편폐偏廢에 이르지 않게 하였겠습니까? 비록 1~2명이 (훌륭한 임금이라고) 칭해질 수 있다고 해도, 다만 부유함을 위할 줄만 알았을 뿐이고 교화를 위하는 바는 알지 못하였으니 곧 어떻게 집사께서 붓을 잡아 자세하게 적는 것[覼縷]으로 족하겠습니까? 크게 생각해보니 우리 왕조는 태조께서 조기왕적肇基王迹하신 이래 성스럽고 신령한 자손들이 영서令緒를 이어 백성의 일을 마음에 두고 오로지 교양敎養에 뜻을 두시어 인심仁心이 정사를 펼 때에 가득하였으며[藹然], 인정仁政이 시령施令하는 사이에 이내 행해졌습니다. 그러므로 해가 풍년[豊稔]의 경사가 있고 또 권장하는 법을 세워 국고에는 쌓인 것이 많고 창고가 1000개이고 곳간[箱]이 10000개이며, 예양禮讓이 발하여 호적[戶統]이 흥하고 집집마다 노래하니, 또한 이미 부유하고 또한 이미 교화되었습니다. 삼대三代를 우러러봐도 어찌 이보다 나을 수 있겠으며, 한·당漢唐을 내려 보아도 실로 이미 우월합니다."(민구의 중종 28년 집사책 대책)[188]

(h)-1을 보면 우선 단군부터 신라까지 1000년, 고려가 500년의 전통을 남겼다고 평하고 있다. 그러나 긴 역년 중에서 훌륭한 임금은 많지 않았으며, 그 훌륭한 임금들도 경제적인 부유함만을 중시하였을 뿐 교화는 중시하지 않았다고 비판하고 있다. 그런 반면 조선은 태조가 건국한 이래 백성들의 일에 마음을 두고 인심仁心과 인정仁政으로 통치하여 풍년이 자주 있었으며 국고에 쌓인 것이 많다고 말하고 있다.

---

188) 위의 책

그리하여 부유하게 되어 교화도 잘 이루어진 것이 삼대三代와 비교해도 뒤지지 않고 한·당漢唐과 비교하면 우월하다고 평하고 있다.

중국사와 한국사의 교화와 경제 정책을 정리한 민구는 뒤이어 교화와 경제정책을 올바르게 하는 방도를 논하고 있다. 재물은 땅에서 나지만 그것은 반드시 백성들의 힘[民力]에 기대야만 얻을 수 있고, 이를 위해서는 윗사람들이 너그럽게 다스려야 한다고 말하고 있다. 백성들이 잘 살도록 해준 이후에야 풍년의 경사와 저장된 곡물이 풍성하게 되고, 그 다음에 학교를 세워 교화를 이룩하여야 한다는 것이다.

마지막으로 교화와 경제정책을 펴기 위해서는 어떤 인재를 선발해야 하는지를 논하고 있다. 민구는 교화와 경제 정책이 잘 이행되기 위해서는 중국 고대의 후직后稷과 설契 같은 인재를 등용하여 일을 맡겨야 한다고 주장한다.

이 대책을 통해 중종대까지는 아직 고대 중국의 요순삼대가 이상향으로 추구되고 있으며, 성종대와 마찬가지로 경제정책에서도 합당한 인물에게 직책을 맡겨야 한다는 견해가 이어지고 있음을 알 수 있다.

결국 명종 10년(1555)에 직전을 혁파하여 국가의 모든 토지가 국가 수세지가 되고, 수세권분급은 왕실 관련을 제외하고 거의 혁파되어 국전 체제가 성립되었다.

이상으로 주자성리학의 도입에 따른 경세관의 변화와 관련된 주제를 다룬 책문과 대책을 살펴보았다.

인재관은 먼저 고려 말 인재 선발 제도를 개혁하고, 주자성리학의 인재관을 중국사에서 구축하기 시작하였다. 이 시기의 경연 교재는 『대학연의』로, 이를 기준으로 하여 중국 중심의 인재관이 성립되었다. 그리하여 중국 고대의 요순삼대의 고요, 후직, 설, 주공, 소공이 이상적인 인재로 여겨지고 있으며, 그 이후 시기인 한·당 시기의 유학자들과 명신들은 비판의 대상이었다.

태종대~세종대에는 고려 말 인재 선발 제도와 사장 중시 학풍을 개혁하는 것이 중대 과제였다. 태종 7년(1407) 중시에서는 인재 선발을 제대로 하기 위해서는 전선銓選을 바르게 해야 한다는 내용의 책문이 등장하였다. 인사 행정에 대한 논란은 이어져 세종 29년(1447) 중시 초시에서는 인재 선발을 담당한 이조와 병조 즉 전조銓曹의 권한이 너무 막강한 것 아니냐는 내용의 책문이 나오고 있다.

한편 사장詞章 중시 학풍을 개선하는 방향으로 태종 14년(1414) 알성시에서는 직접적으로 사장詞章을 중시하는 풍습을 해결하는 방도에 대하여 묻고 있고, 세종 21년(1439) 별시에서는 세종이 직접 사장을 중시하는 학풍을 지양하고자 경전 해석에 능한 인물을 뽑겠다는 취지로 경전 해석과 관련된 책문을 내기도 하였다.

이러한 논의를 통해 세종대에 고려 말 폐습이 개선되자 문종 즉위년(1450) 식년시에는 본격적으로 『대학연의』를 기반으로 중국사에서 이상적인 인재상의 예시를 성립하고자 하였으나 세조 찬탈로 인해 집현전 세력이 정계에서 밀려나면서 지연되었고, 성종대에 이르러서야 다시 논의가 진행되었다.

성종 즉위 초에는 세조 찬탈 세력의 영향이 강하여 세조대와 유사한 단순 인재 선발에 관한 내용의 책문이 출제되다가 성종 5년(1474)에 공혜왕후가, 6년(1475) 신숙주가 사망하고 7년(1476)에 친정을 시작하면서 변화를 맞이한다. 성종이 친정을 시작한 7년부터 사림 세력의 정계 진출이 활발해지면서 성종 7년 별시 책문에서는 유교 경전을 인용하였고, 10년 책문부터 중국 고대 요순삼대堯舜三代의 현인인 고요皐陶·기夔·후직后稷·설契로 자리 잡아 가기 시작하였다. 성종 17년

(1486) 중시 책문과 이에 답한 최부의 대책에서는 이러한 성종대 인재
관이 확립되었다고 볼 수 있다.

성종대에 확정된 인재관은 연산군대에 잠시 어그러졌다가, 중종반
정 이후『대학연의』의 심화에 따라 한당 이후의 인재관 또한 재평가
가 이루어져 송대 주자성리학자인 소위 염락제현濂洛諸賢이 이상적인
인재관으로 대두하였다. 특히 명종 19년(1564) 식년시에 답한 홍성민
의 대책에서 송대 염락제현이 성인의 도통을 이었다고 제시한 것을
보면, 중종대 이후 이러한 인재관이 확실하게 정착했음을 알 수 있다.

군신관은 윤대, 간언 등 제도를 통해 신하가 임금을 바르게 인도하
도록 하는 것에서 현인을 재상에 임명해야 한다는 것으로 변화하였다.

태조 5년(1396) 식년시에서는 주자성리학에 입각하여 주 문왕周文王
을 이상향으로 삼아 인재등용이 임금의 가장 중요한 임무라는 것을
강조하고 있다.

그러나 조선 건국 세력은 주자성리학에 어긋난 방향으로 정치를
주도하려다가 태종에 의해 밀려났다. 이후 태종은 주자성리학에 입각
한 정치를 시행하고자 도평의사사 체제를 의정부 체제로 바꾸고, 중
서문하성의 사간원을 독립시켜대간 체제를 확립했다. 그리고 두문동
72현 세력을 등용하여 대간으로 삼았다. 하지만 태종은 대간의 세력
강화를 우려하여 풍문으로 탄핵하는 것을 금지하였다. 이는 태종 14
년(1414) 알성시에 반영되었으며, 세종대까지 논의가 이어진다.

세종 16년(1434) 알성시에는 윤대와 대간이 참소의 장이 되거나 풍
문을 듣고 간하거나 나쁜 일을 함부로 드러내어 그 설치 목적과는 다
르게 돌아가지 않는지 우려하는 책문이 나온다. 이에 윤대와 대간을
하는 신하들의 범위를 넓혀야 한다는 대책이 등장하였고, 실제로 문
종대에는 윤대하는 신하들의 품계가 더 늘어났고, 대간의 풍문 탄핵

이 허락되었다.

이렇게 확립된 윤대-대간을 기반으로 한 군신관은 세조대에 잠시 어그러졌다가 성종대에 집현전이 홍문관으로 부활하면서 다시 정립되었다. 그런데 성종대에는 군신관에 대하여 논하는 책문은 나오지 않는다. 이는 앞의 2장에서 살펴보았듯 성종대에 주자성리학적인 조선 전기 인재관이 성립되는 시기였기 때문으로 보인다.

그리하여 성종 말부터 군신관에 대하여 다시금 논의가 되고 연산군, 중종대에 다시금 군신관 관련 책문이 등장하게 된다. 나라의 법도와 기강에 대해 묻는 중종 10년(1515) 알성시 책문에 답한 조광조는 임금이 스스로 정치를 하려해선 안 되며 대신들의 보좌를 받아야 임금의 도를 잃지 않는다고 하였다. 또한 중종 14년(1519) 식년시 책문에 답한 송순은 임금에게 의지하고 임금을 강의할 수 있는 신하가 있어야 한다고 하였다.

이는 『대학연의』에서 나오는 임금이 마음공부를 하여 인재를 선발하는 것에서 더 나아가 선발한 인재에게 정사를 맡기는 방향으로 나아간 것이다.

그리고 성종 말~연산군대에 중국 고대 요순삼대의 요순-고요·기, 주 성왕-주공·소공이 이상적인 군신관으로 성립되었고, 중종대에는 주공과 곽광을 비교하는 등 한당 이후의 군신관은 비판의 대상이 되었다. 다만 이 당시 이상적인 인재상으로 여겨지던 송대 염락제현의 경우 임금에게 신임 받지 못해 그 재능과 뜻을 펴지 못한 것이라고 하여, 이러한 송대 염락제현 같은 인재를 알아보고 등용하는 것도 임금의 안목이라는 내용의 대책이 등장하였다.

경제관은 주자성리학에서 이상적으로 여기는 정전제井田制를 실현하고자 하였다. 이를 위하여 조용조租庸調 중 전세田稅의 10분의 1세 개혁을 추진하였다. 우선 기존의 전시과를 혁파하고 과전법을 실시하였다. 태종 7년(1407) 중시에서는 전제田制에 대하여 논하고 있는데, 이에 답한 변계량의 대책에서는 정전제를 시행하는 것이 가장 이상적이며 정전제 시행이 어려울 경우 한전제와 균전제를 시행하는 방향을 제시하고 있다. 태종 8년(1408) 식년시에 답한 어변갑의 대책에서는 태조가 전제의 문란을 해결하고자 경기도에 과전을 분급한 것을 언급하면서, 사전을 기대畿內로 옮기고 기외畿外에 과전을 분급한다면 백성들이 수조로 인한 병폐를 겪지 않을 것이라 주장하였다.

세종대에는 기존의 답험손실법에서 정전제井田制 중 하나인 공법貢法으로 전세를 개혁해나갔다. 세종 9년(1427) 중시의 주제로 직접적으로 등장하였는데, 이 시험에 장원으로 합격한 정인지는 세종 25년(1427) 세종대 공법 시행을 주도한 것을 보면 굉장히 중요한 안건이었음을 알 수 있다. 이후 전세의 10분의 1세가 점차 정착되어 가면서, 명종대부터는 점차 공납 10분의 1 개혁이 추진되었다.

제3편

주자성리학 심학화心學化에 따른 경세관의 변화

주자성리학에 입각하여 발달하였던 조선 전기사회는 16세기 말 율곡 이이가 심학화心學化된 조선성리학을 집대성하면서 이에 입각한 새로운 사회체제로 변화하게 되었다.

중종의 손자이면서 후궁 창빈 안씨 소생인 선조가 즉위하면서 사림들이 정권을 주도하며 사림정치가 구현되었다. 사림들은 성리학적 이상세계의 구현을 두고 대립하면서 붕당정치를 통해 이를 실현하고자 하였다. 그리하여 위훈 삭제, 기묘명현의 문묘 종사가 진행되었고 대동법 등 여러 개혁이 시행되었다. 그러나 임진왜란을 겪어 이를 극복하느라 여러 개혁이 지연되었고, 광해군이 즉위하면서 성리학 질서에 어긋난 파행 정치로 인해 개혁 논의가 더더욱 미루어졌다.

이에 서인이 주도하고 남인이 동조하는 인조반정이 일어났다. 인조반정 이후 조선성리학적 이상정치인 예치禮治의 시대를 구현하고자 하였다. 그러나 인조 즉위 초반 이괄의 난이 발생하였고, 두 차례의 호란에 따른 척화파와 주화파의 갈등이 심화되어 소현세자가 독살되고, 강빈 옥사, 심기원 옥사가 일어나 척화파가 정치 일선에서 밀려나게 되었다.

효종은 주화파 세력에 의하여 왕위에 등극하였으나 친청親淸 세력을 숙청하고 송시열, 김상헌 등 척화파들을 적극 등용하여 북벌론, 대동법 등 개혁을 추진해 나갔다. 효종이 즉위 10년 만에 승하한 이후 인조 계비 장렬왕후莊烈王后의 복상을 어떻게 해야 할지를 두고 현종

대 두 차례의 예송논쟁이 일어났다. 1차 예송논쟁에서는 서인이 승리
하여 현종대 전반을 걸쳐 산림이 초빙되어 개혁이 진행되었으나 2차
예송논쟁에서 남인이 승리하여 서인이 밀려나면서 숙종 재위 초반까
지는 조선성리학에 입각한 개혁이 지연되었다.

숙종 6년(1680) 경신대출척으로 남인이 실각하고 서인이 다시 집권
하면서 양반호포론, 노비종모법 등 개혁 정책이 다시 논의 되었으나,
숙종 15년(1689) 송시열이 장희빈 아들의 세자책봉을 반대하자 서인들
이 대거 실각하는 기사환국己巳換局이 일어나 남인들이 다시 집권하
면서 다시금 개혁이 지연되었다.

결국 숙종 20년(1694) 갑술환국으로 남인이 완전히 실권하고 서인이
정권을 주도하게 되면서 충신열사를 추숭하고, 대보단을 설치하는 등
조선성리학에 입각한 개혁이 진행되었다.

이렇게 다사다난한 사건들 속에서 경세관은 『대학연의』의 이해 심
화와 성리학의 심학화心學化 과정에서 점차 『성학집요』를 기반으로 한
심학화心學化된 성리학의 영향을 받았다. 16세기 전반부터 『대학연의』
의 논리는 성학聖學 즉 성인의 학문에 대한 체계적인 이론 형성의 바
탕이 되었다. 그리하여 16세기 후반에는 이황이 『성학십도』, 이이가
『성학집요』를 편찬하면서 국왕을 성인으로 만드는 학문으로 변화하
게 되었다.[189]

인조대부터 경연에서 『심경』을 강론하고 『성학집요』를 참조하자는
논의가 제기되지만, 정묘호란·병자호란이라는 대외전쟁과 이괄 난
등 대내혼란을 극복하느라 제대로 시행되지 않았고 전기에 이어 사
서삼경과 『대학연의』를 강론하는데 그치고 있었다. 효종, 현종대에도

---

189) 정재훈, 「중국의 제왕학과 조선의 정치사상-『대학연의(大學衍義)』를 중심으로
-」, 『대학연의』 上, 서울대학교출판문화원, 2018, 824쪽

『성학집요』를 경연에 강연하고자 하는 서인의 주장이 있었으나, 남인 과 정치적으로 경쟁하면서 정착하지 못하였다.

현종 말 2차 예송 논쟁으로 서인이 실각하면서『심경』위주의 경연 이 무산되고, 윤휴가 중심되어 탈주자학적인 경향을 띠게 된다. 그리 하여 주자의 주는 보지 않게 되고,『논어』또한 이전의 언해諺解가 아 닌 윤휴가 설정한 대로 읽자는 주장이 나왔다. 그리고 허목은『심학도 心學圖』를 지어 올렸다. 그리하여 숙종 2년(1676)부터 숙종 4년(1678)까 지『맹자』,『중용』,『서경』,『통감강목』을 가지고 형식적인 경연이 진행 되었다.

숙종 6년(1680) 경신대출척으로서인이 다시 집권하게 되자『성학집 요』가 경연 과목으로 등장하였다. 그리고 숙종 8년(1682) 율곡 이이와 우계 성혼이 문묘종사되자『심경』이 주요 경연과목이 되었고, 이를 중 국 주석서가 아닌 송시열의『심경석의心經釋義』같은 우리나라 주석서 를 가지고 강하였다. 또한『대학연의』대신『성학집요』,『통감강목』대 신『여사제강』이 강론되면서 조선성리학이 보다 확고하게 자리 잡아 갔다. 그러나 숙종 15년 기사환국己巳換局이 일어나 남인이 다시 집권 하자, 이이와 성혼의 문묘 출향이 주장되었고,『심경석의』를 배격하게 되었다. 또한『성학집요』대신『대학연의』가 다시 강연되기 시작하였다.

숙종 20년 갑술환국으로 남인들이 완전히 실각하고 서인 노론이 정 권을 잡아 율곡 이이와 우계 성혼의 문묘 종사가 확정되었다. 그리하 여 다시금『심경』이 강론되었으며,『성학집요』가 경연 과목으로서 심 학화心學化된 조선 성리학의 교과서가 되었다.[190]

이러한 성리학 심학화心學化에 따른 경세관의 변화에 따라 인재관

---

190)『숙종실록(肅宗實錄)』권 31 숙종 23년 4월 11일 경신 2번째 기사

과 또한 변화하였다. 선조대부터 기존『대학연의』에서 강조하던 임금이 신하를 알아보는 안목을 갖추는 것에서 더 나아가 임금 스스로 마음공부를 하고 훌륭한 인재를 알아보아 이들에게 정사를 맡기는 방향으로 변화하게 되었다.[191] 그리고『대학연의』의 왕안석 소인론은 『성학집요』에서 제시하는 정자·주자 군자론이 정착하게 된다. 특히 그리고 송시열宋時烈(1607~1689), 송준길宋浚吉(1606~1672) 등에 의하여 주자가 군자의 기준으로 정립되었다.[192]

군신관에 있어서도 이전에는 '임금과 신하가 함께한다.'라는 한자 풀이식 의미만 쓰였던 '군신상여君臣相與'의 의미도 변화하였다. 심학화心學化가 시작되는 중종대에 이를 '임금과 신하가 함께 하는 때[君臣相與之際]', '임금 신하가 함께하는 사이[君臣相與之間]'으로 쓰이게 되었다. 그러다가 선조대에는 이이李珥(1536~1584)가 '임금과 신하가 허여하는 사이'라는 의미로 쓰면서 이를 이상적인 군신관계라고 정의하면서 이러한 의미로 널리 통용되었다.

한편 이 시기 가장 중요한 경제 논의는 바로 대동법大同法의 실행이었다. 대동법은 율곡 이이李珥가 선조대에 처음 제시하였으나 계미삼찬 등 반대세력과 율곡의 사망으로 인해 좌절되었으나, 이후 선조~현종대를 걸쳐 대동법을 시행해야 한다는 흐름 자체는 지속적으로 유지되었다. 현종 즉위년에 서인계 산림 초려草廬 이유태李惟泰(1607~1684)가 올린 기해봉사己亥封事에 제시된 8가지 절목 중에도 공안貢案에 대해서 언급되고 있는 것을 보면 적어도 현종대 초반까지는 공안 문제가 논의되었고, 이 문제가 해결되면서 대동법이 정착하게 되었다고 볼 수 있을 것이다.[193]

---

191) 정재훈,『조선전기 유교 정치사상 연구』, 339쪽
192) 지두환,「孝宗代 君子小人 論議」,『태동고전연구』16, 1999, 3쪽

제1장 『대학연의』 이해 심화에 따른 인재관의 변화

1. 성리학의 심학화心學化와 교육제도의 변화

선조 초기 인재관 책문은 주로 학교에 대하여 논하는데, 주로 학교 설치의 목적과 현재의 폐단 개선에 대하여 논하고 있는 것이 그 핵심 이다.

먼저 선조 즉위년 식년시 책문에 답한 조헌趙憲(1544~1592)의 책문 을 살펴보면 선조 즉위 직후부터 학교에 대한 논의가 진행되었음을 알 수 있다.

　(ㄱ)-1 "신이 가만히 고인古人의 말씀을 들으니 '학교는 풍속과 교화[風 化]의 근원이다.'고 하였고, 또 '인재는 국가의 원기元氣이다.'고 하셨습니다. 진실로 학교(가 아니면) 교화教化가 밝지 못하고, 어 질고 현명한 이가 없으면 곧 나라가 공허하게 됩니다. 송宋의 신 하 정이程頤의 말에 '천하의 영재가 적다고 할 수 없다. 다만 도 학이 밝지 못한 까닭으로 현재賢才가 성취할 바를 얻지 못한다.' 라고 하였습니다. 이로써 옛날의 성왕聖王은 명덕明德과 수신修身 으로써 후진을 이끌고 경계하고 깨달음의 근본으로 삼지 않음이 없었습니다. 오히려 두루 가르치지 못할까 염려하여 스승을 세 워서 가르치게 하였습니다. 인도하고 권장하는 방법은 밝은 스 승을 길러서 감화의 기미를 보는 데에 있습니다. 그것은 인군人

---

193) 정재훈, 「초려 이유태의 산림활동과 경세사상」, 『초려 이유태의 삶과 선비정 신』, 호서명현 학술대회 추진위원회·한남대 충청학연구소, 2009, 88쪽

君이 몸소 행하고 마음으로 얻는 나머지에서 벗어나지 않습니다. 그런 까닭으로 이런 임금이 있으면 이런 스승이 있고, 이런 인재가 있게 됩니다."(조헌의 선조 즉위년 식년시 대책)[194]

(ㄱ)-1을 보면 조헌은 먼저 옛 사람들이 학교와 인재를 중시하면서, 학교가 아니면 교화가 밝지 않고 현재賢才가 없으면 나라가 공허하게 된다는 점을 언급하고 있다. 때문에 옛 성왕聖王이 명덕明德과 수신修身을 근본으로 삼아 다스려야 하는데, 이를 제대로 하지 못할 것을 염려하여 스승을 두었다. 그리고 인도하고 권장하는 방법은 스승을 키워 감화시키는 것에 있게 하였는데, 그것은 임금이 몸소 행하고 마음으로 얻는 것에 있음을 강조한다.

(ㄱ)-2 "인주人主의 한 몸은 만화萬化의 근원입니다.…… 하물며 전하께서는 어린 나이[冲年]에 임금의 자리를 이었으니 비록 나면서부터 아는 성性이 있다 하더라도 역시 끝없는 근심이 있습니다. 진실로 자신을 닦는 학문을 먼저 밝혀서 다스림을 내는 근원으로 삼지 않고 학교를 일으키고 인재를 구한다면 이는 구차함에 그칠 따름입니다. 진실로 그 뜻을 겸손히 하여 마치 미치지 못하는 것처럼 하고, 그 행동을 민첩하게 하여 마치 능하지 못한 것처럼 하면, 그 학문의 공이 지극해 지고 광명의 경지에 도달됩니다. 그런 뒤에 경명행수經明行修로서 인재를 가릴 수 있습니다. 만일 정이程頤·주희朱熹와 같은 사람에게 사표師表의 임무를 맡겨서 사람을 다스리는 방도를 다할 수 있게 하면, 굉사宏詞·대책對策으로 반드시 현량방정賢良方正한 사람을 거둘 수 있고, 명경박학明經博學의 科擧로서 반드시 지천명진인사知天命盡人事하는 사람이 보이게 됩니다."(조헌의 선조 즉위년 식년시 대책)[195]

---

194) 『중봉선생집(重峰先生文集)』 권 9 雜著 庭對策
195) 위의 문집

그리고 (ㄱ)-2에서처럼 임금은 만화萬化의 근원으로 임금이 스스로 학문을 밝혀서 다스림의 근원을 삼고 난 뒤에 학교를 세우고 인재를 구해야만 한다고 말하고 있다. 특히 선조는 어린 나이에 즉위하였기 때문에 더욱 이를 명심해야 한다고 말하고 있다. 탕왕이 날로 새롭게 하는 학문을 통해 백성들의 덕을 새롭게 만들었고, 문왕 또한 즙희緝熙의 학문으로 성인聖人을 만든 것처럼 지속적으로 자신을 닦는 학문을 통해 먼저 밝혀서 다스림의 근원으로 삼아야 한다고 주장하였다. 만일 그렇지 않으면 학교를 세우고 인재를 구한다고 해도 제대로 이루어지지 않는다고 지적한다.

그리고 뜻을 겸손하게 하고, 학문을 지극하게 하여 광명의 경지에 다다르면 경명행수經明行修 같은 인재 천거를 통해 인재를 가릴 수 있으며, 정이나 주희 같은 사람들에게 사표師表를 맡긴다면 굉사宏詞·대책對策를 통해서 현량하고 방정한 사람과 천운과 인사를 다하는 사람을 가려낼 수 있다는 것이다. 즉 이런 식으로 군덕君德을 키우고, 인재를 양성하게 된다면 요순과 삼대를 능가하게 될 거라고 보고 있다.

이러한 논의는 선조 12년 식년시 책문에서 더욱 강화된다.

(ㄴ) "왕이 다음과 같이 말씀하셨다. 보잘 것 없는 나 부끄러운 몸으로 대역복大曆服을 이었으니, 끝없는 근심이 있다. 더욱 근면한 마음으로 조심하고 삼가면서[兢兢業業] 정성을 다하여 정치를 도모한 것이 이에 12년[一紀]이 되었는데, 다스리는 효험이 드러나지 못하고, 온갖 폐단이 다 일어났다. …… 학교가 쇠퇴하고 스승과 제자 사이가 느슨해져서 성균관[賢關]이 장차 황폐해져서 풀만 무성해지고, …… 초빙한 현자[招賢]를 예우하여도 독선을 돌아보지 않으니, 줄줄이 찾아오는 것을 볼 수 없다. 밤낮으로 생각하였으나 일과 뜻이 어긋나 장차 흩어져서 할 수 없는 것이 있게 되었으니, 이는 내가 다스림에 그 요체를 얻지 못해서 그러한 것인가. 또는 내가 도

를 구하는 것에 성실하지 못하여 그러한 것인가. 어떻게 하여야 치체治體가 섬이 있어서 기강이 모두 갖춰지고, 여러 현인이 공경함을 함께하여 모든 일이 바람직하게 이루어지겠는가."(선조 12년 식년시 책문)196)

(ㄴ)을 보면 책문에서는 학교가 쇠퇴하고 스승과 제자 사이가 느슨해져서 국학인 성균관마저도 황폐해지고, 현자를 초빙하였음에도 인재들이 줄줄이 찾아오는 일이 일어나지 않음을 지적하고 있다. 그리고 이러한 두 가지 폐단을 포함한 6가지의 폐단이 일어난 이유는 다스림에 요체를 얻지 못해서인지, 아니면 도를 구하는 것에 성실하지 못해서 그런 것인지를 묻고 있다.

이 책문에서는 논의의 대상이 된 '학교'를 직접적으로 '성균관'과 '향학(향교)'라고 제시하고 있다. 즉, 선조대에 이르러서는 관학官學이 제대로 운영되지 못하여 이를 설치한 목적인 교화와 인재 양성이 제대로 이루어지지 못한다는 점을 인식하고 이를 개선하기 위한 방도를 모색하고 있었던 것이다.

이 식년시에 장원으로 합격한 홍이상洪履祥(1549~1615)의 대책이 전한다.

(ㄴ)-1 "성균관[泮壁]이 황량해져서 학업을 권하는 것을 여사餘事로 여기므로, 곧 숭학崇學의 실명實明이 없습니다. …… 현자를 대우하는 예의는 겉으로는 부지런하고 온후하시지만 의지하고 맡기는 실질은 없고, 도리어 남의 말을 거부하는 안색이 있으니 곧 바른 선비가 굽히지 않는 것이 마땅합니다. …… 학교學校는 풍화風化의 근본으로 현사賢士와 관련되어 있습니다. 삼대三代 이전에 설

---

196) 『모당집(慕堂集)』 권 下 殿試對策

립한 것은 매우 광대하니 교육에 제도가 있어서 일대一代의 준수한 인재[俊造]를 양성하여 집집마다 관직에 봉할 수 있는 지경에 이르렀다는 것이 어찌 학문을 숭상하고 문학을 더 높게 치는 효험이 아닌 것이 있겠습니까. …… 아아. 삼대三代의 제도가 마침내 회복할 수 없게 되어 그 물려받은 뜻으로 인하여 새로운 규제를 정립하니 대략 정이程頤께서 학제學制를 살핀 것과 같습니다. 곧 인재의 배출이 울창하여 세상에 쓰이게 되니, 이른바 여러 가지 폐단은 끝내 조치하는 중에 개혁될 것입니다."(홍이상의 선조 12년 식년시 대책)197)

(ㄴ)-1을 보면 홍이상은 학교는 풍속 교화의 근본이고 현사賢士와 연관되어 있는 것임을 언급한다. 그러나 학교제도는 삼대三代 이전에는 학문을 숭상하는 풍조에 따라 집집마다 인재들이 있어서 관직에 봉할 수 있는 지경에 이르렀는데, 주周의 가숙家塾, 당상黨庠의 제도가 폐지하게 된 이후로 소학小學과 대학大學의 가르침이 밝지 않게 되어 오늘날에는 어린아이를 가르치는 소학小學의 경우에는 벼슬에 나아가는 매개체로 전락했고, 향학鄕學의 경우 그저 먹고 살기 위한 일이 되어 버렸다고 평하고 있다.

성균관은 이러한 학풍의 모범이 되어야 하는데 스승이 되는 자가 해이한 태도로 임하고, 선비들은 실질이 아닌 글재주를 다투는 등 인재 양성의 실질을 잃어버리게 되었다고 평하고 있다. 이로 인해 풍속과 인재 양성 또한 제대로 이루어지지 못했음을 지적한다.

그리고 삼대三代의 제도를 복구할 수 없다면 송대宋代 정이程頤가 학제學制를 살핀 것을 모범으로 삼으라고 말하고 있다. 송 철종宋哲宗 때 정이는 숭정전설서崇政殿說書가 되어 태학太學의 제도를 살펴보고

197) 위의 문집

이에 대한 글을 올렸는데 그 내용은 학교에서 달마다 시험하여 경쟁
하는 것을 방지하기 위해서 시험을 치룬 뒤 목표에 도달하지 못한 학
생은 다시 학관이 불러 가르치고 고하를 매기지 말 것, 존현당을 지어
서 덕이 있는 선비들을 맞이할 것, 향공鄕貢(학관의 시험을 치르지 않
고 바로 과거科擧를 볼 수 있는 지방 추천생)을 줄일 것, 번거로운 양
식을 생략하고 교관에게 임무를 위임할 것, 검소함을 장려하여 풍교
를 후하게 해야 한다고 한 것이다.[198]

홍이상의 선조 12년 식년시 장원 대책은 선조와 노수신, 윤두수의
칭찬을 받았으며, 홍이상은 합격 직후 예조정랑에 제수되었다.[199] 이
시험 이전부터 홍이상은 선조 6년부터 성균관 식당과 마당에서 읍할
때의 좌차座次를 생원진사시 합격 연도순으로 하는 것을 비판하고 나
이순으로 할 것을 주장하기도 하는 등 일찍부터 성균관의 문제점을
제시하고 개선하고자 하였다.[200] 13년에는 호조정랑을 거쳐 사간원
정언에 제수되면서 홍문록에 올랐다.

이러한 선조대 학교 관련 책문·대책과 홍이상의 인사이동을 보면
당대 학교 문제는 매우 중요한 논의 사항이었음을 알 수 있다.

실제로 선조대부터 관학官學을 개혁하려는 논의가 진행되어 현종
대까지 이어졌다.

---

198) 정이, 『이정문집(二程文集)』 권 8, 「三學看詳文 元祐元年五月」
199) 이정귀, 『국조인물고』 권 17 卿宰, 「洪履祥 碑銘」
   "己卯年(1579년 선조 12년)에 또 장원으로 급제하자 宣祖께서 筵臣에게 이르
   기를, '지금 장원의 대책(홍이상의 대책)을 보건대 매우 庭對하는 체모를 얻어
   근래 과거의 글 같지가 않다.' 하니, 노수신 相公이 따라서 그렇다고 칭찬했으
   며, 윤두수公 역시 말하기를, '신이 그 사람됨을 아는데 操行이 아름다운 선비
   여서 문장만 잘하는 것이 아닙니다.'라고 하였다. 이때부터 임금이 중히 여기
   고 조정의 여망이 울연하였다."
200) 원창애, 「儒臣 홍이상의 학업과 관직 생활」, 『열상고전연구』 42, 2014, 162~164쪽

우선 성균관의 경우, 성균관의 재학생뿐만 아니라 다수의 방외유생
方外儒生 즉 지방유생들 또한 교육의 대상으로 확장하였다. 이를 위하
여 재학생들의 강학講學이 일상화되고, 성균관 과시成均館課試가 지방
유생들에게도 개방되었다.201)

향교의 경우, 인조 14년(1636)에 감사監司-교양관敎養官-학장學長 체
제가 도입되어 기존의 지방교관제도가 강화되었으며, 효종대에는 교
수제독敎授提督과 훈장訓長 제도가 복설되었다. 교수제독과 훈장 제도
에 대한 논의는 인조대부터 있었지만 예조에서 기존의 도사가 감독
하게 할 것을 주장하여 실행되지 않았다.202) 그러다가 효종 2년 7월
13일 김응조가 다시 교수제독의 설립을 주장하고, 28일에 황감이 이
와 관련하여 상소를 올렸다. 『과시등록』 효종 4년 5월 26일조를 참조
하면 이러한 논의를 거쳐 효종 2년에 교수제독 제도가 설치된 것을
확인할 수 있다.203) 그리고 공도회公都會(각 도의 관찰사·유수가 매년
자기 지방의 유생에게 보이는 소과小科의 초기初試)의 시행 강령이 강
화되었다.

이렇게 관학의 정책이 개혁되는 와중에 사림 세력의 사상과 학풍
의 중심지로 서원書院이 성립되었다.

서원은 중종 38년(1543) 주세붕周世鵬(1495~1554)이 풍기군수로 부임
할 때, 송宋의 백록동서원白鹿洞書院을 본받아 백운동서원白雲洞書院을
최초로 건립되었다. 그 뒤에 퇴계 이황이 풍기군수에 부임하면서 서

---

201) 최광만, 「조선 후기 성균관의 학사운영」, 『조선 후기 교육사 탐구』, 충남대학교
    출판문화원, 2017, 68~69쪽
202) 『인조실록(仁祖實錄)』 권 50, 인조 27년 4월 1일 기축 2번째 기사
203) 최광만, 「17세기 지방교육정책」, 『조선시대 교육사 탐구』, 충남대학교출판문화
    원, 2013, 195~202쪽

원을 공인하고자 백운동서원에 대한 사액과 국가의 지원을 요구하였고, 명종 5년 최초의 사액서원인 소수서원紹修書院이 생겨나면서, 서원은 독자성을 가지고 조선 전국에 보급되었다.

선조 재위기간 동안 서원 60여 개가 설립되었고, 22개에 사액이 내려졌다. 그리고 명종대까지만 하여도 안향·정몽주·최충 등 고려 인사들만 제향되었는데, 선조대에는 김굉필·정여창·조광조·이언적·이황, 동방 오현東方五賢의 문묘종사가 주장되었다. 그리하여 선조대 대부분의 서원은 5현을 제향하는 곳이었으며, 그 외에는 퇴계 이황에 준하는 조식이나 이이가 제향되었다.204)

즉 선조대에는 관학의 문제점을 지적하여 이를 개혁하면서도 서원을 통하여 기존 관학이 상실한 인재 양성 및 교화를 이룩하고자 하였음을 알 수 있다.

2. 중국 송대宋代 염락제현濂洛諸賢 중심 인재상 예시 형성

사림의 학풍이 기존 관학官學의 개선과 서원을 통해 확고해지는 가운데 선조대부터 기존 『대학연의』에서 강조하던 임금이 신하를 알아보는 안목을 갖추는 것에서 더 나아가 임금 스스로 마음공부를 하고 훌륭한 인재를 알아보아 이들에게 정사를 맡기는 방향으로 변화하게 되었다. 특히 송시열, 송준길 등에 의하여 주자가 군자의 기준으로 정립되고, 『대학연의』의 사마광 군자·왕안석 소인론은 『성학집요』에서

---

204) 정만조, 「한국 서원의 발자취」, 『한국의 서원문화』, 한국서원연합회, 2014, 23~29쪽
지두환, 「한국 성리학과 서원」, 『한국의 서원문화』, 한국서원연합회, 2014, 205~208쪽

제시하는 정자·주자 군자론程子·朱子 君子論으로 변화하게 된다.205)

때문에 인조~현종대 인재관은 임금 스스로 마음공부를 하고 훌륭한 인재를 알아보아 이들에게 정사를 맡기는 방향으로 변화하게 되었다.

　　(ㄷ) "나라가 나라가 되는 까닭은 그 어진 재상과 어진 장수가 있기 때문이다. 그 사람을 얻으면 나라가 융성하고, 그 사람을 잃으면 나라가 멸망하니, 관계되는 바가 어떠하겠는가? …… 어떻게 하면 상신相臣이 그 직무를 잃지 않게 되며, 사령에 합당한 사람을 얻어서 조정의 구정九鼎과 국경보다 중하게 여기어 장성과 같이 우뚝 솟아 영구히 견고한 큰 바위 같은 편안함을 이루어 다시는 깊은 밤의 근심이 없게 할 수 있겠는가?"(인조 17년 별시 책문)206)

　　(ㄹ) "왕이 이와 같이 말하였다. 내가 옛날 사람들이 임금에게 진달하여 경계한 말을 들으니 정심正心, 질욕窒慾, 구언求言, 육재育才로써 말하였으니, 수신修身과 치국治國의 요점은 실로 이 네 가지보다 더 큰 것이 없다. 진 문제晉文帝는 (마음이) 바르지 않았으나 제후의 으뜸이 될 수 있었고, 한 무제漢武帝는 욕심이 많았으나 사이四夷를 물리칠 수 있었다. 동경東京(낙양)의 세도 때에 여러 번 직언을 구하였으나 끝내 환관과 내시의 횡자橫恣를 금하지 못하였다. 조씨의 송나라 때에 여러 현인들이 배출되었으나 또한 국세가 쇠퇴하고 쓰러지는 것은 구하지 못하였으니 그 연고는 무엇인가?"(효종 7년 별시 책문)207)

---

205) 지두환, 「孝宗代 君子小人 論議」, 3쪽

206) 『백헌집(白軒集)』권 32 策問 己卯別試殿試策問
　　번역은『증보역주(增補譯註) 백헌선생집(白軒先生集) Ⅱ』(도서출판 선비, 2011)의 688~689쪽을 참조하였다.

207) 『동리집(東里集)』권 12 策問 正心窒慾求言育才

㉢ "인재가 성하고 쇠하는 것은 시운時運의 길흉에 달려있으니, 국가와 관련된 일로 중요하지 않겠는가? 요순 때는 논의할 것이 없고, 삼대三代의 인재 또한 성쇠와 우열을 말할 수 없다. 후대에 내려와서 인재의 흥성함이 한·당·송漢唐宋 만한 때가 없었다. 그 당시의 시운이 바야흐로 커져서 여러 인재가 배출되었으니, 소하蕭何과 조참曹參, 방현령方玄齡과 두여회杜如晦, 한기韓琦와 범중엄范仲淹과 같은 이들이 성하여 세상에 쓰였다. (시운이) 아니게 된 때에 미쳐서는 비록 여러 세대 사이에 드문 인재라도 혼자서는 위태로운 상황을 부지할 수 없으니, 제갈공명諸葛孔明의 충성심으로도 부흥의 뜻을 이루지 못하였고, 육지陸贄의 현명함으로도 건중建中의 난을 평탄하게 하지 못하였으며, 문천상文天祥의 절의로도 애산崖山에서 망하는 것을 구할 수 없었으니, 성하고 쇠하는 것이 같지 않음이 이와 같이 한결같도다."(현종 13년 별시 책문)[208]

㉣은 인조 17년(1639) 별시 책문이다. 이 책문이 출제된 시기에는 병자호란 이후 척화파의 수장인 김상헌金尙憲(1570~1652)이 주화파의 공격을 받아 파직·삭탈관작 당하면서, 척화파가 정권에서 밀려나고 있었다.

이러한 상황에 영향을 받아 삼전도비三田渡碑를 작성한 이경석李景奭(1595~1671)이 과거科擧 시험관으로서 인조 후반 과거를 주도해나갔다.[209] 책문을 살펴보면 나라를 제대로 이끌어 가기 위해서는 훌륭한 재상과 장수가 있어야 하는데, 사람을 얻으면 나라가 융성하고 잃으면 멸망하는 것의 관계는 어떤 것인가가 핵심 주제이다.

이 책문을 통해 병자호란 이후 주화파와 척화파가 대립하는 시기

---

208) 『임호집(林湖集)』 권 6 附策文 問人材 壬子冬別科殿試三下
209) 이경석은 인조 15년 정시, 15년 별시, 17년 별시, 22년 정시, 23년 별시, 26년 식년시, 27년 정시의 시험관을 지냈다.

에도『대학연의』를 기반으로 하여 훌륭한 재상과 장수를 등용하는 것이 나라의 흥망과 관련되어 있다는 인재관이 유지되고 있었음을 알 수 있다. 이후 심기원 옥사, 강빈옥사로 인해 친청파가 정권을 장악했으나, 효종이 등극한 이후 친청파를 제거하고 북벌 정책을 시행하면서 척화파 산림 인사들을 대거로 등용하였다.

이러한 흐름 속에서 출제된 (ㄹ) 효종 7년 별시 책문에서는 수신과 치국의 요점으로 정심, 질욕, 구언과 함께 '육재育才'를 언급하면서, 중국사에서 각각의 사례를 언급하며 그 연유를 묻고 있다. 이 중 '육재'에 해당하는 부분을 살펴보면 송宋에서 여러 현인들이 배출되었음에도 나라가 쇠퇴하는 것을 막지 못한 이유를 묻고 있다. 그리고 조선의 상황에서 위 네 가지를 실현하기 위해서는 어떻게 해야 하는지를 묻고 있다.

(ㅁ) 현종 13년 별시 책문의 주제는 인재의 성쇠에 대한 것이며, 내용은 크게 세 가지로 나누어 살펴볼 수 있다. 먼저 중국사에서 인재의 성쇠의 예시를 들고 있다. 고대 요순과 한, 당, 송 시기가 인재가 가장 성했던 시기였으나, 운이 쇠한 때에는 제갈량이나 육지, 문천상 같은 뛰어난 인재라도 나라를 구할 수 없었다는 것이다. 다음으로 현 조선의 상황을 제시하고 있다. 여기서 현종은 지난 100년 동안 인재를 길렀기 때문에 성하였는데, 지금에 이르러서는 임금인 자신이 인재를 양성하려고 해도 잘 이루어지지 못한다고 말하고 있다. 마지막으로 지금 인재가 쇠한 것이 운이 쇠하였다고 판단하여, 이 쇠함을 성함으로 바꿀 수 있는 도가 무엇인지를 묻고 있다.

그리고 문제에서 아예 요순과 삼대, 한 고조, 당 태종, 송 태조를 인재 등용을 잘 한 임금으로 명시하고 있으며 이윤, 소공, 소하와 조참, 방현령과 두여회, 한기와 범중엄을 좋은 임금을 만나 나라를 잘 다스린 인재들로 명시하고 제갈량과 육지, 문천상은 좋은 임금을 만나지 못한 불행한 인재로 명시하고 있는데, 이는 이미 현종대에 이르러서 는 중국사의 이상적인 인재관의 예시가 거의 확립되었음을 보여주는 것이다.

또한 조선의 상황이 더욱 중시되어 이를 해결하기 위한 방안을 묻 는 것이 이 책문의 핵심적인 주제이다. 이상적인 군신관 또한 성리학 의 심학화 경향에 따라 중국 고대부터 송대宋代까지 확실하게 규정되 었다.

(ㄱ)-3 "그런 까닭으로 (송) 태조 때에는 여몽정呂蒙正과 같은 사람이 있 고, (송) 태종 때에는 장제현張齊賢·이항李沆과 왕의 조정에 구준 丘濬·왕증王曾과 같은 사람이 있었고, (송) 인종 때에는 한기韓琦· 부필富弼·범중엄范仲淹·문언박文彦博·구양수毆陽修·사마광司馬光· 정이程頤·장재張載와 같은 사람이 있었고, (송) 고종 때에는 …결 락… 주회朱熹의 무리가 있었으니 모두 과거科擧로부터 진출하였 습니다. 비록 여러 사람을 사숙私淑했다고 하지만 어찌 조종의 힘쓰고 주관한 효과가 아니겠으며, 정자·주자[伊洛]가 가르치고 인도하여 이룩한 것이 아니겠습니까. 아! 애석하게도 주돈이周敦 頤·정자程子·장재張載·주자朱子의 학문이 비록 지난 것을 계승하 고 오는 것을 열었으나 당대 사표師表의 임무를 행할 수 없었습 니다. 그러니 송宋의 인군人君이 교육의 도를 어찌 얻었다고 하겠 습니까."(조헌의 선조 즉위년 식년시 대책)210)

(ㅁ)-1 "이러므로 요순 두 제帝께서는 매우 조심하면서[兢兢業業] 수양함 이 있었기 때문에 고요·기·후직·설의 보좌함이 흥했던 것입니 다. 하나라 우왕·상나라 탕왕·주나라 문왕의 삼왕三王께서는 힘 쓰고 두려워하며 수양함이 있었기 때문에 백익伯益·이윤·여상呂

210) 『중봉선생집(重峰先生文集)』 권 9 雜著 庭對策

尙 같은 현신들이 길러진 것입니다. 한 고조漢高祖 이후에는 소하 蕭何와 조참曹參이 있었고, 당 태종唐太宗 이후에는 방현령房玄齡 과 두여회杜如晦가 있었고, 송 인종宋仁宗 이후에는 한기韓琦과 범 중엄范仲淹이 있었으니, 곧 이가 어찌 임금이 몸을 닦아 좋은 운 이 돌아오게 한 분명한 징험이 아니겠습니까. 그러나 제갈량의 재주와 육지의 현명함, 문천상의 충성심은 끝내 부운否運을 뒤집 는 공을 세우지는 못하였으니, 실로 후주後主 유선劉禪과 당 덕종 唐德宗, 남송南宋의 제병帝昺이 몸을 닦은 실질이 없기 때문에 이 에 이르게 된 것입니다. 곧 전하께서 몸을 닦는 것이 공부가 부 족하기 때문에 그런 것이 아닐까 염려됩니다."(조종저의 현종 13 년 별시 대책)211)

(ㅁ)-2 "아. 삼대 이전의 인재는 인재가 그 성함을 만난 것이 아니라, 마 땅한 인재가 있고서 마땅한 임금이 있었던 것입니다. 삼대 이후 의 인재는 그 인재가 그 쇠함을 만난 것이 아니라, 마땅한 인재 가 있었으나 마땅한 임금이 없었던 것입니다. 아 훌륭하신 전하 께서는 이를 경계하시어 하나의 법과 하나의 경계로 삼으십시 오. …… 전하께서는 일찍이 옛날 우리 세종대왕의 인재를 임용 하는 것을 보지 못하였습니까? 사람됨을 알고 잘 임용하고 차별 하지 않고 현인을 뽑았으며, 인물과 기량이 상당한 자들로 하여 금 위임한 것이 오래되어 그 효험을 이룩하였으니, 이는 실로 오 늘날 당연히 본받으셔야 하는 것입니다. 그러므로 책에 이르기 를, '한 사람이 모두 갖추기를 구하지 않는다.[無求備於一人]'고 한 것입니다. 또한 이르기를, '그 관직을 따르지 아니하고, 그 사람 됨을 중히 여기었다.'고 한 것입니다."(박수검의 현종 13년 별시 대책)212)

본격적으로 중국사의 이상적인 인재상의 시대 범위가 송대까지 확

211) 『남악집(南岳集)』 권 6 殿策 王若日人材盛衰
212) 『임호집(林湖集)』 권 6 附策文 問人材 壬子冬別科殿試三下

장된 것은 선조대부터이다.

(ㄱ)-3 조헌의 대책에서부터 송대의 염락관민濂洛關閩이라 칭해지는 주자성리학자들이 이상적인 인재상으로 평가되고 있다. 그리고 앞서 살펴본 (ㄷ)의 인조 17년 별시 책문에서도 중국 고대부터 한·당·송까지 포함된 장수와 현신들을 등용한 방식은 어떠한 것인지를 묻고 있는 것을 보면, 인조대에도 중국 송대까지의 이상적인 인재상이 이어지고 있었다.213)

이는 현종대에 확정되어 (ㅁ) 현종 13년(1672) 별시 책문에도 반영되었으며, 이에 답한 조종저趙宗著(1631~1690)와 박수검朴守儉(1629~1698)의 대책에도 드러나고 있다. 조종저의 대책과 박수검의 대책을 보면 모두 중국사의 인재상을 요순삼대부터 송대까지 총 정리하고 있다. 하지만 두 사람의 대책은 중국사의 이상적인 인재상 예시를 풀이하는 방식이나 우리 역사의 이상적인 인재상에 대해면서는 차이점을 보이고 있다.

먼저 조종저의 경우 대책의 시작부터 『주역』의 효사를 인용하거나, 중국의 여러 고사를 인용하여 상황을 풀어나가고자 하였다. 그리고 (ㅁ)-1에서 보이듯이 현 조종의 인재 부족 현상을 어떻게 해결해야 하는가 하는 책문에 물음에 대하여 이전 질문에서 이미 정리하였던 중국사의 현군과 인재, 암군과 불운한 인재의 예시를 다시 들어 임금 스스로 수양할 것을 강조하였다.

---

213) 『백헌집(白軒集)』 권 32 策問 己卯別試殿試策問
"風后, 力牧, 卓乎難議. 傅巖之夢賚, 渭濱之卜獵, 何爲而得此歟. 或注意於相, 或注意■(於)將, 時各不同, 何歟. 山東出相, 山西出將, 氣有所鍾而然歟. 覆以金甌者有之, 拔自行伍者有之, 俱不失簡選之道歟. 江左夷吾, 果是偉器之首歟. 軍中一韓, 有何韜略之雄歟. 上下乎西京東京曁唐與宋, 夷考黃扉玉帳諸人, 其盛衰何如, 而孰能爲第一人歟. 孰能任之勿貳歟."

그런데 박수검의 경우, 부상扶桑이라는 표현을 사용하고 조선의 옛 상황과 현 상황을 비교하려고 하는 등 보다 조선의 입장에서 풀어나가고자 한다. 즉, 조종저는 보다 중국 중심 중화주의의 입장을 피력하고 있고 박수검은 조선 중심의 사상을 전개하고자 한 것이다.

그리고 현 조종의 문제 해결에 대하여 이전의 중국사의 인재 등용에 대하여 언급하지 않고 조선의 역대 인재 등용에 대하여 상고하면서 나아가 그 이상향으로 세종대의 인재 등용을 제시하고 있다. (ㅁ)-2를 보면 세종은 사람됨을 잘 알아 차별하지 않고 인재를 선발하였으며, 인물과 기량이 상당한 자로 직책을 위임한지가 오래되어 효험을 이룩하였기 때문이다. 그리고 이러한 세종의 인재 등용은 『논어』 미자微子편을 인용하여 한 사람이 모든 것을 갖추기를 원하지 않은 것이고, 『서경』 주관周官의 주 성왕周成王처럼 관직을 따르지 않고 사람됨을 중시여긴 것이라고 설명하고 있다.

조선 세종대를 이상적인 예시로 든 것은 연산군 1년 증광시 이목李穆의 대책에 드러났듯이 성종 말부터 형성된 인식이다. 이러한 인식이 선조대 율곡 이이의 『동호문답東湖問答』에서 세종을 요순堯舜 같은 임금으로 평가하면서 다시금 확정되었다.214) 즉 서인의 이상적인 인재상의 예시 형성에 『동호문답』이 기반이 되었음을 알 수 있다.

이러한 차이는 두 사람의 학풍에 의해 나타난 것으로 보인다. 조종저는 최명길崔鳴吉의 제자로, 그 손자이자 소론인 최석정崔錫鼎과도 친분이 있었다.215) 박수검은 송시열의 제자로, 숙종대 인현왕후의 폐

---

214) 이이 저, 정재훈 역, 『동호문답:조선의 군주론, 왕도정치를 말하다』, 아카넷, 2014, 66~71쪽

215) 『국조인물고(國朝人物考)』에 실린 조종저의 墓誌銘은 최석정이 지은 것이다. 이에 따르면 최명길이 조종저가 어린 시절에 글을 가르쳤으며, 그 손자인 최석

위에 반대하다가 유배를 가기도 하였다.[216] 즉, 서인西人 내 소론少論
과 노론老論 학풍의 차이에 따라 이상적인 인재상에 대한 인식 차이
가 나타난다는 것을 알 수 있다.

정에게 최명길이 호란 당시 화의를 주장한 것을 옹호하는 발언을 했음이 기
록되어 있다. 또한 최명길의 아들인 최후상과 사이가 두터워서 그가 일찍 죽
자 銘을 지어주었다고 한다. 그리고 최후상이 죽은 지 10년 뒤에 조종저가 죽
자 조종저의 아들 조의징이 최석정에게 묘지명을 지어달라고 부탁하였다.
이러한 사항을 볼 때, 최명길 집안과 조종저는 매우 가까운 사이였음을 알 수
있다.
216) 『임호별집(林湖別集)』林湖集跋[朴尙淳]
"낙정 조공(조석윤) 및 친척 아저씨 이공의 문하에서 학문을 시작하였으며,
어린 나이에 이무하옹에게 질정을 받았다. 마침내 송우재(송시열) 선생을 스
승으로 모시고, 날마다 性理書를 취하여 침잠하여보며 즐겼다.(始學於樂靜趙
公及戚叔李公之門. 弱齡就正於李無何翁. 末乃執贄於宋尤齋先生. 日取性理書. 沉潛
看玩.)"

제2장 『대학연의』 이해 심화와 산림재상 체제

1. 성리학의 토착화와 자체적 '성학聖學' 형성

중종대 이후 성리학이 심학화心學化 되면서 임금에게 왕도를 가르쳐서 성군聖君으로 이끄는 경연이 보다 중요시되었다.

실제로 명종 1년(1546) 중시重試 책문에서 임금이 처음 즉위하여 정치를 잘 다스리고 사습士習을 바르게 하기 위한 방도를 물었을 때 아원亞元으로 합격한 송희규宋希奎(1494~1558)의 대책에서 경연에 매일 나가는 것이 언급된다.[217] 그리고 명종 1년 증광시에 갓 즉위한 임금(명종)이 제대로 소인小人에게 휘둘리지 않기 위해서는 어떻게 해야 하는지를 물었을 때, 장원으로 합격한 유경심柳景深(1516~1571)은 마음에 섭섭한 것이 있으면 여러 보필하는 신하들과의 경연 자리에서 묻고, 들은 바를 마음으로 다시 되새길 것을 강조하였다.[218] 이 증광시

---

217) 『야계집(倻溪集)』 권 1 策 灾異策
　　"臣願殿下日御經筵, 尊禮大臣, 親近正士, 講□治道, 覽虞書則知堯舜精一之學. 覽周書則知文武緝熙之學, 以此學而新厥德, 以此學而正厥事, 大本立定而發號施令, 無一不出於正, 大幾夬斷而進退人才, 無一不出於公, 固可以爐錘萬物, 陶鑄唐虞矣. 彼弭災化俗之方, 特一細微耳."

218) 『구촌집(龜村集)』 권 2 策題 變災異致祥瑞之道
　　"伏願殿下體天道不息之理, 思參贊化育之妙, 如有所憾於心者, 訊諸輔弼質之經幄, 得有所聞而反之於心, 一純乎天, 則聲臭閴闃, 沕然相須, 俗躋相讓, 世登雍熙, 乾淸坤夷, 四夷來王矣."

에 을과 4위로 합격한 노진盧禛(1518~1578)의 대책에서도 안으로는 환관·노복조차도 충실한 사람을 뽑아 쓰고 밖으로는 경연 자리에서 명유名儒와 효우孝友하고 정명한 자를 뽑아 사부의 직책을 맡기라고 하는 것을 보면 전대보다 더 강화되고 있음을 알 수 있다.219)

명종 사후 사림 세력에 의해 선조가 즉위한 뒤에는 경연의 중요성이 더욱 강조되어, 선조 1년(1568) 증광시 전책에서 직접적으로 경연을 주제로 다루고 있다.

(가) "왕께서 다음과 같이 말씀하셨다. 경연經筵의 설은 오래되었는데 그 명칭은 처음 어느 시대에 시작되었는가? 사도師道는 교훈教訓하고, 태부太傅·소부少傅는 덕의德義를, 태보太保·소보少保는 신체身體를 담당하였는데, 이 세 가지 직무가 모두 경연經筵의 뜻에도 합당한가? 한·당에 이르러서도 사부師傅와 학사學士의 임무가 역시 옛날과 가까운가? 송에 이르러 별도로 강관講官을 두어 그 직무를 전임하게 하였는데 무엇인가? 정자程子는 반드시 입강立講을 정비하여 좌강坐講하고자 하였고, 주자朱子는 강설講說하는 이외에 별도로 여러 번 차자箚子를 올렸는데 그 뜻은 무엇인가? 시험적으로 정자·주자 2분[程朱 二子]으로 하여금 오랫동안 그 직임에 머물도록 하였다면 그 다스림의 효과는 삼대三代와 비교할 수 있겠는가? 나는 충자冲子로서 대통을 이어 힘써 다스림을 도모하였다. 군덕君德의 성취는 경연經筵에 있다고 알고 매일 유신儒臣과 함께 고훈古訓을 강명하였지만, 마음을 전주傳註에만 두고 쓸 데 없는데 정신이 팔려 본뜻을 잃는[玩物喪志] 폐단이 있게 되었다. 다만 사색에 힘쓰면 비고 멀어지는 실수가 있을까 두려운데 장차 어떻게 말미암아야 하겠는가? 그렇지 않으면 이밖에 또 별도로 큰 것이 있는가? 그대 대부들은 강학한 바탕이 있어서 반드시 능히 이것을 말할 수 있

219) 『옥계선생속집(玉溪先生續集)』권 3 策問 殿策
      "外而經筵之上, 擇名儒宿德學術精明者, 爲師傅之職, 以勤啓迪之實焉."

을 것이다. 각자의 의견을 모두 펴보아라.”(선조 1년 증광시 책문)[220]

㈎를 보면 먼저 중국 역사에서 경연經筵은 어떠하였는지를 논하라고 하고 있다. 중국 고대의 사도師道·부傅·보保가 각각 임금의 교훈敎訓·덕의德義·신체身體를 담당한 것이 오늘날 경연을 행하는 뜻과 맞는지, 한·당 때 사부師傅와 학사學士의 임무가 경연을 행하는 것과 유사한지를 묻고 있다. 특히 송의 정자程子나 주자朱子는 공식적인 경연 외에도 지속적으로 임금에게 간언을 하였는데 그 뜻은 무엇인지, 그리고 두 사람이 오랜 기간 경연관직에 머물렀다면 중국 고대 삼대와 같은 태평성대를 이룩할 수 있었을 것인지를 묻고 있다.

그리고 현 조선에서 어린 나이에 왕위를 이어받은 선조는 君德의 성취는 경연에 있으며 매일 유신들과 함께 이를 도모하였으나, 그 마음을 전주傳註 즉 주자朱子가 경전에 단 주석에만 두고 쓸 데 없는 것에 정신이 팔려 본뜻을 잃어버리는 폐단이 있게 되었음을 지적하고 있다. 즉 사색에만 힘쓰다가 실질적인 것을 놓치는 것을 경계한 것이라고 볼 수 있다. 이를 막고자 하면 어떻게 해야 하는 지를 물어봤다. 이에 장원으로 합격한 이정형李廷馨(1549~1607)의 대책이 전한다.

㈎-1 “조씨의 송나라[趙宋]가 기틀을 열어서 보필하는 직임이 더욱 융성해졌으니, 별도로 시강관侍講官을 두고 논사論思의 직책을 다하게 하였습니다. 아침저녁으로 가르침을 드리어 임금의 덕[台德]을 보필하였으니 족히 칭송할 만합니다. 그러나 임금의 자리[簾陛]가 너무 높아 정의情義가 상승되지 못하고 진강할 때 조용하지 못하게 되므로 정자程子가 좌강坐講하기를 청한 것입니다. 강설할 때 비록 논주論奏는 다하지만 충애忠愛의 독실함은 지속되

---

220) 『지퇴당집(知退堂集)』 권 4 殿策 經筵之得失

어 그치지 않아야 하기 때문에 주자朱子께서 차자箚子를 올린 것입니다. 아아! 참으로 두 선생[二子:程子, 朱子]께서 그 지위에서 그 학문을 행하여 요순堯舜의 뒤를 잇게 하였으면 한 세상을 옹희雍熙로 끌어올리는 것이 어렵지 않았을 것입니다. 이와 같은 신하가 있으면서도 아는 것이 밝지 못하고 직임을 맡기면서도 믿지 못하였으니 안타깝습니다. 혹은 지적하여 당黨을 결성한다고 하며, 혹은 잘못되었다고 지적하여 그 몸이 하루도 조정에서 편안하지 못하게 하니 가히 탄식하지 않겠습니까? 엎드려 원하옵건대 전하께서는 주서周書의 사부제도師傅制度를 본받아 그 직임을 소중하게 하십시오. 정자·주자程朱께서 그 지위를 얻지 못함을 거울삼아 급히 어진 이를 가까이 하십시오."(이정형의 선조 1년 증광시 대책)221)

(가)-2 "신이 일찍이 송의 신하 범조우范祖禹가 철종에게 헌의한 것을 읽어 보니 '전하께서 지금 공부하느냐 그렇지 않느냐가 다른 날 천하의 치란治亂과 관계됩니다.'고 하였으니, 지금 우리 전하께서 공부하는 것이 오직 다른 날 치란에 관계되지 않겠습니까? 선정先正 여공저呂公著의 말에 '인주人主가 배움은 백성들이 같지 않다.'고 하였습니다. 문장을 나누고 글귀를 분석하여 옛 사람의 글귀를 따라 문장을 쓰는 것[尋章摘句]은 세상의 선비들이 이익을 희망하여 녹祿을 구하는 과거科擧[科級]에서 행하는 것일 뿐입니다. 인주人主가 마땅히 배워야 할 것은 古人이 마음 쓴 것을 보고, 역대의 치란과 흥망의 자취를 논하는 것입니다. 그렇게 하면 자연히 일취월장하여 덕이 천하에 미칠 것입니다."(이정형의 선조 1년 증광시 대책)222)

(가)-1을 보면 이정형은 우선 중국 송대에는 별도로 시강관侍講官을

---

221) 위의 문집
222) 위의 문집

두어 아침저녁으로 가르쳐서 임금의 덕을 보필하였기 때문에 칭송할 만 하다고 보고 있다. 여기에 더해 정자程子가 좌강座講을 통해 임금의 자리가 너무 높아 진강이 제대로 이루어지지 못할 것을 막고자 하였고, 주자朱子는 경연에서 그치는 것이 아니라 차자箚子를 지속적으로 올려 그 흐름이 끊기지 않게 하고자 하였음을 강조한다. 때문에 만일 이 두 사람이 합당한 자리에 올랐더라면 요순과 같은 치세를 이룩할 수 있었을 텐데, 송의 황제들이 이들을 믿지 못하고 당黨을 이룬다거나 그 하는 일이 잘못되었다고 여겨 지위를 주지 않기 때문에 이루어지지 못했다고 평한다. 그러므로 조선에서는 주周의 제도와 정자, 주자와 같은 인재를 가까이하여야 한다고 말하고 있다.

그리고 (가)-2에서처럼 임금이 배울 때 신중하면서도 쉬지 않고 부지런하게 임하고 그 태도가 꾸준하다면 배움이 더해지고 덕이 이루어진다고 말하고 있다. 그리고 범조우范祖禹가 송 철종宋哲宗에게 올린 말과 여공저呂公著가 했던 말을 인용하여 임금의 배움을 중요시하고 있다. 임금이 옛 성인들이 마음 쓴 것과 역대의 치란과 흥망을 배워야만 덕이 천하에 미칠 것이라 하고 있다. 특히 신하들의 말을 잘 듣고 평소에도 경계하며, 나이든 현명한 신하들에게 배우기를 바라면 국가의 화평한 틀을 이룰 수 있을 것이라고 조언하고 있다.

이러한 선조 1년 증광시와 이정형의 대책은 4개의 사화를 거치고 다시 정계에 진출한 사림 세력이 경연을 성리학적 이상 세계를 이룩하기 위한 정치, 교육제도로 여기고 있었음을 보여주는 자료라고 할 수 있다.

즉, 선조대 사림들은 경연이 신하들의 인도를 받아 임금이 마음공부를 하여 바른 정치를 할 수 있도록 해야 한다고 인식하고 있었음을 알 수 있다. 그리고 이상적인 형태의 경연을 시행하기 위해서는 주周

의 세 관직을 운영한 방식과 송의 정자程子와 주자 朱子같은 인재들을 가까이 해야 하고, 또 경연을 통해 임금이 부지런히 배워야 태평한 통치를 이룰 수 있게 된다는 점을 강조하고 있다.

또한 경연은 단순히 경전을 배우는 자리가 아니라 현실 정치하고도 지속적으로 연결되는 것으로 경전 해석에만 매달리는 것을 경계하고, 그 의리義理를 아는 것이 중요하다는 점도 강조되고 있었다.

이렇듯 선조 즉위 초기부터 책문의 주제로 부상된 경연經筵에 대한 논의는 선조 30년과 34년에 홍문관 관원이 세자를 교육하는 서연관書筵官을 겸하는 것에 대한 논의로 이어졌다.

선조 30년 1월에는 시강원侍講院에서 서연관을 대간이 겸직할 것을 요청하였다. 이에 선조 34년에는 서연관을 겸직하지 말고 전임관을 선발해야 한다는 반박이 나왔고, 여기에 시강원이 겸직을 폐하는 것은 불가하다고 건의하는 등 경연관의 위상이 보다 올라가고 있었다.

한편 이 시기에는 『대학연의』에 대한 연구가 더욱 심화되었고, 성리학의 심학화心學化 경향에 따라 성리학이 토착화되었다. 이에 따라 군신관 또한 '성학聖學'으로 설정되어 퇴계 이황의 『성학십도』, 율곡 이이의 『성학집요』가 저술되었다.

이러한 변화상이 드러난 것이 선조 35년(1602) 별시 책문이다.

(나) "구경九經의 순서는 집안에서 나라에 이르니 '친친親親'이 마땅히 먼저 와야 하는데 '존현尊賢'이 '친친親親'보다 앞서 있으며, '경대신敬大臣'보다 앞서야 하는 것은 오직 '임사任事'인데 그것을 말하지 않은 것은 무엇 때문인가? '대신을 공경하면 어지럽지 않다.[敬大臣則不眩]'한다고 하였는데 인재를 얻지 못하면 독임獨任하고 성난成亂하는 폐단을 거의 면하기 어려울 것인데, 만일 혹 이것을 걱정하여 미리 막아서 살피면 또한 집의執疑하고 내참來讒하는 근심

을 면치 못할 것이니 어찌 하면 좋겠는가? 공자가 구경九經의 순서를 정하여 말하기를 '이것을 행하는 것은 하나이다.'고 하였는데 주자는 해석하기를 '성誠'으로 한 것은 무엇 때문인가?"(선조 35년 별시 책문)223)

(나) 선조 35년 별시 책문의 주제는 치평治平의 도이다. 먼저 『중용』의 구경九經(수신修身·존현尊賢·친친親親·경대신敬大臣·체군신體群臣·자서민子庶民·내백공來百工·유원인柔遠人·회제후懷諸侯)과 『대학』의 팔조八條(격물格物·치지致知·성의誠意·정심正心·수신修身·제가齊家·치국治國·평천하平天下)는 표리일체表裏一體하고 규모가 완비되었다고 평하고 있다.

그런데 구경九經 중 경세經世는 상세한데 진수進修(수신修身)는 소략하여 『대학』에서 강조하는 '성정誠正'은 『논어』위정爲政 1장에 나타나 있지 않느냐고 묻는다. 팔조八條는 진수進修(수신修身)에 대한 내용은 상세하지만 치평治平은 소략하니 '노인을 대우하는 것[老老]', '어른을 어른으로 공경하는 것[長長]', '고아를 구휼하는 것[恤孤]'을 치평治平의 방법이라고 말할 수 있는지 묻는다. 그런 한편 『대학연의』에서는 치평治平에 대한 두 가지 조목만 남겨져 있고, 『대학연의보』에서는 『대학연의』 치평治平의 두 설에 미치지 못하는 것 무슨 소견의 차이인지를 묻는다.

다음으로 공자孔子가 『대학』의 구경九經 의 순서를 정하면서 행하는 도리를 '성誠'으로 한 것은 이유가 무엇이며, 주렴계周濂溪가 『통서通書』에서 마음을 순일하게 하고 현인을 등용하는 것을 강조하였는데 이를 해석하는 자들이 '구경九經'에서 뜻을 얻었다고 평하는 이유는

---

223) 『죽음집(竹陰集)』 권 13 策

무엇인지를 묻는다. 그리고 구경九經을 모든 질서[咸序]를 얻기 위해서는 어떤 순서로 공부해야 하는지를 묻고 있다.

최종적으로 조선의 상황을 설명하면서, 하늘로부터 재앙이 일어나 백성들의 원망이 깊어지고 재난이 임박하였는데 마음을 보존하고[存心] 다스림을 내려는[出治] 것에 있어서 구경九經의 도리에 부끄럽다고 말하고 있다. 이를 제대로 잡기 위해서는 어떻게 해야 하는지를 마지막으로 묻고 있다.

이 책문에 답한 조희일趙希逸(1575~1638)의 대책 또한 『대학연의』의 군신관을 심화하고, 나아가 심학화心學化된 성리학에 기반한 군신관을 형성하는 모습이 보인다.

> (나)-1 "대신을 등용하는 데에 이르러서는 모두 현자가 아니므로 혹 전임專任하다가 화란禍亂을 초래할 수 있고 일을 그르칠 폐단이 있습니다. 만일 미리 헤아리고자 하여 가만히 처분하면 참언讒言이 이름을 면치 못하고 현자를 방해할 근심이 있습니다. 참으로 나에게 있는 권도權度로 하여금 정밀하고 절실히 하여 차이가 없게 하면 현사賢邪의 구분을 재탁裁度함에 혼돈되지 않고, 신임하고 맡겨도 사람들이 이간질할 수 없을 것입니다. 이른바 '불현不眩'과 '불의不疑'의 효험이 어찌 수신修身 밖에 있겠습니까? 아! 구경九經의 조목에 아홉 가지가 있지만 행하는 것은 한가지 입니다. 소위 말하는 '一'이라는 것은 '불이不貳'와 '부잡不雜'을 말하는 것입니다. 그래서 당연히 주자朱子가 '성誠'으로 해석하였습니다. '마음이 불순하면 현자를 등용하지 못하고 현자를 등용하지 못하면 교화가 이루어지지 못한다.'고 하였으니 이것이 통서通書에서 구경九經의 뜻을 깊이 얻었다고 하는 까닭입니다. 아아! 성신지본誠身之本은 명선明善에 있으니 선善에 밝지 못하면 그 성誠은 발붙일 곳이 없으며 손둘 곳이 없습니다. 이것에 공부를 힘써 이른바 '불이不貳', '부잡不雜'의 이치에 순純하면 한결같게 행한다

는 것이 오로지 여기에 달려 있으니 구경九經의 순서도 조리가
있어 번잡해지지 않습니다. 엎드려 원하니 전하께서는 더욱 힘쓰
십시오."(조희일의 선조 35년 별시 대책)[224]

(나)-1는 선조 35년(1602) 별시 책문에 답한 조희일의 대책 중 일부이
다. 대신을 등용하는 것에 있어서도 수신修身이 중요함을 말하고 있
다. 대신을 등용하는 거에 있어서는 모두 현자로써 임명되는 것이 아
니므로 이를 전임하면 혼란을 초래할 수 있다는 것을 지적한다. 이를
헤아려서 해결하고자 하면 참언이 이르고, 현자를 방해할 수도 있다
는 것도 지적한다. 그러므로 임금은 자신의 권도權度로써 절실하고 차
이 없게 하면 현사賢邪의 구분에 혼돈이 없고, 신임하고 맡겨도 이간
질이 없게 될 거라 말한다.

그리고 이러한 구경九經은 아홉 가지로 나뉘어 있지만 행하는 것은
하나이니 '불이不貳'와 '부잡不雜'을 말하는 것으로, 주자朱子는 이를
'성誠'으로 해석하였으니 이에 힘쓰면 구경의 순서에도 조리가 생겨
번잡해지지 않는다고 말한다.

그러므로 임금은 스스로 반성하고 책임을 구하는 것으로 구경九經
의 실체인 성誠에서 벗어나지 않는 것을 통해 하늘을 섬기고 백성에
임하면 도를 얻게 된다고 말한다. 그리고 이 '용성用誠'의 도는 위학爲
學의 공부에서 얻는 것이니, 학문하는 방법을 터득하여 그 단초를 시
작하는 방법을 알고 배식함양培植涵養하고 재성보상裁成輔相하여 천지
와 동공同功하는 효과를 거들면 그 시초를 알 수 있게 될 거라고 말하
고 있다.

이렇듯 선조 35년에 이르러서는 『대학』, 『중용』뿐만 아니라 『대학연

---

224) 위의 문집

의』,『대학연의보』에 대한 이해도 깊어져 대학연의에서 추구하는 군신
관이 단순히 인재를 잘 알아보는 것이 아닌 수신修身의 원리를 적용
하여 임금이 스스로 공부하여 현명한 사람을 알아보고 임명하는 것
을 강조하는 방향으로 변화하는 것을 볼 수 있다.

이러한 선조대의 경향은 선조대에 출제된 집사책에도 나타난다.

   (다) "제가 듣건데 하늘을 대신하여 사물에 임하는 자가 임금이고, 원元
     을 조절하여 화육化育을 돕는 자가 신하라고 합니다. 임금이 혼자
     서 다스릴 수 없기 때문에 다스림을 다하는 데는 반드시 좋은 신
     하에게 도움을 받아야 합니다. 신하는 스스로 (다스림을) 베풀 수
     없기 때문에 도를 행하는 데는 반드시 어진 임금에게 의지하여야
     합니다. 임금이 좋은 신하에게 도움을 받지 못하면 그 교화를 펼
     수 없고 신하는 어진 임금에게 의지하지 않으면 그 지킴을 다할
     수 없습니다. 존비尊卑는 비록 다르지만 도는 서로 보탬이 됩니다.
     상하上下는 비록 다르나 세勢는 서로 의지합니다. 이것은 천도天道
     가 아래를 윤택하게 하고 지도地道가 위로 행해지는 것과 어찌 다
     르겠습니까? 인군人君이면 누구라도 사람을 얻어서 다스림을 다하
     고자 하지 않겠으며, 인신人臣이면 누구라도 임금을 얻어서 도를
     행하고자 하지 않겠습니까? …… 아! 혼란한 조정에서는 군자가
     용납되기 어렵고, 용력하고 어두운 군주에게 직언하는 선비가 합
     쳐지기 어렵습니다. 이치가 참으로 그러하면 세勢 또한 반드시 그
     렇게 됩니다. 무릇 유능한 임금은 유능한 신하를 두니 맡기는 것이
     한결같지 않고 믿음이 돈독하지 않으면 그 어찌 인주의 책임이 아
     니겠습니까?"(이원익의 선조대 집사책)225)

(다)는 선조대 출제된 집사책에 대한 이원익의 대책이다. 그 내용을
살펴보면 임금이 현신을 얻고 신하는 현군을 얻게 된다면 임금은 신

───────────

225)『오리집(梧里集)』권 1 對策 問云云明良相遇

하의 의견을 적극적으로 듣고 신하들은 임금을 바르게 돕고자 하게
된다고 말하고 있다. 그리고 그 중점에는 임금이 있기 때문에, 임금은
스스로를 밝게 깨우쳐서 신하를 임용하고 성의를 다해 의지하고 믿
어야 한다고 말하고 있다. 그러기 위해서는 옳은 것과 잘못된 것을 잘
분변하고 분별이 된 이후에는 믿어야 선악이 잘 나뉘고 신하들에게
의지하고 맡기는 것이 한결 같아져서 상하 간에 서로 사귀는 것이 편
해져서 의도하지 않아도 잘 다스려질 수 있다고 말하고 있다.[226]

　이렇듯 성리학의 심학화心學化 경향에 따라『대학연의』에서 군주
개인의 수양을 통해 성인聖人이 될 것을 요구받는 것이,『성학집요』에
서는 더 나아가 군주에게 사대부의 논리를 적용시켜 군주는 사대부
의 논리를 실현하는 존재이고 그 논리를 따라야 하는 존재로 보게 되
었다.

　즉, 인재를 잘 알아보는 안목을 갖추어 현명한 신하를 선택하는 것
에서 더 나아가 군주 자신이 마음을 수양하여 훌륭한 신하를 등용할
수 있는 안목을 가져야 한다는 방향으로 변화한 것이다.[227]

　하지만 선조는 군주의 심학을 바로 잡고 이를 위해 인재를 알아보
고 그들에게 배우며 정사를 맡겨야 한다는 성리학 심학화心學化를 기
반으로 한 군신관에 대해서 깊은 공감을 보이지 않아, 이러한 군신관
이 널리 적용되지는 못하였다.

　게다가 다음으로 즉위한 광해군은 비판이나 간언을 수용하지 않을
뿐만 아니라 경연도 제대로 시행하지 않는 태도를 취하였는데, 이가
잘 드러난 것이 광해군 3년(1611) 별시 때 임숙영任叔英(1576~1623)의
대책에 대한 논란이다.[228]

---

226) 위의 문집
227) 정재훈,『조선전기 유교 정치사상 연구』, 2005, 390~394쪽

광해군 3년 별시의 주제는 '시조時措'로 당대의 시무時務를 묻고 있었다. 이에 임숙영이 대책에서 여러 예시를 들어 광해군 부인 유씨柳氏의 일파가 조정에 간섭하여 관직을 낙점할 때 자기 세력을 등용하는 폐단을 지적하였다.229) 이에

광해군은 임숙영을 삭과削科(과거 급제를 취소함)할 것을 명하였으나, 삼사三司와 승정원에서 이를 반대하여 논란이 있게 된 것이다.

애당초 고관考官은 임숙영의 대책을 뽑지 않으려고 했으나 당시 시험관 중 한 명인 심희수가 강력하게 주장하여 방목에 올랐던 것이었다. 이 일로 인하여 심희수는 관직에서 물러나야 했다.

광해군 3년 3월 18일에 승정원, 사헌부, 사간원, 홍문관에서 임숙영을 용납해 줄 것을 청하였으나 광해군은 계속 거절하였다. 그러나 지속적으로 간언이 올라오자 결국 6월 9일 임숙영의 삭과 명령을 환수하면서, 과거科擧의 격식을 어길 경우를 잘 분별하여 엄격하게 할 것을 명하였다.

이는 광해군 정권이 상당히 파행적이었음을 보여주는 부분이다. II장에서 문종이 선왕인 세종을 비판한 권람의 대책을 오히려 장원으로 올린 것과 비교해보면 그 차이가 더욱 명백하다. 게다가 선조대부터 논의되었던 산림을 추천하여 서연관을 삼자는 주장이 광해군대에 본격적으로 제기되었으나, 광해군의 반대로 시행되지 않았다.230)

이렇듯 광해군과 대북 정권의 전횡이 계속되자 인조와 서인 세력이 주도하고 남인이 동조하는 인조반정이 일어나 주자성리학적 군신

---

228) 이인복, 「인조(仁祖)의 군주관과 전반기 국정운영」, 경북대학교 대학원 석사학위논문, 2015, 23쪽
229) 『광해군일기』[중초본] 권 39, 광해 3년 3월 17일 정사 2번째 기사
230) 『광해군일기』 권 76, 광해군 6년 3월 7일 기미 2번째 기사

관계가 회복되었다.

　인조반정 이후 인조 정권은 광해군대의 파행을 개선하고자 여러 개혁을 시행하였다. 그리고 당대 사림이 요구하는 군신관을 수용하기 위하여 『성학십도』와 『성학집요』에 관심을 보였다. 그리고 군주가 바르게 되어야 신하가 바르게 된다는 것을 언급하면서 군신관계에서 군주의 역할을 강조하였다.231)

　때문에 책문에서도 직접적으로 군신관과 관련된 '군신상여君臣相與'가 주제로 나오게 되는데, 바로 인조 12년(1634) 별시 전시 책문이다.232)

　　(라) "왕께서 다음과 같이 말씀하셨다. 임금과 신하가 상여相與하는 경우가 온갖 변화의 근원이다. …… 요순 시대에는 고요·기·후직·설이 보좌하였고, 은·주 시대의 융성에는 이윤·부열·주공·소공과 같은 신하가 있었다. 모두 논의하고 권계에 힘써 지극한 다스림을 이루었으니 그 탁월함은 견줄 데가 없었다. 한 문제는 현명하였으나 가의[賈生]를 박대하여 등용하지 않았고, 명석한 무제도 동중서[董生]를 소홀히 대해 등용하지 않았으니 참으로 천고의 한으로 남는다. 만일 이 두 신하가 등용되어 그 배운 것을 실행하였다면 삼대三代의 다스림으로 돌아갈 수 있었겠는가? 촉한蜀漢의 소열제 유비[昭烈]는 제갈공명을 등용하고, 전진前秦의 부견符堅이 왕맹王猛을 등용하여 그 말을 듣고 계책을 좇아 기회를 왕성히 하였으나 중흥과 통일의 업적을 이루지 못한 것은 무엇 때문인가? 당 태종이 위징과, 현종玄宗이 장구령張九齡과 서로 마음이 맞았으나 끝까지 뜻을 같이 못한 것은 무엇 때문인가? 또, 송 신종은 현군賢君이었지만 왕안석을 등용하여 변법의 근심을 초래하였고, 송 효종은 중흥의 영주令主였으나 장준張浚에게 국정을 맡겨 회복의 공적을 이루지 못하였다. 이 두 임금과 두 신하 중 누구의 잘못인가?"(인조 12

---

231) 이인복, 앞의 논문, 28~29쪽

232) 『충렬공유고(忠烈公遺稿)』 對策 君臣相與之道

년 별시 책문)233)

책문의 내용은 크게 세 가지 부분으로 나누어 볼 수 있다.

우선 임금과 신하가 서로 상여相與하는 것은 매우 중요한 일인데 1000년 동안 잘 합치된 경우가 없는 이유를 묻고 있다.

다음으로 중국사의 역대 군신관계를 논하라 하고 있다. 먼저 요순 堯舜과 삼대三代 때에는 임금과 신하가 서로 잘 도와서 태평성대를 이루었다고 말하면서, 그 이후 시대와 비교하고 있다. 한나라 가의와 동중서는 임금이 소홀이 여겨서 등용되지 못하였고, 촉한의 유비는 제갈량을 등용하고 전진前秦의 부견은 왕맹을 등용하였는데 통일을 이룩하지 못하였으며, 당 태종과 위징 그리고 당 현종과 장구령은 끝까지 함께하지 못하였으며, 송나라 신종은 왕안석을 등용하여 신법新法으로 혼란을 가져왔고 송나라 효종은 장준에게 정사를 맡겨 국정을 회복하지 못하였다고 비판하고 있다. 이렇게 잘 다스려지지 못한 상황은 임금과 신하 중 누구의 잘못인지를 묻고 있다.

마지막으로 현재 조선의 상황을 논하라 한다. 인조 자신은왕위에 오른 이후 선대 임금의 신하와 초야의 인재들을 인재를 조정에 포진시키고 잘 대우하였으며, 신하들 또한 임금을 잘 보필하였는데 다스리는 효험이 나타나지 않았다고 말하고 있다. 게다가 임금과 신하 사이에 믿음이 없는데, 보필하는 신하가 속마음을 다하지 않으면 임금이 독려하기만 하면 신하들을 대우하는 바가 아니지만 그렇다고 방임하면 위축되고 떨치지 못하게 된다는 것, 그리고 대간들이 말하는 것이 다 맞는 것은 아니라서 그 말을 모두 수용한다고 해도 형세가 어렵고, 그렇다고 그 말을 꾸짖으면 언로가 막힌다는 말을 듣는다는

---

233) 위의 문집

것이다. 그리하여 조정에서 화목한 기운이 없어 민간에서 국사를 사사롭게 의논하게 되니, 그 원인이 임금의 덕이 부족하여 큰일을 이루기에 부족한 탓인지, 아니면 세도가 만회할 수 없기 때문인지를 묻고 있다.

이에 대한 오달제吳達濟(1609~1637)와 우여무禹汝楙(1591~ 1657)의 대책이 전한다.

㈜-1 "전하께서 진실로 이 예를 지녀, 신하를 부릴 때 예로 대하시고, 신하를 등용할 때도 예로 대하시고, 신하를 물리칠 때도 예로 대하시고, 일에 임해서 예로 하시고, 간언을 좇음도 예로 하시고, 대신大臣을 대함에는 반드시 대신의 예로 하고, 소신小臣을 대함에는 반드시 소신의 예로 하시옵소서. 항상 스스로 마음속에 책망하여 '내가 우리 신하를 부림에 과연 요, 순, 우왕, 탕왕, 문왕, 무왕의 예와 합치되는가?'라고 생각하시옵소서. …… 신하 부리는 예를 위에서 다하도록 하면, 조정의 여러 신하들 역시 충성으로 스스로를 지켜 임금 섬길 때 마음을 다할 것입니다. 임금을 사랑함에 충성으로 다 하고, 임금을 바르게 고침에도 충성으로 다하고, 직책을 행함에 충성으로 다 하고, 일을 당해서도 충성으로 다할 것입니다. 국가가 편안하면 반드시 임금에게 충성을 다할 것을 생각하고, 국가가 어지러우면 시대의 폐단[時弊]을 구제함에 충성을 다할 것을 생각할 것입니다. 또 항상 스스로 마음속에 책망하여 '내가 우리 임금을 섬기는 것이 과연 고요, 기, 후직, 설, 이윤, 여상의 충성과 합치되는가?' 할 것 입니다."(오달제의 인조 12년 별시 대책)[234]

㈜-2 "아아, 전하께서는 우리 동쪽의 성스러운 군주이십니다. 오늘날 이 전하의 성하는 때이니, 성한 때의 성스러운 군주로서 이름난

---

234) 위의 문집

세상의 현명한 신하를 얻어 다스리는 효험은 그 업신여김을 흩
트리시고, 나랏일은 그 어려움을 흩트리십시오. 전하의 덕을 사
용하여 혹 미진함이 있으면, 곧 전하의 덕이 성스러운 제왕의 지
극한 덕을 사양하지 마십시오. 세도가 이미 떨어진 것을 사용하
여 만회하지 못하니, 옛날의 천하 또한 오늘날의 천하와 같습니
다. …… 그러나 곧지 않으면 도가 보이지 않게 되니, 신이 청컨
대 곧아야 합니다. 신이 들었는데 아홉 가지 덕을 가지고 행실이
바라야 한다는 것은 주공周公[元聖]의 가르침입니다. 현인에게 맡
기고 의심하지 않는 것은 백익伯益의 경계입니다. 신의 망령된
말로 감히 이처럼 하니, 오늘날에 견준다면 폐단에 이른 경유 또
한 한 가지를 말할 수 있습니다. 전하께서 비록 기대하는 것이
있고, 그 마음이 혹 그 성실함을 다하지 못했다면, 곧 그 뜻을 합
하십시오."(우여무의 인조 12년 별시 대책)235)

두 대책은 모두 공통적으로 군신 관계에 폐단이 생기는 근본적인
원인은 임금에게 있다고 지적하고 있다. 임금은 만물의 근원이므로
임금이 스스로의 덕을 다스리고, 신하들을 예로써 대우하여야 바른
정치를 이끌 수 있다는 것이다. 그런데 경전의 인용 정도나 군신 관계
에 있어서 임금의 태도에 대해서는 차이가 보인다.

먼저 오달제는 대책의 마지막 정리 부분에 『서경』을 인용한 정도로
중국 경전이나 사례를 드는 경우가 상대적으로 적었다. 군신 관계에
있어서는 (라)-1에 보이듯이 임금이 스스로를 수행하기 위하여 학문을
열심히 하여 군신간의 마음이 맞아야 한다고 강조하고 있다.

반면 우여무는 『의경』, 『서경』 등 많은 경전들의 문구를 인용하였고
특히 『주역』의 괘사를 인용하여 자연의 원리와 정치를 연결시켰다. 그
리고 (라)-2에서처럼 임금이 스스로의 덕을 닦고 신하들을 믿고 정사를

---

235) 『속천집(涑川集)』권 3 策 君臣相遇策

맡겨야 한다고 주장한다.

즉 척화파斥和派의 대표주자인 삼학사三學士로서 보다 순정성리학자에 가까웠던 오달제의 경우, 임금 스스로 마음공부를 하는 것을 강조하는 성리학 심학화心學化에 따른 변화된 군신관을 중시한 것을 보여준다.

반면 우여무는 신하들의 간언을 통해 임금이 바르게 되어야 한다는 조선 전기 주자성리학적 군신관을 더 강조하는 보수적인 모습을 보여주고 있다. 이는 우여무가 훗날 남인 세력이 되는 정온鄭蘊의 제자라는 점이 영향을 미친 것으로 보인다. 즉, 남인들이 사상적으로 보수적인 성향을 띠고 있었다는 것을 알 수 있다.

이러한 성리학 심학화心學化에 따른 군신관 확립에 따라 광해군대에 지연되었던 산림 재상논의가 경연관 직제와 관련하여 인조대에 다시 진행되었다.

인조 24년(1646) 중국 주周의 삼공三公(태사太師·태부太傅·태보太保)과 삼소三少 중 태부太傅·소부少傅를 세자를 가르치는 이상적인 스승으로 상정하고. 김상헌의 건의로 중국 송宋의 제도를 모방하여 서연관에 정3품 찬선贊善·정 4품 익선翊善·정7품 자의諮議를 새로 설치하였다.[236] 익선은 인조 26년(1648)에 진선進善으로 고쳐졌으며, 같은 해에 김집·송시열·권시가 각각 찬선·진선·자의에 임명되었다.

그리하여 효종~현종대에는 송시열·송준길·이유태 등 산림이 경연관이 되어 정국을 주도해나가게 되었다.

특히나 효종은 경연을 통해 북벌을 진행하였으며, 찬선·진선이 이조참의·이조판서 등 실무를 겸하도록 하였다. 한편 효종 8년에는 송

---

236) 『인조실록(仁祖實錄)』 권 47, 인조 24년 5월 22일 정묘 2번째 기사

시열과 송준길이 같이 찬선이 되었는데 이때부터 찬선이 두 명인 전례가 생겨났다.[237]

현종대에도 현종 9년 송준길이 대사헌과 찬선을 겸하고 있었으며, 현종 10년 이유태를 단망單望(관리 임명에 있어서 1명의 후보자를 기입한 망단자望單子를 통해 관직을 제수하는 제도)을 통해 찬선으로 임명하는 것 등을 통해 산림이 경연관이면서 동시에 실무를 겸하여 정국을 주도해나갔음을 알 수 있다.

경연을 통한 산림정치의 구현은 숙종대까지도 이어지게 된다. 다만 숙종대의 환국에 따른 정세 변화에 따라정권을 잡은 붕당의 산림이 찬선·진선을 교대로 담당하면서 붕당을 대변하는 산림 재상의 형태를 띠게 된다. 이에 따라 숙종대에는 '임금을 가르쳐서 올바른 정치를 하도록 하는' 스승으로써의 경연관의 의미가 다소 퇴색되어 산림의 지위가 전 시기에 비해 상대적으로 격하된다.[238]

이러한 흐름 속에서 출제된 숙종 10년(1684) 식년시 초시 책문에서는 임금이 보다 중심이 되고, 신하는 보조적인 역할이 되는 것이 강화되는 모습이 나타난다.

> (아) "묻는다. 임금을 사랑하고 세상일을 근심하는 마음은 군자로 조정에 있을 때나 현인으로 재야에 있을 때 출처가 다르지만 그 도는 같다. '사랑해야할 것은 임금이 아니리오.'라고 하였는데 그것을 과연 세상 사람들이 잊었겠는가? …… 주군을 존경하기를 하늘을 대하는 것 같이 하고, 임금을 사랑하기를 부모를 대하는 것 같이 하여 머리를 늘여서 지치至治를 바란 것은 어느 시대의 신서臣庶인가? 그리고 먼저 천하를 근심하고 후에 천하를 즐기면서 개연히

---

237) 지두환, 「朝鮮後期 書筵官 制度의 변천」, 『한국학논총』 29, 2006, 353쪽
238) 지두환, 위의 논문, 104~111쪽

큰 절도가 있는 것은 누구의 지기志氣인가? 군도君道가 트이기를 바라며 집에 거하며 짓는 시에 자신의 뜻[言志]을 담고, 나라의 두터운 은혜를 입고서 조보朝報의 일에 근심하고 기뻐하는 그러한 의를 들어본 적이 있는가?"(숙종 10년 식년시 초시 책문)[239]

㈈를 보면 10년 식년시 초시 책문에서는 직접적으로 임금을 섬기는 신하의 도리에 대하여 묻고 있다. 중국 고대에 이윤[보형保衡]이 임금에게 요순堯舜을 따르도록 하여 신하들이 모두 왕실에 충성하였는데, 한나라 이후에 임금이 참소하는 자의 말을 듣고 충신들을 배척하게 된 이유를 묻고 있다. 신하가 주군을 하늘처럼 존경하고 부모를 사랑하기를 머리를 길게 늘여서 한 시대가 언제이고, 천하를 근심하고 나서 천하를 즐긴 자는 누구이고, 君道가 트이기를 바라면서 집에서 시를 짓고 나라의 은혜를 입고 기별을 근심하는 뜻을 가진 자는 누구였는지를 묻고 있다. 그리고 조선의 현 상황을 논하면서 어떻게 하여야 조정의 신하들이 임금을 사랑하는 마음을 갖추고 임금을 도에 이끌어 세상을 태평하게 다스리게 할 수 있는지를 논하라고 한다.

이전 시기에는 군신관계에서 임금의 마음가짐을 강조하였던 것에 비해 숙종 10년 식년시 초시의 책문은 임금에 대한 신하의 마음가짐을 논하는 것을 볼 때, 군신관계에 있어서 신하의 태도 즉, '경연관으로써의 스승'이 아닌 '임금의 신하'로써의 태도에 대해서도 논하기 시작했다는 것을 알 수 있다.

---

239) 『오탄집(梧灘集)』 권 13 策題 甲子館試式年初試 君臣情志之不可不交

2. 산림 재상 정치와 유비-제갈량 중심의 군신관 형성

선조대부터 군신관계 예시 또한 본격적으로 변화하는데, 바로 촉한의 유비劉備와 제갈량諸葛亮이 새롭게 이상적인 군신관계의 예시로 등장하는 것이다.

(다)-1 "초가집으로 찾아가서 그 때의 정사를 물으니 그 만남이 쇄락하여 마치 물고기가 물을 만난 것 같았던 것은 촉蜀의 임금(유비)이 공명孔明을 기용하였던 것입니다. 그리하여 (제 환공이) 마침내 천하를 한 번 제패하였고, (연 소공이) 앉아서 제나라 전체를 삼켰으며, (촉주가) 한 고조[赤帝]의 종묘를 받들었습니다. 신뢰가 끊이지 않았던 것이니, 이 어찌 서로 알고 서로 믿는 돈독함이 아니겠습니까? 이 몇 명의 임금이 아니라도 도를 같이 하고 덕을 합하고, 마음을 화합하여 이치를 같이 하여 어찌 여기에 도달할 수 있었겠습니까?"(이원익의 선조대 집사책)[240]

(라)-1-1 "제갈공명은 쟁기를 놓고 갑자기 마음이 변하여 유비를 한번 보고 고기가 물을 만난 것 같았습니다. …… 그러나 부리고 섬기는 도에서 요, 순, 우왕, 탕왕, 문왕, 무왕의 예와 고요, 기, 후직, 설, 이윤, 여상의 충성에는 크게 미치지 못하였으니 중흥하고 통일하는 업적을 이루지 못한 것은 이상하지 않습니다."(오달제의 인조 12년 별시 대책)[241]

(라)-1-2 "남양을 세 번이나 돌아보고 풍운이 참담하여 제갈량이 유비를 만났습니다. …… 아, 유비가 전투 중에 세상을 떠나고 별이 다섯 장의 길이로 떨어지며 제갈량이 죽으니 어찌 중흥의 도를

---

240) 『오리집(梧里集)』 권 1 對策 間云云明良相遇
241) 『충렬공유고(忠烈公遺稿)』 對策 君臣相與之道

이룰 수 있었겠습니까."(우여무의 인조 12년 별시 대책)242)

㈎-1은 선조대 출제된 이원익李元翼(1547~1634)의 집사책의 대책으로 제 환공齊桓公과 관중管仲, 연 소공燕昭公과 악의樂毅와 함께 유비와 제갈량이 군신 간에 신뢰가 돈독하여 끊어지지 않은 군신 관계였다고 평하고 있다. 이를 통해 선조대 인재관의 변화와 함께 군신관의 변화 또한 함께 나타나고 있음을 알 수 있다.

인조 12년 별시에 답한 오달제의 대책 ㈐-1-1과 우여무의 대책 ㈐-1-2에도 이러한인식이 반영되어 있으나, 더 발전된 형태로 등장하고 있다. 두 대책 모두 공통적으로 유비와 제갈공명이 물고기와 물 같이 이상적인 군신관계라는 것은 인정하고 있지만, 그 도리가 요순삼대堯舜三代의 군신관계에는 미치지 못한다는 비판을 하고 있다.

이는 선조대 이이의 『동호문답』에 나온 내용이 그대로 적용된 것이다. 이이는 유비는 신분이 높은데도 신분이 낮은 현자인 제갈량을 세 번이나 찾아간 정성이 있기 때문에 후대 임금 중에서는 그나마 진유眞儒를 등용할 수 있다고 평가하였다.243) 이러한 인식이 인조대에는 더욱 강화되어 유비와 제갈공명은 요순삼대의 성군과 현신들보다는 급이 떨어지지만 추구해야 하는 군신관계라는 인식이 정착하게 된

---

242) 『속천집(涑川集)』 권 3 策 君臣相遇策
243) 이이 저, 정재훈 역, 『동호문답:조선의 군주론, 왕도정치를 말하다』, 25쪽
　　"만약 진유가 소열제를 만났다면 그 뜻을 약간이나마 펼칠 수 있었을 것입니다. 소열제가 제갈공명을 세 번이나 방문하였을 때 공명은 신분이 낮고 나이가 적었으며, 소열제는 지위가 높고 나이가 많았습니다. 공명에 대해서 다만 그 이름만 들었을 뿐 깊이 알지 못하였으나 매우 부지런하고 정성스럽게 두 번 세 번 찾아갔으니 현인을 좋아하는 정성이 아니면 이와 같을 수 있겠습니까? 공명을 진유로 여기고 반드시 공경하고 믿었던 것이니, 저는 후세의 임금으로는 오직 소열제만이 거의 진유를 등용할 수 있었다고 생각합니다."

것이다.

이러한 유비-제갈량 중심의 군신관은 효종이 즉위하여 척화파 산림을 적극적으로 등용하여 북벌론을 추진하는 것을 통해서 본격적으로 드러났다. 송시열 등 산림세력의 기축봉사己丑封事 등 봉사封事와 상소를 보면 산림 재상을 적극적으로 등용할 것을 에 대한 논의가 나온다.244) 그리하여 친청파에 의해 밀려나있던 김상헌, 김집, 송준길, 송시열 등 은거하는 척화파 선비들이 적극적으로 등용되어 효종대 북벌을 주도해나갔다.

이렇게 효종대에 시행된 산림 재상 정치는 현종대에도 이어져, 현종 7년(1666) 별시 책문에서는 '체통體統'을 가지고 군신관계를 논한다.

   (마) "왕께서 다음과 같이 말씀하셨다. 나라를 다스리는 도는 반드시 체통을 먼저 세워야 한다. 그런 뒤에야 조정이 존엄해지고 다스리는 도리를 얻을 수 있다. 고요皐陶가 임금에게 자질구레하게 따지고 챙기는 걸 경계한 일과 문왕文王이 옥사獄事에 대해 감히 알려 하지 않은 일이 있으니, 이 또한 체통을 보전하려는 생각에서 나온 것인가? 한 문제漢文帝가 몸소 돈과 곡식에 대해 물은 일과 당 태종唐太宗이 몸소 장군과 재상 자리를 겸직했다고 말한 일들은 모두 체통을 잃은 데에서 벗어나지 못하는데, 치국평천하를 누릴 수 있었던 것은 무엇 때문인가? 광무제光武帝가 정치의 요체를 밝게 살펴 신중히 처리하면서 통치권을 모두 움켜진 일과 현종玄宗이 요숭姚崇에게 응대하지 않고 전각의 지붕을 올려다본 일은 체통을 알았다는 점에서 똑같은 행동인데, 치란治亂이 서로 현격하게 달라진 것은 무엇 때문인가? 오대五代부터 송宋에 이르기까지, 나라의 체통을 세워 다스림을 이루었던 경우를 또한 두루 지적해서 상세히 말할 수 있는가?"(현종 7년 별시 책문)245)

---

244) 『송자대전(宋子大全)』권 5 封事 己丑封事 八月

㈑의 책문 내용을 보면 자신이 맡은 직임을 잘 하고 자질구레한 일에 간섭하지 않는 것을 '체통'이라고 정의한 뒤, 임금이 신하들에게 정치를 맡기고 세세하게 간섭하지 않는 것이 임금 나아가 나라 전체의 체통을 엄격하게 하는 것과 연관이 있다는 점을 강조하고 있다.

현종은 재위 6년(1665)부터 온천 행행을 하면서 송시열, 송준길, 김수홍 등 산림들을 초빙하여 즉위 초의 기해예송 논의를 마무리 짓고, 다양한 논의를 진행하였다.[246] 실제로 7년 별시는 온천 행행을 통해 현종과 세자(후의 숙종)의 병이 나은 기념으로 중시重試와 같이 설행한 것이었다. 즉, 이 시험의 책문에서 군신관을 다룬 것은 이러한 산림 초빙과 연관되어 있다고 할 수 있다.

실제로 현종 7년 별시에 장원으로 합격한 윤진尹搢(1631~1698)의 대책을 살펴보면 조선성리학적인 군신관이 성립되어가고 있음을 알 수 있다.

> ㈑-1 "그렇지만 정이程頤가 말하기를 '당세의 의무는 임금의 뜻을 먼저 세우는 것에 근본이 없지 않은 적이 없다. 임금의 뜻을 세우지 못하면 곧 모든 일이 정립하지 못한다.'고 하였습니다. 그런즉 체통을 세우느냐 못 세우느냐는 다만 임금의 뜻을 세우느냐 세우지 못하는 것에 있지 않겠습니까! 오직 전하께서는 징성澄省하십시오. 신이 청하여 옛 일을 상고하여 논하겠나이다. '임금이 간섭하면 신하들이 게을러져서 만사가 무너지게 된다.[元首叢挫]'고 고요皐陶가 갱가賡歌로 경계한 것이 있었고, '여러 옥사와 여러 신중한 형벌을 문왕文王이 감히 이에 대해 알려 하지 않았다.'

245) 『문곡집(文谷集)』 권 26 雜著 策問
246) 지두환, 『조선시대 정치사 2 －조선후기 전반편-』, 역사문화, 2013, 110~111쪽

고 한 것이 곧 요순[唐虞]와 삼대三代의 체통에 이르렀습니다. 신은 이에 이의가 없습니다."(윤진의 현종 7년 별시 대책)247)

㈜-2 "체통이 서지 않는 것은 게을러서 노는 것이 이 습관이 되었기 때문이고, 게으르게 노는 것이 습관된 것은 기강이 해이해졌기 때문입니다. 기강이 해이해진 것은 상하에서 함부로 권한을 침해하기 때문이고, 상하에서 함부로 권한을 침해하는 것은 중외中外가 당장에 편한 계책만 세우기 때문입니다. 여러 가지 폐단이 서로 따라서 일어나게 될 것이니, 임금의 뜻이 세워지지 않는 것에 근본하지 않는 것이 없을 것입니다."(윤진의 현종 7년 별시 대책)248)

㈜-1을 보면 윤진은 정이程頤의 말을 인용하여 임금의 뜻을 세우는 것에 근본이 있으며, 임금의 뜻을 세우지 못하면 모든 일이 정립되지 못한다고 지적한다. 즉, 체통을 세운다는 것 또한 임금의 뜻을 세우느냐 못 세우느냐에 달려 있다는 것이다. 그리고 『서경』익직益稷편을 인용하여 임금이 간섭하면 신하들이 게을러진다는 것과 주서周書 입정立政의 문왕文王이 옥사와 형벌에 대해 알지 않으려고 했다는 것을 인용하여, 이러한 태도가 요순삼대堯舜三代의 체통이라고 말하고 있다.

그리고 ㈜-2에서처럼 체통이 서지 않는 것은 게으르기 때문이고, 게으른 것은 기강이 해이해졌기 때문이며, 기강이 해이해진 것은 상하에서 함부로 서로 간섭하기 때문이고, 상하의 권한을 간섭하는 것은 중앙에서 당장 편한 계책만을 세우기 때문이라고 경고하고 있다

그리고 계속 임금이 뜻을 세우는 것을 중시한다. 즉, 정사는 임금이 분발하고 새로운 각오를 도모하여 이 뜻을 보존하면서 스스로 성취

---

247) 『덕포유고(德浦遺稿)』下 科體 殿試策
248) 위의 문집

여부를 살피고, 중요한 계책을 살펴보고 그 가부를 가리고 여러 신하들을 책려하여 직무를 보도록 하면 체통이 저절로 세워지게 될 거라고 말하고 있다. 이를 위해서 인재를 모으고 선발하면서, 경연에 힘썼던 선왕 효종을 따라야 한다고 말하고 있다.249)

현종 14년(1673) 식년시 책문도 군신관과 관련하여 주목할 만하다.

(ㅂ) "왕이 다음과 같이 말하였다. 제왕의 도는 반드시 정치[出治]를 학문의 근본으로 삼아야 한다. 옛날 성군과 현신은 이에 더욱 힘쓰지 않은 적이 없다. 요·순·우왕·탕왕·문왕·무왕의 임금됨과 고요·이윤·부열·주공·소공의 신하됨의 수훈垂訓과 진계進戒하는 바를 순서대로 집어 말할 수 있겠는가. 한 문제가 가의에게 귀신의 근본을 물었고, 한 무제가 동중서로 하여금 큰 도의 요점을 커지게 하였다. 광무제의 경리經理를 강론한 것과 당 태종[唐宗]의 경술을 예정銳精한 것은 모두 옛 성왕의 수훈하는 뜻에 부끄러움이 없고 학문을 위하는 효험을 능히 이루었는가? 정자程子는 군덕을 논하면서 경연에 책임을 돌렸고, 주자朱子는 치도治道를 펼치면서 성정誠正으로써 우선을 삼았고, 호안국胡安國은 춘추를 강론하였으며, 진덕수眞德秀는 대학을 추연하였으니, 모두 옛 현인들이 진계한 말에서 얻은 것이 있으며 능히 한 대의 정치[一代之治]에 도움이 되었는가?"(현종 14년 식년시 전시 책문)250)

책문의 큰 주제는 군주의 학문 즉 제왕학帝王學에 대한 것이다. 제일 먼저 중국 요순삼대의 군신의 임금됨과 신하됨이 서로 가르치고

---

249) 『덕포유고(德浦遺稿)』下 科體 殿試策
  "臣聞古語曰, '志者萬事之根柢也.' 又曰, '君志定而天下之治成矣.' 然則爲治之道, 莫如立志. 臣不敢知殿下之志, 立乎否乎. 殿下試看歷代, 興治之君非一也, 衰亂之君亦非一也. 而其有志不立而能立其體統者乎. 其有志旣立而未立其體統者乎."

250) 『서석집(瑞石集)』권 6 癸丑式年殿試策問

경계하는 것이 어떠하였는지를 먼저 묻고 있다. 그리고 전한의 무제가 동중서에게 배웠고, 후한 광무제가 경리를 강론한 것과 당 태종이 경술을 배운 것은 옛 성군과 비교할 때 어떠한지를 묻고 있다. 그 뒤로 정자가 군덕과 경연을 연결하여 논한 것, 주자의 『대학장구』의 치도를 성정誠情으로 잡은 것, 호안국의 『춘추전』을 강론한 것, 진덕수가 『대학연의』를 지은 것에 대하여 언급하면서 이 견해들이 모두 옛 현인들에게 얻은 것인데 당대 정치에 도움이 되었는지를 묻고 있다.

즉, 이 문제의 쟁점은 중국 송대에 성립된 성리학적 군주학에 대하여 평가하라고 하는 것으로 현종대에는 『대학연의』로 대표되는 주자 성리학적 군신관에 대해 객관적으로 평가할 수 있는 수준이 되었음을 알 수 있다.

이상으로 인조대~현종대의 군신관 관련 책문과 대책을 살펴보았다. 이 시기에는 군신관계에 있어서 임금이 마음공부를 인재를 알아보고 임명하여, 정사를 맡기라는 인식이 강화되었다. 요순삼대의 성군과 현신뿐만 아니라 촉한의 유비와 제갈공명 또한 이상적인 군신관으로 제시되었는데, 이는 임금이 훌륭한 인재를 직접 모셔 와 재상으로 삼아 정사를 맡기는 효종~현종대의 '산림 재상' 체제하고 연결된다.

심지어 현종대에는 임금이 자잘한 정사에 간섭하지 않고 신하들에게 맡기는 것이 임금의 '체통'이며 이에 따라 나라의 제도와 법규가 마련된다는 내용의 책문과 대책이 나오기는 것을 보면, 재상에게 정사를 전임하는 체제가 더더욱 산림 재상 체제가 더욱 강화되었음을 알 수 있다.

그런데 현종 15년 (1674) 갑인예송甲寅禮訟에서 남인의 기년복이 채택되어, 서인들이 대거 실각하였다. 그리하여 숙종 즉위 초기는 남인이 정권을 주도하였다. 그러다가 숙종 6년(1680) 남인이 대거 축출되는 경신환국庚申換局이 일어나 서인이 다시 정권을 잡게 된다.

과거科擧 또한 이러한 정국 변화의 영향을 받았다. 숙종 6년 6월 8일 춘당대시春塘臺試는 방목에 따르면 갑인년 이후 죄를 받은 유생이 700여 인이 되자 이들을 위로하기 위하여 시험을 보이고 이 중 11명을 전시직부殿試直赴(바로 전시를 볼 수 있는 자격)하여 3명을 선발하였고, 9월 10일 정시와 9월 15일 별시는 삼복三福의 옥으로 허견許堅과 복선군福善君 3형제를 제거한 것을 기념으로 실시되었다.

이러한 변화상이 반영된 숙종 6년 별시 초시는, 김창협이 직접 규모책規模策이라고 이름 붙였으며 당시 군신관이 드러나고 있다.

> (사) "나라를 다스리는 것은 나라마다 각기 한 시대의 규모가 있는데, 그 규모를 앞사람이 창시하고 그것을 또 뒷사람이 유지하고 지키지 않는 경우가 없다. 그에 관한 잘잘못을 자세히 말해 볼 수 있겠는가?…… 우리나라는 나라를 세울 당시 규모가 잘 구비되었고 역대 조정이 준수하여 그것을 폐기하거나 손상한 적이 없다. 그런데 오늘날에 이르러 점점 미약해지는 지경으로 달려가 쇠퇴하고 어지러워지는 조짐이 나타나는 현상을 면치 못하고 있다. …… 어떤 자는 옛 제도를 그대로 따라 이미 상실된 것을 손질하여 거행한다면 그런대로 충분히 잘 다스릴 수 있을 것이라고 하고, 어떤 자는 새 규모를 창립하여 완전히 바꿔야만 크게 변할 수 있을 것이라고 한다. 어떻게 하면 100년 동안 이어져 온 폐단을 바로잡고 한 시대의 규모를 제정하여 백성의 풍속이 날로 변하고 정치와 교화가 그 근본이 있게 할 수 있겠는가?"(숙종 6년 별시 초시 책문)251)

(사) 책문의 주제는 나라마다 '한 시대의 규모規模'가 있는데, 이것은

---

251) 『농암별집(農巖別集)』 권 1 試策 規模策

전대에서 창시하고 후대에서는 유지하고자 하는데 그런 사이에서 잘 잘못을 자세하게 논하라는 것이다.그리고 중국에서 규모規模에 대한 예시를 들고 이에 대해 논하도록 한 뒤, 조선의 상황을 살펴보면 건국 당시에는 규모가 잘 구비되고 역대 조정이 우수하여 그 규모가 손상된 적이 없었는데, 지금(숙종대)에 이르러 쇠퇴하고 있다고 지적하고 있다. 이를 해결하기 위해서 누군가는 상실된 것을 손질하여 행하면 된다고 하고, 누군가는 새로운 규모를 창립해서 아예 새롭게 바꿔야 한다는 견해가 나왔는데 어느 쪽을 행하여야 정치가 제대로 이루어지는지를 묻고 있다.

이 책문에 답한 김창협金昌協(1651~1708)의 대책이 전한다.

> (사)-1 "한편, 저에게 또 드릴 말이 있습니다. 규모가 세워지는 것은 물론 군주의 뜻이 정해지는 데에 달렸지만 반드시 현인군자가 좌우에서 보좌하여 힘껏 자기의 능력을 발휘하여야 합니다. 그렇게 한 다음에 정도를 유지하고 잘못을 바로잡으며 군신 간에 화합을 이룸으로써 대체를 잃지 않아야 규모가 세워졌다고 비로소 말할 수 있을 것입니다. 이러므로 당요唐堯와 우순虞舜의 성대에는 고요와 후직·설이 있어 그 규모를 도왔고 하우夏禹와 상탕商湯 때에는 백익伯益과 이윤伊尹이 있어 그 규모를 도왔으며, 『주례[周官]』처럼 치밀한 규모는 물론 주공周公이 스스로 세운 것이었습니다. 시대가 내려와 한·당 때에 이르러서도 소하·조참·위상魏相·병길丙吉과 요숭·송경宋璟·방현령·두여회 등이 보필하여 그 규모를 도왔습니다. 그리고 저 관중管仲·자산子產·공명孔明·경략景略도 물론 다 신하입니다. 그렇다면 규모가 세워지고 세워지지 않는 것을 과연 군주에게만 책임 지울 수 있겠습니까."(김창협의 숙종 6년 별시 초시 대책)[252]

252) 위의 문집

(사)-1을 보면 김창협은 한 나라의 규모를 이루기 위해서는 임금의 뜻이 정해지고 현인賢人·군자君子가 좌우에서 능력을 발휘하여 도와야 한다고 말하고 있다. 중국 고대 요순과 고요·후직·설, 하나라 우왕·상나라 탕왕과 백익과 이윤, 춘추전국시대 제나라의 관중과 정나라의 자산, 한나라의 소하·조참·위상·병길, 촉한의 제갈공명, 전진의 왕맹, 당나라의 요숭·송경·방현령·두여회 등 군신이 서로 화합하여 규모를 세웠다는 것이다.

숙종 6년 별시 초시 규모책의 내용을 전반적으로 정리하면 나라의 법도를 바르게 하고 기강을 바로 잡아 제대로 운영하는 '규모規模'를 그 처음의 발의한 뜻이 후대에까지 잘 이어지게 하는 방도에 관한 것이다. 그리고 이에 답한 김창협의 대책에서는 規模를 창건하고 계승하는 주체는 임금이지만, 임금이 이를 바르게 하기 위해서는 현명한 신하들의 도움이 필요함을 강조하고 있다.

즉 이 시험이 치러지는 숙종 6년까지는 아직 현종대의 군신관이 영향을 미치고 있어 임금이 주도하더라도 신하들의 도움을 받아야 한다는 주장이 통용되고 있음을 알 수 있다.

이러한 흐름 속에서 숙종 9년 송시열은 효종이 산림을 적극적으로 등용하였기에 요-순-우왕-탕왕-무왕-주공-공자-정자-주자의 덕을 이어받아 실천하였으니, 삼종三宗(세종·선조·인조)와 마찬가지로 세실世室로 삼기를 청하기까지 하였다. 원래 세실은 4대가 지나고 조천해야 할 때가 되면 공덕이 있는 임금의 경우 세실로 모셔서 제사를 계속 지내고, 그렇지 않으면 영녕전으로 옮겨졌다. 이 당시 효종은 숙종의 할아버지였기 때문에 세실을 논할 시기가 아니었으나 송시열은 요순삼대堯舜三代 이후 처음으로 성인聖人의 도를 실현한 임금이라고 미리 세실을 삼는 것이 마땅하다고 주장하였다.253)

심지어 중국 송의 주자가 송 고종宋高宗을 세실로 삼기를 청한 것을 예로 들며, 송 고종은 원수인 오랑캐를 섬긴 임금인데도 종사가 끊이지 않게 한 것을 공으로 삼았는데 조선의 효종은 이보다 더욱 춘추대의를 밝힌 임금이라고 평하기도 하였다.254)

이렇듯 효종이 세실에 들어가면서 효종대 산림 재상 정치가 이상적인 군신관으로 성립되었다고 할 수 있다.

---

253) 『숙종실록(肅宗實錄)』 권 14 숙종 9년 2월 21일 癸巳 3번째 기사

   『송자대전(宋子大全)』 권 17 疏箚 請以孝宗大王廟爲世室疏 癸亥二月二十一日

254) 『송자대전(宋子大全)』 권 20 疏 自耽羅就拿出陸後遺疏 己巳五月

제3장 조용조 10분의 1세 체제 형성과 대동법의 시행

1. 대동법 시행 전 공안개정 논의

조선 전기 성종대에 면 단위 貢法의 실시로 전세 10분의 1세 체제가 완성되자, 이후에는 조·용·조 모두를 합하여 10분의 1세 체제를 추구하고자 하였다.

전세 이후 가장 먼저 개정이 논의된 것은 공납이었다. 물론 공납과 이를 위한 공안개정貢案改定논의는 조선 전기에도 이루어지고 있었다. 세종 6년(1424)에 경비부족을 근거로 공안이 개정되었고 세조대에는 공물의 대납이 법적으로 전면 공인되었다가 예종대에 대납이 금지되고 현물납 체제로 돌아갔다. 그러다가 성종 4년(1473)에 새로운 공안이 제정되어 세조대의 공안보다 절반 정도 줄어든 공액을 규정하였다. 그러나 경비가 부족하다는 신하들의 건의에 의하여 성종 말년부터 다시 공안개정이 이루어져 연산군 7년(1501)에 이른바 신유공안辛酉貢案이 정립되어 중종반정 이후에도 유지되었다.[255]

이러한 신유공안은 선조대에 이르러 율곡 이이를 비롯한 성리학자들에 의하여 비판받고 대동법 논의와 함께 공안개정 논의가 진행되었다.

---

255) 소순규, 「朝鮮初期 貢納制 운영과 貢案改定」, 고려대학교 박사학위논문, 2017, 259~268쪽

명종 10년(1555) 이후 국전 체제가 성립되어 조세 10분의 1 체제가 확립됨에 따라, 공납에 대한 논의가 활발해지면서 방납의 폐단을 막기 위한 법제가 만들어졌다.『각사수교』호조수교를 살펴보면 명종 19년(1564) 방납의 폐단을 막기 위하여 공물을 관리하는 자에 대한 감시를 엄격히 하고, 수령이 공물을 함부로 수취하여 사적으로 쓰거나 자손에게 전하는 폐단을 법으로 무겁게 다스리며, 당시 문제가 되었던 선상체자先上帖子(급한 일이 있거나 독촉이 있어서 비용의 지급을 기다리지 않고 공물을 갖춰 내고는 이를 체자帖子로 만들어 두는 것)를 금지시키는 등 여러 법제가 만들어졌다.256)

그러나 명종 말~선조대에 이르러서 공물의 현물납이 어렵게 되어, 지방 고을에서 쌀이나 포를 거두어 그것을 상인에게 주고 그 상인으로 하여금 중앙정부에 자기 고을의 공물 납부를 대행하게 하는 관행인 '사대동私大同'이 확대되었다.

선조대 율곡 이이는 방납의 폐단을 지적하면서 수미법收米法 시행과 공안貢案의 개정을 주장하였다. 이이는『성학집요』제8장 안민安民장 박세렴薄稅斂조에서『논어』를 인용하여 10분의 1세를 강조하고,『맹자』에서 10분의 1세를 빨리 시행할 것을 주장한 것과 주자가 10분 1세를 정전법으로 본 것을 인용하여 정전법인 10분의 1세를 빨리 시행할 것을 주장하였다. 그리고 이를 현실적으로 시행하는 방안으로 우선 방납의 폐해를 막고 10분의 1세를 시행하기 위해선 연산군대에 만들어진 공안을 우선 개정하여 조세를 10분의 1세만 거두어 정전제의 이상을 시행하고, 절약하고 검소하게 생활하여 재난에 구휼할 수 있는 재정을 마련하여야 한다고 주장하였다.257)

---

256) 한국역사연구회 중세2분과 법전연구반,『각사수교(各司受教)』, 청년사, 2002, 35~39쪽

따라서 공안개정을 하여 공물을 줄여서 농민의 부담을 줄여주려면 임금부터 사치를 금하고 절약해야 한다고 주장하였다. 그리고 열 사람이 농사를 지어도 한 사람을 먹여 살리기가 어렵고 열 사람이 베를 짠다 해도 한 사람의 옷을 마련하기가 어렵다 하여 10분의 1세의 원칙을 주장하였다.

그러나 방납으로 이득을 보던 당대 조정 대신들에 의해 이이의 주장은 좌절되었다.

하지만 공안개정 논의는 지속적으로 이루어졌는데, 선조 13년(1580) 별시 책문의 주제로도 다루어졌다.

(a) "왕이 이같이 말하였다. 『대학』은 치평治平의 도를 논하는데, 오로지 재용財用과 용인用人을 위한 설이다. 제왕의 치치致治하는 도는 과연 이보다 큰 것이 없겠는가. 세상이 한·당 시기 재용財用의 융성함을 칭송하면서 반드시 말하기를 '붉게 썩은 곡식[紅腐]이 겹겹이 쌓여있고, 쌀 한 말이 3전이었다[斗米三錢].'라고 한다.……내가 보잘 것 없는데도 대역복大曆服을 이어, 힘써서 정성을 다하여 근본에 힘쓰고 현재를 흥하게 하는 일에 힘을 다하지만 다스리는 효험이 부족하여 나라에 3년간 저축한 것이 없고, 준사俊士가 많은 아름다움이 조정에 없으니 그 연고가 무엇인가. 전제는 명확하지 않고, 세금은 누수되는 것이 많아 대대적으로 역을 타량打量할 때 이정里井이 수선스럽게 되어 장차 뿔뿔이 흩어지는 근심이 있게 되니 그럭저럭 세월만 보내고 머뭇거리면서 고쳐지지 않았다. 부역賦役이 균등하지 않은 폐단은 수시로 없앨 수 없다.……어떻게 해야 재용財用이 항상 족하여 텅 비는 근심이 없게 되고, 현능한 자들이 함께 등용되어 신하들이 함께 임금을 공경하는 아름다움에 이르게 되겠는가. 그대 대부들은 도를 배워 통달[通方]하였으니 반드시 시무를 알 것이다. 각각 다 편에 저술하라."(선조 13년 별시 책문)[258]

---

257) 지두환, 「율곡 이이(1536~1584)의 생애 사상」, 『한국학논총』 38, 2012, 188~194쪽

(a)를 살펴보면 먼저 한·당 시기에 재용이 붉게 썩은 곡식[紅腐]·쌀 한 말에 3전[斗米三錢]으로 칭해질 정도로 융성하였다는 것임을 말하고, 다음으로 현 조선 조정에서 경제 정책에 힘쓰는데도 저축한 것이 없고 세금에서 새는 것이 있는데다가 부역을 정할 때 제대로 하지 않아 사람들이 흩어지게 되는 폐단이 있게되는 까닭을 묻고 있다.

이 별시에 장원으로 합격한 황혁黃赫(1551~1612)의 대책이 『독석집獨石集』에 전한다.

황혁은 우선 현재 조선의 임금인 선조가 매일 밤낮으로 재물을 넉넉하게 하는 도리를 강구하면서, 건축물에 돈이 들어가는 것을 아끼고, 전곡의 세입에 대하여 항시 조사하며, 늘 절제하고 검소하게 행하여 도리를 다하였다고 평하고 있다. 그리고 지금의 조선은 창고에 쌓아 두어 부유해진 것이 수나라 수준이라고 평하면서, 비록 순의 수준에 못 미치지만 그래도 근심으로 남을만한 일은 아니라고 평한다.259)

그럼에도 현 조선이 식량 부족과 누세漏稅가 일어나는 이유로 본디 3년 동안 양전量田하는 법이 있었는데 근래에 폐해져서 실행되지 않아 현재 경계가 정확하지 않게 되었고, 자연재해로 인해 피해를 입었는데도 옛날 법을 행하게 되었기 때문이라고 지적하고 있다.260)

황혁의 대책에서 흥미로운 것은 누세漏稅의 원인으로 공안貢案이

258) 『독석집(獨石集)』對策
259) 『독석집(獨石集)』對策
　　"宜乎乃積乃倉, 儲峙日富, 而不數隋家之繁庶. 王多吉士, 人皆囂囂, 而無有乏材之歎也. 奈何魯廩告罄而舜凱未登, 以遺我殿下今日之憂也."
260) 『독석집(獨石集)』對策
　　"姑以聖問中數弊陳之. 三年量田, 有其法也. 而近年以來, 廢而不講. 故經界不正, 縱橫其畝, 無此彊彼界之殊, 有兼幷侵占之患. 加以風雨飄搖, 堤決堰破, 而舊稅猶存, 新條未立."

언급된다는 점이다.

> (a)-1 "공안貢案에 이름이 있는 자에게는 그 고통이 치중되고, 거짓으로 경작하고 억지로 개간한 자는 오히려 부역을 면하니, 세입이 적은 것이 진실로 그러합니다. 수가 정해진 조세라고 넉넉하다고 할 수 있겠습니까? 이렇기 때문에 타량打量하는 역을 거행하면 몇 안 되는 백성이 뿔뿔이 흩어지니 사역이 취하여지지 않습니다. 마을[閭井]은 반드시 장차 작은 단지가 비는 것을 큰 항아리의 부끄러움을 느낄 것입니다. 이를 징계하여 그럭저럭 날만 보내는 것을 그만두고 싶어도 고치기 어려운 폐단이 없어지지 않았고, 부역을 할 즈음에 뻐꾸기처럼 공평하고 균등하다는 것을 듣지 못하였습니다. 신이 듣기를 법은 진실로 폐하기 어려우며 시간을 기다려야 합니다. 우물을 고치고 터를 닦는다면 백성들이 동요할 것이니, 소금을 씻어내면 살찌게 되는 것이 기회가 없을까 두렵습니다. 우선 풍년일 때 백성들로 하여금 조금씩 생업이 안정되게 한 후에 서서히 살피고 자주 행하신다면 늦지 않을 것입니다."(황혁의 선조 13년 별시 대책)261)

(a)-1를 보면 황혁은 공안에 이름이 있으면 고통을 받게 되고, 도리어 거짓으로 경작하거나 개간을 억지로 한 자가 부역을 면하게 되어 세입이 적게 된다는 것이다. 비록 거두는 조세의 수는 정해져 있다고 해도 위의 상황처럼 되어 있기 때문에 역役을 취할 수 없게 된다는 것이다. 그렇지만 새롭게 개간을 하도록 장려한다면 도리어 혼란을 가중시킬 것이기 때문에 우선 풍년일 때 백성들을 진휼하여 안정이 되게 한 다음 이를 살펴서 나쁜 법안을 폐해야 한다고 보고 있다.

그리고 책문 마지막에는 은광을 발굴하여 은을 채취하여 쓰는 것

---

261) 『독석집(獨石集)』 對策

으로 재용을 보충하는 방안을 해결책으로 제시하기도 하였다.[262) 이는 당시 중국 명明에서 전세의 은납화를 시행하는 것과 연관시켜서 생각해볼 수 있다.

앞서 살펴보았듯이 중국은 당 덕종唐德宗 때 조용조租庸調를 통합한 양세법兩稅法이 실시되어 명대 중반까지 지속되었으나, 요역에 대한 문제를 해결하지 못하여 정규 세액 외의 다수의 잡세가 부과되고 같은 명목의 세액이 중복 징수 되는 등의 문제를 겪고 있었다. 이를 극복하기 위해 명 선덕 5년(1430)부터 정통제 연간에 정규 액수 외의 세금을 줄이고 은과 면포로 납부하는 은납화 경향이 진행되었다. 그리고 가정제 말년부터 일조편법一條鞭法이 실시되어 조량漕糧 외 모든 세금을 은으로 납부하게 되어 만력제 연간에는 완전히 정착하게 되었다.[263)

이러한 명의 경향을 조선의 학자들도 주시하고 있었다. 실제 유성룡 등 대신 관료들은 상소에서 명의 전세 은납화를 언급하면서 조선에서도 이를 실시할 것을 주장하기도 하였다.[264) 하지만 선조가 직접

---

262) 『독석집(獨石集)』 對策

"臣又聞當今理財用人之道, 亦有二策焉. 我國名山相望, 銀穴甚多, 採銀而補軍國之用, 不可廢也."

263) 김홍길, 「조세제도」, 『명청시대 사회경제사』, 이산, 2007, 55~79쪽

264) 『선조수정실록(宣祖修正實錄)』 권 28, 선조 27년 4월 1일 기유 6번째 기사

"신은 듣건대 명나라에서는 외방에서 진상하는 일이 없이 다만 13道의 贖銀을 光祿寺에 두었다가 진공할 물품을 모두 이것으로 사서 쓰고, 만약 별도로 쓸 일이 있을 경우에는 특명으로 減膳하여 그 價銀을 쓴다고 합니다. 그래서 먼 지방 백성들이 수레에 실어 운반하는 노고를 치르지 않는데도 사방의 工匠이 생산한 온갖 물품이 京都에 모여들지 않는 것이 없어 마치 깊은 바다에서 건져 올리는 것처럼 무엇이든 얻지 못하는 것이 없으므로 경사(京師)는 날로 풍부해지고 농촌 백성들은 태평스럽고 편안한 마음으로 직업에 종사한다 합니다. 이것이야말로 훌륭한 제도이니 우리나라도 본받아 시행해야

적으로 은으로 부세하는 것은 조선의 사정에 맞지 않는다고 반대하여 실시되지 않았다.265)

이는 『서경』 우공禹貢의 임토작공任土作貢의 원리에 따라 토지에서 생산되는 것으로 세금을 거두는 것을 원칙으로 삼는 성리학의 원칙에 따라 일반 백성들에게 귀금속인 은으로 부세할 경우 매우 부담이 될 것을 염려한 것이다. 이후 조선의 조세 개혁은 백성들이 생산하는 쌀과 布를 중심으로 진행된다.

한편 이정귀李廷龜(1564~1635)의 『월사집月沙集』 권 33에 전하는 선조 36년(1603) 정시 책문에서는 전반적으로 제사 祭祀에 대하여 논하면서 국가 제사의 제물과 관련된 공안貢案 문제도 다루고 있다. 옛 공안대로 제향祭享을 거두면 민생이 곤궁해진다는 것이다. 해당하는 부분은 다음과 같다.

(b) "내가 부덕하고 우매한 몸으로 외람되게 종묘사직을 맡았는데, 불행히도 상란喪亂을 겪어 거의 국가가 멸망할 지경에 이르렀다. 지금 종묘를 임시로 안치해 두었으나 사전은 결함이 많다. 그래서 이제 점차 구례舊禮를 회복하자니 물력物力이 부족하여 군비軍備 강화에 주력하려는 계획에 차질을 빚게 되고, 규모와 경비를 모두 줄이자니 조상을 모시는 정성에 미흡하게 될 터이니, 어떻게 제도를 만들면 적절한 방도를 찾을 수 있겠는가? 제향祭享의 공안貢案은 예전 그대로 봉납하고 있는데 민생이 더욱 곤궁하여 폐단이 늘어나고 있으며, 묘정廟庭에 음악을 사용하는 제도를 이제 처음 설행設行하고 있는데 무일舞佾이 불비不備하여 도리어 구차하고 엉성한 꼴이 되었으니, 어떻게 하면 적의適宜한 방도를 얻을 수 있겠는가?"(선조 36년 정시 책문)266)

할 것입니다."
265) 『선조실록(宣祖實錄)』 권 159, 선조 36년 2월 16일 계묘 1번째 기사

이 책문이 출제된 선조 36년은 임진왜란 종전 후 5년이 지난 시점으로 전쟁 피해를 어느 정도 복구한 상태였다. 하지만 종묘는 임시로 안치해 둔 상태였다.

때문에 (b)에서 제시한 것처럼 구례舊禮를 회복고자 하나 물력物力이 부족하게 되어 군비를 강화하는 계획에 차질을 빚게 되고, 종묘의 규모와 경비를 줄이자니 조상을 모시는 정성을 다할 수 없게 되는 상황이 되었다. 때문에 어떻게 제도를 삼아야 적절한 방도가 되는지를 책문에서 묻게 된 것이다.

그리고 제향祭享, 즉 제물의 공안貢案은 예전 그대로 봉납하고 있기 때문에 폐단이 불어나고 있고, 종묘제례악 또한 처음으로 설행하고 있는 것은 구비되지 않아 엉성하게 되었으니 어떻게 해야 적합한 방도를 얻을 수 있는지 묻고 있다. 이 책문을 통해 당시 공안貢案에 문제가 있다는 것을 대대적으로 인식하고 있었음을 알 수 있다.

이에 대한 이명준李命俊(1572~1630)의 대책이 『잠와유고潛窩遺稿』권 3에 전한다. 그 중 제물의 공안에 대해 논한 부분은 다음과 같다.

> (b)-1 "제향祭享의 공안貢案이 옛것으로 상정되어 있기 때문에 어린 아이를 병들게 하여 살이 다 없어지고 뼈만 남게 되며, 백성들이 도망쳐 흩어져서 장차 다 없어지게 될 것입니다. 덕을 드러내는 종묘의 초창기 묘악廟樂의 물건이 사용할 수 없게 되었습니다. 구차하고 간략한 것이 돼서 孝思에 어그러짐이 있게 되었습니다. 신은 어떻게 하여야 그 마땅함을 얻을 수 있는지 알지 못합니다."(이명준의 선조 36년 정시 대책)267)

---

266) 『월사집(月沙集)』 권 33 策問 庭試策題
267) 『잠와유고(潛窩遺稿)』 권 3 策 登第對策

(b)-1을 보면 이명준은 책문에서 지적한 것처럼 옛날에 정해진 공안 대로 제향을 거두면 백성들이 매우 곤궁해지고 결국은 도망하게 될 것이라고 지적하면서, 이렇게 하는 것은 종묘에 제사하면서 덕을 보일 때 처음 하는 묘악廟樂이 소용없게 되고 구차하고 번잡하게 되어 도리어 효를 행하는 것에 어그러진다고 지적하고 있다.

선조 36년 정시 책문과 대책은 조선에서 가장 중요한 행사인 종묘 제사에 사용되는 제물의 공안의 폐단을 문제로 제시하고 있으며, 왕실 에서부터 절약하여 공납의 폐해를 줄이려고 한다는 것을 알 수 있다.

이러한 공안개정 논의는 선조 37년(1604) 공안청貢案廳 논의로 이어 진다. 사간원에서 백성들의 고통을 덜어주고자 공안청을 설립하였는 데, 공안이 빨리 상정되지 않아 그 뜻에 어긋나니 빨리 공안을 상정해 야 한다고 주장하는 상소를 올렸다. 위의 책문과 37년의 상소를 보면 선조 36년쯤에는 공안청을 성립하여 이를 통한 공안개정을 실시하고 자 하였음을 알 수 있다.

그러나 비순정성리학자인 대북 세력이 주도하는 광해군대에도 대 동법 논의가 도리어 지연되었다. 광해군과 대북 세력은 방납을 이용 하여 자신들의 부를 쌓았기 때문에 방납을 옹호해야만 했기 때문이 다.268) 때문에 광해군대 경제 관련 책문에는 대동법이나 공안에 대한

---

268) 『광해군일기(光海君日記)』[중초본] 권 168, 광해 13년 8월 12일 신사 5번째 기사 "경상도 생원 김시추 등이 상소하기를, 「신들은 도로에 사람들이 죽 이어져 있는 것을 보았습니다. 그중에는 市井의 큰 장사치들이 먼 곳에서 교역한 진 귀한 물건을 실은 수레들이 줄을 이어 있기도 했습니다. 이 물건은 권세 있는 자들을 잘 섬기어 자신들이 원하는 일을 이루기 위한 것입니다. 혹은 各司의 防納을 빙자하여 자신의 이익을 챙기려하기도 하고, 각 관아의 月利를 인연하 여 겁탈을 꾀하였습니다. 그리고 적은 수량은 많이 불리고 거짓을 사실로 만 들어 백배나 이익을 독점하고 사방으로 약탈하여도, 세력 없는 백성들은 팔 짱을 낀 채 아무 말도 하지 못하고 있습니다. 조정안에 있는 자는 法司에 무

내용은 등장하지 않는다. 결국 인조반정 이후에야 다시금 대동법 논의가 진행되었다.

광해군과 대북 정권의 전횡이 계속되자 순정성리학자인 서인이 인조반정을 주도하여 대북 세력을 몰아냈다. 이후 성리학적 이상세계를 건설하기 위해 대동법을 시행하였다. 때문에 인조대에는 대동법과 관련된 책문이 다수 출제되었다.

우선 인조 1년(1623) 개시改試는 광해군 정권 때에도 부정행위로 논란이 많았던 10년 식년시(1618)와 13년(1621) 별시를 파방하고 이 때 합격한 40명을 다시 시험을 보게 한 것이다.[269]

인조 1년 개시 책문의 주제는 왕도王道와 패도伯道로, 유학에서 이상적으로 생각하는 정치 체계와 지양하는 정치 체계에 대하여 논하는 것이다. 인조 1년 개시改試는 반정으로 광해군과 대북 세력을 몰아낸 후 파방된 광해군대 마지막 과거科擧 시험인 광해군 13년 별시에 합격한 인물들로 다시 시험을 치렀다. 시험 주제가 이러한 것은 인조반정 이후에는 패도霸道를 펼쳤던 광해군대를 비판하고 왕도로 돌아가야 하는 당시 상황이 반영된 것으로 볼 수 있다.

이 개시改試에 장원으로 합격한 채유후蔡裕後(1599~1660)는 대책에서 책문이 지적한 당대 시무에 대해서 재성裁省과 호패號牌, 선혜宣惠를 언급하고 있다.

(c) "시무를 말해보자면 세 가지가 있습니다. 재성裁省은 곧 박렴薄斂이

고하여 못된 심보를 부리고, 밖에 나가 있는 자는 열읍을 횡행하며 자신들의 끝없는 욕심을 채우고 있습니다. 기세가 하도 등등하여 길거리의 사람들이 몸을 피하고 곁눈질하며 쳐다보기에 누구의 행차냐고 물으니 '우리가 바로 廣昌府院君(이이첨)을 모시는 사람이다.' 하였습니다.」"

269) 『인조실록(仁祖實錄)』 권 2, 인조 1년 5월 7일 병신 4번째 기사

고, 호패號牌는 용조庸調이며, 선혜宣惠는 철법徹法입니다. 이름을 등록한 기적紀籍은 휴식에 어그러짐이 있고, 부세를 덜면서 세금을 거두는 것에는 간섭하는 것이 많습니다. 혹자는 두 가지 설에서 나라를 다스리는 방책으로 하나라도 얻는 것이 없지는 않을 것이라고 합니다만, 신은 여기에 있지 않은 것 같아 두렵습니다."(채유후의 인조 1년 개시 대책)270)

그 중 경제와 관련된 부분인 (c)를 살펴보면 선혜법宣惠法은 정전제를 시행하는 방법 3가지 중 철법徹法에 해당하며 세금의 양을 조정하거나 거둘 때 간섭이 매우 많다는 점을 지적하고 있다. 이를 통해 광해군대 공인貢人의 영향력이 상당하여 그 폐단이 심했음을 알 수있는 부분이다.

인조 6년(1628) 별시 책문은 직접적으로 대동법을 언급하고 있다. 이 책문에서는 호패법, 진영장, 관향사와 함께 대동법을 이 시기 최대의 과제로 언급하고 있다. 그리고 대동법은 본래 부역을 균등하게 하기 위한 것인데 지방 세력가들이 이를 병폐로 여기고 있다는 점을 지적한다.271)

이에 대하여 병과 1위로 합격한 정홍서鄭弘緒(1571~1648)의 대책이 『송탄집松灘集』 권 3에 전한다. 그 중 대동법과 관련된 부분을 살펴보면 다음과 같다.

(d) "전하께서는 밤낮으로 성실하신데 이루어낸 공효가 보이지 않았습니다. 다만 時政의 큰 것에 대하여 말해보면 賦役이 균등하지 않아 백성들이 원망합니다. 大同法은 이를 위해 설치하였으나 豪家와 右

---

270) 『호주집(湖洲集)』 권 7 對策 行王道則王行伯道則伯
271) 『계곡집(谿谷集)』 권 3 雜著 策問

族의 무리가 병들게 하여 이익이 되지 않을 따름입니다."(정홍서의 인조 6년 별시 대책)[272]

정홍서는 (d)에서처럼 임금인 인조가 성실하게 공무에 임하는데도 이루어낸 공효가 보이지 않는데, 그 시정時政 중 큰 것에 대해 말해보면 부역賦役이 균등하지 않아 백성이 원망하고 있는 것을 든다. 그리도 대동법은 이를 해결하기 위하여 설치한 것인데도 권력자들에 의해 병폐가 생긴 것을 지적하고 있다.

이를 해결하기 위해서는 문왕 같은 인仁과 대우大禹의 부지런하고 검소한 것을 체득하여 백성들을 살리려는 마음을 베풀어야 한다고 말하고 있다. 작은 일이나 큰 정사나 인정仁政에서 나타난 것이므로 성실함으로 충만하게 하고 과감하게 행하면 그 혜택이 널리 퍼질 것이라고도 말한다. 부모처럼 백성을 사랑하고, 계절이 돌아가는 것처럼 백성을 믿는다면 명령을 내리지 않아도 응하고 행하게 되어 부역 자연스럽게 균등해지고 권력자들 또한 마음을 바꿀 거라고 지적한 것이다.[273]

인조 11년(1633) 증광시 회시會試의 책문 중 일부에서도 전제田制 세금의 경중과 공전, 사전의 폐해에 대하여 지적하고 있다.

(e) "성상께서 개연하게 생각하여 마음으로 소간宵旰을 다하고 부지런하게 조종祖宗의 옛것을 회복하기를 도모한지 십년이나 되었으나 법제는 더욱 느슨해지고 정치는 더욱 어지러워졌다. …… 전제田制에 대해 말하면, 경중輕重이 고르지 못하고 공전公田·사전私

---

272) 『송탄집(松灘集)』 권 3 策問 王若曰人有恒言保民之道在於順民心而已云云大同號牌 營將管餉四弊
273) 위의 문집

田에서 모두 병폐가 깊다.”(인조 11년 증광시 회시 책문)274)

이에 대해서는 윤선도尹善道(1587~1671)와 하진河溍(1597~1658)의 대책이 각각 전한다.

우선 윤선도의 문집『고산유고孤山遺稿』권 6 별집別集에 전하는 대책을 살펴보도록 하겠다.

> (e)-1 “아! 다만 폐단이 오게 된 이유만 생각하고 폐단을 제거할 방법을 강구하지 않음이 옳겠습니까. 성상聖上께서 참으로 일신一身의 주재主宰를 밝혀서 만화萬化의 근본을 다스리고, 심득心得한 이후에 법을 제정하고, 솔성率性한 이후에 가르침을 베풀면, 법法이 마땅하지 않음이 없고 령令이 행해지지 않음이 없습니다. 그러면 선왕의 구장舊章은 회복을 기약하지 않아도 저절로 회복됩니다. 아아! 문왕文王은 ‘백성을 편히 해주는 일과 백성을 기르는 일에 힘쓴’ 마음이 있었으니, 민제民制가 정도로 돌아갔으며 집집마다 넉넉하고 사람마다 풍족하게 되었습니다. 성왕成王은 ‘당신의 군비를 삼가는’ 마음이 있었으니, 병제兵制가 정도로 돌아갔으며 평소에는 윗사람을 친애하고 위급할 때는 윗사람 보호에 몸을 바치도록 되었습니다[親上死長]. 하우夏禹는 ‘중국의 부세를 정하는’ 마음이 있었으니, 전제田制가 정도로 돌아갔으며 부역이 균등하게 되었습니다.”(윤선도의 인조 11년 증광시 회시 대책)275)

대책 중에서 경제와 관련된 부분인 (e)-1을 보면 윤선도는 책문에서 지적하는 전세의 폐단을 고치기 위해서는 선왕先王의 법을 본받아야 한다고 말하고 있다. 여기서의 선왕先王은 하夏의 우왕禹王, 주 문왕周文王, 주 성왕周成王을 가리킨다. 그리고 이를 이룩하기 위해서는 마음

---

274)『고산유고(孤山遺稿)』권 6 別集 策 對法制策
275) 위의 문집

공부를 통해서 만화의 근본을 다스린 뒤 법을 제정하고 천성을 쫓아
서 가르침을 베풀어야 한다고 주장하고 있다.

다음은 『태계집台溪集』권 6에 전하는 하진의 대책을 살펴보도록 하
겠다. 하진은 특이하게도 윤선도와는 다르게 직접적으로 공안貢案에
대하여 언급하고 있다.

(e)-2 "넓디넓은 원습原濕으로 공안貢案은 반쯤 누수되었으며, 무성히
　　　우거진 황전荒田에서 여전히 옛날 세금을 징수하고 있습니다. 늙
　　　고 병든[病聾] 허승許丞은 시위尸位(자리만 차지하고 실제 일은 하
　　　지 않음)를 많이 차지하고, 청렴하고 조심스러운[淸謹] 장공張公
　　　은 간혹 하고下考(고과에서 하下를 받는 것)를 받습니다. 풍속이
　　　무너지고 파괴되어 위를 능멸하는 습속이 이미 고질이 되었으
　　　며, 아침에 내린 명령을 저녁이 어겨 법을 가벼이 여기는 무리들
　　　이 참으로 번성합니다. 그 외에 나누기 어려운 폐단과 놀라운 일
　　　들이 모두 우리나라에 모였습니다. 힘들게 모두 거론하여 말한
　　　다면 크게 한숨이 나오고 바라보면 한심하니 이것이 과연 조종
　　　의 법이 아름답지 않아서 그런 것입니까? 아니면 봉행奉行하는
　　　도리가 미진하여 그런 것입니까? …… 오늘의 법제가 옛날의 법
　　　제와 같고 지금 우리 성상聖上의 덕이 또한 옛날 성왕聖王보다 못
　　　하지 않는데, 법제의 폐단이 이같이 무성합니다. 그러므로 제가
　　　생각건대, 아마 우리 성주聖主께서 행하신 것에 혹시라도 옛날
　　　성왕聖王에게 부끄러운 것이 있다고 여겨집니다. ……문왕文王이
　　　경작하는 이에게 9분의 1을 세금으로 받았으니[耕者九一] '우리
　　　임금[我王]'께서 그것을 행하였습니까? 제순帝舜은 유명幽明한 자
　　　를 쫓아내었는데 '우리 임금[我王]' 역시 그렇게 하였습니까?"(하
　　　진의 인조 11년 증광시 회시 대책)276)

---

276) 『태계집(台溪集)』 권 6 策 法制策

ⓔ-2를 보면 하진은 시간이 오래 지나면서 공안의 허점이 드러나기 시작했고, 개선하기 위해서는 문왕이 9분의 1세를 거두었던 것을 본받아야 한다고 말하고 있다. 이는 정전제井田制의 시행을 말하는 것으로 당시 전세의 이상향이 정전제임을 보여주는 부분이다.

윤선도와 하진은 모두 남명南冥 조식曺植의 제자로 남인의 학풍을 가지고 있으며,중국 고대의 제도를 제시하고 있다. 특이한 점은 하진은 직접적으로 공안의 문제점을 제시하고 있다는 점이다. 즉 이 시기에는 붕당과 관계없이 공안개정이 가장 중대한 문제임을 인식하고 있었음을 알 수 있다.

그러나 인조대에는 호란과 이괄의 난 같은 혼란을 거치면서 공신 세력인 주화파가 정권을 주도하면서 척화파가 주장하는 대동법의 시행이 또 다시 지연되었다.

2. 대동법의 정착 및 폐단 논의

효종이 즉위하여 주화파를 제거하고 척화파를 등용하면서 대동법이 다시 논의되었다. 효종대 대동법 논의에서는 공안개정을 둔 한당漢黨과 산당山黨의 대립이 나타나며, 후반에는 방납으로 이익을 보고 있던 남인들과 공안개정을 전제로 한 대동법을 시행하려는 한당과 산당의 대립으로 변화한다.

이에 따라 효종대~현종대 대동법 논의의 주된 사안은 공안개정을 하고 대동법을 시행하느냐, 우선적으로 대동법을 시행하느냐였다.

그런데 인조~현종대의 대동법 논의는 중국의 양세법兩稅法과 관련되어 진행되었다. 인조 1~2년 서성徐渻은 대동법은 양세법과 같이 부담이 매우 적지만 법을 함부로 바꿔서는 안 된다고 하면서, 옛날의 공법공法을 강화할 것을 주장하였다. 이러한 논의는 효종 2년에도 이어져 호서 대동법을 시행할 때에도, 공안개정 논의에 반대하는 한당漢黨 쪽에서는 법을 함부로 바꿀 수 없으니 양세법을 시범 시행하자는 주장이 등장하기도 하였다.[277]

이러한 양세법에 대한 인식은 후대로 갈수록 중국 고대 정전제井田制 이후 가장 우수한 조세제도로 평가 받는 조용조租庸調를 함부로 바꾼 법이라고 하여 비판의 대상이 되었다.

결국 공안개정은 효종이 스스로 절약하는 것으로 어느 정도 일단락되었으며, 현종대에 가서 대동법이 정착되기 시작하였다.

비슷한 시기 중국 명明의 경우, 가정제嘉靖帝 연간인 1560~1570년경 강남 일대에서 실시된 일조편법一條鞭法이 전국적으로 실시되는 만력 9년(1580)까지 20여년 정도 걸렸다. 그러나 그 과정에서 중복 과세 등에 대한 논의가 조선에 비해서 미흡했고, 만력 연간에는 여진족의 침입과 농민 반란에 대한 비상 세금인 삼향三餉(구향舊餉·신향新餉·연향燕餉)이 일원화되어 편입되는 바람에 백성의 부담이 가중되었다.

이에 대하여 명말청초의 학자인 황종희黃鍾禧(1610~1695)는 세액이 이처럼 누적되었는데 이를 개선하여 누적되기 이전으로 돌아가 제도를 만들지 않아서 세금이 과도하게 부과되었음을 지적하기도 하였다.[278]

즉, 중국 명의 조세 정책은 비교적 신속하게 개혁되었으나 그 때문에 도리어 백성의 부담이 가중되는 폐단이 발생하였고 이 또한 명의 멸망의 한 원인으로 작용하였다고 할 수 있다.

반면 조선은 100여 년간 이어진 공안개정 논의를 통해 대동법이 정

277) 『효종실록(孝宗實錄)』 권 7, 효종 2년 8월 24일 기사 3번째 기사
278) 황종희 저, 김덕균 옮김, 『명이대방록』, 한길사, 2000, 150~154쪽

착되었기 때문에 보다 안정적으로 시행되었다고 할 수 있다.

현종 9년 별시 책문과 이에 대한 대책에서 당시 대동법에 대한 인식을 알 수 있다. 현종 9년 송시열은 우의정, 송준길은 이조판서가 되어 주도하는 사회 경제 정책의 개혁이 진행되었다. 이 때, 노비종모종량법, 대동법, 양반호포론, 진휼책, 양전, 보오법 등이 논의되었다.

현종 9년(1668) 별시 책문에서는 성리학에서 이상 사회로 여기는 삼대三代를 본받아야 한다는 것을 큰 주제로 삼고 풍속, 인재 등용, 전제, 군정 이렇게 네 부분에 대해 논하는 것은 이러한 개혁 정책의 논의 및 시행과 연관되었다고 할 수 있다. 여기서는 경제 부분을 중심적으로 살펴보고자 한다.

> (f) "하夏는 공법貢法을 행했고, 주周는 조법助法을 행했으니 모두 성왕의 법인데, 맹자가 (공법은) 선하지 않다, (조법은) 선하지 않을 수 없다고 한 것은 어찌된 것인가.……내가 덕이 엷은데도 외람되게 대통[조緖]를 이어받아서 한결같은 마음으로 다스림을 도모한지가 이제 10년이 되었다.……전제田制에 대해 말해보면 경계가 정확하지 않아 부역이 끊임없어 민생의 곤궁함이 극에 달하여 도랑에 엎어지는 것을 면하지 못한다. 군정에 대해 말해보면 어루만지고 어거하는 일이 마땅하지 않아 세금 독촉[徵責]이 많이 들려와 도망치는 이들이 계속 나타나 텅 빈 명부만을 안고 있을 따름이니 무리들이 도현倒懸하다는 원망이 있다."(현종 9년 별시 책문)279)

(f)를 보면 책문의 내용은 크게 두 부분으로 나눌 수 있는데, 중국의 사례와 현 조선의 상황을 논하고 있다. 먼저 삼대三代의 제도와 사상에 대한 기존 유학자들의 평가와 이러한 삼대를 본받았다고 하는 중

---

279) 『송곡집(松谷集)』 권 8 雜著 策問

국 여러 나라의 제도의 장단점은 무엇인지를 묻고 있다. 이 중 경제제도와 관련된 부분을 살펴보면 중국 고대의 세법인 공법貢法과 철법徹法에 대한 맹자의 평이 다른 이유는 무엇인지와 송나라 신종이 주나라의 천부법泉府法을 본떠서 신법新法을 행했는데도 오히려 폐해가 심했는지를 묻고 있다.

다음으로 조선의 현 상황에 대하여 이야기하고 있다. 삼대三代를 본받고자 하여 정전제井田制를 시행하고자 하였지만 구획이 명확하지 않고 부역이 끊임없어서 백성들이 고생한다는 것이다. 이를 개혁하기 위하여 시행한 대동법은 정전제井田制 중 철법徹法에 해당하며 백성들을 보호하는 행정이라고 평하고 있다.

이 책문을 통해 현종대에 심학화心學化된 조선성리학에 기반하여 조선 상황에 맞는 정전제를 논하면서 대동법 논의가 활발하게 진행되고 있었음을 알 수 있다. 그리고 이 당시 대동법은 정전제 중 철법의 형태로 행해지고 있었다는 것도 알 수 있다.

이에 대해 병과丙科 1위로 합격한 이율李嵂(1634~1719)의 대책이 그의 문집인 『응암문집應嚴文集』 권 1에 전한다.

> (f)-1 "하나라에서 50무에 공법貢法을 쓰고, 은나라는 70무에 조법助法을 쓰고, 주나라는 100무에 철법徹法을 썼는데 성왕의 좋은 법이 아닌 것이 없습니다. 그런데 땅을 다스리는 이득은 공법과 같지 않아 후세에 폐단이 없을 수 없습니다. 맹자가 '땅을 다스리는데 조법助法만큼 좋은 것이 없고, 공법貢法만큼 좋지 않은 것이 없다.[治地莫善於助, 莫不善於貢.]' 라고 한 것이 어찌 후세까지 전해 내려온 까닭이 없겠습니까? 천부법泉府法280)은 주나라에서 백성

---

280) 泉府는 주나라 시대에 市稅를 받는 일과 公費로 시장에서 팔리지 않는 물품을 사들여 다시 그것을 원가로 파는 일을 맡아 물가를 조절하던 관아를 가리킨

을 이롭게 하는 책략을 모방한 것이니, 송나라 신종이 그렇게 하였습니다. 그러나 그 제도만 쓰려고 하고 그 도에는 능하지 못하였으니 삼대를 본받을 수 있었다는 것을 신은 믿을 수 없습니다. 그 법만을 바라고 그 마음을 본받지 않는다면 사해에 독이 흘러가게 되는 것이 또한 마땅하지 않겠습니까? 아아. 삼대에서 한·당·송까지 법 또한 여기에 있었고, 경계 또한 여기에 있었으니 본받을만하고 경계할 만합니다. 성誠과 불성不誠이라는 것은 전하께서 이를 거울삼고 그 마음을 성실하게 해야 하는 것입니다."(이율의 현종 9년 별시 대책)[281]

(f)-2 "혹 정전제井田制에 대하여 의논이 있는데 비록 갑자기 실행할 수는 없더라도 지금의 대동법大同法은 삼대의 법을 본받은 것에 가까우니 전국에 시행하면 백성을 보존하는 정책이라고 할 수 있을 것입니다."(이율의 현종 9년 별시 대책)[282]

먼저 중국의 조세 제도에 대하여 논한 부분을 살펴보도록 하겠다. (f)-1을 보면 이율은 삼대三代의 정전제井田制인 공법貢法·조법助法·철법徹法은 모두 성왕聖王의 좋은 법이라고 평한다. 하지만 이 중 공법貢法이 가장 땅을 다스리는데 이득을 주는 제도이기 때문에 후세에 조법이나 철법을 쓴 경우는 폐단이 있게 되기 때문에, 맹자가 공법을 가장 좋은 것으로 평했다고 말한다. 그리고 송나라가 주나라의 천부법

다. 『주례』地官司徒 泉府조에 나온다.

"泉府는 시장에서 세금으로 낸 포를 관장하고, 시장에서 물건이 팔리지 않아 백성이 생활이 어려우면 거두어서 팔고자 하는 물건의 목록을 내걸어 불시에 구입해가는 자를 기다린다.(泉府. 掌以市之征布、斂市之不售、貨之滯于民用者、以其賈買之, 物楬而書之, 以待不時而買者.)"

281) 『응암문집(應嚴文集)』 권 1 策 王若曰云云法三代

282) 위의 문집

을 본받아 경제 제도를 개혁하고자 하였으나 그 폐단이 심했던 것은, 제도만을 본받으려고 했을 뿐 그 도에는 능하지 못했기 때문이라고 비판하고 있다. 즉 그 제도만을 시행하려고 하고 삼왕과 같이 그 제도를 시행한 성인들의 마음을 본받지 않으면 폐단이 생길 수밖에 없다는 것이다.

다음으로 (f)-2처럼 조선의 상황에 대하여 논하면서 三代의 道와 三王의 마음가짐으로 제도를 시행하려 하지 않았기 때문에 폐단이 있게 되었다고 말하고 있다. 이러한 폐단을 해결하기 위해서 시행한 여러 제도 중에서 경제 제도에 해당하는 대동법에 대해서는 삼대三代의 정전제井田制를 시행할 수 없는 상황에서 가장 삼대三代의 법을 본받은 것에 가까운 것이므로 백성을 보존하는 정책이라고 할 수 있다고 평하고 있다. 게다가 대동법을 전국에 시행하는 것까지 고려할 정도로 적극적으로 동조하고 있다.

이렇듯 현종대에 이르러선 대동법의 시행은 기본 사항이 되었음을 알 수 있다.

현종 10년(1669) 송시열은 공안개정을 통해 쓸 데 없는 공물을 줄여서 농민 부담을 줄이고 대동법을 시행할 것을 주장하였고, 반대로 남인은 공안개정을 하면 공인貢人의 원망이 있을 것이라면서 반대하였다. 결국 송시열의 주장은 받아들여지지 않아 현종 12년(1671) 송시열은 우의정직에서 물러났고, 같은 시기부터 시작된 경신대기근庚申大飢饉의 책임을 지고 영의정 허적許積이 물러나기 전까지는 조정의 부름에 응하지 않았다.

그렇지만 대동법 시행의 흐름은 유지되어 현종대에 대동법이 전국적으로 실시되었다. 이에 따라 숙종대에는 대동법의 완전 정착과 그 폐단에 대한 본격적인 논의가 실시되었다.

숙종 3년(1677)에 경상도에도 대동법을 실시하여 1결에 13말을 징수
하였다. 한편 함경도는 전토가 척박하고 군현郡縣들간의 사정이 달라
군현별로 징수량과 물종을 다르게 정하는 상정법詳定法을 제정하였으
며, 함경도와 비슷한 상황의 황해도와 강원도에도 실시하였다.

숙종대 대동법이 완전히 정착한 사실은 임영林泳(1649~1696)의 『창
계집滄溪集』 권 16과 박태무朴泰茂(1677~1726)의『서계집西溪集』 권 7에
전하는 같은 내용의 책문에서 확인할 수 있다.

임영과 박태무는 생년에서 큰 차이가 날 뿐만 아니라, 임영은 현종
12년(1671) 정시 을과에 합격하고 박태무는 숙종 45년(1719) 증광시 생
원시에 합격하였기 때문에 등과한 시기도 매우 차이가 난다. 해당 책
문에 대하여 더 필요하겠지만 출제 시기는 임영이 본격적으로 활동
하기 시작한 현종 12년(1671)부터 사망하는 숙종 22년(1696) 사이의 책
문으로 보는 것이 가장 합리적일 것으로 보인다.

> (g) "백성들에게 부세를 거두는 법에 대하여 말하자면 순과 하나라는
> 공법貢法이고, 상나라는 조법助法이며, 주나라는 철법徹法이니, 시
> 대마다 각각 제도가 다르지만 지치至治에의 귀착이 같다. 한나라의
> 삼등三等이나 당나라의 조용조租庸調, 송나라의 20분의 1세는 삼대
> 三代의 제도를 보고 더욱 너그럽게 한 것인데 식자들은 그 다스림
> 이 모두 구차하다고 하니 또한 어떤 연고인가?……백성들에게 부
> 세하는 것은 정세正稅로써 날줄로 삼고, 공안貢案으로 씨줄을 삼는
> 데 시간에 따라 폐단을 구제하면 손익이 거듭된다."(현종 12년~숙
> 종 22년 사이 출제 추정 책문)283)

(g)를 보면 책문에서는 먼저 중국의 여러 경제 제도에 대한 선학자

---

283) 『창계집(滄溪集)』 권 16 雜著 策問0;『서계집(西溪集)』 권 7 雜著 策問

들의 논의에 대하여 묻고, 이어서 백성들의 부세는 정세正稅를 날줄로 삼고 공안貢案을 씨줄로 삼는다고 말하면서 때에 따라서 폐단을 구하는 것은 거듭 손익과 연관된다고 말하고 있다.

즉, 숙종대에는 대동법이 조세 제도로 기능하고 있었음을 알 수 있다. 그러나 숙종 초에는 남인이 정권을 주도하였기 때문에 대동법 시행을 반대하거나 폐단을 지적하는 등 부정적인 견해가 제시되고 있었다. 그러다가 숙종 20년 갑술환국 이후 다시 서인이 정권을 주도하면서 대동법의 폐단과 개혁에 대한 논의가 본격적으로 진행되었다.

이런 흐름 속에서 숙종 20년(1694) 별시 책문에서는 정전제와 대동법에 대해 직접적으로 논하고 있어 주목된다. 이 시험은 갑술환국 직후 치러진 시험으로, 여기서는 경제 관련 부분을 살펴보도록 하겠다.

> (h) "봉건封建의 제도와 정전법井田法은 진실로 성왕聖王의 대경大經, 대법大法이었는데, 진秦이 이것을 폐기한 뒤로부터 끝내 옛 것을 회복하지 못하였으니, 또한 행하기 어려운 바가 있어서인가?……십일什一의 세법은 고대에는 그리도 넉넉하였는데 후대에는 부족하며, 구정丘井의 부세는 옛날에는 그리도 잘 시행되었는데 지금에는 부합하지 않는단 말인가?……양전量田은 경계經界를 바로잡기 위한 것이나 토호土豪의 무리들이 이것을 빙자하여 겸병兼倂을 하고, 호패號牌는 정구丁口를 기록하기 위한 것이나 놀고 게으른 무리들이 이를 이용하여 거짓으로 나이를 속인다. 포흠逋欠을 탕감해주면 가난한 백성들이 실제 은혜를 입지 못하고, 대동미大同米를 탕감해주면 국가의 경비가 번번이 이어가기 어려움에 이른다."(숙종 20년 별시 책문)[284]

(h)를 보면 책문에서는 조세, 부세와 관련하여 옛날에는 10분의 1세

---

284) 『도곡집(陶谷集)』 권 26 雜著 科策

가 잘 이루어졌는데 왜 현재에는 이루어지지 않는지를 묻고 있다. 이 책문의 내용을 볼 때 숙종의 통치 중반까지도 정전제에 대한 논의가 계속되고 있음을 알 수 있다. 그런데 대동법에 있어서는 대동미大同米 탕감에 대한 것을 논하는 있는 걸 볼 때, 효종·현종대에 논의되던 대동법이 숙종대에는 어느 정도 정착되었음을 알 수 있다.

또 하나 주목할 점은 바로 양전量田에 대한 논의이다. 숙종 17년 (1691) 전국적인 양전이 무산된 이후에도 20년 책문에 언급되었다는 것은 대동법의 폐단을 개혁하기 위해선 양전을 시행해야 한다는 논의가 지속적으로 제기되고 있었음을 알 수 있는 부분이다.

이 별시에 답한 이의현李宜顯(1669~1745)의 대책이 전한다. 이의현은 먼저 봉건제封建制와 정전법井田法이 가장 아름다운 제도인데도 진秦 나라 이후에 폐기된 뒤 다시 회복하지 못하였다고 지적하고 있다. 이는 말세에서 옛날을 따르지 않는 데에서 연유한 것이니 시세가 행하기 어려운 것은 아니라고 말하고 있다.

> (h)-1 "옛날에 십일什一의 세법이 있었는데 지금은 넉넉하지 못하고, 옛날에 구정丘井의 부세賦稅가 있었는데 지금은 이것을 행하지 않습니다. 선왕의 아름다운 뜻과 융성한 옛 법이 지금 시행되지 못하고 있으니, 어찌 애석할 만하지 않겠습니까."(이의현의 숙종 20년 별시 대책)[285]

> (h)-2 "토호土豪들이 무단武斷해서 양전量田하는 법령을 빙자하여 도리어 겸병하니 경계를 바로잡는 도가 허식虛飾으로 돌아가게 되고, 놀고먹는 자들이 법을 무릅쓰고 제멋대로 끼어들어 호패號牌의 법이 있으나마나 하니 장정壯丁을 조사하는 뜻을 베풀 곳이 없습

---

285) 위의 문집

니다. 포흠된 조세를 탕감해 주는 것은 곤궁한 백성을 구휼하기 위한 것인데 백성들이 실제로 은혜를 입지 못하고, 대동미大同米를 탕감하는 것은 너그러운 정사를 행하려는 데에서 나온 것인데 번번이 나라의 경비에 손실을 입힙니다."(이의현의 숙종 20년 별시 대책)286)

이 중 조세제도를 논한 부분인 (h)-1을 보면 십일卄—의 세법이 이었는데 지금은 넉넉하지 못하였고, 구정丘井의 부세賦稅가 있었는데 지금은 행하지 않고 있은 것이 안타깝다고 말하고 있다.287)

그리고 (h)-2에서처럼 조선의 상황을 논하면서 권력자들이 무단으로 양전量田을 빙자하여 겸병하여 경계를 삼는 도가 없어지게 되었고, 호패법을 통해 장정을 조사하는 것 또한 제대로 진행되지 못하고 있다고 지적한다. 조세를 탕감해주는 것은 곤궁한 백성들을 구휼하기 위한 것인데 실제적인 은혜를 입히지 못하고, 대동미를 탕감하는 것 또한 백성들에게 너그러운 정사를 행하고자 하는 것인데 도리어 경비에 손실을 입히고 있다는 것이다.

그리고 이를 해결하기 위해서는 임금이 먼저 마음을 함양하는 학문에 힘써 스스로를 수양해야 한다고 말하고 있다. 이의현이 임금의 마음공부를 강조하는 것은 그가 김창협金昌協의 문인으로 노론의 학풍을 받아 조선성리학적인 관점에서 문제를 해결하고자 했기 때문인

---

286) 위와 문집
287) 『한서(漢書)』 권 23 刑法志에 주나라가 천하를 평정하고 井田制와 軍賦를 제정하였던 내용이 실려 있는데 "田稅와 兵賦를 제정하여 전세로는 먹을 것을 충족시키고 병부로는 군대의 수용을 충족시켰다. 그러므로 4개의 정(井)으로 1개의 읍을 형성하고 4개의 읍은 1개의 丘를 형성한다. 구는 곧 16개 정으로 구성되었으니, 군마 1필, 소 3두가 배당된다.(有稅有賦, 稅以足食, 賦以足兵. 故四井爲邑, 四邑爲丘, 丘十六井也. 有戎馬一匹, 牛三頭.)"라고 하였다.

것으로 보인다.

김진규金鎭圭(1658~1716)의 문집인 『죽천집竹泉集』 권 8에 전하는 숙종 25년(1699) 증광시 초시 책문에서도 전제田制를 주제로 다루고 있다.

> (i) "세금 거두는 것을 가볍게 하는 것은 하후夏后의 50무에 공법貢法을 쓴 것과 같으며, 양전量田을 균등하게 하는 것에는 우공禹貢의 분등分等한 의가 있다. 그설치한 바는 과연 시대에 따라 손익의 마땅함이 있었는가?……우리 동방東方에서 시험해본 일을 말해보면,……기자箕子의 정전井田은 곧 삼대三代의 유제遺制인데 이후에는 폐하여져서 행해지지 않았으니 무슨 까닭인가? …… 조종의 때에는 공부貢賦는 유정惟正이었고, 기름진 땅과 척박한 땅이 섞여 있지 않았는데 오늘날의 대동법大同法은 본래 백성들을 편리하게 하기 위한 것이었으나 도리어 폐단이 생겨났다. 답험하는 때는 허와 실을 서로 속여서 숨겨서 토지대장에 빠지는 땅이 많다."(숙종 25년 증광시 초시 책문)288)

(i)를 보면 먼저 중국의 제도 중에서 전제田制를 논하면서 세금을 가볍게 거두는 것은 하나라의 공법貢法을 쓴 것이고, 양전量田은 『서경』 우공禹貢을 따른 것이니 그 제도가 시대에 따라 손익의 마땅함이 있었는지를 묻고 있다.

다음으로 우리나라 역사상 중국의 제도를 시험해 본 예시를 들고 있다. 이 중 전세 부분에 대해서는 기자箕子가 동쪽으로 넘어와 정전제井田制를 실시하였는데 그 이후에는 폐해져서 행해지지지 않은 까닭은 무엇인지 묻고 있다.

그리고 조선에서는 공부貢賦에 의해 일정하게 정해진 조세를 내는 것으로 되어 있었고 땅의 비옥함과 척박함[肥瘠]이 잘 구분되어 있었

---

288) 『죽천집(竹泉集)』 권 8 策問 壬午別試 殿試策問

는데, 대동법은 백성들을 편리하게 하기 위하여 시행되었으나 폐단이 일어났다고 지적하고 있다. 그 이유로 답험할 때 속이고 숨겨서 토지대장에 빠지는 땅이 많다고 지적한다.

이러한 논의를 통해 숙종 40년(1747)에 이르러 대동법이 전국적으로 실시되었고 세액은 12두로 통일되어 보완되어 정착하였다.

이렇듯 인조~현종대의 논의를 거쳐 현종대에 전국적으로 실시된 대동법은 숙종대에 이르러 완전히 정착하게 되었음을 알 수 있다.

숙종대 책문과 대책에서 지속적으로 언급되는 '대동미大同米'라는 단어에서 알 수 있듯이 선조대 조세의 은납화銀納化 논의가 무산된 이후 조선의 조세 수취는 쌀을 중심으로 진행되었음을 알 수 있다.

이상으로 성리학 심학화心學化에 따른 경세관의 변화와 이에 대한 책문과 대책을 살펴보았다.

인재관의 경우 선조대에 서원의 성립과 발전과 연관된 책문과 대책이 나왔다는 점이 주목된다. 선조 즉위년(1567) 식년시와 12년(1579) 식년시 책문은 모두 학교學校를 다루고 있는데, 학교는 학업을 권장하는 곳일 뿐만 아니라 교화의 핵심이라는 점을 강조하고 있다. 선조 즉위년 식년시에 답한 조헌은 대책에서 '학교'의 제대로 된 운영을 위해서는 임금이 스스로 학문을 밝혀 다스림의 근원이 되어야 한다는 점을 강조하고 있다. 선조 12년 식년시에 답한 홍이상은 현재 성균관이 황폐화되어 그 기능을 제대로 시행하지 못하고 있는 상황에서 삼대三代의 제도를 회복할 수 없다면 송대宋代 정이程頤가 학제를 살핀 것을 본받아야 한다고 하였다. 이러한 논의에 따라 선조대에 60 여개의 서원이 세워지고 20개가 사액을 받는 등 본격적으로 확산되기 시작했다.

서원의 확산에 따라 사림의 정치적·학문적 입지가 확고해지면서 인조~현종대에는 조선 전기 중종~명종대에 『대학연의』 이해의 심화에 따라 성립된 중국사 인재관이 보다 상세하게 논의되기 시작되었다. 그리하여 중국사 내의 이상적인 인재상이 요순삼대堯舜三代의 고요皐陶·기夔·후직后稷·설契-한漢의 소하蕭何·조참曹參-당唐의 방현령房玄齡·두여회杜如晦-송宋의 염락관민濂洛關閩으로 확립되었다. 현종 13년(1672) 별시 책문에서는 이러한 중국사의 인재관은 하나의 예시로 등장하고, 조선의 상황에 더 집중하여 논하기를 요구하기에 이른다. 한편 이 별시 책문에 답한 박수검의 대책에서는 조선 세종대의 인사행정을 본받으라고 제시하고 있어, 점차 우리나라 역사에서의 인재관도 성립되어 갔음을 알 수 있다.

이러한 흐름 속에서 숙종대에 이르러서는 우리나라 역사 속에서 이상적인 인재관이 본격적으로 성립되기 시작했다. 서종태의 문집 『만정당집』에 전하는 숙종 24년에서 45년(1698~1719) 사이에 출제된 책문에서는 중국사의 인재관에서 명대明代를 언급하기 시작하였으며, 조선의 경우 세종·성종·선조·인조대에 인재가 성했다고 평하여 영조~정조대 우리나라 역사 내 인재상 성립의 기반이 마련되었다.

군신관에서는 임금이 스스로 수행하고 현신을 발탁하여 정사를 맡기는 것이 이상적인 군신관계로 성립되었다.

선조대의 군신관은 경연經筵과 연결시켜볼 수 있다. 선조 1년(1568) 증광시의 주제가 바로 경연經筵인데, 이전 시기에는 책문의 중간에 언급되거나 대책에서 언급되던 것이 이 시기에 이르러서는 주제로 부상하게 된 것이다. 이에 답한 이정형의 대책에서 임금이 배움을 중시하여 신하들의 말을 잘 듣고 나이 든 현명한 신하에게 배워야 나라의 화평을 이룰 수 있다고 하였다.

그런 한편 『대학연의』의 군신관이 심화되었다. 이는 선조 35년(1602) 식년시 책문에 반영되어 『대학』·『중용』·『대학연의』·『대학연의보』에 나오는 치평治平의 도란 어떠한 것인지를 묻고 있다. 이에 답한 조희일의 대책에서는 임금이 수신修身하여 현인들을 알아보고 관직에 임명해야 하며 유능한 신하를 믿고 맡겨야 한다고 하였다. 또 이원익이 쓴 선조대 집사책에서도 임금이 신하의 의견을 적극적으로 듣고 예로 대하여야 신하 또한 임금을 바르게 돕고자 한다고 하였다.

이렇게 군주의 심학心學을 통해 인재를 선발하고 그 신하를 전적으로 신뢰하고 맡기는 것은 기존 『대학연의』의 인재 선발만이 임금의 역할이던 군신관에서 더 나아간 것이다.

한편 이상적인 군신관계 예시의 범위 또한 넓어져 중국 고대 요순 삼대의 성군-현신의 군신관계 뿐만 아니라 한·당 이후의 군신관계에 대해서도 다시 논해졌고, 촉한의 유비와 제갈공명이 이상적인 군신관계로 평가되었다. 이는 이이李珥의 『동호문답』에 나온 군신관으로 이원익의 선조대 집사책에도 그대로 적용되어 있었다. 인조대로 넘어오면서 그러한 인식이 더욱 강화되어 유비와 제갈공명은 요순삼대堯舜三代보다는 못하지만 추구할만한 군신관계로 정착되어 인조 12년(1634) 별시 전시 책문과 이에 답한 오달제, 우여무의 대책에서도 같은 평가를 받게 되었다.

현종대에는 임금은 자신을 수행하여 현신을 알아보고, 그 현신에게 정사를 맡긴 뒤 간섭하지 않는 것이 임금의 체통이라는 내용의 책문이 현종 7년(1666) 별시 책문이 등장하였다. 이 책문에 답한 윤진은 대책에서 체통은 임금이 뜻을 세우는 것에 그 근본이 있으며, 신하의 일에 일일이 간섭하는 것은 체통을 지키지 못하는 것임을 강조하고 있다. 현종 7년 별시는 당시 현종의 온천 행행을 하면서 산림들과 만나

의논하는 시기에 실시된 것으로 산림 재상 체제와 직접적으로 연관이 된다.

　경제관은 정전제에 입각한 경제 제도 개혁에서는 공납을 대동법으로 개혁하는 논의가 진행되었다. 선조대부터 공안개정을 먼저 하고 대동법을 시행할지, 우선적으로 대동법을 시행할지에 대한 논쟁이 있었다. 이러한 상황이 반영되어 선조 13년(1580) 별시 책문과 36년(1603) 정시 책문에서는 공안에 대한 내용이 나온다. 이러한 논쟁을 통해 먼저 공안 문제가 해결되고, 효종대부터 본격적으로 대동법이 실시되었다. 이렇게 대동법이 정착하는 과정이 드러나는 현종 9년(1668) 별시 책문과 그에 답한 윤진의 대책에서는 대동법의 긍정적인 부분을 지속적으로 부각시키고 있다.

　이렇게 현종대에 전국적으로 실시된 대동법은 숙종대에는 거의 완전히 정착하여 숙종 20년 별시 책문에서는 대동법의 폐단과 대동미 탕감에 대하여 논하게 되었다.

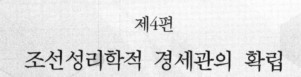

제4편

조선성리학적 경세관의 확립

숙종 말 회니시비에서 승리한 율곡학파 노론은 조선성리학을 확립하여 나갔다. 그러나 경종이 즉위한 뒤 소론은 신임사화를 일으켜 노론 4대신을 죽이고 정권을 주도하려고 하였으나, 경종은 즉위 4년 만에 승하하였다.

그리고 숙종 후궁 숙빈 최씨淑嬪崔氏의 소생이면서 안동 김씨 김창국金昌國의 딸 숙종 후궁 영빈 김씨寧嬪金氏의 양자로 들어가 있던 연잉군이 즉위하여 다시 노론이 정국을 주도하게 되었다.

영조는 즉위하자마자 을사처분을 통해 경종대 신임사화를소론들이 일으킨 옥사들은 무옥으로 판정되었고, 소론계 대신들을 파직하면서 노론 중심 정권을 구축하였다.

그러나 노론이 영조의 탕평책에 따르지 않고 소론을 공격하는 일에만 집중하자, 영조 3년 정미환국을 통해 이광좌·조태억 등을 중심으로 하는 소론 정권을 구축하였다.

그러나 영조 4년(1728) 이인좌의 난이 일어나 소론들이 정치적 명분을 상실하였다.

결국 영조 5년 기유처분(1728)과 영조 9년(1733) 19개의 하교를 통해 소론을 비판하고, 노론 4대신을 신원해나가면서 노론 탕평론자 중심의 정권을 구축하였다.

영조 15년(1739) 중종의 첫째 부인인 신씨愼氏를 단경왕후端敬王后로 복위시켰으며, 영조 16년(1740) 노론 4대신 중 김창집金昌集과 이이명

李頤命이 복권되고 신임사화가 무옥임을 확실히 하는 경신처분·신유
대훈이 진행되었다.

영조 17년(1741) 선조대 동인과 서인의 분열을 야기하고 이후에도
인사권과 언론에 막대한 영향을 끼쳐 붕당의 세력 형성에 큰 영향을
미친 이조전랑吏曹銓郎의 통청권通淸權을 혁파하여 탕평책을 더욱 공
고히 하였다.

한편 영조 32년(1756)에 송시열宋時烈과 송준길宋浚吉을 문묘종사하
였다. 일찍이 숙종 20년(1694)에 이이李珥를, 숙종 44년(1718)에 김장생
金長生을 문묘종사하였으니, 영조대의 문묘종사는 영조~정조대에 조
선성리학 학통이 확립되었음을 알 수 있다.

그리하여 영조대에는 경연 과목에서도 변화가 나타난다. 숙종 재위
초반에는 남인과 서인이 서로 대립하고 여러 차례 환국이 일어나면
서 경연 과목 또한 변화를 겪다가, 경신대출척으로 남인이 정계에서
밀려나고 율곡 이이가 문묘에 종사되면서 경연 교재로『심경』과 함께
『성학집요』가 정식적인 경연과목이 되었다. 영조대에 이르러서는『성
학집요』와 함께 송시열의『절작통편』, 김창협의『주자대전차의朱子大
全箚疑』또한 경연과목이 되면서, 이이-송시열-김창협으로 이어지는
학통이 확립되었다.

이러한 조선성리학을 기반으로 하여『속대전』·『속오례의』등 조선
중심의 법전과 예법을 구축하였고, 압슬 같은 잔인한 형벌을 폐지하
였다. 그리고 균역법을 실시하여 양역의 부담을 줄였으며, 준천濬川
사업을 통해 홍수로 인한 재해를 방비하였다.

이러한 영조의 뒤를 이어 즉위한 정조도 조선성리학에 입각하여
문물제도를 구축하면서, 청나라를 통해 서양의 문물을 받아들여 북학
北學으로 나아가는 모습을 보였다.

정조는 즉위하자마자 규장각奎章閣을 설치하였다. 규장각은 초창기에는 장서각의 기능만을 하였으나 정조 5년에 이르러 본격적으로 제도가 마련되면서 학자들을 길러내는 기관으로 거듭났다.

또 즉위년(1776)에는 궁방宮房의 면세전결免稅田結을 조사하고, 정해진 세금 외 남징할 경우 처단하는 방식으로 궁방전을 축소해나갔다.

정조 2년(1778)에는 조부모인 영조와 정성왕후를 종묘에 부묘하고 공신을 배향하였다. 이 때, 우암 송시열을 효종의 묘정에 추배追配하였다. 그리고 송시열 후손을 녹용錄用하고, 『양현전심록兩賢傳心錄』·「우암집어제서문尤庵集御製序文」을 지어 유문과 연보를 포함한 전서全書 간행을 명하였다. 그리하여 정조 11년(1789)에『송자대전宋子大全』이 간행되었다.

이는 송시열과 노론의 정치적인 입지를 인정한 것과 동시에 조선성리학 학통의 총집산자로써 '송시열'을 천명한 것이라고 할 수 있다.

그리고 정조 15년(1791)에는 단종의 장릉莊陵에 배식단配食壇을 설치하여 계유정난 당시 화를 입은 충신들을 추향하였다. 즉 조선성리학적인 입장에서 충신들을 기린 것이다.

그러나 정조 연간에는 조선성리학은 점차 시대를 이끌어갈 힘을 잃어가고 있었으며, 새로운 사상이 등장하기 시작하였다. 규장각에서 박지원·박제가 등의 학자들이 양성되어 청나라를 통해 서양 문물을 받아들이면서 북학北學사상이 새롭게 형성되었다.

그리하여 기존의 농업 중심 성리학 사회에서 상공업 중심의 사회로 변화하기 시작하였다.

정조 15년(1791) 신해통공을 통해 시전상인들의 금난전권禁亂廛權을 폐지하여 시전상인이 아닌 상인들의 상업을 용인한 것에서 나타난다.

이렇게 18세기 영조~정조대는 조선성리학에 입각한 경세관을 기반

으로 고유문화가 꽃피고, 서양의 사상을 받아들여 북학北學이라는 새
로운 사상으로 새로운 시대를 주도해 나가려는 움직임이 나타나는
시기이다.

이 시기 인재관은『성학집요』가 경연과목이 되면서 중국 중심의 인
재관에서 벗어나서 우리나라 중심의 인재관과 학통이 형성되기 시작
하였다. 군신관 또한『성학집요』에서 이상적으로 여기는 군사君師로
확립되어, 임금이 더 이상 마음공부를 통해 현신賢臣을 알아보고 이들
에게 정책을 맡기는 것에서 직접적으로 스승이 되어 신하들을 가르
치고 정책을 직접 주도하게 되었다.

경제관 또한 공법, 대동법에 이어 영조대 균역법均役法으로 양역이
개혁되었다. 그리하여 정전제井田制에 기반한 조용조租庸調 10분의 1
세 체제가 완성되었다. 정조대에는 이로 인해 부족해진 조세 수취량
을 보완하기 위하여 설치된 잡세 문제가 중점적으로 논의되었으며,
구휼 대책 중 하나인 환곡還穀 또한 정조대부터 본격적으로 문제가
제기되었다. 그리고 북학 사상으로의 변화에 따라 농업 중심 사회에
서 상공업 중심의 사회로 변화해나가고 있었다.

제1장 『성학집요』 이해 심화와
조선성리학적 인재관의 확립

1. 과폐 개혁과 인사 행정 변화

과거제科擧制는 조선 전기부터 인재 선발 제도로 기능하였으며, 보다 공정한 운영을 위해 대대적인 논의가 이루어져 왔다. 그런데 인조대 이후부터 과거科擧 응시자가 급증하면서 응시자의 신원 확인, 과장科場 공간 부족, 채점 부실 등의 문제가 생겨났다.

특히 숙종대에는 이러한 과폐科弊를 해결하기 위해서 녹명책錄名册 대조·조흘첩照訖帖 조사 등을 실시하여 응시자 신원 확인의 정확성을 기하였고, 과장난입科場闌入에 의한 안전 문제를 집중적으로 해결하고자 하였다.[289]

이러한 과폐 개혁 논의는 숙종 20년(1694) 별시 책문의 주제 중 하나로도 출제되었다. 숙종 20년 별시는 인현왕후의 복위를 기념하여 개설된 것으로 서인 세력이 정권을 완전히 주도하게 되면서 진행된 과폐 개혁 논의를 알 수 있을 것이다.

㈀ "삼물三物로 백성들을 가르치고 손님으로 천거하는 것[賓興]은 선비를 선발하는 좋은 제도인데, 효렴孝廉과 사부詞賦가 각각 그 과科를 달리하였다. 9년 동안의 성과를 평가하여 올리고 내침은 고과考課

---

289) 박현순, 『조선 후기의 과거』, 소명출판, 2014, 127~130쪽

의 훌륭한 법이었는데, 전최殿最와 순자循資가 여러 번 그 법식을 바꿨으니, 이것 또한 모두 때에 따라 마땅하게 해서 영구히 준용하게 할 수 없단 말인가? …… 선거選擧가 공정하지 못하여 조급하게 경쟁하는 풍속을 이루며, 문신과 무신들이 편안히 여기며 놀아서 기강이 무너지고 해이해졌다."(숙종 20년 별시 책문)290)

(ㄱ)을 보면 『주례』를 인용하여 삼물三物 즉 육덕六德(지知·인仁·성聖·의義·충忠·화和), 육행六行(효孝·우友·목睦·인姻·임任·휼恤), 육예六藝(예禮·악樂·사射·어御·서書·수數)으로 백성을 가르지는 것과 빈흥賓興이 가장 좋은 제도인데, 전한前漢 때에 효렴孝廉과 사부詞賦로 변하였음을 지적한다. 그리고 순舜이 시행한 삼고출척법三考黜陟法이 가장 훌륭한 고과考課의 법이었는데 당대唐代 전최展最와 순자循資로 법식이 바뀌었다는 점을 언급한다.291) 이러한 변화는 모두 때에 따라 적합하게 한 것인데, 이를 영구하게 할 수는 없는지를 묻고 있다. 그리고 현재 선거選擧가 공정하지 못해서 경쟁하는 풍속이 있고, 문신과 무신들이 안이해져서 기강이 흐트러지고 있음을 지적하고 있다.

이에 책문에 답한 이의현李宜顯의 대책이 전한다.

(ㄱ)-1 "성주成周의 훌륭한 법은 세 가지 일로 백성을 가르치고 선비를 손님으로 천거[三物賓興]하였으며, 효렴孝廉과 사부詞賦에 의한 선

---

290) 『도곡집(陶谷集)』 권 26 雜著 科策
291) 唐代에 시행된 考課 관련 제도이다. 殿最는 監司가 관하 각 고을 수령들의 치적을 조사하여 등급을 매겨 매년 6월과 12월 두 차례에 걸쳐 중앙에 보고하던 제도로, 성적을 고사할 때 上을 最, 下를 殿이라 하였으므로 이렇게 칭한다. 循資는 능력과 상관없이 근무한 햇수에 따라 資品을 올려주고 이에 상응하는 관직을 제수하는 인사 제도로 관리의 賢愚를 막론하고 연한이 차면 자품을 올려주었다.

발은 서경西京[전한]의 때에 처음으로 열렸습니다. 순舜 임금의 조정[虞庭]의 훌륭한 법에는 9년 동안의 성과를 평가하여 올리고 내침이 있었는데, 전최殿最와 순자循資의 준례는 근간의 시대에 여러 번 변하였으니, 비록 때에 따라 마땅하게 했다고 하나, 근본을 버리고 지엽을 취함을 면치 못한 것이니, 어찌 말할 것이 있겠습니까?"(이의현의 숙종 20년 별시 대책)292)

(ㄱ)-2 "신은 이미 망령되고 무지한 말씀을 가지고 전하에게 정심正心을 권면하고, 그 효험에 대해 지극히 말씀드렸습니다. 그러나 마음이 제대로 바루어지는 것은 실로 학문에 말미암는 것이니, 제왕의 학문은 다스리는 방도와 서로 표리表裏가 됩니다. 학문은 모름지기 근본을 두어서 구이口耳의 학문으로 흐르지 않게 해야 하니, 그런 뒤에야 비로소 천하의 큰 근본을 세워서 천하의 큰 사업을 조처할 수 있을 것입니다. 전하께서 학문에 부지런히 힘쓰고 또 힘쓰셔서 날로 새롭고 또 새롭게 하심은 진실로 이미 전고前古에 비하여 크게 뛰어나십니다. 그러나 신의 어리석은 생각으로는, 오늘날 여러 제도가 모두 문란해지고 이것이 점점 쌓여서 여기에 이른 것은, 우리 전하께서 평소 학문에 힘쓰는 공부가 그 지극함을 다하지 못하여 그러한 것이 아닌지 적이 염려됩니다."(이의현의 숙종 20년 별시 대책)293)

먼저 요순삼대堯舜三代의 삼물빈흥三物賓興과 삼고출척三考黜陟의 훌륭한 법이 한·당漢唐을 거치면서 각각 효렴孝廉·사부詞賦와 전최殿最·순자循資로 변한 것은 시대에 따라 마땅하게 변화한 것이라고 할 수 있으나 근본이 아닌 말단을 취한 것이라고 비판한다. 그리고 책문에 나온 대로 사사로움이 공적인 것을 이기는 병폐에 의하여 문신과 무

292)『도곡집(陶谷集)』권 26 雜著 科策
293) 위의 문집

신이 안일해져서 그 기강이 무너졌음을 지적한다.

이러한 여러 병폐들을 해결하기 위한 방도로 이의현은 '심덕心德'을 강조한다. 심덕이 순수하지 않아서 병폐들을 고치려는 뜻이 성대함에도 퇴락한 정신과 안일함이 제대로 된 개혁 없이 그저 시간만 흘러가게 만들고 있다는 것이다.

그리고 심덕心德을 순수하게 하기 위해서는 마음을 바르게 하는 학문을 끊임없이 해야 한다는 점을 강조한다. 마음이 바르게 되는 것은 학문에서 말미암는 것이고 제왕의 학문은 다스리는 방도와 직접적으로 연결되는 것이므로, 그 근본을 두어서 그저 들은 대로 말하는 학문이 되지 않도록 한 후에야 천하에 근본을 두고 큰 사업을 할 수 있게 된다는 것이다. 그리고 지금 조선에서 일어나는 각종 폐단은 이런 마음공부에 힘쓰지 않기 때문이라고 다시 한 번 강조한다.

그리고 마지막으로 주회의 고사를 인용하여 임금이 듣기 싫어한다고 할지라도 마음을 바르게 하는 공부가 자신이 알고 있는 전부이기 때문에 진달한다고 하면서 대책을 마무리한다.

숙종 20년(1694) 별시 시험은 서인이 갑술환국으로 정권을 다시 회복한 직후 바로 치른 시험으로 남인 정권에 의해 율곡 이이가 문묘에서 퇴출되고, 『성학집요』가 경연 교재에서 빠지면서 조선성리학적 인재관이 다소 퇴보한 직후였다.

때문에 이의현의 대책에서 다시금 임금의 심덕心德을 바르게 하는 마음공부가 중요하다는 점을 다시금 강조한 것은 다시금 『성학집요』를 기반으로 한 인재관을 바로잡고자 한 것이라고 볼 수 있다.

그러나 숙종대에는 과장난입科場闌入 등에 대한 처벌을 강화하였을 뿐 과거科擧 시험 제도 자체에 대한 개혁은 이루어지지 않았다.294) 본격적인 과폐科弊 개혁은 영조~정조대에 진행되었다.

영조 35년에 과폐이정윤음을 반포하여 국왕이 시험의 전 과정에 개입하여 문과 운영을 주도하고자 하였으며, 원점과圓點科·도기과到記科·전강殿講·일경강一經講·친림소시親臨召試·면시面試 등 새로운 제도를 도입하는 방향으로 개혁이 진행되었다. 또 기로과耆老科, 충량과忠良科, 구현과求賢科 등 특수 시험도 시행하여 다양한 방향으로 인재를 구하고자 하였다.295) 이 중 일경강과 면시 제도는 영조 42년 이후 폐지되고 나머지 제도는 정조대 이후까지도 문과 운영에 중요한 축으로 자리 잡았다.296)

영조 37년 정시 책문이 주제가 '과제科制'인 것 또한 이러한 개혁과 맞물려 나타났다고 할 수 있다. 책문에서는 중국 삼대三代부터 송대宋代까지의 인사행정을 비교한 뒤, 현 조선의 과거제도科擧制度는 어떻게 운영되고 있는지를 묻고 있다.

이 시험에 답한 이숭호李崇祜(1723~1789)의 대책을 살펴보면 당시 과거제도 개혁의 흐름을 알 수 있을 것이다.

---

294) 박현순, 『조선 후기의 과거』, 136쪽
295) 이남희, 『영조의 과거, 널리 인재를 구하다』, 한국학중앙연구원출판부, 2013, 137~146쪽
　　기로과는 시험 응시 대상의 나이를 60세 이상으로 한정한 과거로 영조 32년에 대왕대비(숙종비 인원왕후 김씨) 70세 생신날을 기념하여 처음 실시하였으며 영조대에는 5회, 철종대 1회, 고종대 3회 실시하였다. 충량과는 영조 40년 병자호란 때 충신지사들의 후손들을 위로하기 위하여 실시한 시험으로, 삼학사와 김문충의 후손, 현절사와 충렬사에 배양된 사람들의 후손, 명나라 사람들의 후예를 대상으로 하였다. 영조대에 2회 실시되었다. 구현과는 영조 51년에 영조가 현자를 만나 나랏일을 논하는 꿈을 꾼 뒤에 실시한 시험으로 성균관과 사학(四學) 유학생들을 대상으로 하였다. 영조대에 1번 실시되었다.
296) 박현순, 『조선 후기의 과거』, 170~172쪽

(ㄴ)-1 "엎드려 원하건대 전하께서는 이 두 가지에서 살펴보시고 인도
하기를 법으로써 하고 가지런히 하기를 교육으로써 하시되 한갓
되게 과제科制 속에 얽매임이 없게 하소서. 주나라[희가姬家]에서
는 지관地官이 교화를 맡았는데 향鄕의 삼물三物로 인재를 취하
였습니다. 바로 지智·인仁·성聖·의義·충忠·화和인데 이를 일러 육
덕六德이라하고 효孝·우友·목睦·인姻·임任·휼恤인데 이를 육행六
行이라하며 예禮·악樂·사射·어御·서書·수數인데 이를 육예六藝라
고 합니다. 일부의 주례周禮로 덮을 만하나 이것으로 성주成周가
작성할 수 있었던 아름다움을 상고할 수가 있으니 엎드려 원하
건대 이것으로 법으로 살피어 한갓 과거科擧의 말폐末弊에 교착
됨이 없게 하소서."(이숭호의 영조 37년 정시 대책)297)

(ㄴ)-2 "신에게 세상 없는 재능과 무리를 뛰어넘는 덕이 있지 아니하니
백리해百里奚가 양의 가죽을 팔면서 장사판에서 노래하면서 명
주明主 앞에 스스로 자랑하지 못할 것이 분명합니다. 그렇다면
할 수 없이 공령功令의 글을 배워 유사有司가 인재를 거두는데 대
비해야 한다면 소용되는 공부가 장구章句를 찾고 따내는 일에 지
나지 않으며 힘써야 할 것이 성운聲韻을 뽑고 대 맞추는 과정에
지나지 않는데 오히려 천·지·인天地人의 삼책三策과 춘추春秋의
깊은 뜻을 어떻게 바라겠습니까? 강경講經하라는 명을 받듦에 미
쳐서는 또한 구두句讀을 부지런히 익히고 읍송을 술술 막힘없이
읽어야 하니 그 조각 준적準的이 다만 조粗와 략略의 사이에 달려
있을 뿐이라면 그것을 양구梁丘의 주역周易과 하후승夏侯勝의 서
경書經에 견주어 보면 바로 연나라와 월나라처럼 동떨어질 따름
입니다. 그렇다면 지금의 과거科擧 규정은 참으로 진선진미盡善盡
美하다고 말할 수가 없습니다. 송宋 주희朱熹가 훈계하기를 '이와
같은 것이 병인 줄을 알았다면 바야흐로 이와 같은 것이 약인 줄
을 알아야 한다.'고 하였습니다. 전하께서는 시험삼아 요순삼대

---

297) 『물재유고(勿齋遺稿)』 권 2 策 王若云云 問科制; 김근태 외 2명, 『물재유고』, 선
학사, 2006, 152쪽

[唐虞三代]의 교화가 어떠하였기에 준예俊乂들을 오게 했으며 한·당漢唐과 성송盛宋의 교화가 어떠하였기에 현량賢良을 얻을 수 있었는지를 살펴보소서. 성왕成王이 군진君陳에게 고하기를 '너는 오직 바람일 뿐이요 하민은 오직 풀일 뿐이다.'하였습니다. 그러므로 한 무제의 세대에는 현량을 얻고자하면 동중서와 공손홍公孫弘의 무리가 나왔고, 재변才辯을 얻고자하면 주매신朱買臣·장조莊祖·오구수왕吾丘壽王의 무리가 일어났으며, 도검韜鈐을 얻고자 하면 위청衛靑·곽광霍光·정가程嘉·이광李廣의 류가 등장을 하였는데 지금 전하께서 현량을 얻고자 한다면 현량이 스스로 올 것인데 어찌 과거[과구科臼]와 공령功令으로 신에게 책망할 것이 있겠습니까?"(이숭호의 영조 37년 정시 대책)[298]

이숭호는 먼저 중국 삼대三代 때에는 과거科擧를 따로 실시하지 않아도 인재가 길러지고, 임금의 부름에 응하여 버림받는 인재가 없었다고 말한다. 그런데 전한 무제 때 직접 대책을 시험하면서부터 과거제도科擧制度가 생겨났는데 이로 인해 인재 진출의 길이 좁아지게 되었다고 비판한다. 과거科擧의 틀에 막혀서 인재들이 제대로 진출하지 못하게 되었다는 것이다. 그리고 (ㄴ)-1에서처럼 周에서 시골부터 삼물三物로 인재를 취한 것을 본받아 교육으로써 인재를 육성하고 과거제도科擧制度에 얽매이지 않도록 하라고 주장한다.

그리고 (ㄴ)-2에서 조선의 상황에 대해 평하고 있다. 조선에서는 뛰어난 재능을 가지지 못한 사람들은 어쩔 수 없이 공령功令 즉 과문육체에 따라 공부하여 인재 선발에 대비하게 되니 문장을 잘 쓰는 자를 선발하는 것과 다르지 않고, 강경講經 또한 잘 외우는 것에만 집중하여 경전에 대한 이해도를 시험하는 본질에 어긋났다고 비판한다. 그러므로 임금이 마음으로 현량을 얻고자 하면서 중국 삼대三代·한漢·

---

298) 위의 문집; 위의 책, 153~154쪽

당唐·송대宋代에 인재가 성하여 스스로 찾아온 것처럼 될 것이라고 말하고 있다.

마지막으로 강경講經에 대해서 언급하면서 잘 외우는 것에 채점 기준을 두지 말고 삼경三經에서 중요한 부분을 뽑아 읽게 한 다음 그 뜻을 묻는 것으로 바꾸면 그 실효가 있을 것이라고 주장한다.

이숭호의 대책에서는 전반적으로 과거제도科擧制度의 폐단을 해결하기 위해서 중국 고대 삼대三代와 같이 마을 단위에서 교육을 하여 科擧 같은 특정 제도가 아닌 다양한 방도로 인재를 선발하는 방향으로 전환할 것을 주장하고 있다.

그런 한편 대책의 마지막에 강경에 대해서 논하고 있는데 이는 영조 35년 과폐이정윤음에서 증광시·정시·성균관 절제에 강경시험을 도입하면서 증광시와 정시는 초시 후에 3경 중 1경을 자원해서 배강背講하는 일경강—經講을 시행한 것과 연관된다.

과폐이정윤음 반포 이후 일경강 제도는 지속적으로 논란이 되었다. 이미 17세기부터 암송하는 배강背講 대신 책을 보고 강하는 임강臨講으로 변경해야 한다는 주장이 계속 이어져왔으며, 영조 8년에는 임강臨講으로 변경된 적도 있었다. 하지만 35년 윤음 이후로 영조는 지속적으로 배강背講을 고집하였다.[299)]

'과제科制'에 대한 전시 책문이 나온 37년 9월 정시 때에 초시 합격자에게 일경강을 시행하였고, 일경강 통과자 16명에게 다시 친시 일경강을 시행하였다. 여기서 통과하지 못한 이들은 서울 명문가 자제여도 투비投畀될 정도로 엄격한 판정이 적용되었다.[300)]

이숭호가 대책의 마지막에서 강경에 대해서 강조한 것은 강경 정

---

299) 박현순, 『조선 후기의 과거』, 151~154쪽
300) 『영조실록(英祖實錄)』 권 98, 영조 37년 9월 26일 辛酉 1번째 기사

책을 두고 왕과 대신들의 갈등하는 상황이 반영되어 있는 것이다. 결국 이러한 논의 끝에 영조 42년에 대소과이정절목이 철회되면서 일경강 또한 폐지되었다. 영조대의 과폐 논의에서 등장한 다양한 개혁 방향은 정조대 과거제도科擧制度 개혁에도 영향을 주어 정조 7년에 일경강 복구에 대한 논의가 있었으나 반대에 부딪혀 무산되었다. 하지만 특수 시험을 시행하여 다양한 방향으로 인재 선발을 위한 논의는 이어졌다.

한편 정조대에는 과거科擧로 선발해야 하는 인재상을 '실재實才'로 파악하였으며, 즉위 기간 동안 그 기조를 유지하였다. 우선 정조는 즉위 초에 경과를 시행과 선발인원을 줄이고 정시에 초시를 실시하면서 영조 말 파행되었던 과거제科擧制 운영을 정상화시켰다. 그리고 경사에 대한 이해와 시무 능력을 갖춘 인재 즉, 실재實才를 선발하기 위하여 책·표策表를 비중 있게 출제하였으며, 시제를 조정하고 과문科文 형식과 내용을 개선하고자 하였다. 뿐만 아니라 임금 스스로 책문과 서적을 편찬하여 과문의 형식과 내용의 규정을 보다 엄격하게 조정하고자 하였다.301)

이러한 인재 선발 제도를 개혁하고 다양한 인재를 육성하기 위하여 정조는 즉위 초에 규장각을 설치하였다. 본격적인 제도가 확립되는 정조 5년 이전까지 규장각은 장서각 역할을 담당하였으나, 정조는 규장각을 통한 인재 육성을 일찍부터 계획하고 있었음이 정조 원년 증광시 전시 책문에서 나타난다.302)

증광시 책문에서는 먼저 규장각은 어제御製를 봉안하고 도서를 비축하여 文을 숭상하는 정치를 위하여 설치하는 장소임을 강조한다.

---

301) 박현순, 『조선 후기의 과거』, 214~216쪽

302) 『일성록(日省錄)』정조 원년 정유 4월 19일(갑인)

다음으로 중국 고대의 순舜·삼대三代 때에도 왕이 작성한 문서가 있었는데 모아두는 곳이 있었을 것임에도 오늘날에 전해지지 않는 이유를 묻는다. 그리고 한漢의 기린각麒麟閣과 천록각天祿閣, 당唐의 경·사·자·집經史子集을 모아두는 곳이 있었는데 그 연혁과 득실은 무엇인지, 위 문제魏文帝는 왕상王象에게 비서감秘書監을 관리하게 하고 진무제晉武帝는 비서감을 중서성에 편입하면서도 저작국著作局을 폐지하지 않았는데 그 실시는 어떤 식으로 이루어졌는지를 묻고 있다. 송대宋代에는 용도각龍圖閣·천장각天章閣·보문각寶文閣 등이 있었는데 그 세대의 선후와 건립 장소와 명명한 뜻을 지적하고, 관련 관제의 자질과 선발 규제, 책임의 경중에 대해서도 논하라고 하고 있다. 또 술잔을 물에 띄워 보내는 곳을 만들고 공신의 초상을 배향하는 제도는 어떤 것이며, 천장각을 개설하거나 보문각에 제수하여 장원한 사람을 등용한 뜻은 무엇인지, 그리고 군옥책부群玉册府나 용도노자龍圖老子는 무엇인지를 묻는다. 다음으로 명明의 화개전華蓋殿·문연각文淵閣·문화전文華殿·홍문각弘文閣이 조선의 규장각과 무엇이 다른지를 묻는다.

다음으로 서책을 모아두는 전각은 중요한 것이며, 이를 건설하여 선조들의 공덕을 널리 펴고 문화를 진흥시키는 것이 제왕의 의무라고 말한다. 그렇기 때문에 서책을 모아두는 전각의 성립은 단순히 일시적으로 책을 관람하기 위한 것은 아니라고 지적한다.

그리고 (ㄷ)에서처럼 우리나라 역사에서 장서하는 기관은 어떻게 운영되었는지를 묻고 있다.

    (ㄷ) "우리 동방은 궁벽한 해우海隅에 치우쳐 있어서 중국의 문헌이 전래되지 않고 편방의 습속도 고루하여, 신라와 고려 이래로 적적하게 정치와 교화의 융성함을 듣지 못하였다. 마침내 본조에 이르러 큰 아름다움을 법 삼고 천명하여, 전장과 문물이 빛나게 기록될

수 있게 되었다. 그러나 예악의 흥기는 반드시 백 년을 기다려야하고 제작의 구비도 역시 시기가 있는 법이라, 전각을 건립하여 서책을 갈무리하는 것은 대체로 지금까지 겨를이 없었다.……그리하여 궁중에 규장각을 설치하고 또 제학·직제학·직각·대교 등의 관직을 설치하기를 일체 宋의 고사와 같게 하였으니, 우리 동방의 예악의 근본이 여기에 있지 않겠느냐. 이는 마땅히 위에서 행하고 아래에서 본받아 풍속을 크게 변혁함으로써 현송絃誦의 소리가 학교에 넘쳐흐르게 하고 명예로운 준사들이 등용의 반열에 늘어서 있게 해야 할 것인데, 인재는 아득하고 우활한 서생들은 변함이 없어서 인재를 작성하는 역복棫樸의 교화가 아직 현저한 효과를 이루었다는 말을 듣지 못하니 어찌하겠는가. 못내 한탄스럽다. 만일에 오늘날의 학자에게 규장각의 이끄는 뜻을 본받고 周 사성思皇의 융성함을 따르게 하려고 한다면, 어떤 방법을 좇아야 되겠느냐?"(정조 원년 증광시 책문)[303]

먼저 신라와 고려 이래로 문화가 융성하지 않다가 조선에 이르러 문물을 기록할 수 있게 되었는데, 정조 이전에는 전각을 건립하여 서책을 모아둔 경우는 없었다는 점을 지정한다. 때문에 정조가 왕위에 올라 규장각을 설치하고 중국 송宋의 관제를 본받았으니 이를 통하여 동방의 예악의 근본으로 삼고자 한다는 점을 강조한다. 하지만 아직 인재가 제대로 길러지지 않고 있으니, 어떻게 해야 규장각을 이끄는 뜻을 본받아 주周의 융성함을 따르게 하기 위한 방도는 무엇인지를 묻고 있다.

그런 한편 영조대에 이어서 과거제도科擧制度에 얽매이지 않는 인재 선발 방도를 위한 논의가 진행되어, 과거科擧 책문에 관련 논의가 등장하였다.

---

[303] 『홍재전서(弘齋全書)』 권 48 策問 1 奎章閣 增廣殿試 ○丁酉年

정조 8년에는 '인재를 등용함에 있어서 친소親疏와 귀천貴賤에 구애
받지 아니함[立賢無方]'이 책문의 주제로 등장하였으며, 16년에는 과거
科擧 시험의 종류 중 하나인 '책문策問의 규제'에 대한 책문이, 17년 강
원도 유생 시취에서는 천거에 대한 책문이 출제되었다.

이 중 8년 책문은 조선 역사상 문벌과 상관없이 재능과 공적으로
높은 직위에 오른 예시를 제시하고 있다는 점에서 흥미롭다.[304]

   (ㄹ) "우리나라는 비록 문벌을 소중히 여기지만, 정도전鄭道傳 같은 이
     는 서류庶流인데 삼정승의 자리에 올랐고, 유극량劉克良 같은 이는
     남의 노비였는데 대장군이 되었으며, 구종직丘從直 같은 이는 하향
     遐鄕의 궁한 선비였으나 갑자기 화현직華顯職에 올랐다. 이것은
     실로 열성조가 현인을 등용함에 있어 정해진 틀이 없게 한 성대한
     덕이며, 옛 풍속이 지금과 달랐음을 상상해 볼 수 있다. 그러나 어
     쩌다 근래에 들어와 속습이 점차 고질화되어 일반 백성 중 준수한
     이는 아직 논의할 것도 없고, 서얼이라고 하면 비록 기특한 기예
     나 특이한 재능이 있다 하여도 이름 있고 드러난 반열에는 기웃거
     릴 수 없고, 향곡鄕曲에 살면 비록 평소에 인재의 부고府庫라고 하
     는 영호남의 어느 곳이라도 삼사三司의 영광스러운 길에는 저해됨
     이 많다.……만일에 문벌과 지역을 불문하고 몸소 발탁하려고 한
     다면 혹시 현재를 반드시 얻지도 못하고 한갓 세속만 놀라게 하지
     않겠느냐는 염려가 있고, 만약 점차 소통을 증가하고 바로잡고 개
     정하는 것을 점차적으로 하는 것이라면, 전후에 걸쳐 묘당廟堂의
     전형銓衡을 맡은 관원에게 칙유하기를 누차 하였으나 끝내 실속
     없는 형식이 되고 말았으니, 앞으로 어떻게 하여야 되겠느냐? 산
     야에 버려진 현재가 없다는 것은 가장 훌륭한 일이니 거론할 것조
     차 없거니와, 지금 만약 10명을 선발하여 5명의 현재를 얻고 지금
     의 세태를 예스럽게 되돌리려고 한다면, 그 도리를 어떻게 하여야

---

304) 『일성록(日省錄)』 정조 8년 갑진 4월 26일 경술

하겠느냐?"(정조 8년 동·서재 유생 응제 및 초계문신 친시 책문)[305]

　(ㄹ)을 보면 서얼 출신인데도 태조대 삼정승을 지낸 정도전鄭道傳, 선조대 노비 출신이지만 면천된 이후 무과에 급제하여 임진왜란 당시 죽령을 수비한 유극량劉克良, 향실香室에서 『춘추』를 즐겨 읽다가 문과 급제한 구종직丘從直을 예시로 들고 있다. 모두 조선 태조~선조대의 인물들로 이 시기에는 현인을 등용하는 것이 특별히 정해진 규정이 없었다는 점을 강조하면서, 정조 자신 또한 신분이나 문벌과는 상관없이 인재를 선발하고자 하고 싶다는 의지가 드러난 것이다.

　그리고 정조 17년 강원도 지역 시험의 주제가 천거薦擧라는 점은 본격적으로 과거科擧 이외의 인재 선발을 추구하는 것으로 변화하고 있음을 보여준다.[306]

　　(ㅁ) "게다가 우리 동방에서는 문벌門閥이다, 명색名色이다, 이력履歷이다, 유품流品이다, 음보蔭補다 하며, 이름 있는 조상의 밑천을 자주 털고 스승의 명패가 누차 당도하니 때로는 타고난 뛰어난 재능으로 외롭게 혼자되어 이리저리 방황하다가, 계산谿山으로 은둔하고 한강漢江을 다시는 건너지 않겠다고 맹세하며 공평하지 못함을 토로하고 아득히 천 년 전의 인물과 교류를 맺는다. 오직 탄탄대로를 활보하고 아침에 천거되고 저녁에 추천받는 자 중에는 명예에 포장되고 이익에 쌓인 무리가 그 사이에 끼어 있지 않다고 할 수 없다. 이러한데 인재가 옛날과 같지 않다고 하니, 이것이 어찌 인재의 죄이겠느냐.……나 과인이 보배로 여기는 것은 현인이며 사랑하는 것은 재능이다.……어떻게 하면 헛된 선비를 추천하는 일이 없고 인재를 놓치지 않고 등용하되 화려한 것에만 구구히 얽매이

305) 『홍재전서(弘齋全書)』 권 49 策問 2 立賢無方
306) 『일성록(日省錄)』 정조 17년 계축(1793)4월 9일 신미

지 않고 실제를 힘쓰며, 규격에만 절절하게 굴 것이 아니라 두루 준수한 인재를 구하여 어질고 재능 있는 이가 무리로 나서서 빠뜨려진 인재가 있다는 소리를 듣지 않게 하겠느냐?"(정조 17년 관동 공령생功令生 시취 책문)[307]

(ㅁ)에서처럼 현 조선은 문벌과 이력・품계・음보 같이 조상이나 스승의 후광에 의해 관직을 받는 풍조가 있어서 뛰어난 재능이 있더라도 정계에 나오지 못하고 초야에 묻히게 되거나 탄탄대로를 통해 관직에 등용된 자나 천거 받은 자들 중에서도 명예와 이익만을 추구하는 무리가 걸러지지 않는 경우가 있음을 말한다. 그리고 어떻게 하면 천거와 인재 등용에 있어서 실질적인 것을 추구할 수 있는지를 묻고 있다.

이렇듯 숙종대부터 시작된 과거제도科擧制度 개혁에 대한 논의는 영조~정조대를 거치면서 정식적인 과거科擧뿐만이 아니라 특수 시험이나 천거 등을 통해 인재 선발의 폭을 넓히는 방향으로 전개되었다. 이는 효종대 산림 재상 정치를 추구하기 위하여 재야의 척화파 서인들을 등용한 것에서 이미 시작되고 있었지만, 영조~정조대에 이르러서는 이러한 인식이 제도에도 반영되어 규정화된 것이다.

2. 조선 중심 인재관 확립

인조~현종대를 거쳐 중국사의 인재들에 대한 평가가 확립되고, 조선성리학에 입각한 조선 중화주의가 정착되자, 그 이후부터는 점차 우리나라의 역사에서도 이상적인 인재관을 찾게 되었다. 이러한 흐름

---

307) 『홍재전서(弘齋全書)』 권 51 策問 4 薦擧 關東功令生試取

속에서 갑술환국 이후 서인 세력이 정권을 완전히 주도하게 되면서 숙종 23년(1697) 4월에 『성학집요』가 『대학연의』를 대신하여 경연 교과 서가 되어, 인재관 또한 중국사 인재 중심에서 점차 우리나라 역사 속 의 인재 중심으로 변화하였다.

서종태徐宗泰(1652~1719)의 문집 『만정당집晩靜堂集』 권 12에 전하는 숙종대 책문에 그러한 변화상이 드러난다.

> (ㅂ) "三代 이후에 삼대 이전의 인물을 회복한 경우는 없었다. 후한(東京) 은 전한(西漢)의 두터움(厖厚) 같지 않고, 六朝는 후한의 名節에 미치 지 못한다. 宋의 道學 외에 인재와 준걸(才傑)의 성함이 唐에 미치지 못하고, 皇明의 인물은 宋에 뒤쳐지는 점이 있는 것이 대저 그러하 다. …… 우리 聖朝 조종이 성할 때 인재가 크게 흥기하였고, 중앙 과 외부에 사람이 섰으니 그것은 翊運輔世하는 바입니다. 신라와 고려에 광명이 있었으나 그 厖厚宏博한 기는 전대에 미치지 못하는 것이 있다. 대개 世宗·成宗(成廟朝)代에 매우 성하였으며, 또 宣祖代 에도 매우 성하였고, 또 仁祖代에도 매우 성하였다. 이렇게 성한 때 를 당하면 오히려 세대를 내려감에 따라 쇠하여지는 것을 면하지 못한다. 근래에 이르러 점점 陵替(기강이 문란해짐)는 것이 보이고 회복이 더욱 묘연해졌다."(숙종 24년~45년 사이 출제 추정 책문)[308]

(ㅂ)에 제시한 책문의 주제는 인재가 세상의 수준에 따라 쇠하여 진 다는 것이다. 대체로 세대가 뒤로 갈수록 풍기 또한 이를 따라 무너지 게 되고, 그 사이에 사람으로 태어나는 자 또한 이를 따르는 것이 자 연스러운 이치여서, 지금까지 古代를 회복하지 못하였다는 것이다.

---

308) 『만정당집(晩靜堂集)』 권 12 策問 人才與世遞降
문과방목을 살펴보면 서종태가 과거 시험관으로 활약한 것은 숙종 24년부터 이므로, 이 책문의 출제 시기는 숙종 24년부터 서종태의 사망년도인 숙종 45 년 사이로 추정된다.

그렇지만 옛 일을 거슬러 보면 꼭 그렇지 않은 경우도 있음을 중국
사의 예시로 들어 설명한다. 대개 삼대三代 이후에는 삼대三代 이상의
인물을 회복한 것이 없었다고 여겨진다. 실제로 후한後漢은 전한前漢
에 비해, 육조六朝는 후한後漢에 비해 인재가 성하지 못하였고, 송宋은
도학道學 외에 인재는 당唐에 미치지 못하였으며, 명明 또한 송宋보다
뒤진다는 것이다. 보상輔相 또한 이윤과 태공망이 풍후와 역목 수준으
로 갑작스럽게 내려갈 수 없고, 촉한의 제갈공명은 전한前漢 소하蕭何
의 무리에 들어가지 못하며, 송宋의 범중엄·한기·사마광이 당대唐代
병길·위상·방현령·두여회보다 뛰어난 건 아니라고 평한다.

다음으로 우리나라 역대 조종은 성하면 인재가 크게 흥기하였고,
중앙과 외부에 사림들이 있으므로 운을 돕고 세상을 돕게 되었다고
말한다. 신라와 고려에도 광명은 있었으나 후하고 넓기는 전대 즉, 기
자조선에는 미치지 못하였다고 평하고 있다.

특히 조선의 경우 세종·성종·선조·인조대에 조정이 매우 성하였다
고 평한다. 그러나 이렇게 성한 때를 당하면 도리어 세대가 내려감에
따라 쇠하는 것을 면하지 못하게 되므로 근래에 이르러 기강이 문란
해지고 고대의 융성함을 회복하기 더욱 어려워졌다고 말하고 있다.

이처럼 영조대에는 숙종대에 이어 중국사에서는 명나라 인재들을
포함하고, 우리나라 역사에서는 고려의 인재들도 추가되어 조선성리
학적인 인재관이 확립되어 가는 모습이 보인다.

(사)-1 "황명皇明 때에 대개 위대함이 있었다. 누린 것[腥氈]을 신속하게
　　　처리하여 문장이 빛났도다. 조정[金華]을 추켜세우고 천하에 풍속
　　　을 면려하니, 인재의 성함이 한나라와 송나라를 뛰어 넘었다고
　　　할 수 있다. 그리하여 정학正學이 머리를 들고, 단지 그 인仁을 취
　　　하여 삼양三楊(양사기楊士奇·양영楊榮·양부楊溥)이 간간히 일어나

조박糟粕에 간략하게 힘써서 만년[晩暮]이 되었을 때 서애西崖(이동양李東陽)와 숙학宿學들이 반식伴食하는 자라는 비웃음을 길이 초래하였으며, 목재牧齋(전겸익錢謙益)의 아름다운 시구[麗藻]는 망국의 화를 구하지 못하였다."(영조 12년 별시 향시 추정 책문)309)

(사)-2 "(우리나라는) 왼쪽 바다에 탄환만한 작은 땅[左海彈丸]이 산과 계곡에 싸여 있는데, 은사殷師(기자箕子)가 동쪽으로 와서 문명한 지역으로 변하기 시작하였으나 구구한 역대의 조정들은 상세하게 알 수 없다. 동쪽에 도읍했던 신라 때 풍속은 오히려 훼복을 입고 변발을 하였으나[卉辮] 천년의 시조市朝에 인물이 조밀하여 혹은 글로써 이름을 울렸고, 혹은 정사로써 분명하게 드러났으니 또한 차례 대로 가리키며 말할 수 있겠는가. 송악의 나라인 고려는 정치를 승려[伊蒲]에게 전임시켰는데도 산하山河를 하나로 통합하였으며 재현才賢이 함께 모였으니 김부식金富軾·정지상鄭知常 같은 무리이다. 풍화월노風花月露의 학문으로 비록 여러 일과 공의 업에 대해 의논하여 처리하는 것은 부족하였으나, 포로圃老(정몽주鄭夢周)의 깊이 있는 학식과 목옹牧翁(이색李穡)의 웅대한 문학 같은 수준에 이르게 되었으니 이는 배운 바를 저버리지 않았으며 다 기용되는 실이 있었다고 할 수 있겠는가? 또는 이 외에 따로 쳐서 높이 올린 것을 특별히 지적할만한 것이 있는가?"(영조 12년 별시 향시 추정 책문)310)

(ㅇ) "우리 동쪽에 대해 말해보자면 신라부터 고려까지 그 사이마다 잘 다스려지고 혼란스러운 것은 모두 군자와 소인의 쓰임과 버려짐에 달려 있었으니, 곧 그 상서로움을 손가락으로 집어가며 말해줄 수 있겠는가. 아, 아름다운 우리나라 조정은 다스림이 舜과 禹[姚姒]와 같으니 현능한 자들이 비호 받고[得興], 준걸한 자들이 조정에 오르니 본래부터 소위 소인이 홀로 혼란스럽게 하는 근심이 없었

---

309) 『서주집(西州集)』 권 8 雜著 策題
310) 위의 문집

다. 그러나 기묘년과 을사년의 사화는 매우 참혹하고 가혹하였으니, 선유先儒들이 '나라가 망하기에 족하다.'라고 말하기에 이르렀고, 오늘날 선비들은 원통함을 논하는 것을 참지 못하기에 이르렀다. 인종, 명종대에 성스럽고 밝은 지혜가 서로 이어져 정암靜庵(조광조)의 관직이 복원되었으나, 단지 윤원형尹元衡의 관작을 삭제하는 것만으로는 끝내 여러 현인들의 원통하고 억울한 혼을 위로할 수 없었다. 간신배들이 (선비들은) 마구 죽인 죄를 명쾌하게 바르게 하는 것은 어떤 것인가."(영조 2년~영조 18년 사이 출제 추정 책문)311)

(사)-1과 (사)-2는 조하망曹夏望(1682~1747)의 문집 『서주집西州集』 권 8에 전하는 호남에서 치러진 영조 12년 별시 향시로 추정되는 책문의 부분이다.312) 책문의 주제는 문학文學과 정사政事로 역대 중국의 요순삼대의 고요·기·후직·설, 한漢의 소하·조참·가의·동중서·사마천·병길·반고·위상, 당唐의 방현령·두여회·양형·왕발·노조린盧照隣·낙빈왕駱賓王, 송宋의 요숭·송경·조보·도곡·낙민제현洛閩諸賢의 학문이 실제로 정사에 영향을 미쳤는지를 평가하라고 한다.

그리고 (사)-1처럼 명明이 오랑캐인 원元을 물리치고 인재가 성한 것이 한·송漢宋을 능가했다고 하면서, 정학正學이 다시금 일어났지만 삼양三楊(양사기·양영·양부)이 옛 사람의 학문을 간략하게 힘썼고, 말년의 이동양李東陽와 숙학宿學들은 자리만 차지하는 자라는 비웃음을 당했고 전겸익錢謙益은 시를 잘 썼지만 나라의 멸망을 막지는 못했다고 평하고 있다.

숙종대까지는 명대明代 학자들에 대하여 상세한 논의가 없이 그저

311) 『사촌집(沙村集)』 권 4 策問 君子與小人
312) 『서주집(西州集)』 권8 雜著 策題. 책문의 마지막 부분은 다음과 같다.
　"湖南千里之土, 素稱多士. 而矧當今日, 必有待文王而興者, 願聞章章之論可推於事者."

명대明代 학자들이 송대宋代 학자 이후의 뛰어난 인재들이라는 것이 언급된 수준이었던 것이, 영조대에 이르러서는 명대 학자들에 대한 상세한 평가가 책문에 등장함으로써 중국사의 인재관이 완성되었다고 볼 수 있다.

한편 (사)-2에서처럼 우리나라 역사에서 이상적인 인재상의 예시를 규정하고 있다. 우리나라 역사의 문학과 정치는 중국 은殷에서 기자箕子가 동방으로 넘어와 문명국가로 변하기 시작한 후 세세한 사항은 알지 못하고, 기록이 확실한 신라부터 언급하기 시작한다. 신라는 오랑캐의 풍습을 갖고 있었으나 1000년 동안 수도에 인재들이 많았고, 문학과 정치 또한 분명하게 드러났으니 이에 대하여 상세하게 논하라고 하고 있다. 승려가 정치를 하였으나 나라를 하나로 통합하였고, 김부식金富軾·정지상鄭知常 같은 인재가 나타났다고 한다. 고려 말에 이르러서도 발전한 학문으로 정치에 있어서는 분명한 측면이 있었으나 정몽주鄭夢周와 이색李穡 같은 학자들이 깊이 있는 학문을 이루었다고 평한다. 그리고 고려 시대에 이루어진 학문이 다 버려지지 않고 기용되는 실질이 있었다고 할 수 있는지, 학문과 정치 외에도 높이 이룩한 것이 있는지를 묻고 있다.

이렇듯 영조 12년 즈음에는 조선 후기에 확립된 이상적인 인재상이 성립되어가고 있음을 알 수 있다. 중국사에서는 요순대의 고요·기·후직·설, 춘추전국시대의 공자의 제자들, 한당의 소하·조참·병길·위상·방현령·두여회·요숭·송경과 가의·동중서·사마천·반고·양형·왕발·노조린·낙빈왕, 송의 낙민제현을 언급하였고, 여기에 더하여 명의 三楊·이동양·전겸익을 언급하고 있다. 그리고 이전에는 조선의 세종대만을 언급하는 것뿐만 아니라 신라시대의 인재들과 고려의 김부식·정지상, 고려 말의 정몽주와 이색이 언급된다.

그리하여 (ㅇ)이 출제되는 영조 2년~18년(1726~1742) 사이에는 중종대 학자들이 이상적인 인재상의 예시로 편재되기 시작한다.[313] 책문의 주제인 군자·소인의 대립인데, 조선의 군자는 조광조이고 소인은 윤원형을 비롯한 훈척들로 나타나고 있다.

이렇듯 영조대에 조선 중심 인재상의 시대 범위가 넓어지게 된 것은 숙종 20년(1694)에 이이, 숙종 44년(1718)에 김장생, 영조 32년(1756)에 송시열과 송준길이 문묘 종사되면서 조선의 학통이 확립되었기 때문이다.

한편 영조대 책문에서 정암 조광조가 이상적인 조선의 인재로 언급된 후, 정조대 책문에는 본격적으로 선조대 유학자들이 인재로 언급되기 시작한다.

이러한 인재관이 반영된 책문이 정조 12년(1788) 춘시春試 책문이다. 이 춘시는 제술인 책策과 표表·강경講經을 나누어 시험을 보았으며, 책문의 주제는 학문學問으로 중국의 학통과 조선의 학통을 논하고 있다.[314]

> (ㅈ)-1 "왕양명王陽明이 격치설格致說을 개정하여 해석한 것은 왕노재와 별로 다를 것이 없는데, 노재는 도통道統에 귀의됨을 잃지 않았

---

313) 이 책문이 전하는 『사촌집』의 저자인 김치후는 숙종 40년(1714)에 사마양시에 합격하면서 정계 활동을 시작했으나, 본격적으로 활동한 것은 영조 2년(1726) 의금부도사가 되고 같은 해에 실시된 알성시에 장원으로 합격한 이후로 보인다. 영조 14년(1738) 대사간이 되어 영조의 탕평책에 반대하다가 蝟島에 유배를 갔다. 2년 후에 유배에서 풀려났고, 영조 18년(1742) 다시 대사간에 기용된 뒤, 경상도 관찰사로 부임하던 도중에 사망하였다. 김치후의 행적을 볼 때, 해당 책문은 영조 2년~영조 14년 혹은 영조 15년~영조 18년으로 추정되는데 전자가 더 유력해 보인다.

314) 『일성록(日省錄)』정조 12년 무신 1월 10일 1번째 기사

으며 양명은 이단으로 배척당함을 모면하지 못하였다. 어쩌면
어떤 것은 주가 되고 어떤 것은 종이 되는 혐의가 있는 것이 아
니냐? 왕양명 이외에 진백사陳白沙(진헌장陳獻章)나 호경재胡敬齋
(호거인胡居仁) 같은 이의 학문은 주장한 것이 어떤 학설이냐? 명
明의 학술은 설문청薛文淸(설선薛瑄)을 최고로 치는데, 그 학문의
바르고 진실됨은 과연 어느 곳에서 볼 수 있느냐? 설 문청 이후
로 학자로 자처하고 해내海內의 추앙을 받는 이는 모두 몇 사람
이나 되며, 성문聖門의 적전嫡傳을 얻은 자가 있느냐?"(정조 12년
춘시 책문)315)

(자)-2 "우리나라는 유학의 선정先正이 울창하게 일어나 오도吾道가 동
으로 왔다. 가령 오현五賢(김굉필·정여창·조광조·이언적·이황)이
탁월하여 후학의 시축尸祝을 받는 것은 실로 논의할 것도 없지
만, 나아가 고故 처사處士 서경덕徐敬德의 탐색한 공부와 고故 징사
徵士 조식曹植의 절벽처럼 우뚝 선 학문에 있어 그 순수함과 하자,
높고 낮음을 자세히 논할 수 있겠느냐?"(정조 12년 춘시 책문)316)

(자)-1을 보면 정조대 인재 관련 책문에서는 명대明代 인재관이 보다
확실하게 규정되어 있음을 알 수 있으며, 명나라 학술의 최고봉으로
설선薛瑄이 언급되고 있다. 이렇게 명대明代 학자들의 평가가 보완되
어 정조대에는 중국의 학통 계보는 공자의 제자들 – 전한의 동중서 –
수당의 왕통, 한유 – 북송의 사마광, 정호·정이 형제 – 남송의 주자, 여
조겸 – 명의 설선으로 설정하고 있다.

그런 한편, (자)-2에 나타나듯 조선 중심의 이상적인 인재상이 보다
명확해진 것을 알 수 있다. 이만수는 중종대 오현五賢(김굉필·정여창·
조광조·이언적·이황)은 그 학문이 탁월하여 의문이 없으니, 그 이후

---

315) 『홍재전서(弘齋全書)』 권 50 策問 3 學
316) 위의 문집

의 서경덕·조식의 경우 그 학문의 순수함과 결점 높고 낮음을 논하라
하고 있다.

이 12년 정시 책문에 답한 이만수李晚秀(1752~1820)의 대책이 전한
다. 이만수는 정조 12년 춘시春試 중 책策에서 1등을 하여 직부전시直
赴殿試를 얻었다.317) 즉, 이만수의 대책은 당시 정통 학풍과 그에 따른
인재관이 반영되어 있다고 할 수 있다.

> (ㅈ)-3 "『대학』의 장구는 이미 정자·주자부터 이본異本이었으니, 곧 노재
> 魯齋(왕노재)는 스승의 설을 잇지 않았다고 하면 또한 괴이할 것
> 이 없습니다. 그러나 왕양명王陽明의 격물치지格物致知에 대한 해
> 석은 비록 노재魯齋와 다를 것이 없지만 전수한 것이 이미 이단
> 이니, 작용이 또한 다릅니다. 한 쪽은 배척하고, 한 쪽은 그렇지
> 않은 것은 한 쪽만 비호하기 위해서가 아닙니다. 백사白沙(진헌
> 장)과 경재敬齋(호거인)은 홍유鴻儒(대학자)라고 말할 수 있으나
> 견해가 혹 초탈함이 결여되어 있고, 유파의 말단[末流]은 혹 병폐
> 가 많았습니다. 주관하는 바의 학문은 논할 수 없을 것 같습니
> 다. 설문청薛文淸(설선)은 학문하는 것에 있어서 바름과 공부하는
> 것에 있어서의 실질을 『독서록讀書錄』을 보면 알 수 있습니다. 그
> 러나 황명皇明 200년에 진정한 도학은 없었으니, 곧 문청文淸(설
> 선) 이후로는 신은 어떤 사람이 마땅하다고 할 수 있는지 알지
> 못합니다."(이만수의 정조 12년 춘시 대책)318)

> (ㅈ)-4 "아! 우리 조정의 도학이 전하는 바는 중화中華와 비교해도 부끄
> 럽지 않으니, 유현儒賢이 흥하여 멀리는 성송聖宋을 짝하고서 오
> 현五賢이 탁월하게 세워진 것은 실로 논의할 것이 없습니다. 서
> 경덕과 조식 두 유학자들은 송나라에 비유하자면 서경덕은 강절

---

317) 『정조실록(正祖實錄)』 권 25, 정조 12년 1월 10일 계유 1번째기사
318) 『극원유고(屐園遺稿)』 권 2 ○原集 策 答聖問

康節(소옹邵雍)이고, 조식은 자정子靜(육상산陸象山)입니다. 그 순전함과 허물은 이문성李文成(이이李珥)의 논의에 이미 있으니 신이 어찌 군소리를 하겠습니까?"(이만수의 정조 12년 춘시 대책)319)

(ㅈ)-3을 보면 이만수는 명대明代 학문 특히, 양명학이 왜 이단이 되었는지에 대해서 논하고 있다. 이에 대해서 정자程子·주자朱子가 논한 『대학』의 장구의 해석이 이전과 달리 성리학적으로 해석되었으므로 주자의 제자인 왕노재의 경우 스승인 주자의 설을 잇지 않은 것이라고 볼 수 있지만, 왕양명은 전수한 것에서 이미 이단이기 때문에 그 작용에서 차이가 있으므로 양명학陽明學은 이단으로 보아야 한다고 지적하고 있다.

그리고 명대明代 학자들에 대해서도 보다 상세하게 논한다. 진헌장陳獻章과 호거인胡居仁은 대학자라고 할 수 있지만 초탈함이 결여되어 있고 말단에는 병폐가 많았다고 지적하면서, 책문에서 명나라 최고의 학자는 설선薛瑄이라고 한 점은 동의하고 있다. 하지만 명나라 200년 동안 진정한 도학은 없었고, 책문에서 묻는 설선 이후의 학자들 중에서는 마땅한 사람이 없다고 평한다.320)

한편 이만수는 (ㅈ)-4에서처럼 조선의 도학의 전통이 중화와 비교해도 부끄럽지 않을 수준인데, 동방 오현東方五賢은 말할 것도 없고 서경덕과 조식은 각각 송나라의 소강절邵康節, 육자정陸子靜에 비유할 수 있다고 말하고 있다. 그리고 이 둘에 대한 논의는 이이李珥가 이미 하였기 때문에 더 논할 필요가 없다고 말하고 있다. 즉 이이 또한 이

---

319) 위의 문집
320) 위의 문집

들과 준하는 학자로 인정되고 있음을 알 수 있다.

정조 20년(1796) 2월에 치른 초계문신친시抄啓文臣親試에서도 명덕明德을 주제로 다루면서 이이李珥가 언급되고 있다.[321] 명덕明德은『대학』1장에 나오는 본성을 의미하는데, 이 책문에서는 송대宋代 학자 노효손盧孝孫(옥계 노씨玉溪盧氏)가 명덕을 본심本心으로 비유한 것에 대해 이이가 매우 의미 있게 여긴 것이 탁월한 견해라 하면서 이이를 송대宋代 학자와 견주고 있다.[322]

이렇듯 정조대에 이르면 중국사의 이상적인 인재관은 명나라 학자까지, 우리 역사의 이상적인 인재관은 조선 선조대까지로 그 시기가 늘어나게 된다. 그리하여 중국 유학자들의 학통을 상의 부열-한의 동중서·사마천·왕통, 한유-북송의 사마광·정자 형제·소강절·육상산-남송의 주희-명의 설선으로 잡고 있다. 조선은 동방 오현東方五賢-서경덕과 조식의 학맥을 지속적으로 강조하고 있다. 그리고 율곡 이이 또한 동방 오현東方五賢과 서경덕, 조식을 잇는 대유학자로써 이상적인 인재상으로 등장하고 있었다.

---

321) 『일성록(日省錄)』정조 20년(1796) 병진 11월 28일 4번째 기사
322) 『홍재전서(弘齋全書)』권 56 雜著 3 問明德 抄啓文臣親試
    "德亦釋之以心耶. 下一德字, 便不可單以心稱之. 玉溪本心之喩, 近世儒者如李文成輩, 甚昧之, 此乃文成見得之卓乎."

제2장 『성학집요』 이해 심화와 군신관의 재정립

1. 갑술환국 이후 군신관계의 재정립

기사환국이 일어나면서 서인이 대거로 실각하고 남인이 다시 정권을 주도하게 되었다. 숙종 15년(1689) 계비인 인현왕후의 소생이 없는 상태에서 후궁인 희빈 장씨가 왕자를 낳았는데, 숙종이 이 왕자를 원자로 삼으려고 하자 서인이 이를 반대하였다. 그리하여 서인의 원로인 송시열, 김수항은 사사되고 서인 인사들의 대다수가 파직되거나 유배를 갔다. 그리고 인현왕후가 폐위되고 희빈 장씨가 중전의 자리에 올랐다.

남인이 정권을 주도하는 동안 서인이 진행하던 여러 개혁들이 지연되고, 이이와 성현이 문묘에서 출향되어 『성학집요』가 경연에서 읽히는 것이나 인용되는 것도 중지되었다.

그렇지만 조선성리학의 흐름을 막을 수는 없었고, 남인 세력의 반대에도 불구하고 의리명분론에 입각한 정통론에 따라 사육신이 추숭되었다. 그리고 갑술환국甲戌換局을 통해 남인들이 완전히 실각하고 서인이 정권을 완전히 장악하게 되자 『성학집요』가 경연과목이 되었고, 충신열사 추숭 사업 또한 더욱 착실하게 진행되어 단종이 복위되었다.

이렇듯 숙종대에 이르러서는 전대에 『동호문답』에서 추구하는 임금의 마음공부를 중시하고 이를 위해서 현명한 인물을 재상, 대간 등

으로 삼아 정사를 맡기는 것에서 점차 임금이 군신관계에서 더욱 부
각되어 임금과 군신의 의를 더욱 강조하는 방향으로 변화하였다.323)

그리고 갑술환국으로 서인이 완전히 정권을 장악하면서 이이가 문
묘에 복향 되자, 『대학연의』에 이어 『성학집요』가 경연의 과목으로강
론되었다.

한편 숙종대 환국을 통해 정권을 주도하는 세력이 급변하면서 주
도 세력 출신이 산림 경연관에 임명되어, 숙종대를 주도하였다.

숙종 18년에는 남인 정권에서는 이현일李玄逸이 찬선으로 있었고,
갑술환국 이후인 숙종 21년에는 서인 윤증尹拯이 찬선·권상하權尙夏
가 진선으로 있고, 권상하가 찬선·제주를 겸하면서 호조참판·대사헌
을 겸하면서 산림 재상으로 정계를 주도하였다.324)

하지만 숙종대 환국 정치에 따른 경연관의 잦은 교체는 '스승으로
써 임금을 가르쳐 바른 정치를 하도록 인도하는' 산림의 위치가 상대
적으로 격하되었고 '임금의 신하'라는 인식이 드러나기 시작하였다.

숙종 28년(1702) 별시 책문은 이러한 상황이 반영되어 있다.

> (가) "易을 지은 자는 상하의 정으로써 교통하니, 비유하길 하늘과 땅이
> 서로 교통하는 것에서 미루어 재성보상財成輔相(지나친 것은 제어
> 하고 미치지 못하는 것은 서로 보완하는 것)을 지극히 하였다. 이
> 처럼 군신의 정과 뜻은 교우하지 않을 수 없다. 그러나 옛날 일을
> 두루 상고해보면 혹 차이가 없지 않다. 순 임금의 조정[虞廷]에서는
> 임금과 신하가 정사를 논하고, 상나라에서는 신하가 임금에게 숨

---

323) 윤정, 「18세기 국왕의 文治사상 연구 : 祖宗事績의 재인식과 繼志述事의 실현」,
　　　서울대학교 대학원 박사학위 논문, 2007, 435쪽; 지두환, 「영월과 조선성리학」,
　　　『조선성리학과 문화』, 역사문화, 2009, 269쪽
324) 지두환, 「朝鮮後期 經筵官 職制의 變遷」, 『한국학논총』 28, 2006, 105쪽

김없이 말하여 그 다스리는 효험이 융성하였으니 실로 재성보상財成輔相에 견줄 수 있다. 그러나 환공이 이오夷吾(관중)를 대할 때 훈욕薰浴을 더하기에 이르렀고, 소열제昭烈帝(유비)는 공명公明을 대할 때 스스로 물고기와 물[魚水]에 비교하였으나 공은 인을 가탁하는 것에 그쳤고 업은 중흥하지 못하였다. 어찌 그 정과 뜻에 도리어 교통함이 미진하여 그리된 것이 아니겠는가. 이처럼 우리 영릉英陵(세종) 때에 황희·허조를 만나 잘 다스리는 것에 이르고 업이 성대하게 되어 본조 300년 중 가장 좋은 때가 되었으니 거의 우상虞商 때의 군신과 같다고 할 수 있다. 이후 성렬列聖 사이에 심복[心膂]을 삼아 의탁하는 분들이 계셨으나 치리治理하는 것에서 작은 손색이 있음을 면치 못하셨으니, 또한 후대 사람들이 옛날 사람들에게 미치지 못하기 때문이 아니겠는가."(숙종 28년 별시 책문)[325]

(가)에서 제시한 책문의 내용은 크게 세 부분으로 구분할 수 있다. 먼저 『주역』 태괘泰卦 상전象傳의 구절을 인용하여 하늘과 땅이 서로 교통하여 재성보상財成輔相하는 것이 지극한 것처럼 군신의 정 또한 그러하다고 지적한다.

중국사에서는 요순삼대堯舜三代와 그 이후의 군신관계를 비교한다. 우선 순舜의 조정에서는 임금과 신하가 정사를 논하고, 상商에서는 신하가 임금에게 숨김없이 말하여 그 보완하는 효험이 융성하였고 본다. 그런 반면 제 환공齊桓公은 관중管仲을 맞이하기 위하여 훈향薰香을 여러 번 쬐고 몸을 번 여러 번 씻는 정성을 다하고, 유비는 제갈량과 자신의 관계를 물과 물고기에 비유하면서 군신관계를 돈독히 하려고 한 점은 인정하고 있다. 하지만 그 공은 인仁을 가탁한 것이고 업을 중흥하지 못하였는데, 그 이유는 그 정과 뜻의 교통함이 미진하였기 때문이라고 평한다.

---

325) 『죽천집(竹泉集)』 권 8 策問 壬午別試殿試策問

다음으로 조선의 경우, 세종 때 황희와 허조를 만나 잘 다스린 것이 거의 순舜의 조정과 상대商代의 군신관계와 같았는데 그 이후의 선왕들에게도 심복으로 삼은 신하가 있었으나 다스리는 것에 있어서는 분명한 차이가 있으니 이는 후대 사람이 옛사람에게 미치지 못하기 때문이라고 평한다.

그리고 숙종이 재위하고 있는 현 조선에서도 조정 신하들의 진퇴가 많은데, 그 전후로 위임하는 자가 없어 어긋나는 것이 많고, 이로 인해 위아래가 통하는 아름다움이 없어서 막혀서 통하지 않게 되는 우환이 생겨났음을 언급한다. 순舜의 조정처럼 신하들이 기뻐하여 정치가 잘 다스려지는 것이나 신하들이 서로 배우는 것이 없을 뿐만 아니라 편파된 것과 다시 넓힌 공에 대해 논할 자도 없으니 음양이 조화롭지도 못하게 되었다고 지정하고 있다. 이러한 폐단이 발생한 것에 대하여 임금이 임명하는 도가 잘못된 것과 함께 신하들이 임금을 섬기는 도를 다하지 못하기 때문이라고 평하고 있다. 마지막으로 이를 해결하기 위해서는 막힌 것을 다시 통하게 하여 군신의 의를 다할 수 있는지를 묻고 있다.

이 책문에서도 군신의 의가 어긋난 것은 임금이 임용을 잘 하지 못한 것뿐만 아니라 신하들이 임금을 섬기는 도리를 제대로 하지 못했다는 점 또한 지적하고 있다.

이렇듯 숙종대부터 『성학집요』에 기반을 둔 조선성리학적 군신관이 보다 정착하기 시작하였다. 그리고 영조대에 이르러서는 이이의 『성학집요』의 군주론이 본격적으로 수용되면서 붕당朋黨 중심의 정치에서 군주 중심의 군사론君師論으로 변화하게 되었다. 그리하여 군신관의 재조정이 필요하게 되었다.[326)

한편 영조대에는 경연관 찬선·진선·자의로 산림이 초빙되어 경연을 주도하며, 겸참선제도가 시행되고 진선이 당상관으로 승격되었다. 특히 영조가 탕평책을 행하면서 노론 산림이 중점적으로 경연관에 초빙되어 정국을 주도해 나갔다.[327)

그렇지만 영조대부터는 군사론君師論의 발달에 따라 이전 시기하고는 다르게 군신 관계의 구체적인 예시를 드는 책문과 대책은 줄어들고 '근본적인' 부분을 지적하고 있다. 특히, 추상적인 요소인 '봄', '거처' 등 조선성리학에서 이상적으로 생각하는 '근본적인' 군신 관계를 이룩하고자 하는 모습이 보인다.

(나)-1 "아아. 사람은 하늘에 봄이 있는 것만 알고 사람에게 특별하게 따로 봄이 있는 것은 알지 못합니다. …… 이처럼 사람이 봄이 되는 것은 곧 그 아는 것을 즐거워하는 것입니다. 그 상서로움을 빛내는 것입니다. 그 즐거움을 화평하게 하는 것입니다. 그런즉 인애仁愛와 자량慈諒은 봄의 덕입니다. 개제愷悌와 온공溫恭은 봄의 모양[象]입니다. 예악시서禮樂詩書는 봄의 문文입니다. 군신君臣, 부자父子, 부부夫婦, 곤제昆弟, 사우師友, 빈주賓主는 봄의 논의입니다. 이는 한 사람만을 위한 봄이 아니라, 만성萬姓에게 같은 봄입니다. 이는 한 나라만을 위한 봄이 아니라, 사해四海에게 같은 봄입니다. 이는 한 때를 위한 봄이 아니라, 100세百世에게 같은 봄입니다. 마침내 확충되는 것이 크고, 공화功化되는 것이 깊어 음양의 기에 이르러 날이 갈수록 더욱 화합되고, 발생하는 화

---

326) 이러한 영조대 군신관의 재조정과 연관되어 『삼강행실도』의 再刊에 주목한 연구가 있다. 이근호는 『조선후기 탕평파의 국정운영』(민속원, 2016)에서 『삼강행실도』의 재간을 통해 父子의 원리와 君臣의 원리를 일치시켜 '君父一體論', '忠孝一體論'를 통해 군신 간의 의리를 강조하였다고 보았다. 하지만 영조의 '군사론'은 단순한 왕권 강화만을 위한 것만이 아닌 조선성리학에 기반을 둔 문화 융성에 있어서 필수적으로 나타나는 변화라고 할 수 있다.

327) 지두환, 「朝鮮後期 經筵官 職制의 變遷」, 『한국학논총』 28, 2006, 111~114쪽

化에 이르러서는 날이 갈수록 더욱 성하니 곧 천지天地가 이로부터 자리를 잡습니다."(홍봉주의 영조 49년 홍양동시 대책)328)

(나)-2 "돌아보니 우리 동국東國은 봄의 방위에 거하니, 봄의 덕을 받은 것이 곧 크게는 국가 전역 안에 이르고 멀게는 만세의 사이에 이르러 거의 길이 지극히 화하는 봄에 있었는데, 오히려 미연未然한 것이 있었습니다. 다른 것은 없고 다만 하늘에게 봄을 구하는 것은 알지만, 사람에게 봄을 구하는 것을 알지 못했기 때문입니다. 어리석은 제가 이 설을 얻은 것이 오래 되었습니다."(홍봉주의 영조 49년 홍양동시 대책)329)

(다) "사람이 인의仁義에 거한다는 것은 그 몸에 거하는 것입니다. 예악에 거한다는 것은 그 쓰임에 거하는 것입니다. 사농공상士農工商은 그 위치에 거하는 것입니다. 부자父子, 군신君臣이라고 그 분수를 각각 정하니, 거하는 도는 하나라고 말할 수 있습니다. …… 효孝와 자慈는 부자父子가 거하는 것입니다. 인仁과 경敬은 군신君臣이 거하는 것입니다. …… 건괘乾卦가 대개 모두 양덕陽德인데 구오九五는 존귀함에 거하고, 구이九二면 곧 비천함에 거하니, 군신君臣의 지위가 다르고 존귀의 질서가 나뉘어 있습니다. 이는 어찌 족히 거居자의 설과 더불어 논하는 것이겠습니까? …… 왕의 일은 매우 바빠서[鞅掌] 마구 달리면서 묻고 다니니, 곧 '훌륭한 사자로다, 훌륭한 사자로다!'라고 불린다면 부지런히 임금을 돕는 신하라고 할 수 있을 것입니다."(홍봉주의 용담동시 대책, 영조 35년~정조 7년 사이 출제 추정)330)

(나)-1과 (나)-2는 영조 49년(1773) 홍양동시興陽東試의 봄[春]을 주제로

---

328) 『석애선생문집(石崖先生文集)』 권 4 策 問春云云
329) 위의 문집
330) 위의 문집

다룬 책문에 답한 홍봉주洪鳳周(1725년~1796)의 대책이다.

이 책문에서 언급된 '봄'은 단순히 자연현상이 아닌 생명이 화동하는 시기이고 방위로는 동東이며, 인의예지仁義禮智 중에는 '인仁'이라는 점을 말하고 있다. 그렇기에 사람에게도 따로 '봄'이 있다고 하면서 다음과 같은 예시를 들고 있다. 인애仁愛와 자량慈諒(자애롭고 믿음직함)은 봄의 덕이고, 개제愷悌(화평하고 단아함)과 온공溫恭(온화하고 공손함)은 봄의 모양이며, 예악시서禮樂詩書가 봄의 문文이라고 말한다. 한편 군신, 부자, 부부, 형제, 스승과 제자, 주인과 손님의 관계 또한 봄의 논의라고 하고 있다. 그리고 사람의 봄은 만민에게, 온 세상 사람들에게 같은 것이라고 말하고 있다.

이를 중국사에서 예시로 들어 중국 고대에는 요순堯舜-하우夏禹-성탕成湯-문왕文王·무왕武王으로 봄이 전해지다가, 춘추시대 오패五霸에 이르러서는 비바람이 몰아치고 눈과 서리가 이는 겨울이 왔다고 평하고 있다. 그러면서 요순이 있었기에 고요·후직·설 같은 신하들이 '봄' 같은 태평성대를 만들 수 있었고, 탕은 이윤이 있어서, 은나라 고종은 부열이 있어서, 주나라는 주공·소공·필공·굉요 같은 신하가 있어서 태평성대를 이룩할 수 있었다고 말하고 있다. 그리고 주나라가 쇠한 뒤에는 공자, 안자顏子(안회), 맹자가 봄을 이룩하였고 한나라 때에는 소하와 조참이, 당나라 때에는 방현령과 두여회가, 송나라 때에는 한기와 부필이 봄을 이룩하였으나 이윤·부열·주공·소공의 봄을 향한 것은 아니었다고 평하고 있다. 그리고 오직 염락제현濂洛諸賢 중에서 정호·정이 형제, 주자가 공자와 맹자의 봄에 준한다고 보고 있다.331)

331) 『석애선생문집(石崖先生文集)』 권 4 策 問春云云
　　"堯以是春傳之舜, 舜以是春傳之禹, 禹以是春傳之湯, 湯以是春傳之文武, 則文武之
　　於禹湯, 禹湯之於堯舜, 其所以揖遜而征討, 尙質而尙文者, 其爲事雖殊而其爲春則一

그리고 (나)-2에서처럼 조선은 봄[春]의 방향 즉, 동쪽에 위치하고 있기 때문에 그 덕이 나라 안에 가득하고, 봄의 화한 것이 지극한데도 사람의 봄을 구하는 법을 알지 못했음을 지적하고 있다.

(다)는 '거처居'를 주제로 다룬 영조 35년에서 정조 7년(1759~1783) 사이의 시험으로 추정되는 용담동시龍潭東試에 답한 홍봉주洪鳳周의 대책으로 군신君臣, 부자父子, 존비尊卑, 귀천貴賤의 사회적인 입장과 역할 관계에 대하여 논하고 있다.

홍봉주는 이 대책에서 부자父子는 효孝와 지慈에 거해야 하고, 군신君臣은 인仁과 경敬에 거해야 하며, 친구는 신信에 거해야 하고, 형제는 화和에 거해야 한다고 말하고 있다.

즉, 군신관계는 인仁과 경敬으로 인식되고 있음을 알 수 있다. 여기서 '인仁'은 앞선 영조 49년 홍양동시와도 연결하여 생각할 수 있다. 그리고 임금이 부지런하고 스스로 몸을 닦아야 신하들이 잘 받들어서 나라를 이끌고 백성들이 태평성대를 누리게 될 것이라고 말하고 있다.

그리고 『주역』 건괘乾卦의 효사를 인용하여 군신관계에 대하여 논하고 있다. 건괘는 여섯 효가 모두 양효陽爻(一)인데 그 중 구오九五는 "나는 용이 하늘에 있으니 대인을 만나면 이롭다.[飛龍在天, 利見大人.]"과 구이九二는 "용이 밭에 있으니 대인을 만나면 이롭다.[見龍在田, 利見大人.]"로 되어 있다. 주자의 주석을 살펴보면 군신 간의 관계에 대

也. 降于五霸而風雨晦冥, 又降于春而霜雪震蕩, 則先聖王太和之春, 悠入於嚴冬. 世界而及至漢唐宋以來, 往往有一點碩果之陽, 潛回於順坤重閉之餘, 而或苗之未幾, 而摧剝者繼之或養之未幾. 而殞伐者加之, 殆同鄒聖. 所謂一曝而十寒, 則可哀斯民之不遇春也久矣. 若論在下而爲春者, 則其在唐虞皐陶稷契爲春, 而贊皥熙雍穆之化, 伊尹爲湯之春, 傅說爲高宗之春, 而周召畢閎之徒, 相與爲周家之春. 其協和也, 如陽春之熙噓其敷惠也."

하여 논하고 있다. 그리고 임금은 매우 바빠서 이곳저곳을 찾아다니며 묻고 다니는데, 이런 임금을 도와 훌륭한 사자使者라고 칭송을 받는다면, 훌륭한 신하라고 할 수 있다고 말하고 있다.

정조대에는 영조에 이어서 보다 근본적인 군신관을 논한다. 영조대에 군신관계를 봄, 거처 같은 추상적인 것에 비유한 것에 비해 정조대에는 군신관계를 믿음[信]으로 설정하거나 군신관계와 부부관계를 연결시키는 등 군신 관계와 사상적으로 직접 연결시키는 책문이 등장한다.

⒝ "대체로 신信이라는 한 글자는 바로 위아래를 유지하고 인심을 굳게 맺는 긴요한 도리이다. 군주는 이것으로 아래를 거느리고 신하는 이것으로 위를 섬기면 위에서는 의구심이 없으며 아래서는 흐트러지지 않게 된다. 국가가 태평한 시절에는 원수元首가 고굉股肱에 의지하고, 국가가 어려운 시기에는 수족이 머리를 감싸게 된다. 이것이 옛 성왕이 장구한 치안을 유지한 계책이다. 어쩌다 근세에 들어 인심은 곱지 않고 습속은 더욱 조작되어 군신 사이에 정리가 믿기지 않고 붕우끼리는 의심하는 풍조가 굳어져, 위는 아래를 믿지 않고 아래는 위를 믿지 않으니, 이것은 과연 인도함이 밝지 못하여 그러한 것이냐? 아니면 혹시 세도의 변화가 더욱 낮아져 그러한 것이냐?"(정조 1년 정시 책문)[332]

⒝ "그렇지만 성군과 현신이 만나는 경우는 무척 드물고 둥근 구멍에 네모난 자루처럼 서로 맞지 않는 경우가 언제나 많아서, 왕왕 박옥璞玉을 안고 월형刖刑을 당해 울거나 소인의 모함을 받아 흰 비단 같은 결백함이 더럽혀집니다. …… 이런 까닭에 예로부터 재주가 있으나 때를 만나지 못하여 애석하고 가련한 처지에 있는 자들이 항상 군신을 부부에 비겨 시를 짓고 노래하였으니, 이 말을 상서롭

---

332) 『홍재전서(弘齋全書)』 권 48 策問 1 信

지 못하다고 여기는 것도 마땅합니다. 그러나 『시경』 삼백 편 가운데 군신을 부부 사이에 비유하여 노래한 시편이 혹 완곡하고 충후하여 정성正聲이 되고, 혹 처절하고 비통하여 변음變音이 되었습니다."(윤기의 모의 대책) 333)

㈐는 정조 1년 정시 책문으로 군신 간의 신뢰에 대하여 논하고 있다. 군신 관계에 있어서 믿음[信]이 중요하다는 점을 강조한다. 근본적으로 믿음은 위아래를 유지하고 인심을 맺어주는 도리라고 하면서 군신이 서로 이를 잘 갖추게 되면 흐트러지지 않게 된다는 것이다. 그렇기 때문에 태평한 시절에는 군주가 신하를 의지하고, 어려운 시기에는 신하가 군주를 보호하였기 때문에 잘 다스려졌다는 것이다. 이와 대비되게 현 조선에서 군신 사이는 물론이고 친구끼리도 믿음이 사라져서 인심과 풍습이 좋지 않게 되었으니, 그 원인이 임금이 제대로 인도하지 못했기 때문인지 세도의 변화가 낮아져서 그런 것인지를 묻는다. 마지막으로 어떻게 해야 임금부터 백성들까지 믿음이 있어 인심이 가득하게 되고, 치도가 제대로 이루어질 수 있는지를 묻고 있다.

㈑는 윤기尹愭의 『무명자집無名子集』 책 7에 전하는 의疑 즉, 예상 문제와 그에 대해 답변한 것이다. 직접적인 시험은 아니지만 정조대의 책문 경향을 알 수 있다는 점에서 중요한 자료라고 할 수 있다. 가상 책문의 내용은 매우 간략한데, 옛 사람들이 군신君臣을 부부夫婦에 비유한 것이 많다는 것이다.

윤기는 대책에서 맨 먼저 『대학』1장의 수신제가치국평천하修身齊家治國平天下를 들어 가정이 있으면 부부가 있고, 나라와 천하가 있으면

---

333) 『무명자집(無名子集)』 책 7 策 以君臣比夫婦

군신이 있음을 언급한다. 즉, 가정과 국가는 서로 연결되어 있기 때문
에 예로부터 군신을 부부에 비유하게 되었다고 말하고 있다.

특히 현실에서 성군과 현신이 만나는 것이 매우 어려워서 충신이
자신의 정성을 토로하지 못하고 억울한 형벌을 받거나 소인小人의 모
함을 받고도 토로하지 못한 마음과 버림받은 여인이나 과부의 상심
은 동등하게 슬프다고 여겨져서 군신 관계가 부부 관계로 비유되곤
했는데, 그 중『시경』의 시들이 이러한 관계를 가장 잘 드러냈다고 평
하고 있다.『시경』이후에는 굴원의「이소離騷」가 군신 관계를 가장 잘
묘사한 시로 제시한다. 그리고『대학』의 제가와 치국이 서로 상호보완
관계임을 강조한다. 결국 군신 관계를 부부 관계로 비유한 것은『대
학』의 수신제가치국평천하의 도에서 유래했다고 말하고 있다.[334]

즉, 정조대에 이르러서는 영조 말에 추상적인 형태의 군신관계 성
립에서 벗어나 성리학의 근본적인 원리인 수신제가치국평천하修身齊
家治國平天下의 관점에서 군신관계를 재정립하려고 했다는 것을 알 수
있다.

한편 군신관계의 이상적인 예시에 대한 논의가 완전히 끊긴 것은
아니다. 영조 32년 송준길과 송시열이 문묘文廟에 배향되었다. 그리고
정조 2년에는 송시열을 효종 묘정에 추배追配하고, 송시열을 주자朱子
에 비견하는 성인聖人으로 추숭하면서 정조 자신이 쓴『양현전심록』
과「우암집어제서문」을 기반으로 유문과 연보를 추가한『송자대전』을

---

334) 『무명자집(無名子集)』책 7 策 以君臣比夫婦
　　"저는 매양『대학』의 차례에서 제가·치국이 상호 보완적인 관계에 있음에 느
　　낌이 있었습니다. 또 志士가 시대를 만나지 못하여 한갓 구구한 比興의 시문
　　만을 남긴 것에 대해 개탄하지 않은 적이 없었습니다. 지금 집사께서 이제 이
　　것을 가지고 비유하여 질문해 주시니, 이는 修身齊家治國平天下의 도를 듣고
　　싶으신 것입니다. 이것이 또 어찌 성세의 상서로움이 아니겠습니까."

간행하도록 명하였다. 이를 통해 효종孝宗과 송시열이 새로운 군신관계의 모범으로 성립되었다.

그리고 궁극적으로 추구하는 임금이 스스로 수양을 통해 요순 같은 성군이 되어 신하들을 가르치는 '君師' 의식이 자리잡아갔다.

2. 『성학집요』 기반 군사론君師論 확립

영·정조대는 임금이 스승이 되어 신하와 백성들을 교화하고 인도하는 '군사君師'를 지향하였다. 영조의 '군사론'은 단순한 왕권 강화만을 위한 것만이 아닌 조선성리학에 기반을 둔 문화 융성에 있어서 필수적으로 나타나는 변화라고 할 수 있다. '군사君師'라는 표현 자체가 이이李珥가 저술한 『동호문답』의 논군도論君道에 나오는 표현으로, 즉 요순堯舜과 같은 임금이 되는 것이 우선이고 현신을 등용하는 것은 다음의 일이 된 것이다.335) 이를 위하여 영조는 경연經筵을 통해 학문적인 역량을 갖추고 여러 어제서御製書를 반포하여 정치와 국정운영의 방향을 제시하였다. 이는 탕평책蕩平策과 균역법均役法으로 나타났다.336)

영조 50년(1774) 현량과 책문에서는 군사君師에 대하여 언급된다.

---

335) 이이 저, 정재훈 역해, 『동호문답 조선의 군주론, 왕도정치를 말하다』, 아카넷, 2014, 28~29쪽
    "손님이 물었다. 「선생 말이 맞습니다. 옛 사람 가운데 그런 경우가 있었습니까?」, 주인이 대답했다. 「옛날에 오제삼왕(五帝三王)은 총명하고 슬기로운 자질을 가지고 천명을 받아 군사(君師)가 되었는데, 백성을 잘 다스려 다툼이 없도록 하였고, 잘 길러서 부유하게 하였고, 잘 가르쳐 보편적인 인륜[彝倫]이 밝혀지도록 했습니다. 일곱 별[七曜]이 하늘의 궤도를 따르고 다섯 가지 징조[五徵]가 때맞춰 나타나니 천지가 제자리를 잡고 사람의 도리가 세워졌습니다. 이것이 이른바 재능과 지혜가 뛰어나 왕도를 행한 경우입니다."
336) 정재훈, 「영조의 제왕학과 국정운영」, 『韓國思想과 文化』 77, 2012, 142~144쪽

(ㅂ) "아. 주자[紫陽]의 『대학』 서문序文에서 어찌 말하지 않았는가. 삼대
三代 이후 군주를 만들고, 스승을 만드는 것은 군사君師 하나였는
데 아! 그 후에는 어찌 둘로 구분되었는가. 사도師道는 아래에 있
으니, 내가 비록 엷은 덕이더라도 이를 생각하니 깨닫지 못하는
사이에 개탄한다. 주자[紫陽]의 『소학』에 이르기를 '무릇 (성誠은)
그 처음이 선하지 않음이 없다.'고 하였으니, 이로써 보건대 성인
聖人과 중인衆人의 그 性은 하나인데, 이처럼다른 것은 어째서인
가?"(영조 50년 현량과 책문)337)

(ㅂ)에 제시한 책문의 일부를 보면 주자의 『대학』 서문序文을 들어 삼
대三代 이후에 군주를 만들고 스승을 만드는 것은 '군사君師'로 하나
였는데, 그 이후에 어째서 군君과 사師가 분리되었는지를 묻고 있다.
영조 본인은 임금이므로 군君의 도리는 따르려고 하고 있는데, 사師의
도리는 아래에 있어서 이를 생각하면서 개탄하고 있다는 점을 언급
한다. 그런 한편 『소학』을 인용하여 성인聖人과 중인衆人의 성性은 하
나인데 그 행적에서 다름이 나타나는 이유는 무엇인지를 묻고 있다.
　이렇듯 영조대의 군신관계는 『성학집요』에 기반하여 임금이 보다
중심이 되고, 마음 수련을 통해 현명한 인재를 알아보고 신하로 삼아
그 가르침을 받는 16~17세기의 군신관에서 더 나아가 임금이 스승이
되어 신하들을 가르치는 군사君師를 추구하였음을 알 수 있다.
　그러나 책문에서 직접적으로 군사君師를 칭하지 않았으며 그 원리
를 찾고 있는 것을 보면 군사론君師論이 아직 확립되어 가는 단계였음
을 알 수 있다.
　정조는 영조의 군사君師 사상을 그대로 이어받았다. 특히 이이의

---

337) 『승정원일기(承政院日記)』책 1347(탈 초본 책 75) 영조 50년
　　1월 9일 계해 24번째 기사

『성학집요』를 매개로 하여 이이를 조선성리학의 완성자로 평가하면서 주자朱子에 견주면서 그 위상을 공고히 하였다.[338] 정조는 규장각奎章閣을 설치하고 초계문신제抄啓文臣制를 실시하여 지지기반을 확보하고 이들과 함께 문화정책을 추진해나갔다.[339]

정조대에는 이러한 군사君師 인식이 직접적으로 책문 형식에서도 나타난다. 전대인 영조대에 비해서도 책문의 내용이 복잡해지고 길이가 길어졌는데, 실제 『홍재전서』권 49~52에 전하는 정조 어제 책문을 보면 이전 시기에는 과거 응시자가 대책에서 답변해야 하는 지적사항이나 관련된 상세 정보, 이에 대하여 이미 논해진 해결책 등을 미리 책문에서 언급하고 있다.

이는 정조가 영조대의 군사君師 인식을 수용하여 자신이 스승으로써 신하들을 가르치고 주도해야 하는 존재여야 했고, 이것이 책문에도 반영되었다고 볼 수 있다. 즉, 정조는 자신이 문제점의 대략만을 알고 있을 뿐만 아니라 당시에 논해지는 모든 정보를 수용하고 있음을 보이고 있다고 할 수 있을 것이다.

그리고 정조대 책문에서는 정조 자신의 군사君師로서의 입지를 강조하기도 한다.

(사) "내가 군사君師의 지위에 있으면서 교육 방법에 생각이 간절하여 멀리는 도덕 성명과 가까이는 명물名物 자구字句를 반드시 실오라기나 모발까지 분석하여 남긴 문제가 없게 하려고 하나, 의리는 무궁하고 사람의 견해는 한계가 있어서 지금까지 그러한지 아닌지, 따라야 할 것인지 말아야 할 것인지를 결정하지 못하고 있는

---

338) 윤정, 「正祖의 『大學』 이해와 君師 이념」, 『역사문화연구』 65, 2018, 77쪽
339) 정옥자, 「조선왕조의 문예부흥 : 정조와 규장각」, 『지식기반 문화대국 조선』, 2012, 221쪽

것이 한두 가지가 아니다."(정조 15년 8월 22일 칠석제七夕製 겸 초
계문신 친시 책문)340)

㈜ "내 비록 덕이 없으나 군사君師의 지위에 있으니 이를 위하여 깃발
을 세우고 맹세의 명령을 내려 진위를 가리고 시비를 헤아려 혼탁
한 일대의 문풍과 선비의 취향을 개정하고 돈박하게 되돌리는 것
은 직분상 당연한 것이다."(정조 15년 11월 3일 초계문신의 친시 및
반유泮儒의 응제 책문)341)

㈜는 정조 15년(1791) 8월 22일에 칠석제七夕製 및 초계문신 시험에
서 출제한 논어論語 책문이고, ㈔는 같은 해 11월 3일 초계문신과 반유
泮儒를 시험한 속학俗學 책문이다. 이 두 책문은 다른 정조대의 다른
책문들과는 다르게 직접적으로 정조 자신이 군사君師임을 강조하는
내용을 책문에 담고 있다.

이는 영조 50년(1774) 현량과 책문에서 군사君師의 원리에 대해 묻
던 것에서 더욱 발전하여 임금이 직접적으로 군사君師로써의 입지를
인재 등용에 있어서도 드러낼 수 있게 되었다는 점을 보여준다.

---

340)『홍재전서(弘齋全書)』권 50 策問 3 論語
341)『홍재전서(弘齋全書)』권 50 策問 3 俗學

제3장 양역 논의와 조용조 10분의 1세 체제 완성

1. 영조대 균역법 시행

숙종대에 대동법이 정착되면서 양역에 대한 논의가 본격적으로 진행되었다.

양역 관련 논의는 일찍이 세조대 군역의 봉족제奉足制와 보법保法이 중종대에 납포제納布制로 전환된 이후부터 지속적으로 논의되어 왔다. 그리고 선조 16년 니탕개의 난을 겪으면서 이에 대비하기 위하여 율곡 이이가 십만 양병설을 제창하면서, 양반호포론과 노비종량종모법을 주장하였으나 훈척 세력들에 의해 좌절되었다.

임진왜란을 거친 후 의병을 주도한 율곡 이이의 문인인 서인 세력들은 인조반정 이후 다시금 양반호포론을 제기하였으나, 두 차례의 호란 이후 정권을 주도하게 된 친청파 보수 세력에 의하여 저지되었다.

효종이 즉위한 뒤 척화파를 적극적으로 등용하여 북벌론을 추진하면서 군력 증강이 이루어지자 재정확보책으로 양반호포론이 다시 제시되었다. 이러한 논의는 효종 5년에 김육, 7년 원두표에 의해 제기되어 8년 유계와 송시열 등이 정유봉사丁酉封事 등 상소를 올리면서 구체화되었다.

하지만 효종이 재위 10년 만에 사망하고, 현종대 이유태가 당대의 시무를 종합한 기해봉사己亥封事를 올리면서 효종대 북벌론을 계속 진행하고자 하였으나 두 차례 예송에 의한 서인과 남인의 갈등으로

논의가 지연되고 말았다.342)

하지만 양역 개혁 논의의 흐름은 거스를 수 없어서 신역탕감정책身役蕩減政策·입작인 오가작통入作人 五家統法·액외교생 군관 징수額外校生 軍官 徵收 등 미봉책들이 거론되었다.

숙종 즉위 초반에는 현종 말 갑인예송에서 승리한 남인南人들에 의해 정권이 주도되어 송시열 등 서인西人이 제시하였던 개혁론이 저지되었다. 그러나 당시 중국에서 오삼계의 난이 일어나 윤휴 등 남인 세력이 북벌을 주도하고 있었으므로 호포론에 대한 논의가 다시금 진행되어 숙종 2년 양정사핵사목良丁査覈事目 10조가 시행되어 2필역으로 부담이 줄어들었다. 하지만 한정閑丁(국역을 나가지 않는 장정)을 추출한다는 명목으로 중인과 서얼 및 빈민들을 무리하게 군역에 편입시키는 등 미봉책에 불과하였다.343)

이러한 호포론 논의는 숙종 20년 갑술환국甲戌換局으로 서인이 완전히 정권을 주도하게 되면서 다시 진행되었다. 숙종 24년 김시걸이 호포제 실시를 주장한 뒤, 호포제가 좋은 법이라고 인정하면서도 급작스럽게 실시할 수는 없다는 의견이 있어 논의가 지속되었다. 그리고 2필역을 1필역으로 줄이는 방향으로 논의가 진전되어 나갔다.

숙종대 경제 관련 책문에서는 정착된 대동법의 폐단에 대한 논의와 함께 호포제 실시 논의에 대한 내용이 주제로 출제되었다.

ⓐ "공손히 생각해보니 우리나라의 성신聖神이 서로 이어져 다스림은 다 갖추어졌다. 중간에 베풀어 설치할 때 혹 한 두 개 변화된 것이

342) 한기범, 「草廬 李惟泰의 政治思想 「己亥封事」의 分析을 中心으로-」, 『百濟研究』 22, 1991, 286~287쪽

343) 지두환, 「조선후기 戶布制 論議」, 『韓國史論』 19, 1988, 364~365쪽

있었는데도 시의時宜를 짐작하여 헤아리지 못함이 없어 움직인 것
[動]이 모두 법칙에 맞아 떨어졌는데, 오늘날에 이르러 여러 병폐
가 다 일어났다. 대동법에 미쳐서는 공부貢賦를 균등하게 하기 위
함이었는데 과외科外의 역이 점차 번잡해졌다. 군문軍門에 있어서
는 환위環衛를 단단하게 하기 위함이었는데 첨정簽丁의 길이 너무
넓어졌다.……호포戶布의 뜻은 곤궁한 백성들의 인징과 족징의 폐
단을 (막기) 위함인데 갑을이 서로 쟁론하고 있다. 오늘날에 의논
하는 자 중에 혹은 대동법을 설행한 것이 비록 시폐를 구제하기
위함이라고 말하지만 법이 오래되어 폐단이 생겨났으니 토산물을
진공하는 것만 못하다. 군문을 창건한 것은 비록 중앙을 강하게 하
는 뜻을 나타내기 위함이지만 해로움이 생령에 미쳤으니 오위五衛
의 제도를 회복하는 것만 못하다.……호포戶布는 좋은 법으로 대개
당나라의 용조庸調를 본뜬 것으로 마땅히 빨리 설치하고 행하여
거꾸로 매달린 것 같은 급함을 해결해야 한다. 혹자는 대동법에 대
해 본래 백성들을 편하게 하여 은혜로운 정사와 연결되어 있으니
말류로써 폐단을 가볍게 쉬이 바꿀 수 없다고 한다. 군문軍門 또한
연곡輦轂의 친위군대로 삼는 것이니 충액으로써 갑작스럽게 바꾸
기는 어렵다고 한다.……더욱이 기전畿甸의 해로움에 있어서 호포
戶布는 비록 구급救急의 제도이지만 기강이 이미 허술해져 경솔하
게 행동하여 안팎의 원망을 초래하는 것은 마땅하지 않다고 한
다.”(숙종 40년 증광시 복시 책문)344)

(a)는 ‘문동問動’이라는 주제로 출제된 숙종 40년(1714) 증광시 복시
책문 중 경제 관련 부분만을 따로 뽑은 것이다. 이 책문에서는 먼저
대동법大同法이 공부貢賦를 균등하게 하기 위한 것이지만 원래 정해
진 바와는 다른 종류의 역이 생겨났음을 지적하고 있다. 그리고 군역
에 대해서는 첨정簽丁 즉 군적에 기록되는 장정의 범위가 넓어졌음을
지적하고 있으며, 이러한 폐단을 막기 위해서 호포戶布를 실시해야 한

344) 『손와유고(損窩遺稿)』 권 13 策問 問動

다는 의견에 동조하고 있다.

그런데 이러한 폐단을 해결하기 위해서 대동법을 개혁하거나 호포제를 실시하는 것에 있어서 갑작스럽게 바꿀 수는 없다는 의견이 등장하고 있다는 점 또한 명시하고 있다.

흥미롭게도 비슷한 시기인 숙종 39년(1713)에 중국 청淸의 강희제康熙帝가 정남丁男에게 부과되는 '정은丁銀'의 액수를 강희 50년(1711)에 편심(호구조사)한 것으로 고정하고 옹정제雍正帝 때에는 지은地銀 1냥에 10% 비율로 정은을 부과하여 사실상 정은丁銀이 폐지되는 지정은제地丁銀制가 실시되었다.

당시 숙종대 학자들도 이러한 청의 조세 개혁을 인식하고 있었으며, 실제로 청에 다녀온 학자들은 지정은제의 실시로 청의 부담액이 매우 감소하여 세금 부담이 가볍다는 칭찬하기도 하였다.[345]

하지만 숙종대 양역 개역은 중국의 은납화 경향과는 다르게 호포제戶布制를 중점으로 진행되었는데, 이는 대동법 부분에서도 언급하였듯이 은으로 부세하는 것은 백성들에게 큰 부담이라는 성리학적인 원칙과 조선의 상황을 분명하게 인식하여 합리적인 방향으로 진행된 것이라 할 수 있다.

최창대崔昌大(1669~1720)의 문집 『곤륜집昆侖集』 권 14에 전하는 숙종 20년부터 46년 사이에 출제된 것으로 추정되는 전시 책문인 (b)에서는 호포戶布에 대한 보다 상세한 논의가 제시되어 있다.

(b) "혹자는 말하기를 이를 구제할 방도는 호포戶布만한 것이 없다고

345) 『연행일기(燕行日記)』 권 4 계사년(1713, 숙종 39) 1월 24일
"蓋地每畝征銀四分四里零, 丁有三等九則之分, 大約每人征銀四戔二分九里零. 賦役之法, 大綱如此. 然其銀米各項名目, 多有難盡而知, 要之甚輕."

한다. 귀천貴賤과 존비尊卑를 막론하고 호마다 징납하면 곧 소민小
民이 크게 소생하게 되어, 족징과 인징의 한 시대의 폐단을 구제하
는 것뿐만이 아니게 될 따름이다. 혹자를 이르기를 호포戶布는 실
로 좋은 법이나 크고 작음과 성하고 쇠함을 구분하면 간사한 자들
이 침탈하는 염려[奸冒之慮]가 없지 않고, 또한 합호병택合戶倂宅의
폐단이 있어 정전丁錢을 더 상세하게 하여 폐단이 없게 하는 것만
못하다. 혹자는 말하기를 지금에 이르러 기강이 해이해져 백성들
이 법을 두려워하지 않으니 호포戶布와 정은丁錢이 비록 좋은 법이
라고 해도 반드시 거행할 형편은 아니며 역명役名의 헐거움이 여
러 가지 모입募入과 같고, 각색 봉족俸足의 종류가 백방으로 있어
모두 역을 피하는 원천이 될 것이므로, 오늘날 마땅히 자세히 검
토하여 삭제하면 곧 양정良丁이 엄청 누적될 것이니 이로써 여러
역의 결락된 것을 보완하고, 족징과 인징의 폐단을 해결할 수 있
다고 한다. 혹자는 말하기를 이는 비록 한 때의 이익이 있을 뿐이
고 고굉賦役의 편중편경偏重偏輕은 이미 매우 다름이 있으므로, 곧
고역을 피하고 헐거운 역을 추구한다면 마침내 막을 수 없게 되니
오늘날 마땅히 신역身役과 응봉應捧의 세수를 일절 취하여 그 많고
적음을 균등하고 바르게 하는 것으로 달아나고 도망가는 근심이
없게 한다면 곧 양정良丁이 스스로 넉넉해져서 족징과 인징의 폐
단이 저절로 덜어지게 될 것이라고 한다.”(숙종 20년~46년 사이 출
제 추정)346)

(b)를 보면 호포제 실시에 대한 당시의 논의를 세 가지로 정리하여
제시하고 있다. 정리해보면 ① 호포는 좋은 법이지만 그 세세한 항목
에 있어서 간사한 자들이 침탈하여 왜곡할 수 있고, 합호合戶(호적에
따로 기재된 자손의 호구를 한데 합치는 것)이나 병택倂宅 같은 폐단
이 있으므로 정은丁錢을 상세하게 하여 실시하는 방안, ② 지금은 기
강이 해이해서 호포나 정전이 좋은 법이라고 역役을 피하는 원천이

---

346) 『곤륜집(昆侖集)』 권 14 雜著 策問 有國之要政

될 것이니 오늘날의 여러 가지 역이나 봉족을 삭제하는 방안, ③ 신역
身役과 응봉應捧의 세수를 균등하고 바르게 하는 것이다.

이렇게 숙종대에는 3필역을 2필역으로 감량하는 방향으로 진행되
었으며, 양역 논의는 영조대 균역법 논의로 이어졌다.

영조대 균역법은 과거科擧의 주제로도 등장할 정도로 중대한 시대
적 과제였다.

먼저 영조 7년(1731) 정시의 책문은 당대의 일곱 가지 폐단[七弊] 중
하나로 양역良役을 논하였다. 일전에 영조 6년(1730) 9월부터 7년 사이
에 노비종모법을 실시하여 양역을 늘리는 것에 대한 논의가 나오고
있었다.[347] 그리고 7년 노비종모법이 실시되면서 양역의 부족의 문제
는 해결 되었다. 이러한 논의가 영조 7년 정시의 책문의 주제에 반영
되었다고 볼 수 있다.

다음으로 영조 13년(1737) 별시의 책제는 양역良役 문제 자체가 주
제로 등장하였다.

이보다 앞서 영조 12년(1736) 10월 21일에 송인명이 선조대 양정어
사良丁御使를 들면서 삼남의 재해를 살펴볼 것을 건의하였고, 호서의
양정어사 이철보를 불러 논의하였다. 이철보는 '양정어사'라는 명칭
때문에 권세가들에게 투탁한 경우를 제대로 검찰할 수 없을 것이니
이름을 바꾸어야 한다고 건의하였으나 영조는 이를 받아들이지 않았
다. 조하망도 '양정良丁'이라고 명시하면 백성들이 동요하여 제대로
일이 행해지지 않으니 명칭을 고쳐야 한다고 말하였다.

---

347) 『영조실록(英祖實錄)』권 27 영조 6년 9월 20일 병술 1번째 기사
　　『영조실록(英祖實錄)』권 28 영조 6년 12월 26일 경신 3번째 기사
　　『영조실록(英祖實錄)』권 29 영조 7년 3월 25일 무자 3번째 기사
　　『영조실록(英祖實錄)』권 29 영조 7년 5월 14일 병자 1번째 기사

하지만 영조는 다른 명칭으로 양정의 일을 하는 것은 오히려 백성을 속이는 것이라고 하면서 직책명을 그대로 유지하여 실효를 알게 해야 한다고 하면서 그 명칭을 유지했다. 그리고 예시로 몇 고을을 선정하여 기존의 2필을 1필로 줄이는 정책을 폈다.348) 영조 13년 별시 책제의 주제가 양역인 것은 이러한 정황과 연결되어 있다고 볼 수 있다.

하지만 안타깝게도 위의 두 책문의 내용과 그에 대한 대책은 전하지 않고 있다.

그래도 영조대의 사회 경제 개혁에 대하여 다룬 오달운吳達運(1700~1747)의 『해금집海錦集』 권 4에 16년(1740) 증광시 회시 대책이 전하여, 영조 당시 양역 개혁이 어떠한 흐름으로 진행되었는지를 알 수 있다.

> (C)-1 "우리 왕조의 열성들은 우공禹貢의 산천을 서로 뒤를 잇고 우공禹貢의 부세를 나누는 도를 행하여 주를 세웠으니 우공禹貢의 아름다움이 아닌 것이 없습니다. 그 땅을 법규에 따라 헤아리고 그 결結을 정하니 우공의 아름다움이 아닌 것이 없으니, 곧 상上의 1등부터 하下의 6등까지 곧 우왕[禹氏]의 상상하하上上下下 제도입니다. 전세田稅·대동大同을 혹은 쌀[米] 혹은 포布로 하는 것은 곧 우왕[禹氏]께서 지역에 따라 공貢을 제정한 뜻입니다. 당연히 백성이 편안하여 재물을 부유하게 되고, 물산이 풍성하여 나라가 윤택하게 된 것이 400년에 이른 아름다움이 되었습니다. 그런데 어찌하여 지력地力에 고금의 차이가 있어 전정田政이 점차 문란해지고, 물산에 전후의 다름이 있어 공부貢賦가 균등하지 않습니까? …… 드디어 우리 숙종께서 혁연히 통탄하시어, 이내 경자년庚子年에 삼남三南의 땅을 헤아리셨으니, 성의聖意는 세금을 균등하게 하는 것에 있었습니다. 그러나 당시에 주관하는 것을 지켰으나, 오늘날은 부의 갖춤을 지극하게 하는 것을 다하지 못하였

---

348) 『영조실록(英祖實錄)』 권 42 영조 12년 11월 7일 계미 2번째 기사

습니다.”(오달운의 영조 16년 증광시 회시 대책)349)

(c)-1을 보면 오달운은 먼저 우리나라에는 이미 중국『서경』우공禹貢의 제도인 ‘10분의 1세’ 제도를 따르고 있다고 말하고 있다. 다만 고대에 행해진 제도의 뜻은 그대로 잇더라도 후세의 폐단에 의하여 그 제도가 변할 수 있음을 지적한다. 즉, 우공禹貢의 제도인 10분의 1세를 기반으로 하여 조선시대 전세는 세종대에는 공법貢法과 전분 6등법·연분 9등법을 병행하다가 인조대 영정법으로 변화하였고, 공납은 선조대부터 대동법大同法이 시행되었음을 말하고 있다. 그리하여 나라가 건국된 지 400년 간 부유하고 윤택한 나라가 되었으나, 점차 시간이 흘러 전세와 공납이 문란해지고 균등하지 않게 되었다고 지적하고 있다.

그리하여 숙종대에 전세의 폐단을 개정하기 위하여 숙종 45년(1719, 경자년)에 양전量田을 실시하여 경자양안庚子量案을 만들었으니, 그 뜻이 세금을 균등하게 하는 것에 있었다고 말하고 있다. 하지만 주관하는 것은 지켰어도 부를 갖추게 하는 것은 다하지 못하여, 땅들의 상태를 헤아려 경작이 가능한 땅에서 세금을 걷어도 세금이 부과되지 않은 땅에도 세금을 부과하는 일이 일어나고 있다고 지적하고 있다.

그 이유로 임진왜란 이후 인구 증가율이 반감하고 땅이 황폐화되었는데, 호부戶部에서 이러한 상황을 고려하여 묵히는 땅[陳田]으로 생각하지 않고 원칙대로 수십 년 간 세금을 부과하는 폐단이 오래되었기 때문이라고 보고 있다.

이를 방비하기 위하여 묵힌 밭에서 거둔 세금을 추쇄하고 있는데도 부과되는 상황은 계속되고, 장부 또한 허술한 부분이 많기 때문에

---

349)『해금집(海錦集)』권 4 策 問均賦

백성들의 원망이 많다고 언급하면서, 이렇게 묵힌 밭과 일군 밭의 세금 수취에 대한 폐단은 제도의 문제가 아니라 그를 주관하는 사람의 실책에 있다고 주장한다. 그리하여 그에 적합한 사람을 선발해야 함을 강조하고 있다. 그러므로 대우大禹 때에 활동한 현자들을 얻어서 주진군현州鎭郡縣을 그러한 현자들에게 맡기어 폐단을 잡도록 해야 한다고 주장하고 있다.

그리고 마지막으로 양역良役의 폐단에 대하여 언급하고 있다.

> (c)-2 "편미篇尾에 바칠 것이 있습니다. 집사께서는 오늘날의 폐단에 뜻을 두고 있는 것은 지극하다고 할 수 있습니다. 그러나 어찌하여 양역良役의 곤란함에는 미치지 못하십니까. 황구첨정黃口簽丁은 공부貢賦가 균일하지 않음이 심한 것이고, 백골징포白骨徵布는 진전陳田의 원한이 넘쳐난 것이니 감독해야 할 것은 여기에 있습니다. 양역良役의 폐단은 오늘날에 있습니다. 그러나 두 가지 폐단을 바로 잡고자 한다면 인재를 얻는 것 외에는 방도를 구할 수 없습니다. 그러나 인재를 얻는 것이 성하여도 또한 성상聖上의 지덕에 근본이 있는 것입니다. 군덕君德은 이미 지극하니 곧 그 진퇴의 방도로 반드시 재주가 있는 것과 재주가 없는 것을 분명하게 변별할 수 있습니다. 그 현자를 진용 하는 바 또한 지체肢體를 다 펴서 말하겠습니다. 모든 국사國事는 임금이 인仁하면 인仁하지 않은 자가 없습니다. 어리석은 저는 수용할 바가 있습니다만, 집사께서는 어떻게 생각하십니까? 삼가 답합니다."(오달운의 영조 16년 증광시 회시 대책)350)

(c)-2를 보면 황구첨정黃口簽丁은 공부貢賦가 균등하지 않은 문제이고, 백골징포白骨徵布는 진전陳田 즉, 묵힌 밭에 따른 전세와 연결된

---

350) 『해금집(海錦集)』권 4 策 問均賦

문제이니 이전부터 있어왔던 문제이므로 지금 와서 감독해야 할 것들이고, 양역의 폐단은 오늘날에 생겨난 문제라는 것이다. 그리하여 이러한 폐단을 바로잡을 수 있는 인재를 얻는 것이 중요하지만, 이 인재들이 제대로 활동하기 위해서는 군덕君德이 중심이 되어야 한다고 보고 있다.

이러한 논의를 통하여 영조 26년(1750) 5월 17일 양역 문제에 대한 해결책으로 결포론結布論, 호포론戶布論, 호전론戶錢論 등이 제시되었다. 그리고 7월 2일 양역절목良役節目을 변통하여 균역均役한다고 하교하였으며, 7월 9일 본격적으로 양역이 절반을 감해져서 1필역으로 전환되었다.

양역이 절반으로 감해지자 그 뒤에는 부족한 재정을 어디서 채울지 논하게 되었고, 7월 11일 균역청均役廳이 설치되고, 균역절목청均役節目廳이 설치되었다. 그리고 절반 감하여 부족해진 재정은 궁방전 같은 왕실재정과 어염선세漁鹽船稅와 은여결세隱餘結稅, 토지에 부과하는 결포結布를 통해 보강하였다.[351]

2. 정조대 잡세 및 구휼 정책 논의

영조대에 균역법의 실시로 조용조租庸調 10분의 1세 체제가 완성되자, 정조대에는 이러한 개혁에 의해 줄어든 세금을 보완하기 위한 잡세 논의가 진행되었다. 그리고 환곡에 대한 논의 또한 중요하게 진행되었다.

환곡은 조선 전기부터 국가의 예비곡인 군자곡軍資穀의 일부를 이

---

351) 지두환, 『조선시대 정치사 3 조선후기 후반편』, 역사문화, 2013, 86~96쪽

용하다가, 환곡의 운영과정에서 자연적 감소를 보충하는 방편으로 모
조耗條를 수취하였다. 모조耗條는 각 고을 창고에 저장한 양곡을 봄에
백성에게 대여했다가 추수 후 받아들일 때 말[斗]이 축나거나 창고에
서의 손실을 보충하기 위하여 10분의 1을 첨가하여 받는 것이었는데,
이것이 고을의 재정으로 활용되면서 이 중 일부가 지방관의 수입원
으로 이용된 것이다.

16세기에 들어서서는 전정과 군정의 수취가 고정되어 국가재정의
부족분을 환곡으로 메워지게 되었다. 병자호란 이후 삼분모회록三分
耗會錄이 시행되어 모조耗條의 10분의 3이 호조로 회록會錄되었는데,
10여 년간 운영하면서 환곡 부담이 커지자 다시금 환곡의 포흠분을
정비하고 진휼의 용도로 돌아가고자 하였는데 이 때 경기도 각 읍의
삼분모곡 가운데 절반이 상평청으로 이동되었다.

이때부터 중앙과 지방의 각 아문에서 모조耗條를 활용하여 재정을
보충하고자 환곡을 새로 설치하거나 기존의 환곡을 늘려나가기 시작
하였다. 호조, 상평청, 진휼청, 비변사 등 중앙의 중요 아문과 지방의
감영, 병영, 수영 외에도 진·보鎭·堡등에도 환곡이 설치되었고 새로운
경비가 필요할 때마다 환곡의 종류를 새로 만들어 환곡의 형태로 운
영하면서 재정에서 환곡의 비중이 더욱 커졌다. 그리하여 민중의 부
담이 매우 커졌다.352)

중국 또한 이와 비슷하게 지정은제의 실시로 세금이 가벼워지자
신사紳士 등 유력한 호에서 여러 집의 세금을 같이 내주는 포람包攬이
성행하거나, 지정액에 덧붙여진 비공식적 재정인 모선耗羨이 옹정제
때 공식화되었다. 그러나 포람에서 수입을 얻는 세력이 빼돌리는 금

---

352) 송찬섭,『朝鮮後期 還穀制改革研究』, 서울대학교출판부, 2002, 9~11쪽

액이 농민의 체납분으로 둔갑하거나, 이 외에도 추가로 징수하는 은 량의 가모나 부가세들이 많아지면서 폐단이 일어났다.[353]

정조 19년(1795) 9월 8일에는 음관을 시험한 책문과 10월 21일 초계 문신의 친시 책문에서는 환향還餉을 다루면서 당대 환곡의 문제점을 논하고 있다.[354]

책문을 살펴보면 먼저 환곡還穀과 군향軍餉은 양식과 군병을 풍족 하기 위해 설치한 것인데, 그 규모와 제도의 상세함을 들춰내 백성과 나라에 보탬이 될 수 있게 해야 한다고 말하고 있다.

다음으로 중국의 창고와 구휼 제도에 대하여 논하고 있다. 춘추전 국시대의 노·초魯楚, 전한, 후한, 촉한, 진晉, 양梁, 수, 당, 송, 원, 명의 창고들을 나열하면서 이러한 중국의 창고들이 조선의 환곡이나 군향 과 어떤 공통점과 차이점이 있는지를 묻고 있다. 그리고 상평창[常平] 을 설립한 뜻은 모든 곡식의 기준이 되어 품질과 물가, 풍흉 여부를 두고 조정하고자 한 것인데, 조선의 환곡과 군향은 이러한 기준들을 가리지 않고 거두거나 방출하므로 본래의 뜻과 어긋난 것이 아닌지 를 묻는다.

그리고 환향還餉이 민간에서 나오는 것인지 관부에서 나오는 것인 지를 묻고 있다. 주대周代에는 향리와 현도에 모두 창고가 있어 누적 되었는데, 조선은 환향을 향리에만 설치하였고 도읍에는 설치하지 않 았으니, 본래 있었다가 없어진 것인지 묻고 있다. 이와 연관되어 향餉 이나 량糧, 조적糶糴이라는 말 등은 옛날부터 나오는 것인지 '환還'이 란 글자는 조선에만 존재하는데 이것이 그 근본을 관부로 보는 건지, 민간으로 보는 것인지, 아니면 방출하는 것과 거두어들이는 것이 고

353) 김홍길, 「조세제도」, 『명청시대 사회경제사』, 84쪽·88~89쪽
354) 『홍재전서(弘齋全書)』 권 50 策 3 還餉

리처럼 순환하는 것에서 유래한 것인지도 묻고 있다.

그 다음은 정조대 환곡 책문에서 가장 주목해야 하는 부분으로 각 지역에 설치된 환곡 관련 모든 아문들을 경기, 호서, 호남, 영남, 관동, 관서, 해서, 관북 순으로 전반적으로 서술하고, 이 조직들이 설치된 기간의 연한과 조처하는 의의를 모두 일일이 쓰라고 하고 있다.

먼저 각 지역 행정별 환향의 처리 형식에 대한 것이다. 균역청이 해서와 관북 지방에만 없는 이유, 어떤 지역에서는 환곡을 비국에서 관리하고 어느 지역에서는 호조에서 혹은 각 감영에서 관리하는데 이렇게 다른 이유, 훈국미가 어떤 경우에는 회내곡會內穀와 회외곡會外穀로 나뉘는 이유, 군자창이 경기, 해서, 관서 지금에 없는 이유는 무엇인지를 묻고 있다.

다음으로 각 지역마다 환향으로 거두는 곡식에 대한 것이다. 어느 지역에서 어떠한 곡식이 생산되는지, 각종 곡식의 풍년과 흉년이 지역마다 다를 때 서로 바꾸어 대신 봉상하는 준절準折을 행하는데 이를 한다고 하면 어떤 곡식과 비교할 수 있는지를 묻는다. 그리고 곡물 가격을 상정한 것이 각 지역마다 같지 않고 같은 도에서도 관리하는 것 또한 다르지 않아 혼란하니, 중앙과 지방에서 돈으로 환산할 때 시중의 가격대로 한다면 시기를 틈타서 이익을 보는 이들을 어떻게 해야 하는지를 묻고 있다.

그리고 환향의 폐단에 조처하기 위해서 여러 정책을 내세웠는데 이렇다 할 효과가 없었음을 언급한다. 그리고 조정에서 논해지던 논의를 10개로 추려서 제시하였다.

책문에서 정조가 제시한 환곡에 대한 해결 논의는 ① 환곡을 전부 혁파하고 상평창만을 두고서 전국시대 이회李悝의 평적제平糴制로 보완하는 것, ② 송대宋代 주자朱子의 사창社倉을 회복시켜 믿을만한 인재에게 그 관리를 맡기고 국가는 잘잘못만 살피고 이익을 취하지 않도록 하는 것, ③ 사창제를 기반으로 하면서 거두는 곡식을 여섯 종류로 한정하며 각종 아문들을 혁파하고 호조에서 일제히 관리하게 하는 것, ④ 진분盡分·반분半分·가분加分·이류일분二留一分 등 환곡을 방출하는 다양한 방식들을 모두 半分으로 통합하여 실시하는 것, ⑤ 환곡을 국가에 귀속시켜서 거둔 것을 3등분 한 뒤 2등분은 회록會錄하고 나머지 1등분을 현재 있는 곳에 따라 귀속시키는 것, ⑥ 옛날 三籤의 취지를 모방하여 환향에 구애받지 않고 한 섬댕 1두 5승을 취하되 흉년의 정도에 따라 그 거두는 양을 감하는 것, ⑦ 이노고吏奴庫와 민인고民人庫를 동서에 각기 설치하여 수납하고 반급하는 것을 일체 맡기는 것, ⑧ 중앙과 지방에서 수요하는 곡식이나 금전을 모두 원래 상정한 값으로 거두면서 가감하지 않는 것, ⑨ 한 고을에서 그 담당자를 정하여 연한이 지나면 교체하는 제도를 감영과 병영 및 각진 창고 담당에게 적용시키는 것, ⑩ 대신들과 논의하여 일정한 제도를 만들어 전국에 적용시키는 것이다.

정조 19년 환향책還餉策은 다른 정조대 경제 관련 책문들과 비교해도, 그 길이가 매우 길고 내용도 매우 상세하다. 이는 당시 정조가 환곡 문제의 심각성을 인식하고 있었으며 문제점뿐만 아니라 기존에 제시되었던 해결 방법까지도 제시함으로써 이 문제에 대한 주도권을 가지고 있음을 알 수 있다.

실제로 이 시험에 답한 대책들에서 제시한 논의가 정조대 환곡 논의에 반영되었다. 정조는 음관 시험 후인 9월 29일에 음관들의 대책에서 환곡의 아문의 명목이 너무 많은 것이 가장 큰 폐단이라 지적하였다는 점을 언급하고 이에 대하여 대신들로 하여금 논하게 하였다.[355]
이에 채제공 등 대신들은 음관들의 대책에서 주장한 '아문의 명목이 복잡한 것'이 환곡의 큰 문제 중 하나인 것임을 인정하고, 道마다 분류하는 방식이 다르므로 이를 잘 살펴서 충분히 상의하여 분류하고 통합하는 방도를 잘 처리해야 한다는 점으로 논의를 모았다.

10월 21일에 같은 주제로 초계문신들을 시험한 이후에는, 20년 3월 7일 소수중蘇洙中의 상소, 3월 17일 남기만南基萬의 상소, 12월 25일 장지면張至冕의 상소에서도 환향의 폐단을 언급하면서 이 시험을 언급하는 등 정조대 환곡 정책과 연결되어 있다고 할 수 있다.

한편 정조대에는 영조대에 완성된 조세 조용조租庸調 10분의 1세 체제가 지방마다 어떻게 적용이 되는지 또한 관심사였다. 이와 관련하여 관동과 제주의 역사와 학풍, 경제 상황에 대하여 논하는 책문이 『홍재전서』에 전한다.

특히 정조 22년(1798) 호남유생을 시험하는 책문에는 정조의 호남 지역 경제 상황에 대한 관심이 보인다. 이 호남유생 시취는 정조 22년(1798) 6월 광주에서 치러졌으며, 정조가 직접 시험문제를 냈다. 합격 자는 모두 53명이었으며, 이 중 5명에게는 직부전시直赴殿試나 직부회시直赴會試(바로 회시를 볼 수 있는 자격)를 수여받거나 9품 참봉 벼슬에 제수되었다. 나머지 48명은 급분給分을 받았다. 급분이란 시험 인증 점수를 받아 그 누계에 따라 문과 회시를 볼 자격을 의미한다. 합격하지 못한 16명에게도 임금의 선물이 하사되었다.[356]

한편 이 시험 이전에 옛 유신인 박상朴祥, 기대승奇大升, 고경명高敬命, 김천일金千鎰의 집안 자손 중에서 천거할 만한 자들의 명단을 올리라고 하였는데 이 후손으로 명단에 오른 박효덕朴孝德, 기학경奇學敬, 고정봉高廷鳳은 이 시험에 합격하였다.[357]

355) 『일성록(日省錄)』 정조 19년 9월 29일 정축 17번째 기사
356) 광주광역시립민속박물관, 『1798년 광주의 과거시험(科擧試驗)』, 2015, 66쪽

이렇듯 이 시험은 지방 시험 중에서도 정조가 상당히 중요시하는 시험이었음을 알 수 있다. 책문의 주제는 호남의 자연환경, 인물, 경제, 문화 등 다양한 측면을 논하는 것이다.358)

이 책문에서 특히 정조가 주목한 것은 호남 지역에서 일어나는 경제적인 폐단이다. 때문인지 이 책문에 답한 두 편의 대책은 모두 소제목으로 '문호남칠폐問湖南七弊'라 칭하고 있으며, 이는 호남 지역이 조선의 유망한 곡창지대이며 그 때문에 경제적으로 여러 폐단을 겪고 있었음을 짐작하게 한다.

여기서는 앞서서 정리한 대로 경제 부문 중 전세, 대동법, 균역법과 관련된 부분을 중심적으로 살펴보도록 하겠다. 책문에서 논하는 칠폐七弊는 결역結役, 조적糶糴, 균세均勢, 조전漕轉, 군정軍丁, 관방關防, 법령法令이다. 이 중 결역, 조적, 균세, 군정이 조세와 관련된 부분이다.

결역結役은 전세·대동미·삼수미·결전 이외의 부가세로 지방에서 여러 비용을 마련하기 위해 징수하던 세금이다. 책문에서는 양전할 때의 도량이 다르기 때문에 혼란스러움은 없는지, 그리고 세금을 매길 때 풍작과 흉작을 고르게 하지 않고 등급을 만들어 임의대로 거두어 궁결은 편중되고, 화결火結(화전의 결수)은 지나치게 높게 측정되는데다가 결전結錢은 예전에는 없던 것인데 그 수납하는 양이 매해 증가하니 관리들의 횡포로 인해 백성들이 고통스럽지 않은지를 묻고 있다.

조적糶糴은 환곡還穀으로 곡식을 비축해두었다가 흉년 때 구휼을 베풀고 풍년일 때 갚도록 하는 정책이다. 그러나 농민들의 상황을 배려하지 않고 억지로 걷거나 강제로 환곡을 분배하고, 사사로운 욕심

으로 수작을 부리는 관리들이 농간을 부리니 어떤 부분을 개정해야 하는지를 묻고 있다.

균세均稅는 균역법의 실시 이후, 부족한 세금을 보충하는 잡세雜稅를 의미한다. 이러한 균세는 균역청均役廳에 귀속시켜 사사로운 개입을 막고자 하였는데, 세액은 줄어들고 백성들은 곤궁해지고 있음을 지적한다. 선박이나 어전의 경우 그 규정이 명확하지 않아서 어민들이 피해를 보고 있고, 농민들 또한 균세에 피해를 입고 있다고 호소하고 있으니 이를 구제할 방법을 논하라고 한다.

군정軍丁(軍政)은 영조 26년(1750)에 실시한 균역법均役法 시행 이후의 상황을 이야기하고 있다. 선왕이 좋은 의도로 군포를 감량하였지만 군적에서 삭제한 것 외에도 관보官保(병역에 복무하지 않는 대신 삼베나 무명 따위를 바치는 군보軍保)가 많아져서 양정良丁은 점차 줄어들고, 어린아이와 죽은 자가 군정에 등록되는 반면 부유한 자는 면제되고 도피한 자와 노인의 역이 그대로 남아 마을 사람들이 대납하는 일도 벌어지고 있다고 지적한다. 그리고 승역僧役에 대한 언급도 나오는데, 이 승역 또한 매우 고단하다고 하여 승려들이 환속하는 일도 발생하고 있다고 지적하고 있다. 이를 해결하기 위해서는 어떻게 해야 하는지를 묻고 있다.

그리고 책문의 마지막 부분에 결역結役은 고을마다 훌륭한 수령을 얻어 다시 측량하는 것으로 공평하게 할 수 있고, 조적糶糴은 상평창常平倉을 해마다 중단하지 않는 것이 보장된 후에 논할 수 있으며, 균세均稅(잡세)는 대신 충당할 수 있는 재원이 없으면 혁파가 불가능하고, 군정軍政은 군영을 혁파하지 않고서는 그 거두는 것을 혁파할 수 없을 것이라고 말하고 있다.359)

이 책문에 대해 고정봉高廷鳳(1743~?)과 기학경奇學敬(1741~1809)의

대책이 전한다.

먼저『수촌집守村集』권 3에 전하는 고정봉의 대책을 살펴보도록 하겠다. 고정봉은 이 시험에 임홍원과 함께 공동 1등으로 합격하여 직부전시直赴殿試의 자격을 부여받았다. 그 이후 정조 24년(1800) 별시에도 급제하였다.

(d)-1 "신이 조심스럽게 살펴보니 진덕수眞德秀가『대학연의』를 수집할 때 제일 먼저 성심誠心의 요점을 다뤘고, 다음으로 변재卞才의 방도를 다루었습니다. 구준丘濬이『대학연의』를 보완하면서 인재를 얻는 것을 치치致治의 요점으로 삼았는데, 대개 모든 공적이 잘 다스려지지 않는 것은 현재賢才를 얻으면 잘 다스려지고, 여러 업무가 잘 다스려지지 않는 것은 준예俊乂를 얻어서 잘 다스려지니, 곧 오늘날의 일곱 가지 폐단의 계책은 다만 사람을 얻는 것에 있지 않겠습니까? …… 엎드려 바라건대 전하께서는 관리를 세울 때 오로지 현인으로 하십시오. 현재를 출신 성분을 가리지 않고 뽑아 각각 그 직위를 주고 그 임무를 맡게 하면, 곧 순 임금의 조정[虞朝]에 백공百工이 모두 펼쳐지고, 주나라의 오관五官이 모두 안정될 것입니다. 오로지 호남의 결역과 호남의 조적이 그 평탄함을 얻을 뿐만 아니라 팔로八路(전국)의 결역과 조적이 모두 장차 그 평탄함을 얻을 것입니다. 오로지 호남의 균세나 호남의 조전이 그 적합함[善]을 얻을 뿐만 아니라 팔로八路의 균역과 조전이 모두 반드시 그 적당함을 얻을 것입니다. 군정軍政의 그 정밀함을 얻고, 관방關防이 그 견고함을 얻으며, 법령法令이 그 엄숙함을 얻으면 옛날(의 성대함)을 다시 볼 수 있을 것입니다. 호남의 전성 시절이 어찌 훌륭하지 않겠습니까, 어찌 아름답지

---

359)『홍재전서(弘齋全書)』권 52 策問 5 湖南
    "結役可使平也, 莫要於改量. 而邑邑皆得循良而後可議也. 糶糴可使祛也, 莫便於常平. 而年年保無停輟而後, 可論也. 均稅無充代之資, 則不可以罷也. …… 軍營之不革, 而收米收布之額, 何以汰之."

않겠습니까?"(고정봉의 정조 22년 호남유생 시취 대책)360)

(d)-2 "신이 이미 득인得人으로써 오늘날의 폐단을 구제하는 도리로 삼
았으나, 오히려 밑바닥에 품은 것을 신고하지는 못하였습니다.
신이 조심스럽게 정자程子가 십사소十事疏를 올려 그 태자太子가
교유하기를 극언한 것과 주자朱子가 대사차大事箚를 올려 그 태
자를 보좌할 것을 먼저 말한 것을 보았으니, 대개 황태자[元良]
한 사람이 한 나라의 근본이 되므로 조종의 부탁이 무거운 것과
신서臣庶가 목을 빼며 바라는 것[延頸]이 있으니, 곧 교유보익敎諭
輔翼의 방도를 어찌 소홀히 할 수 있겠습니까? 부정한 사람과 거
처하면서 익숙해지면 부정한 사람이 될 수밖에 없는 것이 마치
楚에 태어나 자란 사람이 초나라 말을 하지 않을 수 없는 것처럼
곧 반드시 효제孝悌하고 문견이 넓어 도술道術이 있는 사람을 얻
어 위익衛翼하게 하여 그 덕을 훈도薰陶하여 오직 그 과실을 규잠
規箴한 후에야 익힘이 지혜와 함께 자라고, 교화가 마음과 함께
이루어지니 국맥의 영이 장구하게 될 것입니다. 삼가 생각건대
전하께서 밝게 살피소서. 신이 삼가 대답합니다."(고정봉의 정조
22년 호남유생 시취 대책)361)

(d)-1을 보면 고정봉은 호남의 일곱 가지 폐단을 해결하기 위해서는
현재賢才를 뽑아 이를 담당하는 관리로 임명할 것을 강조하였다. 그리
고『대학연의』를 인재 선발의 기준으로 삼아서 관리를 선발하고, 합당
한 사람을 얻어 직위에 임명하되, 출신성분을 가리지 말고 뽑으면 중
국 고대의 순舜이나 주나라처럼 안정되어 호남뿐만 아니라 전국의 폐
단이 나아지게 될 것이라 보고 있다.

그리고 (d)-2처럼 나라를 이어서 다스릴 세자世子의 교육에도 힘써

---

360) 『수촌집(守村集)』권 3 策 御考 王若曰云云問湖南七弊
361) 위의 문집

야 한다고 말하고 있다. 정자程子와 주자朱子가 상소하여 세자를 보좌
한 것을 예시로 들어 현재賢才를 뽑아 세자를 교육시켜야 차후에도
지혜와 교화가 이루어져 나라가 잘 다스려지게 된다는 것이다. 즉, 고
정봉은 폐단을 해결하기 위해서는 좋은 인재를 선발해서 합당한 직
위를 주어야 하고, 왕의 후대를 잘 보좌하도록 해야 한다고 주장하고
있다.

다음으로 기학경의 대책을 살펴보겠다. 그의 문집 『겸재집謙齋集』
권 2에 전한다. 기학경은 이 시험에서 분급給分을 받았고, 이후 순조
원년(1801) 증광시에 급제하였다. 당시 기학경은 61세라는 고령의 나
이였다. 다음은 그 대책의 내용이다.

> (e)-1 "아아. 신이 이미 '득인得人' 두 글자를 시대를 구하는 근본으로
> 삼았으니, 청컨대 득인得人의 도를 복원하여 조목을 펴십시오. 주
> 자朱子가 말하기를, 구현求賢은 군사君師의 책무이고, 득인得人은
> 치평治平의 기반입니다. 옛날 우리 효종대왕孝宗大王께서 입정立
> 政하여 말씀하시기를 '성심으로 현인을 임명해야 한다.' 하셨으
> 니, 이것이 전하의 가법이 아니십니까? 선유先儒가 말하기를, '요
> 순堯舜을 본받고자 한다면 마땅히 조종을 본받아야 한다.'고 하
> 였습니다. 진실로 지성으로써 현인을 구하고 관리를 인재에서
> 임명하며, 재상에 합당한 사람을 얻으면 곧 방악方岳의 직임[監
> 司]에 위명있는 자를 얻을 수 있으며, 그런즉 수령 중 청렴하고
> 정직한 자가 (직책에) 나아갈 수 있고, 수령 중 탐욕스럽고 포악
> 한 자를 (직책에서) 물러나게 할 수 있습니다. 앞서 말한 일곱 가
> 지 조목의 폐단은 구제할 방도가 없다고 걱정하지 마시고 옛날
> 의 폐단이라고 쓰지 않는 것은 수리하여 밝힐 수 있을 것이며,
> 당시의 병폐가 오래되어 개혁되지 않은 것은 교정할 수 있을 것
> 입니다."(기학경의 정조 22년 호남유생 시취 대책)362)

(e)-2 "탐욕을 금하고 (관리의) 청렴을 장려하는 것이 우리나라의 이전 彝典(변하지 않는 법도)이니 한 사람도 얼굴에 크게 새겨 유배 보 냈다고 듣지 못하였으니, 곧 탐욕스러움을 어떻게 징계할 수 있 으며 청렴함을 어찌 권면하겠습니까? 만일 득인得人의 도가 다만 '사私' 자 하나를 버리는 것에 있습니다. 오직 우리 선조대왕宣祖 大王의 전교轉教에 이르기를, '조정에 사私 한 글자를 없앤다면, 곧 수길秀吉(도요토미 히데요시)의 머리를 휘하에 둘 수 있다.'고 하였습니다.363) ...... 마음과 몸을 살펴보아 용맹함을 행하여 실 천해나가면 곧 천리天理를 밝혀서 사욕私慾이 물러나 순종하니, 지극한 정성으로 현자를 구하면 현자가 이를 수 있고, 지극히 공 정하게 사람을 쓰면 폐막弊瘼을 없앨 수 있으니 나라를 다스림에 있어서 무슨 어려움이 있겠습니까."(기학경의 정조 22년 호남유 생 시취 대책)364)

(e)-1을 보면 기학경도 고정봉와 마찬가지로 인재를 등용하여 합당 한 지위를 준다면 호남의 일곱 가지 폐단을 교정할 수 있을 것이라고 보고 있다. 그리고 인재를 구하는 것은 군사君師의 책무라고 언급하면 서, 이 시대의 임금의 이상형이 '군사君師'임을 보여주고 있다. 이는 앞서 3장에서 언급한 영조·정조대의 군신관과도 연결되는 내용이다. 그리고 인재 등용의 중요성에 대하여 효종의 말을 인용하고 있다는 점이 특이점이다. 이전 시기에는 대체적으로 중국 송나라를 이상적인 예시로 들었던 반면 이제는 조선 역사에서 그 이상향을 제시하고 있 는 것으로, 조선성리학과 조선 중화주의를 기반으로 한 답변임을 알 수 있다.

---

362) 『겸재집(謙齋集)』 권 2 策 問湖南七弊
363) 『선조실록(宣祖實錄)』 권 93, 선조 30년 10월 12일 기사 1번째 기사
364) 『겸재집(謙齋集)』 권 2 策 問湖南七弊

한편 기학경은 고정봉보다 더 나아가 인재 등용에 이어서 마음가짐의 개선을 중시하고 있다. (e)-2를 보면 득인得人의 도는 사사로움을 버리는 극기克己를 시행하는 것에 있다고 말하고 있다. 그리고 그 예시로 선조대의 일화를 언급하면서, 임금이 먼저 사사로운 욕심을 버리고 마음을 다스려야 한다고 강조하고 있다. 먼저 임금이 몸과 마음을 잘 다스면 천리가 밝아져서 사욕이 없어지게 되고, 그런 마음가짐을 가지고 인재를 구하면 현재를 구할 수 있고, 공정하게 직임을 맡기면 폐단을 없앨 수 있다고 주장하였다.

이렇듯 정조대에는 영조대 균역법의 실행으로 완성된 조용조租庸調 10분의 1세 체제에 의해 부족해진 세수를 보완하기 위한 잡세에 연관되어 환곡이 책문의 주제로 등장하였다. 그리고 22년 호남유생 시취처럼 각 지역별로 조용조租庸調 10분의 1세체제가 잘 적용되고 있는지를 검토하고 있었다.

실제로 정조 19년(1795) 시험의 경우 제출한 대책에서 논의된 사항을 실제 조정의 논의로 연결시키는 것을 통해 단순히 인재 선발뿐만이 아니라 실제 정책에도 책문과 대책이 영향을 주고 있었음을 알 수 있다.

이상으로 조선성리학을 기반으로 하는 영조~정조대의 경세관이 반영된 책문·대책을 살펴보았다.

인재관에 있어서는 숙종대부터 과거제도科擧制度의 폐단에 대한 논의가 진행되어 이에 대한 개선책의 마련이 시급해졌다. 서인이 정권을 완전히 주도하게 되는 갑술환국 이후에 치러진 숙종 20년 식년시 책문의 주제 중 하나로 과거科擧에 대한 논의가 등장하고 있다.

이러한 숙종대의 논의를 바탕으로 영조 35년 과폐이정윤음科弊釐正

綸音을 반포하여 과거科擧의 폐단을 시정하고자 하였다. 이러한 경향에 따라 출제된 영조 37년 정시 책문의 주제는 '과폐科幣' 자체이며, 영조대에 논의된 강경에 대한 논의도 드러나고 있다. 그리고 인재 선발에 있어서 정규 과거제科擧制에서 벗어나 특수 시험이 시행되기 시작되었다.

그리하여 정조대에는 이상적인 인재상을 '실재實才'로 규정하고 이를 선발하기 위하여 규장각을 건립하고 초계문신제를 시행하였는데, 이러한 사항이 책문에도 반영되어 있다. 정조 원년 증광시 책문은 규장각에 대한 것이고, 8년 동·서재 유생 응제 및 초계문신 친시 책문과 17년 강원도 공령생功令生 시취 책문은 문벌이나 신분 등에 상관없이 인재를 선발하기 위한 방도를 묻고 있다.

이렇듯 영조~정조대에 이르러서는 인재 등용에 있어서 오로지 '과거科擧'만을 고집하던 것에서 벗어나 다양한 방도로 인재 등용을 모색하고 있었음을 알 수 있다.

또 18세기에 이르러서는 명나라의 유학자들까지 포함한 중국사의 인재관이 성립되었고, 숙종대에 율곡 이이의 『성학집요』가 경연 교재가 되면서 우리나라 역사에서도 이상적인 인재관이 성립되었다.

이미 성종 말부터 우리나라 역사의 이상적인 인재관으로 세종대 황희·허조로 평가되었는데, 영조대에 이르러서는 고려시대 학자들과 중종대 학자들이 포함되었다. 영조 12년 별시 향시 추정 책문에서 중국사의 인재관은 요순삼대堯舜三代의 고요·기·후직·설, 한漢의 소하·조참·가의·동중서·사마천·병길·반고·위상, 당唐의 방현령·두여회·양형·왕발·노조린·낙빈왕, 송宋의 요숭·송경·조보·도곡·낙민제현洛閩諸賢, 명明의 삼양三楊(양사기·양영·양부)·이동양·전겸익의 학술과 정치가 어떻게 연결되는지를 평하라고 하고 있다. 그러면서 우리나라의 역사에서는 고려시대 김부식과 정지상, 정몽주와 이색을 언급하고 있다. 그리고 김치후의 『사촌집』 권 4에 전하는 영조 2년~18년(1726~1742) 사이에 출제된 것으로 추정되는 책문에서는 조선의 군자로 조광조가 언급되며 그 대척점인 소인으로 윤원형 등 훈척이 언급되고 있다. 이를 통해 영조 18년경부터는 중종대 학자들이 인재관에 포함되기 시작하였음을 알 수 있다.

그리고 정조 12년(1788) 춘시에는 중국사에서는 명대 설선薛瑄까지, 우리나라 역사에서는 동방 오현東方五賢(김굉필·정여창·조광조·이언적·이황)과 서경덕, 조식, 율곡 이이까지가 포함되었다. 이에 답한 이만수의 대책에서는 명의 최고 학자는 설선薛瑄라는 점을 인정하고 있으며 조선의 동방 오현은 말할 것도 없이 훌륭하고 서경덕은 소강절에, 조식은 육상산에 비유하고 있다. 그리고 서경덕과 조식의 평가는 이이가 이미 했기 때문에 더 논할 필요가 없다고 하면서 이이 또한 이들과 준하는 학자로 인정받고 있었다.

그리하여 영조~정조대의 이상적인 인재상은 중국사의 경우 상商의 부열傳說-양한兩漢의 동중서董仲舒·사마천司馬遷-수·당隋唐의 왕통王通·한유韓愈-북송北宋의 사마광司馬光·정자程子 형제·소강절邵康節·육상산陸象山-남송南宋의 주희朱熹-명明의 설선薛瑄, 우리나라 역사의 경우 고려高麗의 김부식金富軾·정지상鄭知常-여말麗末의 정몽주鄭夢周·이색李穡-조선朝鮮 세종대世宗代의 황희黃喜·허조許稠-중종~명종대 동방 오현東方五賢·서경덕徐敬德·조식曺植-선조대先祖代 이이李珥로 정립되었다.

이는 선조대~숙종대까지 주자성리학의 심학화心學化를 거쳐 조선성리학으로 자기화 하면서 조선의 역사, 문화에 대한 자긍심이 점차 강해졌고 영조·정조대 고유문화가 부흥하게 되자 우리나라의 인재관 또한 이와 함께 확립되었다고 할 수 있다.

군신관은 요순 같은 임금이 되어 신하와 백성을 인도하는 '君師'를 추구하게 되었다. 그리하여 우선 군신관계에 대한 근본적인 재정립이 진행되었는데, 이는 이미 숙종대에 이르러 이상적인 군신관계의 예시가 확립되고, 영조~정조대에는 임금이 군신관계의 중심이 되면서 근본적인 군신관계를 다시금 확립하고자 하는 의도가 반영된 것으로 보인다.

영조 49년(1773) 홍양동시와 영조 35년에서 정조 7년(1759~1783)에 출제된 것으로 추정되는 용담동시 대책에서는 군신관계를 '봄', '거처' 같은 추상적인 형태로 규정하고자 하였다. 이러한 논의가 진행되면서 영조 50년(1774) 현량과에서는 직접적으로 '군사君師'에 대하여 묻는 책문이 등장하였다. 하지만 영조대에는 아직 임금 스스로가 군사君師이라는 점을 책문에서는 드러내지는 않고 있다.

정조대에도 군신관계의 재정립이 진행되었는데, 영조대보다 명확하고 사상적인 것과 연결시키려고 한다. 정조 1년(1777) 정시에서는 군신 사이의 '믿음'을 논하라고 하였으며, 윤기의 『무명자집』 권7의 모의 대책에서는 군신관계를 부부관계와 연결시키고 있다. 한편 정조대에는 자신이 군사君師라는 점을 책문에서 직접적으로 드러내는데, 정조 15년(1791) 8월 22일 초계문신 친시 책문과 동년 11월 3일 초계문신 친시 및 반유泮儒의 응제시 책문의 마지막 부분에서는 정조 자신이 '군사君師'로서 이러한 책문을 출제하였음을 밝히고 있다.

경제관에 있어서는 양역이 균역법으로 개혁되어 정전제井田制에 입각한 조용조租庸調 10분의 1세 체제가 완성되었다. 숙종 40년(1714) 증광시 복시 책문을 보면 숙종 20년 이후부터 양역을 호포제戶布制로 개혁하려는 논의가 진행되고 있었다. 이러한 논의는 영조대에 본격적으로 진행되어 영조 7년(1731) 정시 책문에서는 오폐五弊 중 하나로 13년(1737) 별시는 양역 자체가 주제로 나올 정도였다. 영조 16년(1740) 증광시 회시 또한 조세전책에 대해 논하는데, 이에 답한 오달운의 대책에서는 양역의 개혁이 시급하다는 것을 강조했다.

영조대에 균역법으로 양역이 개혁되자 정조대에는 양역 개혁으로 인한 조세 수입의 감소와 이를 보완하기 위한 잡세의 폐단을 다루는 책문이 등장하였다. 정조 19년(1795) 9월 8일에 음관을 시험하고 10월 21일에는 초계문신을 시험한 '환향還餉' 책문은 당시 환곡과 군향의 역사와 의의, 각 지방에 설치된 관련 아문, 각 지방별 환향이 갖고 있는 문제점, 환향의 문제를 해결하기 위하여 그간 제시되었던 다양한 해결책들을 모두 제시하고 있다. 그리고 이 시험에 제출한 대책에서 제시된 의견을 실제 정치 논의에 적용했을 정도로 당시 경제 정책과 매우 밀접한 연관을 갖고 있다.

그리고 영조대 균역법 실시 이후 완성된 조선 후기 조세 체제가 각 지방에 잘 적용되고 있는지 또한 정조대 경제의 큰 관심사였다. 정조 22년(1798) 호남유생 시취 책문은 응시자들이 '호남칠폐湖南七弊'라고 따로 명명했을 정도로 호남 지역의 사회경제적인 폐단을 다루었는데, 그 중 5개가 경제와 관련된 것이었다. 이에 답한 고정봉과 기학경은 모두 고경명과 기대승의 후손들이었으며, 두 사람 모두 대책에서 지금의 폐단을 해결하기 위한 방도로 적합한 인재를 등용하는 것을 들고 있다. 특히 기학경의 경우 이러한 인재를 구하는 것이 '군사君師'의 책임이라는 것을 언급하고 있으며, 효종대를 예시로 들고 있다는 점에서 전대하고는 달리 조선성리학과 조선 중화주의를 기반으로 한 사회가 되었음을 알 수 있다.

제5편

순조대 이후
조선성리학적 경세관의 쇠퇴와 과거科擧

영조~정조대 고유문화를 꽃피운 조선성리학은 19세기로 넘어가면서 더 이상 시대를 이끌어갈 힘을 잃고 공리공담을 논하며 폐단을 드러냈다.

특히 조선성리학을 기반으로 한 조선 후기 체제가 붕괴되면서, 특히 수취체제가 문란해졌다. 대동법을 통해 거둔 대동미가 구휼 기능을 상실하고 국가재정비용으로만 사용되었으며, 재정적자를 대동미를 이용한 고리대금업으로 보충하게 된 환곡의 문란이 발생하였다. 그리고 균역법이 완성되어 균등한 군역부담이 시행되자 지주전호제와 신분제를 기반으로 한 조선의 봉건질서가 붕괴되어 균역법 자체도 실효성을 잃게 된다. 전정田政에서도 제도가 실효성을 잃고 백성을 수탈하는 도구로 전락하게 되면서, 19세기 삼정의 문란은 큰 사회문제가 되었다.

이를 극복하고자 정조대 홍대용洪大容(1731~1783)을 시작으로 박지원朴趾源(1737~1805)·박제가朴齊家(1750~1805)·유득공柳得恭(1748~1807)·정약용丁若鏞(1762~1836) 등 규장각 학자들이 중국 청조고증학淸朝考證學을 받아들여 북학北學 사상이 등장하게 되었다. 그리고 이들의 학문을 받아들여 추사秋史 김정희金正喜(1786~1856)가 북학사상을 집대성하였다.[365] 그리하여 농업 사회에서 상공업 사회로 발전하기 위하여 여

365) 최완수, 「秋史書派考」, 『澗松文華』 19, 1980, 22~27쪽
지두환, 『한국사상사』, 역사문화, 1998, 267~278쪽

러 개혁 정책을 내세웠다.

그러나 북학사상가들의 개혁론은 정조 사후 순조가 즉위하면서 안동 김씨, 풍양 조씨가 주도하는 세도정치에 의해 탄압당하면서 제대로 시행되지 못하였다. 흥선대원군의 아들인 고종이 즉위하면서 세도정권이 무너지고 남인계 북학사상가들이 다시금 정계에 등장하였으나, 쇄국정책이나 농업 중심의 조용조 수취체지가 상공업자에게도 확대되는 등 보수적인 형태의 개편만이 진행되었다.

이러한 보수 세력인 흥선대원군파와 개화파인 노론계 민씨 세력이 갈등하면서 제국주의 침략에 대응하지 못하고, 도리어 외세를 국내 정세에 끌어들여 결국 식민지로 전락하는 비극을 맞게 된다.

이러한 상황에서 과거제도科擧制度 또한 문란해져서 각종 비리와 부정행위의 온상이 되어 그 건강함을 상실하였다. 다만 일반적인 인식과는 다르게 이 시기에는 과거가 남설 되거나 선발인원·응시인원이 급증하지는 않았고 정조대와 유사한 수준이었다. 다만 세도정권은 직부전시直赴殿試를 통하여 자신들의 정치 기반을 안정적으로 유지하고자 하였으며, 고종대에 이르러서는 응시 제한이 해소되어 과거 시행과 선발 인원·응시 인원이 급증하게 되었다.366)

이러한 현상은 과거科擧 책문과 대책에도 반영되어, 그 내용이 매우 길어지고 실질적인 내용보다는 미사여구와 형식에 치중하는 방향으로 변화하였다. 책문의 내용이 복잡해지고 길이가 길어지는 현상은 정조대부터 나타나는 현상인데, 순조대에도 이어져 이후 책문의 길이가 길고 복잡한 내용을 담는 것이 19세기 科擧 책문의 형식으로 굳어졌다고 할 수 있다.367)

---

366) 박현순, 『조선 후기의 과거』, 265~267쪽
367) 정원용의 문집『경산집(經山集)』권 13에 전하는 순조~철종대 출제 추정 책문

19세기 인재관 관련 책문은 전반적으로 과거科擧의 폐단에 대해서 인식하고 이를 수정할 방법을 찾고 있었다. 이는 영조~정조대에 과거 科擧 이외에 인재선발을 추구하는 경향이 순조대 이후에도 이어지고 있음을 보여준다.

(ㄱ)-1 "벽옹천자辟雍天子의 학문은 예악禮樂을 일으키고 덕화德化를 펴는 바로써 천하의 사람들을 교도敎導하고, 선비로 하여금 군자君子가 되게 하는 것이다.……우리 성상에 이르러서는 문文을 무武보다 높여 다스림을 이루었고, 유학을 숭상하고 도를 중히 여기셨다. 즉위 후에 다시 선성先聖에게 아뢰어 산림山林의 선비들을 존대하고 예우하여 옥백玉帛이 번갈아 왕래하였고, 청아菁莪와 조사造士의 아름다움을 거의 스스로 겪은 것처럼 하셨다. 그러나 어찌하여 근래 이후에 사풍士風이 옛날 같지 않고, 습속은 날이 갈수록 투박해졌다. 육예六禮를 닦고 팔정八政을 가지런히 한 것은 말할 것도 없으나, 거업居業에 대해 말해보면 곧 현송絃誦이 들리지 않는데 그 일에 황희荒嬉하고 있다. 응거應擧에 대해 말해보면 곧 득실得失이 중요한데 분경奔競(엽관운동)이 갈수록 심하다. 단정하게 앉아 독서하는 자는 졸책[拙計]으로 여겨지고, 몸을 수고롭게 하고 행시를 연마하는 자는 우유迂儒(세상물정에 어두운 선비)라고 배척당하므로 400년 배양한 풍토가 헛되어 부활시켜 진작시키기를 바랄 수 없게 되어 지난 번 과장科場의 변괴에 이르게 되었다."(순조 9년 증광복시 책문)[368]

2수, 김학순의 문집『화서집(華棲集)』권 5에 전하는 순조 5년 증광시 회시 책문, 조병현의 문집『성재집(成齋集)』권 15에 전하는 헌종 10년 증광시 회시 책문, 고기승의 문집『임당집(恁堂集)』권 4에 전하는 고종대 출제 추청 책문 1수 등은 조선 전기나 영조대에 비하여 매우 길고 그 내용 또한 매우 복잡하다. 특히 경제관련 책문의 경우 그러한 경향이 더 심하게 드러나는데 이는 정조 19년 환향책의 영향으로 보인다.

368)『금릉집(金陵集)』권 14 雜著 策題 己巳○增廣覆試

(ㄱ)-2 "오늘날에 바로잡음[矯救]을 논하는 자는 그 설이 한결같지 않다. 혹은 이르기를 성균관 대사성[師儒]의 직임을 지극히 잘 택하기를 학문과 행실로써 학자들이 존경하는 자로써 하고, 사학四學의 제도를 밝히고, 삼강三講의 규제를 복원하여 또한 능히 성심껏 상여相與하고 강마하기를 게을리 하지 않게 하면 곧 가르치고 기르는 것에 있어서 비록 삼대三代의 성함과 같지 않더라도 또한 반드시 실효가 있다고 말할 수 있을 것이라고 한다. 혹은 이르기를 진사進士를 등용한 정원이 거재居齋하게 하는 것은 옛날 같지 않으니, 어진 이를 높이고 불초한 자를 간추려내어 승선승준升選升俊의 법(천거)을 부활시키고 이교이수移郊移遂의 벌(도성 밖과 그보다 더 밖으로 유배 보내는 것)을 사용한다면 학규 또한 비변조變될 것이라고 한다. 혹은 선거選擧하는 법이 오래되어 폐단이 생겼으니 주관삼물周官三物의 가르침은 비록 급하게 논의할 수 없으나 한대漢代의 무재茂才·효렴孝廉, 당·송唐宋의 제과制科는 절충하여 살펴 쓸 수 수 있으니, 시·부詩賦를 파하고 의·경經義를 취하여 먼저 사행士行한 후에 문예文藝를 한다면 복고復古의 제도에 비록 족하지 않더라도 오늘날의 법으로는 사용할 수 있고, 또한 여유가 있을 것이라고 한다."(순조 9년 증광복시 책문)[369]

남공철南公轍(1760~1840)의 문집『금릉집金陵集』권 14에 전하는 순조 9년(1809) 증광복시 책문에서는 예악禮樂을 흥하게 하여 천하 사람들을 군자君子로 만들 수 있는 방도를 물으면서, 인재 선발 제도의 전반적인 개선을 논하고 있다.

우선 (ㄱ)-1을 보면 순조대까지 산림山林을 존중하고 예우하는 것이 중시되고 있음을 알 수 있다. 그러나 날이 갈수록 사풍士風이 퇴색되어 공식적인 제도를 통해 관직에 나아가는 것이 아닌, 벼슬을 얻기 위하여 수단 방법을 가리지 않는 엽관獵官이 성행하고 있음을 지적한다.

---

369) 위의 문집

다음으로 ㈎-2를 보면 이렇게 쇠락한 사풍士風과 인재선발제도를 개선하기 위하여 당대에 논해지던 주장을 크게 세 가지로 정리하고 있다. 먼저 성균관成均館과 사학四學 같은 관학官學을 개선하는 것에 중점을 두어야 한다는 견해로, 성균관 대사성에 학문과 행실이 훌륭하며 학자들의 존경을 받는 인물을 선발하고, 사학四學의 제도를 밝히고 삼강三講의 규제를 복원하라는 것이다. 두 번째는 승선승준升選升俊의 법(천거)과 이교이수移郊移遂의 벌(유배제도)를 부활시켜 어진 이와 불초한 자를 가려내자는 것이다. 세 번째는 과거제도를 개선하자는 것인데 과거 시험에서 시·부詩賦를 없애고 경·의經義를 취하는 방향으로 가야 한다는 것이다.

순조 19년 이후~헌종대 책문·대책에서는 과거제도에 대한 비판적인 경향이 보다 분명하게 드러난다.

㈏ "세상에서 용인用人의 도라는 것은 그 설이 두 가지가 있습니다. 혹은 변별의 요체로 신언身言만한 것이 없다고 합니다. 혹은 득인得人의 도로 과거科擧를 최고로 삼습니다. … 말과 용모로 사람을 취하는 것은 본래 좋은 규범이 아닙니다. 때마침 용모가 뛰어난 자는 반드시 덕이 있지 않고, 말솜씨가 있는 자는 반드시 행실이 있지 않습니다. 몸은 반드시 그 괴위魁偉한 것을 취하고, 말은 그 변급辨給한 것을 취하게 될 것이니, 곧 안영晏嬰은 못생겼고[不揚], 배도裴度는 키가 작으며[短小], 주창周昌은 말을 더듬고[期期], 등애鄧艾는 말더듬이[口吃]니 모두 버려지는 바가 있었을 것입니다. 신언身言으로 변별할 수 없음은 명백합니다. 훈고訓詁의 번거로움[苛碎]으로써 도량이 넓은 선비[磊落之士]구하고, 대우對偶의 조각으로 문무文武를 겸한 인재를 찾아내는 것은 곧 버리는 것에 가깝지 않겠습니까. 미꾸라지와 뱀장어가 춤추는 구차함에 횡강橫江의 잉어를 구하는 것이고, 황구黃口의 먹이를 걸어두고 봉황이 오기를 바라는 것입니다. 그런즉 과거科擧로 득인得人하기 부족한 것 또한 심합니다.

······ 우리나라의 용인用人하는 권한은 전부 전조銓曹에 있으니, 이 임무를 관장하는 자가 실로 그 적합한 사람이 아니면 곧 성상聖上 께서 공명公明의 덕이 있고 간발簡拔하는 때에 주의하더라도 상지 上旨(임금의 뜻)이라 칭하여 성덕聖德을 인도할 수 없습니다. 그러 므로 이르기를, '한 사람의 전관銓官에 적합한 인재를 얻으면 100명 의 집사執事 모두 적합안 인재를 얻을 수 있다.'고 합니다."(순조 19 년~34년 사이 출제 추정 책문에 대한 하석홍의 대책)370)

(ㄸ) "향공鄕貢은 곧 선거選擧의 좋은 법규이니, 치도治道의 성쇠[汚隆]와 관계된 바이다. ······ 삼가 생각해보니 아조我朝는 성신聖神을 서로 계승하였다. 학교를 설치하여 숭유崇儒의 교화에 도달하였고, 학전 學田을 헤아려 분급하여 양현養賢의 예를 도탑게 하였다. 팔로八路 에 통하여 향천鄕薦·도천道薦의 규제가 있고, 3년마다 소과小科·대 과大科의 시험이 있어 그 사사로움을 막고자 봉미封彌를 쪼개는 것 을 시작하였고, 그 뒤섞이는 것을 금하기 위해 수를 계산하고 시권 을 받았습니다.······ 그런데 어찌 최근 이래 세도世道가 날이 갈수 록 잘못되고 선비는 바람에 휩쓸리듯 (사회의 풍토에) 따라 정식程 式과 문체文體를 오래도록 사용하지 않은 지[束閣] 오래되었다. 과 명科名을 진취하고 조급하게 굴면서 권세를 다투는 것[躁競] 습관 이 되었으니 취인取人하는 도가 갑자기 울타리에 버려진 물건[芭 籬]이 되었고, 애길藹吉의 노래가 거의 쓸모없는 것[弁髦]이 되었으 니 이 어찌 단지 유사有司가 불공불명不公不明한 책임 때문이겠는 가. 생각하니 그 시재試才하는 규제는 말할 것도 없고 조흘照訖하 는 법도 아울러 무너져 행해지지 않는다. 세가世家·사족士族 중에 근졸謹拙하고 조궁操躬한 자와 뭇 백성 중 준수俊秀하여 전업專業하 고 공령功令한 자들은 장위場圍 보기를 위험한 곳에 들어가는 것처 럼 여기고, 차술借述(베껴 쓰기)·대필代筆의 폐단을 조금도 부끄러 워하지 않으며 품삯[雇]을 받고 응모하는 무리가 참으로 많이 난입 한다. 심지어 탁 트인 길가[通衢]에 여러 사람이 벌려놓고 앉아 있

---

370) 『신암유집(愼庵遺集)』 권 1 策 用人策

거나, 사실私室에서 글을 지어 올리고, 3만 명이 과장에 들어서니 어찌 다 과거를 보는 유생儒生이겠는가. 6천장의 책권策券이 문체가 갖추어지고 조목조목 대답하였는지 알 수 있겠는가.매번 과거를 한 번 치르고 나면, 문득 한 번 인심을 잃게 되니 날마다 달마다 습속이 점점 투박해져서 장차 장대 끝에 서 있듯 위태로움이 궁극에 달은 폐단에 이르게 되었다. 이 같은데 어떻게 팔방八方의 표준으로 삼아 많은 선비가 만족하고 승복하겠는가."(헌종 10년 증광시 회시 책문)371)

(ㄴ)은 하석홍河錫洪(1786~1834)의 문집『신암유고愼庵遺稿』권 1에 전하는 순조 19년~34년(1819~1834) 사이에 출제된 것으로 추정되는 책문에 답한 대책이다. 여기서는 신언身言(관리를 선발하는 네 가지 항목인 신언서판身言書判 중 몸가짐과 언변을 가리키는 말)만으로는 변별할 수 없고, 과거科擧만으로 인재를 얻는 것은 부족하다고 강조하고 있다.

신언身言은 외모와 말솜씨가 뛰어나다고 해서 덕행德行이 있는 것은 아니기 때문에 좋은 방법이 아니라고 지적한다. 이를 중국사에서 춘추전국시대 제나라의 뛰어난 재상이었던 안영晏嬰·당 덕종 때 재상을 지내고 인재들을 보호했던 배도裴度·전한前漢 건국의 공을 세웠던 주창周昌·삼국시대 위나라의 뛰어난 무장으로 촉한을 멸망시킨 등애鄧艾는 용모가 좋지 않고 말더듬이였으나 뛰어난 능력을 가진 인재였음을 들어 반례로 제시하고 있다.

과거科擧의 경우, 훈고訓詁 즉, 경서 해석이나 대우對偶 즉, 대구를 이루는 글 같이 형식적인 요소로 훌륭한 인재를 선발하기는 어렵다고 지적하고 있다.

---

371)『성재집(成齋集)』권 15 策題 增廣會試. 題問鄕貢. 甲辰四月

그리고 조선은 전조銓曹에서 인재 선발을 전담하고 있으니, 전조에 적합한 사람을 임명하여야 좋은 인재를 선발할 수 있다는 지적을 한다. 이는 조선 전기부터 지속적으로 전관의 인재 선발 권한에 대한 인식이 조선 말에도 유지되는 것이라고 할 수 있다.

한편 ㉢ 조병현趙秉鉉(1791~1849)의 문집『성재집成齋集』권 15에 전하는 헌종 10년(1844) 증광시 회시 책문에서는 향공천거鄕貢薦擧(지방 장관의 천거)에 대한 논의가 나오고 있다.

특히 이 책문에서는 헌종대 과거科擧의 폐단에 대하여 상세하게 논하면서 오히려 훌륭한 인재들은 과장科場에 가는 것을 꺼리고, 과장科場에서는 답안지를 베껴 쓰거나 대필하는 폐단이 심하다는 점을 지적한다. 게다가 품삯을 받고 과거에 응하거나, 과장科場이 아닌 길가나 개인실에서 답안을 써 올리는 일이있고 3만 명이나 되는 인원이 난입하여 6천 장이나 되는 시권試卷의 정확성을 확인하기 어렵다는 점을 지적하고 있다. 때문에 오히려 과거를 보면 인심을 잃는다는 이야기가 나올 지경이 되었다는 것이다.

이렇듯 순조대 이후에는 과거제도 자체에 대한 비판 의식이 더욱 강해졌음을 알 수 있다.

한편 순조대 이후의 이상적인 인재상을 다룬 책문·대책 자료는 발견하지 못하였다. 다만 그간 인재관 관련 책문·대책의 경향을 보면 약 150년~200년을 거치면서 중국 요순삼대堯舜三代~명明까지의 인재상, 우리나라 역사에서 고려~조선 선조까지의 재상이 완성된 것을 보면 순조대 이후에는 효종~현종대 산림을 중심으로 이상적인 인재상이 정립되었을 것으로 추정된다. 이는 추후에 자료 발굴과 연구를 통하여 밝히도록 하겠다.

군신관의 경우, 순조대에는 정조대의 영향을 받아 군사君師가 지향

되고 있음이 확인되었다.

㉮ "옛날에는 임금을 스승으로 삼아 백성들의 표준으로 세웠으나, 후
세에는 곧 사도師道가 아래에 있게 되어 집안의 가르침이 다르게
되었고 국가의 풍속이 다르게 되었다. 옛날에는 학교가 오로지 교
화를 숭상하였는데 후세에는 곧 의문儀文·도수度數의 말단에 구구
하게 되어 사람의 인심을 선하게 하고 인성을 회복하는 것에 부족
하게 되었다. 옛날에는 현능하면 그 근본으로 친해지고 태만하면
그 위엄으로 거두었는데, 후세에는 곧 권징勸懲의 법이 폐해지고
현송絃誦의 노래가 쇠하여졌다. 고금古今의 인혁因革의 득실을 모
두 헤아릴 수 있겠는가."(순조 3년 경과慶科 증광복시 책문)372)

이만수李晩秀의 문집『극원유고屐園遺稿』권 6에 전하는 ㉮ 순조 3년
경과慶科 증광복시 책문 중 일부를 보면 고대古代에는 임금이 스승이
되어 백성의 표준이 되었으나, 후세에는 사도師道가 아래에 있게 되어
집안과 나라마다 가르침이 다르게 되었음을 강조하고 있다.

그런 한편 하석홍의 문집『신암유고』권 1에 전하는 순조 19년 식년
시 전시殿試 추정 책문에 답한 대책에서는 순조대 세도 정치에 의한
세력의 편중을 비판하고 임금의 주도적인 역할을 강조하고 있다.373)

하석홍은 순조 19년 식년시 전시殿試 추정 책문을 '팔폐책八廢策'이
라고 칭하면서 당대의 8가지 폐단에 대하여 논한다. 여기서 8가지 폐

---

372) 『극원유고(屐園遺稿)』권 6 策題 癸亥四月 ○ 慶科增廣覆試
"古者以君爲師, 爲民立極, 而後世則師道在下, 家教異敎而國異俗矣."

373) 하석홍의 문집에 전하는 팔폐책을 순조 19년 식년시 전시로 추정하는 이유는
우선 책문이 '왕약왈王若曰'로 시작하며, 하석홍이 문과 대과에 합격한 방목
은 순조 19년 식년시 병과 12등뿐이기 때문이다. 다만 같은 시험의 급제자들
과 교차검증할 자료를 발견하지 못하여 여기서는 추정으로 두고, 추후 연구
를 통해 더 상세하게 검증하도록 하겠다.

단은 부억扶抑의 편중, 방어防禦의 소홀, 도솔導率의 미진, 훈습訓習의
실책, 교화敎化의 불명, 용수容受의 태만, 흠숭欽崇의 불성이다.

　이 중 군신관과 관련하여 살펴볼 부분은 부억扶抑과 관련된 부분이
다. 부억扶抑은 '도와주고 억누르다.'라는 의미인데, 조선 후기 숙종대
이후에는 정치에 있어서 '자신의 편을 도와주고 상대를 억제하는 것'
이라는 뜻으로 쓰였다.

　즉, 붕당 간의 대립과 매우 연관이 깊은 단어이고 순조대의 군신관
과도 연관된 부분이라고 할 수 있다.

> (나) "신이 삼가 『황극경세서皇極經世書』를 살펴보니 이르기를, '인군人君
> 이 정대正大의 역域에 건극建極하지 못하면 곧 부억扶抑이 과중過重
> 하게 된다.'라고 하였습니다. 아. 부억扶抑의 편중됨이 근래보다 심
> 한 적이 없었습니다. 충당忠讜과 절직截直은 당을 보호하는 과科로
> 돌아가고, 아첨[阿諂]과 용렬함은 도리어 공정한 사람에게 하게 되
> 었으며, 정론正論은 법연法筵에 도달하지 못하고, 정의廷議가 조단
> 朝端에서 합해지지 못하니, 즉 전하께서 조정朝政을 바르게 하여도
> 그것에 정성이 있다고 말할 수 있겠습니까. 신이 부억扶抑이 크게
> 치우쳤다고 말하는 바는 이것입니다."(하석홍의 순조 19년 식년시
> 전시 추정 대책)[374]

　(나)는 하석홍의 순조 19년 식년시 전시殿試 추정 책문에 답한 대책
중 부억扶抑에 대하여 논한 부분이다.

　하석홍은 소옹蘇翁의 『황극경세서』를 인용하여 임금이 대정大正의
역域에 건극建極 즉 근본을 세우지 못하면 부억扶抑의 편중이 심하게
된다는 점을 강조한다. 그리고 근래에는 충심과 정직함이 당黨을 보

---

374) 『신암유고(愼庵遺集)』 권 1 策 八弊策

호하는 것에 해당하고, 아첨과 용렬함이 공정한 사람을 향하게 되어 정론은 조정에 도달하지 못하고 조정의 논의가 합의하지 못하는 지경에 이르게 되었다고 본다.

즉, 임금이 군신 관계에 있어서 중심이 되어 제대로 근본을 세우지 못하였기 때문에 신하들 사이에서 세력 다툼이 일어나게 된다는 것이다.

이는 영조~정조대의 탕평책이 순조대에 이르러 왕권이 비교적 약화되고 안동 김씨 같은 특정한 세력에게 권력이 집중되어 그 외의 세력들이 정계에서 밀려나게 되는 현상을 임금이 통제하지 못하게 된 것을 비판한 것이라고 볼 수 있다.

경제관을 살펴보면, 영조~정조대를 거쳐 완성된 조선성리학적 농업 중심 사회에서 점차 상공업 사회로 변화 되고 있었다. 새로운 사회의 변화에 따라 이를 주도할 새로운 사상인 북학이 등장하면서 격변하는 시대에 따른 갈등과 변화상이 책문·대책에 나타나게 되었다.

이러한 경제·사회 인식에 대한 변화는 영조~정조대 책문과 대책에서부터 드러난다.

(a) "백성의 업業에는 네 가지가 있으니, 사농공가士農工賈(사농공상)가 이것이다. 농農과 공사工賈(공업과 상업)는 그 일이 알기 쉽지만, 소위 士라는 것은 과연 어떤 일인가? …… 정전井田의 법은 사람들이 100무를 받는 것으로 천하의 백성이 농업을 하지 않는 자가 없는데, 사士와 공가工賈는 모두 농업에 빌붙어 있는 것인가? 장차 밭을 받지 못한다면 사람들은 각각 그(농사)의 힘을 먹고 사는가? 그렇다면 공가工賈는 스스로 먹는 것이 가능한데, 사士는 장차 어떻게 먹고 사는가? …… 「공기工記」를 살펴보면 이르기를, '앉아서 도를 논하는 자는 삼공三公이라고 하고, 일어나서 행하는 자는 사대부士大夫라고 한다. 곡曲을 살펴서 형세를 살피고 민기民器(백성

이 쓸 도구)를 갖추는 자는 백공百工이라 하고, 사방四方의 진이珍異를 유통시키는 자는 상려商旅라고 한다. 힘써서 땅의 곡식을 자라게 하는 자를 농부農夫라고 한다.' 하였다. 소위 공경대부公卿大夫는 모두 사士라고 하는데, 그런즉 사민四民 중에 사士가 가장 귀하다. 사士가 그 직분을 얻으면, 곧 농·공·가農工賈는 모두 그 직분을 얻는다. 사士가 스스로 자부하는 것은 위에 있는 자가 그렇게 대우하는 바이니, 그러므로 마땅히 범민凡民과 다른 것이 있다. 국가가 태평한 날[昇平日]이 오래되어 생민生民이 휴양休養하며, 가색稼穡을 중시하고 상공商工이 교통하였다. 조사造士와 작인作人의 방도에 이르러서는 또한 상세하게 다 닦이고 갖추어져서 삼대三代의 성함에 비할 수 있다. 그런데 농말農末(농사와 상공업)은 병들어 공사公私의 사귐이 다하였고, 유풍儒風과 사기士氣가 날이 갈수록 쇠퇴하였으니[陵夷] 이는 무슨 어쩐 연고인가. 장차 민속民俗이 투타偸惰하여 그 업에 힘내지 않고, 사습士習이 쇠박衰薄하여 스스로의 처지를 중히 여기지 않는다. 또한 조정에 많은 집사가 임금의 덕의德意를 능히 펴지 못하니, (백성을) 힘써서 권면하고 교화하는 것이 그 도를 다하지 못함이 있다."(영조 30년 증광회시 책문)[375]

(b) "환담桓譚은 '국가를 다스리는 것은 본업을 권장하고 말리를 억제하는 것이다.' 하였다. 공업과 상업도 농업과 함께 4종의 백성 반열에 있기는 일반인데 어떤 것은 양성하고 어떤 것은 억제함은 어째서이냐? 기기器機를 곡식으로써 바꾸고 있고 없는 것을 물화物貨로써 바꿈은 민생의 일용에 모두 없어서는 안 되는 일인데, 어떤 것은 양성하고 어떤 것은 억제하는 정책은 어쩌면 너무 편벽되지 않느냐?······농토가 많이 개간되면 그 치적이 최고이며, 백성이 사리사욕이 많으면 그 국가는 빈곤하여지는 것이다. 나아가서는 조각을 하거나 비단을 만드는 것도 농사일을 해치는 것이며, 산이나 바다를 독차지한 채 놀고먹는 것에 이르면 그 정도가 극한에 달하니, 본업과 말리의 형세란 공존할 수 없는 것이 이처럼 현격하단 말이

---

375) 『쌍계유고(雙溪遺稿)』 권 10 策 增廣會試策問

냐?⋯⋯더구나 우리나라는 열조의 신성한 인군이 보위를 계승하여 몸소 밭을 갈고 누에를 침으로써 백성에게 본보기를 보였고 기술자와 상인은 물리친 채 사류士類에 끼워 주지 않았다. 조세는 감량하고 재앙이 들면 면제하기도 하여 본업에 힘쓰는 도리를 극진히 하였으며, 시장에는 세금이 있고 장인에게는 포목을 부가하여 말리를 억제하는 뜻을 보였으니, 당연히 사람들이 모두 농사일에 종사하게 되고 백성은 말리를 좇지 않게 되어서 들녘에는 개척되지 않은 토지가 없고 점포에는 팔리지 않는 보배가 있어야 할 것이다.⋯⋯근래에 들어 풍속은 날로 안일을 숭상한 나머지 농사일에는 종사하지 않고 하찮은 이익만 다투려 하며, 평민은 허술한 차림에 부옥蔀屋에서 항상 군색하기만 하고 천부賤夫는 좋은 의복으로 도시에서 날마다 소비만 하고 있는가. 본업이 이미 쇠잔하였으니 말리도 따라서 쇠잔해질 것이다.⋯⋯ 어떻게 하면 이 현실을 뒤집고 옛날로 돌아가서 본업을 양성하고 말리를 억제하여 땅은 힘을 다하고 사람은 저마다 실사實事에 힘쓰게 되어 농사에는 자주 풍년이 든다는 칭송이 드날리고 기술자와 장사치는 통공通功하는 업에 안주하게 되겠으며, 그 결과 농사짓는 사람은 하나인데 먹는 사람은 여섯이라는 탄식이 없어지고 삼황과 어깨를 견주며 오제의 성대에 오를 수 있겠느냐?"(정조 4년 도기 유생 춘시 책문)[376]

(a)는 이복원李福源(1719~1792)의 『쌍계유고雙溪遺稿』 권 10에 전하는 영조 30년 증광 회시의 책문이고, (b)는 『홍재전서』 권 48에 전하는 정조 4년 도기 유생 춘시 책문이다. (a)와 (b) 모두 성리학에서 중시하는 사회 질서인 사농공상士農工商에 대한 근본적인 논의를 다루고 있다.

두 책문 모두 농업農業은 본업本業, 상공업商工業은 말리末利이고 사士는 4종의 백성 중 가장 귀한 존재라는 성리학 전통의 견해가 유지되고 있다. 하지만 상공업 또한 4종의 하나인데 특히 억제하는 까닭

---

376) 『홍재전서(弘齋全書)』 권 48 策問 1

을 묻거나 농업과 상공업에 종사하는 자들을 스스로 먹고 살 수 있는데 사士는 어떻게 먹고 사느냐고 묻는 것, 또 본업인 농업이 쇠하면 말리인 상공업도 쇠한다는 등 상공업에 대해서도 점차 인식이 변화하는 방향으로 변화하고 있음을 알 수 있다.

두 책문 모두 영조 중반, 정조 즉위 초에 제시된 책문으로 기존의 조선성리학적 전통 사회와 새로운 상공업 사회의 갈등이 잘 드러나고 있다. 조선성리학적인 전통 사회에서 정치주도세력인 사士와 근본인 농업農業의 권위를 인정하면서, 상공업에 대한 억제를 풀어나가려는 움직임이 나타나는 것이다.

이러한 상공업 억제책은 정조 15년(1791) 신해통공辛亥通共으로 금난전권禁亂廛權을 혁파하면서 비시전상인非市廛商人에게도 상행위가 허락되면서 변화되었다.

한편 조선 중심의 역사관이 더욱 강화되어 경제제도에도 반영되었다. 특히, 정전제井田制가 단군檀君 이후 중국 고대 은殷의 현자인 기자箕子가 건너와서 실시하여 중국 고대의 삼대三代와 같은 시기에 우리나라 또한 중화中華를 이룩하였다는 인식이 더욱 확고해졌음이 드러난다. 이러한 인식은 16세기부터 조선 중화 주의에 따라 형성되었다가 영조~정조대를 거치면서 더욱 강화되었다.

(c) "하물며 옛날 우리 기자箕子[箕師]께서 동쪽에 오실 때 정전제井田制와 구주九疇가 함께 왔고, 팔조八條를 따라 모두 행해졌다. 그 위치가 정정井井하고, 그 터가 질질秩秩하니, 그 거행한 것은 어느 때에 이르러서이며 폐하여 행하지 않은 것이 어느 일에 연유한 것인가. 비록 다 상고하는 것이 불가하더라도 이 패수浿水의 모퉁이를 돌아보면 외역外域의 안에 옛터가 여전이 있고, 어포魚脯의 누석累石이 완연하니 곧 이는 천하에 없는 바이고 우리 동쪽에만 유일하게

있는 바이다."(순조대 읍시 추정 책문)377)

(d) "생각해보니 우리나라는 바다 동쪽에 치우쳐져 있어, 기자箕子[殷師]께서 단군檀君[檀氏]을 대신한 이후 정전제井田制와 팔조八條의 가르침으로 그 경장更張의 교화가 성하였다고 할 수 있다. 또한 고려[麗氏]가 개국하여 신라新羅·백제百濟의 폐속을 변화시키고, 궁예와 견훤의 횡정橫政을 혁파하여 10분의 1세와 혹창黑倉의 법이 족히 숭상할만한 것이 있다. 그러나 말엽에 위미萎靡해져서 오로지 인순因循만을 따라 천의天意와 인심人心이 진주眞主(조선 태조)에게 귀의하였다. 성조聖朝가 개국하고 한 번 변하여 도에 이르렀으니 문치文治가 삼대三代에 방불하고 인화仁化가한·당漢唐을 넘어섰다. 신성聖神이 이어져 때에 따라 법이 세워져 이에 우리 세종대왕이 『경제육전經濟六典』을 창시하였으며, 성종에 이르러 『경국대전經國大典』을 간행하였고, 『대전속록大典續錄』과 『대전통편大全通編』이 있어 성聖으로써 성聖을 이어 마땅히 같지 않음이 없으나, 혹 『경제육전經濟六典』을 쓰고, 혹은 『경국대전經國大典』을 쓰며 더욱이 『대전속록大典續錄』과 『대전통편大全通編』이 보태진 것은 시대를 따른 것에 불과할 따름이다."(헌종 2년 향시 추정 책문)378)

(c)는 정원용鄭元容(1783~1873)의 문집 『경산집經山集』 권 13에 전하는 순조대 읍시 출제 추정 책문이다. 책문 내용을 살펴보면 기자箕子가 정전제井田制를 들여왔으며, 이에 대한 증거가 평양성에 남아 있음을 언급하면서 강조하고 있었다.

이를 통해 단군조선-기자조선으로 연결되는 역사 인식과 기자가 정전제를 들여와 고대부터 중화를 이룩하였다는 조선 중화주의가 조선성리학의 발달에 따라 점차 발전하다가 영조~정조대를 거쳐 인식

---

377) 『경산집(經山集)』 권 13 雜著 策問 二
378) 『사애선생문집(沙厓先生文集)』 권 5 雜著 策題

이 보다 강화되었고, 순조대 이후에는 보편화되었음을 알 수 있다.

(d)은 민주현閔冑顯(1808~1882)의 문집 『사애선생문집沙厓先生文集』 권 5에 전하는 헌종 2년(1836) 향시 추정 책문이다. 이러한 인식이 반영되어 단군 이후 기자-고려-조선 세종·성종·중종·정조대의 조세 제도와 법 체제로 이어지는 계보가 구체적으로 드러나 있다.

한편 19세기의 가장 큰 문제가 삼정三政(전정田政·군정軍政·환곡還穀)의 문란이었던 만큼, 이를 다룬 책문이 출제된 바 있다.

(e)-1 "우리 정종대왕定宗大王은 사병司兵을 파하시어 모두 삼군부三軍府로 엮으셨고, 문종대왕文宗大王은 용양龍驤·호분虎賁·의흥義興·충좌忠佐·충의忠義의 오위五衛를 설치하고 부통部統을 두셨습니다. 성종대왕成宗大王은 군적軍籍을 개혁하셨고, 중종대왕中宗大王 또한 군적軍籍을 개혁하셨으며, 명종대왕明宗大王은 군적도감軍籍都監을 설치하셨습니다. 선조대왕宣祖大王 또한 군적軍籍을 개혁하셨고, 또 승통僧統을 두셨으며, 또 통영統營을 설치하고, 또 훈국訓局을 설치하여 오위五衛를 파하셨으며, 또 속오군束伍軍을 두셨습니다. 인조대왕仁祖大王은 호위扈衛·어영御營·총융摠戎·수어守禦을 설치하셨고, 여러 청廳 및 각 영장營將은 정축년丁丑年 이후 엄격해졌습니다. 효종대왕孝宗大王은 영장營將을 다시 설치하셨습니다. 현종대왕顯宗大王은 정초청精抄廳을 설치하였으며, 숙종대왕肅宗大王이 이를 금위영禁衛營으로 바꾸셨습니다. 선대왕先大王(正祖)은 수어청守禦廳을 파하고, 장용영壯勇營을 설치하셨습니다. 금상今上께서는 초년初年에 장용영을 파하셨습니다."(백시원의 순조대 출제 읍시 대책)379)

(e)-2 "근래에 와서 백성들이 병이 마구 일어나고, 군적軍籍이 좀먹었으며, 집집마다 조사하여[家搜戶括] 어린이[黃口]에게 첨정簽丁하

379) 『노포집(老圃集)』 권 9 問云云 邑試自問

고, 급박하게 독촉하여[雷督星催] 포를 징수하는 것이 백골白骨에게까지 미쳐 민생民生의 원망[怨讟]이 구름처럼 일어났으며, 군정軍政이 폐하고 훼손되는 것이 날로 심합니다. 본읍本邑의 경우에 이르러서는 곧 또한 치료하기 어려운 병질이니 노비[蒼頭]와 서생[白面]은 논할 것 없이 한 번 군명軍名을 얻으면 사람 축에 들지 못하니[不齒人類], 그 추함이 곱사등이[廢癃]의 추함과 같고, 그 수치스러움이 비벌剕罰·궁형宮刑을 당한 수치스러움과 같으니 당사자는 죽기 싫어하는 것보다 더 하고, 편성하는 자는 원한을 풀어 주기 어려워하니 도망침이 있습니다.”(백시원의 순조대 출제 읍시 대책)380)

(e)-1과 (e)-2는 백시원白時源(1776 ~ ?)의 문집인『노포집 老圃集』권 7에 전하는 순조대 출제 읍시邑試에 출제된 책문에 답한 대책이다.381)
(e)-1을 보면 백시원은 조선 역대 군제 개혁에 대하여 논하고 있다. 백시원은 조선 정종대 사병 혁파-문종대 오위五衛 설치-성종·중종대 군적 개혁-명종대 군적도감 설치-선조대 군적 개혁·승통·통영 설치·훈국 설치·속오군 설치-인조대 호위총·어영청·총융청·수어청 설치-효종대 영장營將 복설-현종대 정초청精抄廳 설치-숙종대 금위영 설치를 통한 오군영 체제의 완성-정조대 장용영 설치로 파악하고 있으며 마지막에는 순조대에 장용영 혁파까지 언급하고 있다.

---

380) 위와 같음
381) 백백시원은 영조 52년(1776)에 출생하여 영조대에 천거되었으나 일찍이 귀향하여 정조대에는 특별한 정치 활동을 하지 않은 채 전원생활을 보낸 것으로 보인다. 순조 13년에 생원시에 합격하고 순조 14년 증광시 문과에 합격한 뒤에야 본격적으로 정계 활동을 하였다. 백시원의 문집에 실린 책문·대책이 순조 9년 동당시, 순조 14년 식년시, 순조 18년 읍시인 것을 볼 때 순조 즉위부터 18년 사이의 읍시 출제 책문으로 추정되며, 自問이라는 것을 보면 읍시 형태로 스스로 문제를 만들고 답한 것으로 보인다.

(e)-2에는 군적軍籍에 누수가 많아 황구첨정黃口簽丁, 백골징포白骨徵布 같은 가혹한 징수로 인해 백성들의 원망이 심한데 그것이 노비와 양반을 가리지 않고 한 번 군명軍命을 얻으면 사람 취급을 받지 못하여 수치스럽게 여긴다는 당대 민심 또한 언급하고 있다.

그리고 강인회姜寅會(1807-1880)의 문집『춘파유고春坡遺稿』에도 삼정三政과 관련된 광주감시光州監試·장성감시長城監試·창평감시昌平監試 총 3편의 감시監試가 전한다.

(f)-1 "우리나라의 판도는 태반이 사족士族의 호戶인데 조용調庸의 역과는 관계가 없습니다. 백성들의 실호實戶는 겨우 10개 중 1,2,3개에 불과한데 빈약하고 의지할만한 권세가 없는 자들이 조調의 명名이 있고 용庸은 또한 (사족士族이) 참여하는 바가 없습니다. …… 나라에서 군을 다스리고 재물을 다스리는 도리로써 모두 우리 백성으로 이루어져 있습니다. 그러므로 나라를 경륜하는 조용調用의 책략과 부병府兵하는 조용調用의 법을 조적糶糴하는 중에 책임을 일임하여 이것이 아니면 나라를 위할 수 없다고 하니 어찌 비통하지 않겠습니까. 중엽에는 잠곡潛谷 상공相公(김육)이 대동법大同法을 행하였으나 겨우 겨우 10분의 1세의 뜻에 조금 보조하는데 족하였습니다. 백 리의 읍에 군장郡將(군수)의 과科를 시행함이 있어 곧 그 전제田制가 점점 체體를 얻어가니, 이로써 조용조調庸租를 다 회복하였다고 말합니다. 그 까닭은 대본大本이 아직 세워지지 않아 곧 정치가 구차하고 간략하여 명령을 불신하니 또한 기약하지 않아도 자연스럽게 저절로 이른 것입니다. 그러므로 조적糶糴은 백성을 죽이고 나라를 병들게 하니, 한 번 북극北極에 다다랐으나 경장의 방도가 없어 감히 손 쓸 수 없게 되었습니다. 도리어 '나라에 사람이 있겠는가.'라고 말할 수 있습니다."(강인회의 광주감시 대책)382)

---

382) 『춘파유고(春坡遺稿)』糶糴策問 光州監試

(f)-2 "그러나 우리 동쪽의 전결田結의 나눔은 이와 같지 않습니다. 산
림山林과 택수澤藪은 예로부터 포도逋逃한 자들의 소굴로, 때문에
멋대로 백성들이 점거하니 왕정王政이 금단하는 바입니다. 그러
나 산 위의 6등제가 부천膚淺하여 원견遠見이 없는 것이 이와 같
습니다.이 백성들로 하여금 그 거할 곳을 정하지 못하게 하여 각
각 조수鳥獸처럼 흩어지게 하여 융정戎政의 풍속과 같게 하는 것
의 그 기원이 이에 있지 않은 것이 없습니다. 민간에서 말하기를
[俚語], '산전山田의 자갈[沙礫]을 평양平洋의 말똥[馬糞]으로 기름
지게 한다.'고 하니 이것이 우리 동쪽의 지력地力입니다. 진인秦
人의 노래에 이르기를, '경수涇水 한 섬에 진흙이 몇 말이다. 이것
으로 물을 대고 거름을 주어, 우리 벼와 기장을 기른다.'하였으
니, 이는 중화中華의 지력地力입니다. 이로 말미암아 중화의 지력
을 보면 광막廣漠을 포함하는 것에 있습니다. 그러나 우리 동쪽
의 지력은 낱낱이 거두어 응집시키는 것에 있습니다. 해결하는
법은 일절 반대이니 어찌 그 쌓이지 않음이 심하지 않겠습니
까."(강인회의 장성감시 대책)383)

(f)-3 "아아. 정전井田이 붕괴되어 민民과 병兵이 이부二府가 되었고, 병
兵이 파하여 군액軍額이 통합되지 못했습니다. 백성들을 고갈시
켜 병사를 기르면 곧 재물이 줄줄 새서 없어짐[尾閭]이 있고, 근
본[濫觴]384)이 기울어져 兵이 날이 갈수록 교만해졌습니다. 백성
을 징발하여 군을 메우니 곧 서리가 인연夤緣(권력에 의지하여
관직에 나아감)과 화뢰貨賂(뇌물 수수)의 길을 열어 백성들이 날
로 곤궁해졌습니다. 10명의 백성으로써 1명의 병사를 기르니 한
병사의 징구徵求를 그칠 수 없습니다. 그러므로 향군鄕軍이 상번

383) 『춘파유고(春坡遺稿)』田賦策問 長城監試
384) 남상濫觴은 술잔에 넘칠 정도의 작은 물이라는 뜻으로, 모든 일의 시초를 가
리키는 단어로 쓰인다. 『공자가어』三恕의 "강이 민산에서 시작되는데, 그 원
류는 술잔에 넘치는 정도이다.(夫江始出於岷山, 其源可以濫觴)"라는 문장에서
유래하였다.

上番(지방 군인이 서울에 와서 번을 서는 것)하여 오족五族이 유리流離하여 승평昇平한 때 화란禍亂이 있으니 이로부터 잉육孕育이 은연하게 되어, 오히려 나라에 병兵이 있어 10호戶에서 한 장정을 뽑는데 한 명의 백성도 자수自首함을 얻을 수 없습니다. 그러므로 봄·가을로 열무閱武할 때, 무기를 쥔 자들을 사고팔아[沽販] 완급을 의뢰할 수 없으니, 이로부터 예복豫卜이 소연하게 되어, 도리어 백성들이 위를 떠받들면 국세國勢가 위태롭고[岌業], 인심이 흩어진다고 할 수 있습니다.…… 곧 비록 관중管仲과 제갈량諸葛亮을 부리고, 한신韓信과 백기白起가 다스리게 하고, 장차 맹분孟賁과 하육夏育으로 장군을 삼아 군사를 충당시켜도, 제가 보기에는 민병民兵의 모든 폐단을 선후先後한 바가 있는지 알 수 없습니다.”(강인회의 창평감시 대책)385)

광주감시의 주제는 '조적糶糴' 즉 환곡還穀이고, 장성감시의 주제는 '전부田賦'이며, 창평감시의 주제는 '군액軍額'이다.

(f)-1에 제시한 광주감시 대책의 일부를 살펴보면 조선은 태반이 사족士族인데 이들은 조용調用(공납)과 용庸(군역)을 지지 않는 반면, 10분의 1~3정도에 해당하는 일반 백성들이 이를 감당한다고 언급하고 있다. 그리고 조적이 이러한 조용調用(공납)과 용庸(군역)을 운영하는데 상당히 중요한 역할을 담당하고 있다는 점을 강조한다. 한편 강인회는 대동법大同法은 10분의 1세의 뜻에 조금 보전한 정도에 지나지 않고, 군수가 읍에 이를 시행하여 전제田制가 어느 정도 체제를 이루긴 했지만 이것을 마치 조용調庸(조용조租庸調) 체제가 다 회복된 것처럼 여기는 바람에 조적糶糴이 도리어 백성들을 괴롭게 만들었다는 것이다.

(f)-2는 장성감시 대책의 일부이다. 이 대책을 보면 강인회는 현 조선의 전부田賦에 문제가 생긴 것은 중국과 다른 조선 고유의 지력地力

---

385) 『춘파유고(春坡遺稿)』軍額策問 昌平監試

에 맞지 않은 방향으로 진행하였기 때문이라고 지적하고 있다.

(f)-3는 창평감시 대책의 일부인데, 강인회는 군역에서 문제가 발생한 근본적인 원인으로 정전井田체제의 붕괴를 들고 있다. 그리고 군액이 통합되지 못하여 서리들이 농간을 부리고, 1명의 군사를 키우는데 10명의 백성의 노고가 들어가므로 아이를 낳고도 숨기는 일이 일어나고 군을 징발해도 스스로 나아가지 않게 되었다는 점을 지적한다.

이 세 감시監試는 강인회가 순조 33년 이후 장성에 살았다는 점을 착안하면 장성 감시는 순조 33년 즈음에 출제되었을 것으로 보이며, 나머지 시험들도 그 전후로 출제되었을 것으로 추정된다.386)

이러한 삼정의 문란에 대한 논의는 순조대 이후 철종~고종대를 거쳐 지속적으로 논의되었다.

특히 삼정의 문란으로 일어난 가장 큰 민란이었던 철종 13년(1862) 임술민란壬戌民亂의 경우, 그 폐단을 바로 잡기 위해서 이정청釐正廳을 설치하여 그 방도를 강구하였으며, 특히 6월 10일에는 임금이 직접 나가서 문관과 음관·당상관·당하관·생원·진사·유학까지 전반에 걸쳐서 삼정三政을 가지고 책문을 하였다.

당시 책문에 답변한 대책은 '삼정책三政策'으로 칭해지면서 다수 전하고 있다.387) 이러한 '삼정책三政策'들은 당시 임술민란의 원인이 되

---

386) 강인회는 18세 때 蘆沙 奇正鎭의 문하에 들어갔다. 친모는 5세 때. 친부는 24세 때 돌아가셨는데 아버지 상을 마친 뒤 26세 때 가족을 이끌고 기정진이 사는 長成으로 이사하여 평생을 기정진을 스승으로 모시며 살았다고 한다. 철종 13년 壬戌三政策을 저술하기는 하였으나, 관직에 나아가지 않고 전원에서 지냈다. 따라서 위의 세 감시 중 장성감시는 강인회가 26세인 순조 33년 이후에 치러졌을 가능성으로 보이며, 나머지 두 시험도 그 이후에 치른 것으로 보인다.

387) 강혜종의「壬戌(1862)년 조선 三政救弊論의 형성 양상과 성격 고찰」(연세대학교 대학원 박사학위논문, 2018) 191~209쪽에 따르면 壬戌三政策에 답한 대책은 99개가 전한다.

었던 삼정三政의 문란의 가장 근본적인 문제점으로 수령과 아전의 탐학을 지목하여 이를 해결하기 위한 방도로 근본적으로 기강과 풍속의 재정립, 수령과 아전들의 급료 체계 보완, 궁중의 재용 감축, 과거제도의 개혁, 임금의 정심正心을 위한 학업 정진 등 다양한 의견을 제시하였다.388)

고종 25년(1888)에도 방목에는 등재되지 않았지만 삼정三政에 대한 책문策問이 전하고 있다. 이 시험의 책문에 답한 정윤우鄭允愚(?~?)의 대책은 비록 불합격한 것이지만, 고종대 경제관이 담겨 있는 자료로써 살펴볼 가치가 충분하다고 할 수 있다. 정윤우의 대책에서 삼정三政의 폐단은 마을에 배정된 아전衙前의 수가 너무 많기 때문이라고 지적하면서 아전의 전원을 큰 읍은 50~60명, 작은 읍은 20~30명으로 규정해야 한다고 주장한다. 그리고 절약하고 사치를 금해야 한다는 점도 함께 강조하고 있다.389)

이렇게 과거제도科擧制度가 실효성을 잃어버린 상황에서도 고종 31년(1894) 갑오개혁甲午改革으로 과거제도科擧制度가 폐지되기 전까지, 당대 시무의 해결책을 수용하는 창구의 역할은 지속되고 있었다.

---

388) 강혜종, 「壬戌(1862)년 조선 三政救弊論의 형성 양상과 성격 고찰」, 150~170쪽
389) 이태희 역, 「정윤우 문과 시권 : 환곡(還穀)」, 『조선시대 시권 정서와 역주』, 한국학중앙연구원, 2017, 256~264쪽

제6편

결 론

이상으로 조선시대의 경세관 중 인재관, 군신관, 경제관의 변화상이 주자성리학-성리학의 심학화心學化-조선성리학의 변화에 따라 과거科擧 책문과 대책에 어떻게 반영되어 있는지를 살펴보았다.

과거科擧는 조선시대에 인재를 뽑는 중요한 시험인 만큼 당대에 해결해야할 핵심적인 과제가 책문에 반영되었다. 그 답변인 대책에는 당대 이상적인 세상을 만들기 위한 여러 선비들의 포부와 계획들이 담겨 있었으며, 각각의 학풍과 집안에 따라 그 추구하는 바가 상이하였다.

이러한 경세관의 변화상은 인재를 뽑는 과거科擧, 특히 당대 가장 중요한 사항을 쟁점으로 다룬 '책문策問'과 그에 대한 답변인 '대책對策'에 분명하게 드러나 있었다.

제2편에서는 주자성리학을 수용하여 문물제도를 정비하는 과정에서 형성된 경세관이 과거科擧 책문과 대책에 어떻게 반영되었는지를 살펴보았다. 이 시기는 특히 고려 말의 폐습을 개혁하고, 주자성리학에 입각한 이상세계를 구축하는 것이 중대한 과제였다.

조선 전기 경세관의 성립에 있어서 가장 핵심적인 역할을 한 것은 진덕수의『대학연의』이다. 조선은 고려 말 성리학자들에 의해『대학연의』가 수용되었으며, 세종대부터『대학연의』는 경연의 교재로써 왕도정치의 기본 지침이 되었다. 세조가 왕위를 찬탈한 이후에는 중요 교재에서 밀려났지만, 성종대 사림들이 등장하면서 다시금『대학연의』

가 중시되었다. 그리고 조선시대의 이상적인 경제관은 정전제井田制였다. 조선은 주자의 정전제井田制 10분의 1세 체제를 수용하여 노비를 제외한 모든 농민에게 땅을 주고 군인을 징발하는 병농일치제를 시행하고자 하였다.

이러한 사항들이 당시 책문과 대책에도 반영되고 있었다.

인재관을 살펴보면 태조~세종대에는 고려 말 인사 행정 제도와 사장詞章을 중시하는 풍토를 개선하여 이학理學을 중시하도록 변화하고자 하였다. 이러한 상황이 반영되어 전조銓曹의 인사권 문제나 경전을 해석하는 인재를 선발하는 의도를 가진 책문策問이 등장하였다.

태종 7년(1407) 중시 책문의 주제는 인재 선발을 제대로 하기 위해서는 전선銓選을 바르게 해야 한다는 것이고, 세종 29년(1447) 중시 초시에서는 인재 선발을 담당한 이조와 병조 즉 전조銓曹의 권한이 너무 막강한 것 아니냐는 내용의 책문이 출제되었다. 특히 세종 29년 중시 초시에 합격한 성삼문과 신숙주의 전조의 영향력에 대한 견해가 다른데, 이는 집현전 학자 내에서도 왕도 정치를 추구하는 단종 복위 세력과 패도 정치를 추구하는 세조 찬탈 세력 간에 인사 행정에 대한 견해가 갈리고 있음을 보여주는 것이다.

한편, 태종 14년 알성시 책문 주제 중 일부는 고려 말 사장詞章 중시 풍속을 해결할 방도를 묻고 있으며, 세종 21년(1439) 별시 책문은 세종이 직접 사장을 중시하는 학풍을 지양하고자 경전 해석에 능한 인물을 뽑겠다는 취지로 경전 해석과 관련된 책문이 출제되었다.

그리고 성종~명종대에는『대학연의』를 기반으로 주자성리학에서 이상적으로 여기는 인재관이 형성되어 유학에서 가장 이상적인 시대로 여기는 중국 요순삼대堯舜三代의 현신들이 이상적인 인재로 제시되었다.

성종 즉위 초에는 세조 찬탈 세력의 영향이 강하여 세조대와 유사한 단순 인재 선발에 관한 내용의 책문이 출제되었다. 그러다가 성종 5년(1474)에 공혜왕후가, 6년(1475) 신숙주가 사망하고, 성종이 친정을 시작한 7년부터 사림 세력의 정계 진출이 활발해지면서 인재 관련 책문의 내용에서 변화가 나타났다. 성종 7년 별시 책문에서는 유교 경전을 인용하였고, 성종 10년 책문부터 이상적인 인재상이 중국 고대 요순삼대堯舜三代의 현인인 고요皐陶·기夔·후직后稷·설契로 자리 잡아 가기 시작하였다. 성종 17년(1486) 중시 책문과 이에 답한 최부의 대책에서는 이러한 성종대 인재관이 확립되었다.

이렇게 확정된 성종대 인재관은 연산군대에 잠시 어그러졌다가, 중종반정 이후 명종대에 이르러서는 『대학연의』이해의 심화에 따라 임금이 마음공부를 하여 인재를 선발하는 안목을 기를 것을 강조하고 있다. 중종 23년 별시에 답한 나세찬의 대책을 보면 마음공부를 통해 선왕先王의 법도를 지켜야 함을 기술하고 있다.

그리고 한당 이후의 학자들에 대한 재평가가 이루어져 송대宋代 주자성리학자인 소위 염락제현濂洛諸賢이 이상적인 인재관으로 대두하였다. 명종 19년(1564) 식년시 책문에 답한 홍성민의 대책에서 송대宋代 염락제현濂洛諸賢이 성인의 도통을 이었다고 제시하고 있는 것을 보면중종대 이후 이러한 인재관이 확실하게 정착했음을 알 수 있다.

군신관은 윤대·대간과 같은 제도를 통해 신하가 임금을 바른 길로 인도하는 것이 이상적인 군신관계로 여겨졌다.

태조 5년(1396) 식년시에서는 주자성리학에 입각하여 주 문왕周文王을 이상향으로 삼아 인재등용이 임금의 가장 중요한 임무라는 것을 강조하고 있다.

태종은 조선 건국 세력이 주자성리학에 어긋난 방향으로 정치를 주도하자 이들을 몰아내고, 주자성리학에 입각한 정치를 시행하고자 도평의사사 체제를 의정부 체제로 바꾸었다. 그리고 중서문하성의 사간원을 독립시켜 대간 체제를 확립하였으며, 두문동 72현 세력을 등용하여 대간으로 삼았다.

하지만 태종은 대간의 세력 강화를 우려하여 풍문으로 탄핵하는 것을 금지하였고, 세종대까지 논의가 이어진다. 태종 14년(1414) 알성시 책문은 대간이 억설을 듣고 간하는 것을 무조건 따라야 하는지에 대하여 묻고 있으며, 세종 16년(1434) 알성시 책문은 윤대와 대간이 참소의 장이 되거나 풍문을 듣고 간하거나 나쁜 일을 함부로 드러내어 그 설치 목적과는 다르게 돌아가지 않는지 우려하는 내용이 나온다.

이와 관련하여 세종 16년 알성시에 답한 최항의 대책에서는 윤대와 대간을 하는 신하들의 범위를 넓혀야 한다는 주장하면서도, 풍문 탄핵에 대해서는 선왕先王의 법이므로 바꾸지 않는 것이 좋다는 견해를 밝혔다. 하지만 윤대와 대간을 하는 신하들의 품계 범위가 넓어지고 풍문 탄핵 허가에 대한 주장이 계속 제기 되면서, 결국 문종대에는 윤대하는 신하들의 품계가 확장되고 대간의 풍문 탄핵이 허락되었다.

이렇게 확립된 윤대-대간을 기반으로 한 군신관은 세조대에 잠시 어그러졌다가 성종대에 집현전이 홍문관으로 부활되면서 다시 정립되었다. 그런데 성종대에는 군신관에 대하여 논하는 책문이 나오지 않는데, 이는 성종대에는 세조대에 어그러졌던 주자성리학적인 조선전기 인재관이 성립되는 시기였기 때문이라 할 수 있다.

성종대 말부터 논의되기 시작한 군신관은 연산군, 중종대에 이르러 본격적으로 책문의 주제로 등장하게 되었다. 특히 중종대에는『대학연의』에서 나오는 임금이 마음공부를 하여 인재를 선발하는 것에서 더 나아가 선발한 인재에게 정사를 맡기는 방향으로 변화하였다. 중종 10년(1515) 알성시 책문에 답한 조광조의 대책에서 임금이 스스로 정

치를 하려해선 안 되며 대신들의 보좌를 받아야 임금의 도를 잃지 않
는다고 한 것과 중종 14년(1519) 식년시 책문에 답한 송순의 대책에서
임금에게 의지하고 임금을 강의할 수 있는 신하가 있어야 한다는 것
은 이러한 변화가 반영된 것이라 할 수 있다.

　　그리고 성종 말~연산군대에 중국 고대 요순삼대의 요순-고요·기,
주 성왕-주공·소공이 이상적인 군신관으로 성립되었다. 연산군 3년
중시 책문과 10년 식년시 책문에는 이러한 군신관이 반영되어 있다.
그리고 각각의 책문에 답한 윤장尹璋의 대책과 이자李耔의 책문을 살
펴보면 요순 삼대의 성군聖君-현신賢臣은 이상적인 군신관계이고, 한·
당·송·원의 군신관계는 비판의 대상이다. 중종대에도 이러한 경향이
이어져 한당 이후의 군신관계는 비판의 대상이 되었다. 다만 송대宋代
염락제현濂洛諸賢의 경우 임금에게 신임 받지 못해 그 재능과 뜻을 펴
지 못한 것이라고 하여, 이러한 인재를 알아보고 등용하는 것도 임금
의 안목이라는 내용의 대책이 등장하였다.

　　경제관의 경우, 고려 말 과전법의 폐단을 개혁하고 『맹자』에서 강조
하는 '정전제'를 실행하기 위하여, 우선 전세를 10분의 1세로 하는 공
법貢法을 시행하였다. 조선 건국 초에는 전시과를 과전법으로 개혁하
였는데, 이에 대한 논의가 태종 7년 중시 책문과 8년 식년시 책문의
주제로 등장하고 있다. 그리고 조선 초의 조세 제도는 답험손실법인
데 공정성에 문제가 있다고 하여 개혁 논의가 진행되고 있었다.

　　세종대는 기존의 답험손실법에서 정전제井田制 중 하나인 공법貢法
으로 전세를 개혁해나갔다. 세종 9년(1427) 중시 책문의 주제로 공법
이 출제되고, 이 시험의 장원으로 합격한 정인지가 세종 25년(1427) 공
법 시행을 주도한 것을 보면 '공법'이 상당히 중요한 안건이었음을 알
수 있다.

세종대 공법 체제는 세조대에 직전법을 시행하면서 어그러졌다가, 성종대에 사림이 정계에 진출하면서 다시금 개혁을 통해 보완되어 전국적으로 실시되었다. 중종 28년 집사책을 보면 중종~명종대에는 공법이 완전히 정착하였음을 알 수 있다.

제3편에서는 성리학 심학화心學化에 따른 경세관에 변화가 당대 책문과 대책에 어떻게 드러나고 있는지 살펴보았다. 이 시기의 경세관은 『대학연의』의 이해 심화와 성리학의 심학화心學化 과정에서 점차 『성학집요』를 기반으로 한 심학화心學化된 성리학의 영향을 받았다.

인재관에서는 기존『대학연의』에서 강조하던 임금이 신하를 알아보는 안목을 갖추는 것에서 더 나아가, 임금 스스로 마음공부를 하고 훌륭한 인재를 알아보아 이들에게 정사를 맡기는 방향으로 변화하게 되었다.

우선 선조대 학교와 관련된 책문과 대책이 등장하고 있다는 점이 주목할 만하다. 선조 즉위년(1567) 식년시와 12년(1579) 식년시 책문은 모두 학교學校를 다루고 있는데, 학교는 학업을 권장하는 곳일 뿐만 아니라 교화의 핵심이라는 점을 강조하고 있다. 선조 즉위년 식년시에 답한 조헌의 대책에서는 '학교'의 제대로 된 운영을 위해서는 임금이 스스로 학문을 밝혀 다스림의 근원이 되어야 한다는 점을 강조하고 있으며, 선조 12년 식년시에 답한 홍이상의 대책에서는 현재 성균관이 황폐화되어 그 기능을 제대로 시행하지 못하고 있는 상황에서 삼대三代의 제도를 회복할 수 없다면 송대宋代 정이程頤가 학제를 살핀 것을 본받아야 한다고 하였다.

이처럼 선조대부터 관학인 성균관과 향교 학풍의 개선에 대한 논의가 진행되었으며, 이와 함께 서원의 성립 또한 활발해졌다. 서원의 성립은 당시 관학이 인재 양성과 교화의 역할을 상실하고 있는 상황에서, 송대宋代 주자朱子가 백록동서원白鹿洞書院을 설립한 것을 본받아 사학私學으로써 설립한 것이다. 그리고 이러한 서원의 운영은『대학연의』이해의 심화와 연결되어 임금의 마음이 바르게 된 후에야 제대로 된다고 인식하고 있었다.

성리학의 심학화心學化가 진행되자 중국 요순삼대堯舜三代뿐만 아니라 한·당·송漢·唐·宋의 명신名臣들 또한 평가의 대상이 되었으며, 특히 염락제현濂洛關閩으로 표현되는 송대宋代 성리학자들이 요순삼대 시기 인재들 이후로 가장 이상적인 인재로 평가되었다.

현종 13년(1672) 별시 책문에서는 이러한 중국사의 인재관은 하나의 예시로 등장하고, 조선의 상황에 더 집중하여 논하기를 요구하기에 이른다. 한편 이 별시 책문에 답한 박수검의 대책에서는 조선 세종대의 인사행정을 본받으라고 제시하고 있어, 점차 우리나라 역사에서의 인재관도 성립되어 갔음을 알 수 있다.

이러한 흐름 속에서 숙종대에 이르러서는 우리나라 역사 속에서 이상적인 인재관이 본격적으로 성립되기 시작했다. 서종태의 문집『만정당집』에 전하는 숙종 24년에서 45년(1698~1719) 사이에 출제된 책문에서는 중국사의 인재관에서 명明을 언급하기 시작하였으며, 조선의 경우 세종·성종·선조·인조대에 인재가 성했다고 평하여 영조~정조대 우리나라 역사 내 인재상 성립의 기반이 마련되었음 알 수 있다.

군신관을 살펴보면 '군신상여君臣相與'의 의미가 이이李珥에 의해 '임금과 신하가 허여하는 사이'라는 의미로 쓰면서 이것이 이상적인 군신관계라고 정의되고 널리 통용되어 기존의 대간 중심의 군신관에서 재상 중심의 군신관으로 변화하였다.

선조대부터는 사림 재상이 임금과 함께 정치를 주도하는 것을 중시하였다. 선조 1년(1568) 증광시의 주제는 '경연經筵'인데, 이전에는 대책에서 간간히 언급되던 경연이 책문의 주제로 부상하게 되었다는 것은 임금이 배움을 중시하고 현명한 신하에게 배워야 한다는 당시의 군신관이 반영된 것이다.

한편『대학연의』의 군신관이 심화되어, 선조 35년(1602) 식년시 책문에서는 『대학』·『중용』·『대학연의』·『대학연의보』에 나오는 치평治平의 도란 어떠한 것인지를 묻고 있다. 이에 답한 조희일의 대책에서는 임금이 修身하여 현인들을 알아보고 합당한 관직에 임명해야 하며 유능한 신하에게 政事를 믿고 맡겨야 한다고 하고 있다. 이러한 선조대의 논의를 바탕으로 인조대 이후에는 '산림 재상'에 대한 논의가 활발하게 진행되었다.

이러한 산림 재상 논의는 경연관經筵官 논의와 함께 진행되어, 인조 26년에 경연관과 서연관에 찬선·진선·자의를 두어 산림들을 임명하여 경연과 정책을 주도하도록 하였다.

이상적인 군신관계 예시의 범위 또한 넓어져 중국 고대 요순삼대의 성군-현신의 군신관계 뿐만 아니라 한·당 이후의 군신관계의 재검토가 이루어져, 촉한의 유비와 제갈공명이 이상적인 군신관계로 평가되었다. 이는 이이의 『동호문답』에 나온 군신관이 그대로 적용된 것이다. 인조대로 넘어 오면서 그러한 인식이 더욱 강화되어 유비와 제갈공명은 요순삼대堯舜三代보다는 못하지만 추구할만한 군신관계로 정착되어 인조 12년(1634) 별시 전시 책문과 이에 답한 오달제, 우여무의 대책에서도 같은 평가를 받게 되었다.

현종대에는 임금은 자신을 수행하여 현신을 알아보고, 그 현신에게 정사를 맡긴 뒤 간섭하지 않는 것이 임금의 체통이라는 내용의 책문이 현종 7년(1666) 별시 책문이 등장하였다. 이 책문에 답한 윤진은 대책에서 체통은 임금이 뜻을 세우는 것에 그 근본이 있으며, 신하의 일에 일일이 간섭하는 것은 체통을 지키지 못하는 것임을 강조하고 있다. 현종 7년 별시는 당시 현종의 온천 행행을 하면서 산림들과 만나 의논하는 시기에 실시된 것으로 산림 재상 체제와 직접적으로 연관이 된다.

경제관에서는 공납貢納을 대동법大同法으로 개혁하는 문제가 대두되었다. 대동법의 시행을 두고 가장 중요하게 논의되었던 것이 바로 '공안개정貢案改定' 문제이다. 이러한 공안貢案 문제는 당시 책문의 주제로 출제될 정도로 중요한 사항이었다.

선조대 책문에 언급될 정도로 당시에 중대한 문제였다. 선조 13년(1580) 별시 책문과 36년(1603) 정시 책문에서는 공안에 대한 내용이 나온다. 효종대에도 이러한 논의가 이어져, 한당은 대동법 시행을 우선시한 반면 산당은 공안을 개정하지 않으면 일반 백성들의 조세 부담이 너무 커지기 때문에 공안개정을 하지 않은 대동법 시행에 반대하였다. 이는 효종이 스스로 절약하면서 일단락되었고, 현종대에는 전국적으로 대동법이 실시되었다. 현종 9년(1668) 별시 책문과 그에 답한 윤진의 대책에는 대동법의 긍정적인 부분을 지속적으로 부각시키는 내용이 나타나게 되었다.숙종대에는 대동법이 거의 완전히 정착하여, 숙종 20년 별시 책문에서는 대동법의 폐단과 대동미 탕감에 대하여 논할 수준까지 이르렀다.

제4편에서는 심학화心學化를 통하여 형성된 조선성리학에 입각하여 숙종 20년 이후부터 영조~정조대 개혁정책 논의가 당시 책문과 대책에 어떠한 영향을 미쳤는지를 살펴보았다.『성학집요』가 경연과목이 되면서 중국 중심의 사고에서 벗어나 조선 중화주의 기반의 고유문화를 형성해나가면서 인재관·군신관·경제관 또한 조선 중심으로 논의가 진행되었다.

인재관의 경우, 『성학집요』가 경연과목이 되면서 중국 중심의 인재관에서 벗어나서 우리나라 중심의 인재관과 학통이 형성되기 시작하였다.

우선 숙종대부터 과거제도科擧制度의 폐단에 대한 논의가 진행되어 이에 대한 개선책의 마련이 시급해졌다. 이에 서인이 정권을 완전히 주도하게 되는 갑술환국 이후에 치러진 숙종 20년 식년시 책문의 주제 중 하나로 과거科擧에 대한 논의가 등장하고 있다.

영조 35년 과폐이정윤음科弊釐正綸音을 반포하여 본격적인 과거제科擧制 개혁을 진행하는데, 이러한 경향에 따라 영조 37년 정시 책문의 주제가 '과제科制'이다. 37년 정시에 답한 이숭호의 대책을 보면 당시 과거에 한정된 인재 선발을 비판하면서 이에 대한 해결책으로 제시되었던 강경에 대한 논의도 드러나고 있다.

정조대에는 이상적인 인재상을 '실재實才'로 규정하고 이를 선발하기 위하여 규장각을 건립하고 초계문신제를 시행하였는데, 이러한 사항이 책문에도 반영되어 있다. 정조 원년 증광시 책문은 규장각에 대한 것이고, 8년 동・서재 유생 응제 및 초계문신 친시 책문과 17년 강원도 공령생功令生 시취 책문은 문벌이나 신분 등에 상관없이 인재를 선발하기 위한 방도를 묻고 있다.

한편 명나라의 유학자들까지 포함한 중국사의 인재관이 확립되자, 본격적으로 우리나라 역사에서 이상적인 인재관을 성립하기 시작하였다. 영조 12년 향시 추정 책문에서 중국사의 인재관은 요순삼대의 고요・기・후직・설, 한의 소하・조참・가의・동중서・사마천・병길・반고・위상, 당의 방현령・두여회・양형・왕발・노조린・낙빈왕, 송의 요숭・송경・조보・도곡・낙민제현洛閩諸賢, 명의 삼양三楊(양사기・양영・양부)・이동양・전겸익의 학술과 정치가 어떻게 연결되는지를 평하라고 하고 있다. 그러면서 우리나라의 역사에서는 고려시대 김부식과 정지상, 정몽주와 이색을 언급하고 있다. 그리고 김치후의 『사촌집』 권 4에 전하는 영조 2년~18년(1726~1742) 사이에 출제된 것으로 추정되는 책문에서는 조선의 군자君子로 조광조가 언급되며 그 대척점인 소인小人으로 윤원형 등 훈척이 언급되고 있다. 이를 통해 영조 18년경부터는 중종대 학자들이 인재관에 포함되기 시작하였음을 알 수 있다.

그리고 정조 12년(1788) 춘시에는 중국사에서는 명대 설선까지, 우리나라 역사에서는 동방 오현東方 五賢과 서경덕, 조식, 율곡 이이까지가 포함되었다. 이에 답한 이만수의 대책에서는 명의 최고 학자는 설선라는 점을 인정하고 있으며 조선의 동방 오현東方 五賢은 말할 것도 없이 훌륭하고 서경덕은 소강절에, 조식은 육상산에 비유하고 있다. 그리고 서경덕과 조식의 평가는 이이가 이미 했기 때문에 더 논할 필요가 없다고 하면서 이이 역시 이들에 준하는 학자로 인정받고 있었다.

즉, 영조~정조대의 이상적인 인재상은 중국사의 경우 상商의 부열-양한兩漢의 동중서·사마천-수·당의 왕통·한유-북송의 사마광·정자程子 형제·소강절·육상산-남송의 주희-명의 설선, 우라나라 역사의 경우 고려의 김부식·정지상-여말麗末의 정몽주·이색-조선 세종대의 황희·허조-중종~명종대 동방 오현東方 五賢·서경덕·조식-선조대 이이로 정립되었음을 알 수 있다.

군신관은 『성학집요』에서 이상적으로 여기는 군사君師로 확립되어, 임금이 마음공부를 통해 賢臣을 알아보고 이들에게 정책을 맡기는 것에서 탈피하여 임금이 직접 스승이 되어 신하들을 가르치고 정책을 주도하게 되었다.

군신 관계에 있어서 '인仁'과 '경敬'이 중시되었고, 군신 관계가 부부 관계와 같다는 식으로 가족 관계에 비유되면서 '군사부일체君師父

一體' 경향이 나타나기 시작했다. 영조 49년(1773) 홍양동시와 영조 35년에서 정조 7년(1759~1783)에 출제된 것으로 추정되는 책문에서는 군신관계를 '봄', '거처' 같은 추상적인 형태로 규정하고자 하였다.

정조대에도 군신관계의 재정립이 진행되었는데, 영조대보다 명확하고 사상적인 것과 연결시키려고 한다. 정조 1년(1777) 정시에서는 군신 사이의 '믿음'을 논하라고 하였으며, 윤기의『무명자집』권 7의 모의 대책에서는 군신관계를 부부관계와 연결시키고 있다.

영조 50년(1774) 현량과에서는 직접적으로 '군사君師'에 대하여 묻는 책문이 등장하였다. 하지만 영조대에는 아직 임금 스스로가 군사君師라는 점을 책문에서는 드러내지는 않고 있다.

반면 정조대에는 자신이 군사君師라는 점을 책문에서 직접적으로 드러내고 있다. 정조 15년(1791) 8월 22일 초계문신 친시 책문과 동년 11월 3일 초계문신 친시 및 반유泮儒의 응제시 책문의 마지막 부분에서는 정조 자신이 '군사君師'로서 이러한 책문을 출제하였음을 밝히고 있다.

경제관은 양역 논의를 통한 조용조 통합 10분의 1세 체제의 형성이 중요 과제였다. 숙종 40년(1714) 증광시 복시 책문을 보면 숙종 20년 이후부터 양역을 호포제戶布制로 개혁하려는 논의가 진행되고 있었고, 영조대에도 영조 26년(1750) 균역법均役法 실시 이전까지 양역良役은 과거科擧 책문의 주제로 3차례나 출제되어 적극적인 논의 주제였다.

균역법의 실시로 조용조租庸調 10분의 1세 체제가 완성되자, 정조대에는 조용조 10분의 1세 체제에 따른 부족한 세수를 채우기 위해 실시된 잡세雜稅에 대한 논의가 진행되었다. 정조 19년(1795) 9월 8일에 음관을 시험하고 10월 21일에는 초계문신을 시험한 '환향還餉' 책문은 당시 환곡과 군향의 역사와 의의, 각 지방에 설치된 관련 아문,

각 지방별 환향이 갖고 있는 문제점, 환향의 문제를 해결하기 위하여 그간 제시되었던 다양한 해결책들을 모두 제시하고 있으며, 이 시험에 제출한 대책에서 제시된 의견을 실제 정치 논의에 적용했을 정도로 당시 경제 정책과 매우 밀접하게 연관되어 있다.

그리고 정조 22년(1798) 호남유생 시취 책문은 응시자들이 '호남칠폐湖南七弊'라고 따로 명명했을 정도로 호남 지역의 사회경제적인 폐단을 다루고 있는데, 이는 영조대 균역법 실시 이후 조선 후기 조세체제가 각 지방에 잘 적용되고 있는지를 검토하는 차원에서 출제되었다.

그러나 조선성리학은 19세기로 넘어가면서 더 이상 시대를 이끌어갈 힘을 잃고 폐단이 나타났다. 조선성리학적인 질서와 문물제도는 변혁기를 맞이하였으며, 과거제도科擧制度 또한 유명무실해졌다. 다만 이 시기의 조선 정부는 당대의 시무를 인식하고 과거제도科擧制度를 통해 다양한 의견을 수용하여 문제를 해결하려는 모습을 보이고 있었다.

이렇듯 과거科擧 책문策問은 시기별 사상 변화에 따른 경세관 변화와 이를 기반으로 하는 여러 정책과 밀접하게 연관된 문제가 주제로 출제되고 있으며, 대책 또한 이러한 경향에 따라 다양한 각도에서 해결 방안을 제시하고 있었음을 알 수 있었다. 이렇듯 과거科擧 책문과 대책은 당대 시무에 대한 다양한 의견 수용의 창구로서 조선말까지 운영되었다.

한편 정치적인 격변에 따라 책문에서 다뤄지는 경세관의 내용이 퇴보 혹은 정체되는 모습도 보였다.

먼저 세조대에는 태종·세종대에 고려 말 폐습을 개혁한 후 문종대부터 진행되던 주자성리학적 인재관이 퇴보되는 모습을 보였다. 그리하여 문종대에 중국 고대 요순삼대부터 송대까지 논의되던 인재관을 요구하던 책문이 세조대에는 "어진 인재는 마땅히 널리 구하여 다 임용해야 할 터인데 소원한 신하와 유일遺逸한 인재를 어찌 다 알 수 있겠는가?"(세조 2년 식년시)나 "사람을 쓰는데 대한 말이 셋이 있으니, '시험해 보고 쓴다.' '네가 아는 사람을 천거한다.' '어짊을 본 뒤에 쓴다.'고 한 것인데, 위의 세 가지 말은 같은가, 다른가?"(세조 8년 알성시)처럼 단순한 인재 선발 방법을 논하는 내용과 같이 주자성리학에 근거를 두지 않는 방향으로 진행되었다.

다음으로 연산군 10년(1504) 이전까지는 성종대에 걸쳐 성립된 주자성리학적 인재관을 바탕으로 군신관이 형성되는 모습이 책문에 나타나고 있었는데, 갑자사화 이후 연산군의 폭정으로 과거가 유명무실해지면서 그 논의가 중단되었다.

그리고 광해군대에는 비판과 간언을 수용하지 않고 경연도 제대로 실시하지 않는 파행을 보였는데, 과거에 있어서도 3년(1611) 별시 때 임숙영이 왕비 인척들의 인사 행정 간섭을 비판했다는 이유로 삭과削科하라는 명을 내리기까지 하였다. 이에 간원들이 그 명을 거두어 줄 것을 3개월 동안 간곡하게 간한 후에야 그 명령을 취소하였다. 이러한 행보는 문종 즉위년(1450) 식년시 당시 권남이 세종 말년의 불사佛事를 비판하는 대책을 올려 순위가 내려가자, 직접 거두어서 읽어본 후 장원으로 올린 것과는 대비되는 행보이다.

마지막으로 숙종 20년(1694) 별시 책문은 당시의 인재, 군사, 전제의 폐단을 지적하고 이에 대한 해결책을 묻고 있다. 숙종 20년 별시는 갑술환국으로 남인이 완전히 실각하고 서인 정권이 다시 복구된 직후 치러진 시험으로, 책문에서는 인재관에서는 과거의 선발이 공정하지 않았다는 점이 지적되고 경제관에서는 양전·호패·대동미 탕감 등이 지적되고 있다. 이는 기사환국 후 남인 정권 당시 이러한 문제점들이 발생했거나 해결하지 못한 상황이었음을 반증한다.

이러한 사건들이 있었음에도 불구하고 조선 전기 주자성리학-조선 후기 조선성리학으로 가는 흐름은 지속되었음을 책문과 대책에 나타나고 있다.

이상의 연구는 조선왕조실록과 『홍재전서』 같은 왕실 기록과 우수 책문·대책 모음집인 『동국장원집』·『전책정수』·『동책정수』, 문과방목과 해당 과거科擧 시험 합격자의 문집에 전하는 책문과 대책을 자료로 삼았다.

위에서 제시한 자료 외에 책문·대책과 관련된 자료로 과거科擧 시험 당시 제출한 시험 답안지인 시권試券이 있다. 현전現傳하는 시권은 그 양이 매우 방대한데, 2017년 12월 한국학중앙연구원에서 시권을 번역한 단행본 『조선시대 시권 -정서와 역주』가 출판되었다. 이러한 자료를 통해 다양한 관점에서의 책문·대책의 연구가 깊이 있게 진행될 수 있을 것이다.

또한 조선 시대의 책문은 매우 다양한 주제의 문제를 출제하고 있는데, 다른 주제를 다룬 책문과 대책을 통하여 조선 시대 사상의 흐름에 따른 변화상을 살펴볼 수 있다면 좀 더 확실한 경향을 규정할 수 있을 것이라 본다. 이를 차후의 연구 과제로 삼고자 한다.

부록

〈표 3〉 조선 왕대별 과거科擧 시행횟수와 현전現傳하는 책문·대책 갯수 도표

왕대	과거 시행횟수	책문 개수	대책 개수	비고
태조	2	1	1	책문은 『삼봉집』, 대책은 『별동집』 권 2 출처
정종	1	·	·	·
태종	11	5	2	책문은 『조선왕조실록』 출처
세종	21	8	8	〃
문종	2	2	·	〃
단종	3	3	1	〃
세조	23	18	3	책문은 『조선왕조실록』 출처 세조 10년 7월 14일 방목에 없는 과거 시험의 책문이 실록에 수록됨.
예종	1	1	1	책문은 『조선왕조실록』 출처
성종	29	22	6	〃
연산군	13	5	9	책문은 『조선왕조실록』, 『동국장원집』, 『전책정수』 上·下 출처. 방목에 없는 연산군 4년 11월 26일과 윤11월 21일의 책문이 실록에 수록됨. 실록에 수록되는 책문의 개수가 대폭 축소됨.
중종	57	17	27	중종대부터는 책문이 실록에 실리지 않음.
인종	·	·	·	8개월 단기 재임으로 과거를 시행하지 못함
명종	26	5	13	세종~중종대 우수 대책 모음집인 『동국장원집』, 『전책정수』, 『동책정수』,
선조	61	11	24	『진영수어』 간행
광해군	28	11	9	
인조	52	20	34	장유의 『계곡집』 권 3에 인조대 책문 8수가 전함
효종	15	3	9	
현종	24	8	12	

숙종	78	11	13	
경종	9	2	1	
영조	126	10	7	영조 35년 과페이정윤음 반포 이후 정규 과거 시험 외의 특수시험 생성.
정조	41	78	67	정조의 문집『홍재전서』권 48~권 52에 수록된 어제 책문의 개수로 정규 과거 외의 특수 시험의 책문이 다수 전함.
순조	51	6	4	
헌종	23	1	1	
철종	26	2	9	임술민란 관련 '三政策'이 중점적
고종	81	2	3	고종 31년 갑오개혁으로 과거제 폐지
순종	·	·	·	·
기타		20 (동책정수)	20 (동책정수)	
총합	804	272	284	

참고문헌

1. 자료

(1) 史書 및 科擧 자료

『朝鮮王朝實錄』
『承政院日記』
『國朝人物考』
正祖, 『日省錄』
正祖, 『弘齋全書』 권 48~52

歐陽修 등, 『新唐書』
班固, 『漢書』
范曄, 『後漢書』
司馬光, 『資治通鑑』
司馬光, 『續資治通鑑』
司馬遷, 『史記』
張廷玉 등, 『明史食貨志』
左丘明, 『春秋左傳』
朱熹, 『資治通鑑綱目』
脫脫 등, 『金史』
脫脫 등, 『宋史』
脫脫 등, 『遼史』

『東國壯元集』
『東策精粹』 上·下
『文科榜目』
『殿策精粹』 上·下

김학수 외,『조선시대 시권 -정서와 역주』, 한국학중앙연구원출판부, 2017
이가환 저, 정서용 역,『국역 금대전책』, 국립중앙도서관, 2011
이정섭 역,『국역 동책정수』, 국립중앙도서관, 2006
정조 저, 신창호 역,『정조 책문 새로운 국가를 묻다』, 판미동, 2017
지두환,『명문명답으로 읽는 조선 과거실록』, 동연, 1997

(2) 문집

姜希孟,『私淑齋集』
高廷鳳,『水村集』
奇學敬,『謙齋集』
金萬基,『瑞石集』
金壽恒,『文谷集』
金鎭圭,『竹泉集』
金昌協,『農巖別集』
金致垕,『沙村集』
金訢,『顔樂堂集』
羅世纘,『松齋遺稿』
南公轍,『金陵集』
朴守儉,『林湖集』
朴泰茂,『西溪集』
卞季良,『春亭集』
徐宗泰,『晚靜堂集』
成德雨,『疎翁遺稿』
成三問,『成謹甫集』
宋純,『俛仰續集』
宋希奎,『倻溪集』
申叔舟,『保閑齋集』
沈攸,『梧灘集』
吳達運,『海錦集』
吳達濟,『忠烈公遺稿』

禹汝楙, 『束川集』

尹愭, 『無名子集』

尹祥, 『別洞集』

尹揖, 『德浦遺稿』

尹善道, 『孤山先生遺稿』

李景奭, 『白軒集』

李晩秀, 『屐園遺稿』

李命俊, 『潛窩遺稿』

李穆, 『李評事集』

李崇祜, 『勿齋遺稿』

李元翼, 『梧里集』

李元禎, 『歸巖集』

李殷相, 『東里集』

李崒, 『應巖文集』

李宜顯, 『陶谷集』

李耔, 『陰崖集』

李廷龜, 『月沙集』

李廷馨, 『知退堂集』

林泳, 『滄溪集』

張維, 『谿谷集』

鄭道傳, 『三峯集』

鄭弘緖, 『松灘集』

趙光祖, 『靜菴集』

趙復陽, 『松谷集』

趙宗著, 『南岳集』

曺夏望, 『西州集』

趙憲, 『中峯先生集』

趙希逸, 『竹陰集』

蔡壽, 『懶齋集』

蔡裕後, 『湖洲集』

崔恒, 『太虛亭集』

河緯地,『丹溪遺稿』
河溍,『台溪集』
洪鳳周,『石崖先生文集』
洪聖民,『拙翁集』
洪履祥,『慕堂集』
黃赫,『獨石集』
許傳,『性齋集』

(3) 경서 및 기타

① 원서
『論語』
『大學』
『孟子』
『山海經』
『書經』
『詩經』
『禮記』
『爾雅』
『中庸』
『周易』
『春秋』

葛洪,『抱朴子』
江贄,『通鑑節要』
高丞,『事物紀原』
公羊子,『春秋公羊傳』
孔子,『孔子家語』
屈原,『離騷賦』
茅坤,『唐宋八大家文鈔』
班固,「兩都賦」,『文選』권 1

司馬光,「諫院題名記」,「古文眞寶後集」

蕭統 편찬·李善 주· 胡克家 찬,『文選』

呂祖謙,『東萊博議』

揚雄,『法言』

왕부지,『周易內傳』

王充,『論衡』

劉向,『新書』

劉知幾,『史通』

任昉,「到大司馬記室箋」,『文選』권 40

左丘明,『春秋左氏傳』

周興嗣,『千字文』

朱熹,『小學』

朱熹,『朱子大全』

朱熹,『朱子語類』

陳德秀,『大學衍義』

陳德秀,『心經』

陳德秀, 程敏政 註解,『心經附註』

皇甫謐,『帝王世紀』

黃鍾禧,『明夷待訪錄』

李珥,『聖學輯要』

李珥,『東湖問答』

李珥,『經筵日記』

陳德秀,『大學衍義』

② 번역서

곽성문 역,『춘추공양전:국내 최초 완역본』, 인간사랑, 2015

권중달 역,『자치통감』1~31, 삼화, 2007~2010

김근태·이승창·홍형기 역,『물재유고』, 선학사, 2006

김덕균 역,『명이대방록』, 한길사, 2000

김만원 역,『事物紀原 譯註』上, 역락, 2015

김영문 외 4명 역, 『문선 역주』 1; 『문선 역주』 7; 『문선 역주』 9, 소명, 2010

김원중 역, 『正史 삼국지 : 위서 2』, 민음사, 2007

김진근 역, 『주역내전』 4, 學古房, 2014

김태완 역, 『성학집요 : 성인이 갖추어야 할 배움의 모든 것』, 청어람미디어, 2007

신동준 역, 『(완역) 사기 본기』; 『(완역) 사기 세가』; 『(완역) 사기 열전1』; 『(완역) 사기 열전2』, 위즈덤하우스, 2015

성백효 역, 『역주 심경부주』, 전통문화연구회, 2002

성백효 역, 『(譯註) 通鑑節要』 4, 고전국역편집위원회, 2006

성백효 역, 『당송팔대가문초 소식 2』, 전통문화연구회, 2012

오수형 역, 『한유산문선』, 서울대학교출판문화원, 2010

오항녕 역, 『사통』, 역사비평사, 2012

오항녕 역, 『율곡의 경연일기 : 난세에 읽는 정치학』, 너머북스, 2016

유홍유·이미경 역, 『후한서 : 범엽의 인물열전』, 성남, 2013

이민서 역, 『공자가어』, 을유문화사, 2015

이민수 역, 『천차문』, 을유문화사, 2015

이범한 역, 『근사록』, 서울대학교출판문화원, 2015

이상하 역, 『당송팔대가문초 구양수 2』, 2014

이세열 역, 『한서예문지』, 자유문고, 1995

이장우 역, 『당송팔대가문초 소순』, 전통문화연구회, 2012

이종오 역, 『소학집주』, 북스힐, 2014

이충구 외 3명 역, 『이아주소』 4, 소명, 2004

이한우 역, 『대학연의』 1; 『대학연의』 2, 해냄, 2014

임동석 역, 『신서』 1, 동서문화동판, 2009

장세후 역, 『춘추좌전』 상·하, 을유문화사, 2013

정재훈 역해, 『동호문답: 조선의 군주론, 왕도정치를 말하다』, 아카넷, 2014

정재훈·오항녕·정호훈·김광일, 『대학연의』 上·中·下, 서울대학교출판문화원, 2018

정진배 역, 『주역 계사전』, 지식을만드는지식, 2014

정태현 역, 『春秋左氏傳』 2&3, 傳統文化研究會, 2005

정태현·김병애 공역, 『역주 동래박의』 2, 전통문화연구회, 2013

전남대학교 철학연구교육센터 역, 『주자대전』, 주제대전 번역연구단, 2010

지재희 역, 『예기』 상·중·하, 자유문고, 2000
지재희·이준녕 공역, 『주례』, 자유문고, 2002
한국역사연구회중세2분과법전연구반 역, 『(조선후기 새 법령 모음)新補受敎輯錄』,
　　　청년사, 2000
한국역사연구회중세2분과법전연구반 역, 『受敎輯錄』, 청년사, 2001
한국역사연구회중세2분과법전연구반 역, 『각사수교』, 청년사, 2002

　③ 도록 및 자료집
광주광역시립민속박물관, 『1789년 광주의 과거시험科擧試驗』, 2015
국립제주박물관, 『(조선선비) 최부崔溥 뜻밖의 중국 견문』, 2015
국민대학교 박물관, 『雪村古文書Ⅳ 朝鮮時代의 科文』, 1998
동북아역사재단, 『백두산정계비 자료집』, 2006
한국학중앙연구원 장서각, 『시권試卷 국가경영의 지혜를 듣다』, 2015

2. 저서

강석화, 『조선후기 함경도와 북방영토 의식』, 경세원, 2000
김경용, 『科擧制度와 韓國 近代敎育의 再認識』, 교육과학사, 2003
김경용, 『장서각 수집 교육·과거관련 고문서 해제 : 원문자료집 1』, 한국학중앙연구
　　　소, 민속원, 2008
김덕진, 『朝鮮後期經濟史硏究』, 선인, 2002
김보정, 『포은 정몽주』 1·2, 역사문화, 2018
김돈, 『朝鮮前期 君臣勸力關係 硏究』, 서울대학교출판부, 1997
김일환 외 3명, 『한국군사사 6 조선전기 2』, 육군본부, 2012
김창현, 『고려후기 정치사』, 경인문화사, 2017
김태완, 『책문 시대의 물음에 답하라』, 소나무, 2004
김태완, 『책문 이 시대가 묻는다』, 현자의마을, 2015
김태완, 『책문, 조선의 인문 토론』, 현자의마을, 2017
김학수 외, 『선비의 답안지』, 한국학중앙연구원출판부, 2018
박도식, 『조선 전기 공납제의 운영』, 태학사, 2015

박용운, 『『高麗史』 選擧志 譯註』, 경인문화사, 2012

박재광 외 2명, 『한국 군사사 13 군사통신·무기』, 육군본부, 2012

박현순, 『조선 후기의 과거』, 소명출판, 2014

송기호, 『과거보고 벼슬하고』, 서울대학교출판문화원, 2014

송준호·송만호, 『朝鮮時代 文科白書 (上) 太祖~仁祖』, 삼우반, 2008

송찬섭, 『朝鮮後期 還穀制改革研究』, 서울대학교출판부, 2002

시노다 지사쿠 저, 신명길 역, 『간도는 조선땅이다 : 백두산정계비와 국경』, 지선당, 2005

신천식, 『朝鮮前期 教育改革과 科擧運營』, 경인문화사, 1999

심백강, 『(이율곡과 왕안석에게서 배우는) 경제개혁의 지혜』, 청년사, 2000

오금성 외 21명, 『명청시대 사회경제사』, 이산, 2007

오호성, 『조선시대 農本主義思想과 經濟改革論』, 경인문화사, 2009

오항녕, 『광해군 그 위험한 거울』, 너머북스, 2012

원창애 외 5명, 『조선시대과거제도사전』, 한국학중앙연구원출판부, 2014

윤용출, 『조선후기의 요역제와 고용노동』, 서울대학교출판부, 1998

이근호, 『조선후기 탕평파와 국정운영』, 민속원, 2016

이남희, 『영조의 과거, 널리 인재를 구하다』, 한국학중앙연구원출판부, 2013

이성무, 『韓國의 科擧制度』, 한국학술정보㈜, 2004

이왕무 외 4명, 『한국군사사 7 조선 후기 1』, 육군본부, 2012

이정철, 『대동법, 조선 최고의 개혁:백성은 먹는 것을 하늘로 삼는다』, 역사비평사, 2010

이재옥, 『조선시대 과거 합격자의 디지털 아카이브와 인적 관계망』, 보고사, 2018

이헌창, 『조선후기 재정과 시장 : 경제체제론의 접근』, 서울대학교 출판문화원, 2010

전세영, 『율곡의 군주론』, 집문당, 2005

정구선, 『조선의 출셋길, 장원급제』, 팬덤북스, 2010

정옥자, 『우리가 정말 알아야 할 우리 선비』, 현암사, 2002

정옥자, 『지식기반 문화대국 조선』, 돌배게, 2012

정재훈, 『조선전기 유교 정치사상 연구』, 태학사, 2005

정재훈, 『조선시대의 학파와 사상 조선시대의 학파와 사상』, 신구문화사, 2008

정재훈, 『조선의 국왕과 의례』, 지식산업사, 2010

정재훈, 『영조의 독서와 학문』, 한국학중앙연구원, 2015

정재훈,『조선 국왕의 상징』, 현암사, 2018

조좌호,『朝鮮科擧制度史硏究』, 범우사, 1996

지두환,『조선성리학과 문화』, 역사문화, 2009

지두환,『조선시대 정치사 1 - 조선전기편-』, 역사문화, 2013

지두환,『조선시대 정치사 2 - 조선후기 전반편-』, 역사문화, 2013

지두환,『조선시대 정치사 3 - 조선후기 후반편-』, 역사문화, 2013

차미희,『조선시대 과거시험과 유생의 삶』, 이화여자대학교출판부, 2012

한국역사연구회 토지대장연구반,『조선 후기 경자양전 연구』, 혜안, 2008

한국중세사학회,『고려 중앙정치제도사의 신연구』, 혜안, 2009

허흥식,『고려의 과거제도』, 일조각, 2005

허흥식 외 9명,『조선시대 과거와 벼슬』, 집문당, 2003

한영우,『과거, 출세의 사다리 - 족보를 통해 본 조선 문과급제자의 신분이동(태조~
　　　선조대)』;『과거, 출세의 사다리 2 - 족보를 통해 본 조선 문과급제자의 신
　　　분이동(광해군~영조대)』;『과거, 출세의 사다리 3 - 족보를 통해 본 조선 문
　　　과급제자의 신분이동(정조~철종대)』;『과거, 출세의 사다리 3 - 족보를 통
　　　해 본 조선 문과급제자의 신분이동(고종대)』, 지식산업사, 2013

홍사중,『과거 보러 가는 길 인재가 살아야 나라가 산다』, 이다미디어,2003

金諍 저, 김효민 옮김,『중국과거문화사』, 2003

창더쩡·류쉐진 엮음, 김영진·홍우리 옮김,『科擧와 書院』, 혜강, 2009

劉海峰,『科擧學導論』, 華中師范大學出版社, 2005

李兵&劉海峰,『科擧 : 不只是考試』, 上海敎育出版社, 2018

鄧洪波&龔抗云 편저,『中國狀元殿試卷大全』上卷·下卷, 上海敎育出版社, 2005

미야자키 이치사다 저, 전혜선 옮김,『과거 중국의 시험지옥』, 역사비평사, 2016

井上 進&酒井惠子,『明史選擧志1 明代の學校·科擧·任官制度』, 平凡社, 2013

三浦秀一,『科擧と性理學 明代思想史新探』, 硏文出版, 2016

John W. Chaffee 저, 양종국 옮김,『송대 중국인의 과거생활』, 신서원, 2001

3. 학위논문

강혜종, 「壬戌(1862)년 조선 三政救弊論의 형성 양상과 성격 고찰」, 연세대학교 대
　　　학원 박사학위논문, 2018

김보정, 「朝鮮初期 節義派 士大夫의 정치적 성향과 思想」, 부산대학교 대학원 박
　　　사학위 논문, 2008

소순규, 「朝鮮初期 貢納制 운영과 貢案改定」, 고려대학교 한국사학과 박사학위
　　　논문, 2017

박재경, 「조선시대 策文 연구」, 서울대학교 국어국문학과 박사학위 논문, 2014

유현숙, 「崔氏 武人執權期 文士의 登庸과 政治的 役割」, 충북대학교 역사교육학
　　　과 석사학위논문, 2010

윤정, 「18세기 국왕의 文治사상 연구 : 祖宗事績의 재인식과 繼志述事의실현」, 서
　　　울대학교 대학원 박사학위 논문, 2007

이욱, 「朝鮮後期 漁鹽政策 硏究」, 고려대학교 한국사학과 박사학위 논문, 2002

이인복, 「인조(仁祖)의 군주관과 전반기 국정운영」, 경북대학교 대학원 석사학위논
　　　문, 2015

정지연, 「조선 초기 文科 講經科目의 변화 고찰」, 한국교원대학교 교육학과 석사
　　　학위 논문, 2010

정재훈, 「朝鮮初期 儒敎政治思想 硏究」, 서울대학교 대학원 박사학위논문, 2001

한기범, 「沙溪 金長生 愼獨齋 金集의 禮學思想 硏究」, 충남대학교 대학원 박사
　　　학위 논문, 1990

梁修敬, 「朝鮮王朝与明朝殿試策問比較硏究」, 南京師範大學 博士學位論文, 2014

4. 논문

김갑주, 「正祖代 南北漢山城 義僧防番錢의 半減」, 『소한남도영박사화감기념사
　　　학논총』, 태학사, 1984

김남일, 「조선 초기 관찬 역사서에 있어서 『자치통감강목』 書法의 영향」, 『韓國史
　　　學史學報』 29, 2014

김동민, 「正祖의 「策問:春秋」를 통해 본 조선조 春秋學의 문제의식」, 『東洋古典研究』 56,2014

김보정, 「포은 정몽주의 사상 – 성리학 이해를 중심으로-」, 『韓國思想과 文化』 39, 2007

김보정, 「敬齋 河演의 생애와 思想」, 『지역과 역사』 22,2008

김보정, 「조선 초기 정몽주에 대한 인식-『고려사』·『고려사절요』를 중심으로」, 『圃隱學研究』 9, 2012

김보정, 「세조·성종대 정몽주 인식」, 『역사와 실학』 57, 2015

김보정, 「선조·광해군대 정몽주 인식 – 윤두수의 『成仁錄』과 오운의『동사찬요』를 중심으로-」, 『한국민족문화』 61, 2016

김보정, 「중종·명종대 정몽주 인식 – 박상의 『동국사략』과 유희령의 『표제음주동국사략』을 중심으로 」, 『지역과 역사』 39, 2016

김보정, 「선조대 『포은집』 운각본(芸閣本)의 간행과 의의」, 『포은학연구』 19, 2017

김성환, 「日本 蓬左文庫 所藏 『策文』」, 『포은학연구』 3, 2009

김정자, 「영조말(英祖末)~정조(正祖) 초(初)의 정국(政局)과 정치세력(政治勢力)의 동향(動向) - 영조(英祖) 46년(1770)경~정조(正祖) 원년(元年)(1777)을 중심으로」, 『조선시대사학보』 44, 2008

김정자, 「정조 후반 순조 초반 정치세력과 정국의 동향」, 『한국학논총』 50, 2018

김태영, 「科田法上의 踏驗損實과 收租」, 『경제사학』 5-1, 1981

김현옥, 「정조(正祖)의 책문(策問)에 나타난 애민사상(愛民思想) 연구(研究)」, 『漢文古典研究』 17, 2008

김현옥, 「正祖의 人才觀 研究 「策問」을 中心으로」, 『漢文學論集』 28, 2009

김현옥, 「정조(正祖)의 인재관(人材觀) 연구(研究) 「책문(策問)」을 중심(中心)으로」, 『漢文學論集』 28, 2009

김현옥, 「「책문(策問)」에 나타난 정조(正祖)의 학문관(學問觀)」, 『漢文古典研究』 21, 2010

김현옥, 「성삼문(成三問)과 신숙주(申叔舟)의 책문(策文)에 나타난 현실인식(現實認識) 비교(比較)」, 『漢文學論集』 33, 2011

남지대, 「태종 초 태종과 대간 언론의 갈등」, 『역사문화연구』 47, 2013

도현철, 「대책문을 통해 본 정몽주의 국방 대책과 문무겸용론」, 『한국중세사연구』 26, 2009

도현철,「이색의 유교교화론과 일본 인식 - 새로 발견된 대책문을 중심으로 -」,『한
　　국문화』 49, 2010

박용숙,「朝鮮朝 後期의 僧役에 관한 考察」,『論文集』 24, 1981

박재우,「고려후기 인사행정과 인사문서에 대한 비판적 검토」,『한국사연구』 162,
　　2013

박현순,「정조의『臨軒題叢』편찬과 御題 출제」,『규장각』 48, 2016

백진우,「策文의 정치적 활용성에 관한 시론 - 정조시대 이가환의「蕭何大起未
　　央宮論」분석을 중심으로 -」,『東洋古典硏究』 57, 2014

심재권,「조선조 과거시험과목인 책문의 내용 및 주제 분석」,『韓國行政史學誌』
　　37, 2015

양원석,「정조「문자책문(文字策問)」에서의 문자학제설에 대한 논의 1」,『民族文化
　　硏究』 45, 2006

오항녕,「광해군대 경제정책에 대한 교과서 서술 」,『朝鮮時代史學報』 83, 2017

원창애,「儒臣 홍이상의 학업과 관직 생활」,『열상고전연구』 42, 2014

윤정,「英祖의『聖學輯要』進講과 정책적 활용 -蕩平·均役·濬川과의 상관성」,
　　『한국문화』 38, 2006

윤정,「재위 전반기(1725~1746) 英祖의 군신관계 이해 -'君臣分義'論의 적용과 지
　　향을 중심으로-」,『한국사학보』 29, 2007

윤정,「正祖의『大學』이해와 君師 이념 - 재정정책과의 상관성을 중심으로-」,『역
　　사문화연구』 65, 2018

이근호,「영조대 군사론(君師論)의 정치적 의의」,『북악사론』 10, 2003

이정철,「광해군 대 경기선혜법 성립과 확대 요구」,『한국불교사연구』 6, 2015

임완혁,「조선전기(朝鮮前期) 책문(策文)과 사(士)의 세계(世界) 인식(認識)『전책
　　정수(殿策精粹)』를 중심으로」,『漢文學報』 20, 2009

장진엽,「18세기 후반 文字學(문자학)을 둘러싼 논점들 -正祖(정조)의 文字策(문자
　　책)과 이에 대한 對策(대책)을 중심으로-」,『南冥學硏究』 39, 2013

정경희,「君師 英祖의 性理學 진흥책」,『韓國學報』 97, 1999

정수환,「인조조 과거를 통한 行錢 문답과 行錢策 ― 인조 11년(1633) 策問과 對
　　策 분석」,『東洋古典硏究』 64, 2016

정옥자,「정조와 정조대 제반 정책」,『서울학연구』 51, 2013

정재훈,「17세기 후반 노론학자의 사상」,『역사와 현실』 13, 1994

정재훈, 「朝鮮前期 《大學》의 이해와 聖學論」, 『진단학보』 86, 1998

정재훈, 「『聖學輯要』를 통해본 朝鮮中期의 政治思想 -『大學衍義』와의 비교를 중심으로-」, 『규장각』 22, 1999

정재훈, 「麗末鮮初의 性理學과 經世論」, 『韓國思想과 文化』 10, 2000

정재훈, 「淸朝學術과 朝鮮性理學」, 『韓國思想과 文化』 16, 2002

정재훈, 「尤庵 宋時烈의 政治思想 -朱熹와의 비교를 중심으로-」, 『韓國思想과 文化』 23, 2004

정재훈, 「조선중기의 經筵과 帝王學」, 『역사학보』 184, 2004

정재훈, 「조선중기 栗谷學派의 형성」, 『역사문화논총』 1, 2005

정재훈, 「초려 이유태의 산림활동과 경세사상」, 『초려 이유태의 삶과 선비정신』, 2009

정재훈, 「경연(經筵)·서연(書筵)과 조선의 군주학」, 『복현사림』 30, 2012

정재훈, 「율곡 이이의 정치사상 재론」, 『역사문화논총』 7, 2012

정재훈, 「영조의 제왕학과 국정운영」, 『韓國思想과 文化』 77, 2012

정재훈, 「선조 초반의 정국과 학문적 대응 –이황과 기대승을 중심으로-」, 『韓國思想과 文化』 80, 2015

정재훈, 「朝鮮과 明·淸의 國家統治 思想 比較研究」, 『한중인문학포럼』 2016-11, 2016

정재훈, 「『홍범연의洪範衍義』와 제왕학帝王學」, 『국학연구』 35, 2018

지두환, 「朝鮮前期 軍役의 納布體制 確立科程 -軍戶體制 崩壞科程을 중심으로-」, 『한국문화연구』 1, 1988

지두환, 「조선전기 國田體制 확립과정 : 과전법 붕괴과정과 관련하여」, 『태동고전연구』 5, 1989

지두환, 「朝鮮前期 君子·小人 論議 -《大學衍義》 王安石論」을 중심으로-」, 『泰東古典研究』 9, 1993

지두환, 「朝鮮後期 思想史 研究動向」, 『한국사론』 24, 1994

지두환, 「朝鮮後期 英祖代 經筵科目의 變遷 -朝鮮性理學의 확립과 관련하여-」, 『진단학보』 81, 1996

지두환, 「宣組.光海君代 大同法 論議」, 『한국학논총』 19, 1997

지두환, 「朝鮮初期 井田論 論議」, 『동양학』 28, 1998

지두환, 「孝宗代 君子小人 論議」, 『泰東古典研究』 16, 1999

지두환,「尤庵 宋時烈의 政治思想」,『한국학논총』 23, 2001

지두환,「朝鮮後期 經筵官 職制의 變遷 -山林 經筵官 贊善 進善을 중심으로-」, 『한국학논총』 28, 2006

지두환,「朝鮮後期 書筵官 制度의 변천」,『한국학논총』 29, 2006

지두환,「文谷 金壽恒의 家系와 政治的 活動」,『한국학논총』 32, 2009

지두환,「율곡 이이(1536~1584)의 생애와 사상」,『한국학논총』 38, 2012

최광만,「영조 대의 성균관 과시 정책」,『한국교육사학』 37-3, 2015

최옥환,「조선 세조대의 발영시와 등준시」,『대동사학』 1, 2002

최완수,「金秋史의 金石學」,『간송문화』 3, 1972

최완수,「秋史書派考」,『澗松文華』 19, 1980

최이돈,「조선초기 損實踏驗制의 규정과 운영」,『규장각』 49, 2016

한기범,「사계 (沙溪) 김장생의 (金長生) 생애와 예학사상」,『백제연구』 20, 1989

한기범,「사계(沙溪) 김장생과 신독재(愼獨齋) 김집의 예학사상 연구」,『동양철학연구』 12, 1991

한기범,「초려 이유태의 정치사상-「기해봉사의 분석을 중심으로」」,『동양철학연구』 12, 1992

한기범,「尤庵의 禮學과 禮思想」,『宋子學論叢』 4, 1997

한기범,「朝鮮時代 大田地方 山林의 學脈과 學風」,『韓國思想과 文化』 7, 2000

한기범,「명재 윤증의 예학사상」,『儒學硏究』 10, 2001

한기범,「沙溪禮學派의 禮學思想」,『유교사상문화연구』 15, 2001

한기범,「동춘당 송준길의 예학사상」,『韓國思想과 文化』 15, 2001

한기범,「서포(西浦) 김만중의 관료활동과 경세사상」,『韓國思想과 文化』 25, 2004

한기범,「우암 송시열에 대한 후대인의 추숭과 평가」,『韓國思想과 文化』 42, 2008

한기범,「예송기 이유태의 왕조례 예설과 예사상」,『韓國思想과 文化』 46, 2009

한기범,「우정(憂亭) 김극성(金克成)의 관료활동(官僚活動)과 경세관(經世觀)」, 『韓國思想과 文化』 56, 2011

5. 참고 사이트

민족문화대백과사전(http://encykorea.aks.ac.kr)

두산백과사전(https://www.doopedia.co.kr)

한국역대인물종합정보시스템(http://people.aks.ac.kr)

中國哲學書電子化計劃(https://ctext.org/zh)

조선왕조실록(http://sillok.history.go.kr)

승정원일기(http://sjw.history.go.kr)

국역 국조인물고

(https://terms.naver.com/list.nhn?cid=49618&categoryId=49618)

『농암별집』, 『무명자집』, 『삼봉집』, 『일성록』, 『홍재전서』 - 한국고전종합DB

(http://db.itkc.or.kr)

한국학종합DB(http://db.mkstudy.com)

율곡학 프로젝트 – 2015 율곡학 인물들 강인회

(http://yulgok.geeo.kr/wordpress/2016/01/07/character-2-2_003/)

찾아보기

| ㅅ |

|ㅇ|